STILLE POST

Das Buch

Familiengeschichten haben offene und verborgene Gesichter, sie werden auf laute und auf verschwiegene Weise von Generation zu Generation weitergegeben. Die Kulturwissenschaftlerin Christina von Braun versucht, die Botschaften zu entschlüsseln, die ihr vor allem durch die Frauen der Familie nach dem Muster der »Stillen Post« übermittelt wurden. Dabei verknüpft sie auf subtile, einfühlsame Weise eigene Erinnerungen, innere Zwiesprache mit den Verstorbenen und die reichen Quellen des Familienarchivs – Briefe, Tagebücher, unveröffentlichte Memoiren.

Im Mittelpunkt steht die Großmutter Hildegard Margis, die aufgrund von Kontakten zum kommunistischen Widerstand 1944 von der Gestapo verhaftet wurde und im Gefängnis starb. Ihr vor allem, dieser politisch engagierten, beruflich erfolgreichen, ganz und gar eigenständigen Frau will die Autorin ein Denkmal setzen. Aber auch von den Eltern erzählt sie, Hilde und Sigismund von Braun, die es im Krieg nach Afrika und dann in den Vatikan verschlug, wo der Vater an der deutschen Botschaft tätig war; vom Onkel Wernher von Braun, der in Peenemünde Raketen für Hitler baute und nach dem Krieg in die USA ging; von den Großeltern von Braun, die von ihrem Gut in Niederschlesien vertrieben wurden; und vom Onkel Hans, den die Mutter in den dreißiger Jahren nach England schickte, um ihn vor den Fängen des NS-Regimes zu bewahren. Alle diese turbulenten Lebenswege fügen sich wie ein Puzzle zu einem faszinierenden Gesamtbild deutscher Geschichte in der ersten Hälfte des 20. Jahrhunderts.

Die Autorin

Christina von Braun, geboren 1944 in Rom, arbeitet als Autorin, Filmemacherin und Kulturwissenschaftlerin. Seit 1994 ist sie Professorin für Kulturwissenschaft an der Humboldt-Universität Berlin. Ihre Projekte drehen sich um Personen und Themen der Kultur- und Religionsgeschichte.

Christina von Braun

STILLE POST

Eine andere Familiengeschichte

List Taschenbuch

Besuchen Sie uns im Internet:
www.list-taschenbuch.de

Dieses Taschenbuch wurde auf FSC-zertifiziertem Papier gedruckt.
FSC (Forest Stewardship Council) ist eine nichtstaatliche, gemeinnützige
Organisation, die sich für eine ökologische und sozialverantwortliche
Nutzung der Wälder unserer Erde einsetzt.

Ungekürzte Ausgabe im List Taschenbuch
List ist ein Verlag der Ullstein Buchverlage GmbH, Berlin.
1. Auflage August 2008
© für die deutsche Ausgabe Ullstein Buchverlage GmbH,
Berlin 2007 / Propyläen Verlag
Umschlaggestaltung: RME Roland Eschlbeck und Kornelia Rumberg
(nach einer Vorlage von Maran & Bayer-Eynck, Coesfeld)
Titelabbildung: privat
Satz: Pinkuin Satz und Datentechnik, Berlin
Gesetzt aus der Adobe Garamond
Papier: Munkenprint von Arctic Paper Munkedals AB, Schweden
Druck und Bindearbeiten: CPI – Clausen & Bosse, Leck
Printed in Germany
ISBN 978-3-548-60810-5

INHALT

Teil II – Kriegsende und Nachkrieg

PROLOG

Von meinem Bett aus, im Dunkeln, sehen die beiden kleinen Lichter an meinem Laptop so aus wie die Lichter vom Bergdorf, die ich durch das Fenster sehen kann. Das Dorf liegt ungefähr sieben Kilometer entfernt, Luftlinie. Aber wir befinden uns in den Cevennen, und für die Strecke von dort zu uns braucht der Elektriker mindestens vierzig Minuten. Er muss über Serpentinen von seinem Berg herunterfahren, dem vertrockneten Flussbett in einem gewundenen Tal folgen, um auf der anderen Seite, an unserem Berg, über Serpentinen wieder hinaufzufahren. Es muss schon wirklich etwas geschehen, damit er den Weg zurücklegt. Dass der Boiler durch Blitzschlag durchgebrannt ist zum Beispiel. Allerdings kommt er nicht ungern. Es gibt auf dem Berg hinter unserem Haus eine heilige Quelle, die auf einem der alten Pilgerwege nach Santiago de Compostela liegt. Manchmal, bei anhaltender Trockenheit, machen sich die Leute aus der Umgebung auf den Weg und vollziehen dort geheimnisvolle Rituale. Damit es wieder regnet, müssen sie dreimal um den Brunnen gehen und dabei Gebete sprechen. Unser Elektriker ist frommer Christ – keine Reparatur ohne ein wenig Mission, das ist im Preis inbegriffen. Aber wenn es um das Wasser geht, dann hält er sich doch gerne an die Bräuche der Alten. Vor der Dürre hat er Respekt – und vor den gewaltigen Gewittern in der Gegend. Gehen Sie mal über die Friedhöfe, so sagt er, und schauen Sie sich die Grabsteine an. Bei jedem zweiten steht: foudroyé! Vom Blitz erschlagen! Vielleicht ist er deshalb Elektriker geworden. Diese gewaltigen Entladungen von Strom. Dagegen muss man doch etwas tun, das will gebändigt und in ordentliche Leitungen verlegt werden.

Morgen will ich anfangen zu schreiben. Mein Laptop ist ausgepackt. Ich will über diese gewaltigen Entladungen von Strom und Wut erzählen, die gelegentlich von meiner Mutter ausgingen. Als Kinder hatten wir alle einen Höllenrespekt vor diesen Ausbrüchen. Und ich will von meiner Großmutter erzählen, die ich nicht mehr gekannt habe. Sie starb drei Monate, nachdem ich geboren wurde – in Berlin, im Gefängnis.

Diese Großmutter, Hildegard Margis, war der Anlass für dieses Buch. Es war nicht einfach, Genaueres über sie zu erfahren: Ihr Haus wurde zerbombt, ihre Möbel, Akten und Erinnerungsstücke kamen nach ihrem Tod zu meinen väterlichen Großeltern nach Schlesien und wurden dort später geplündert. Den Schmuck, die Akten, die sie in einem Safe der Dresdner Bank deponiert hatte, nahmen russische Soldaten mit. Meine Mutter, die wie ihre Mutter Hildegard hieß, besaß so gut wie nichts von ihr. Es kann aber auch sein, dass sie nichts aufbewahrt hat. Sie wollte ihre Mutter, glaube ich, gerne vergessen. Dennoch hat sie sie ihr Leben lang nicht losgelassen. Das muss ich schon als Kind gespürt haben. Mein Onkel Hans, der Bruder meiner Mutter, war der einzige Sohn meiner Großmutter und landete später in Australien. Die wenigen Unterlagen, die er über seine Mutter besaß, wurden vernichtet, als seine Farm in Flammen aufging. Eines der großen Buschfeuer, die immer mal wieder in Australien wüten. Es ist fast ein Wunder, dass ich überhaupt etwas über meine Großmutter herausfinden konnte. In den Berliner Archiven – Landesarchiv, Verlagsarchive, Siemensarchiv – fand ich schließlich ein paar konkrete Hinweise. Ich bin jedoch zu der Erkenntnis gekommen, dass sich die Erinnerungen an manche Menschen auch in Form von Schweigen oder als Rätsel festschreiben können.

Je mehr ich mich mit dem Leben meiner Großmutter beschäftigte, desto mehr interessierte mich auch das »Vorleben« der anderen Familienmitglieder. Ich begann, mich auch in die Tagebücher meiner Mutter zu vertiefen, die sie von 1944 bis 1949 – während ihrer Jahre im Vatikan – führte. Bis auf die letzten drei Jahre war mein Vater dabei, dann musste er sie mit ihren drei kleinen Kindern zurücklassen. Eine junge, attraktive Frau umgeben von Männern in langen schwarzen Soutanen! Die Tagebücher erzählen nicht nur von roten Kardinalshüten, prunkvollen Messen, sondern auch von einer hochheiligen Verwaltung, die sich Sorgen macht, wenn die Frauen im Hochsommer keine Strümpfe tragen. Die Vatikanischen Gärten, der campo santo teutonico: begehrte touristische Orte. Für uns Kinder ein Spielplatz. Die Kinder, das waren meine ältere Schwester Carola, mein jüngerer Bruder Christoph, ich selbst sowie einige japanische und finnische Kinder, die Kinder der »Achsendiplomaten«. So nennt sie Hilde in ihren Tagebüchern. Ich war fünf, als wir dieses Paradies verließen, um nach Deutschland zu ziehen, in dieses Nachkriegsdeutschland, in dem wir ständig krank wurden. »Heimat« – das war ein Begriff, den ich mit der Sonne in den Vatikanischen Gärten verband, nicht mit diesem kalten, düsteren und zerbombten Deutschland. Irgendwie hat mich dieses Gefühl nie verlassen.

Bei meinem Umzug nach Berlin (die Bücher mussten neu eingeordnet werden, einige finde ich immer noch nicht) entdeckte ich, dass sich auch das Tagebuch meiner anderen Großmutter, Emmy von Braun, in meinem Besitz befindet. Wie es zu mir kam, weiß ich nicht mehr. Es muss mit dieser Materialsammlung zu tun gehabt haben, die ich seit Jahren betrieb, ohne es selbst zu merken. Als wir das Haus meiner Eltern auflösten, schoben mir die Geschwister alles zu, was mit den »inoffiziellen« Erinnerungen der Familie zu tun hat. Die »offiziellen« Erinnerungen – etwa der Stammbaum, den mein Großvater Magnus von Braun recherchiert und meine Großmutter in ein prächtiges Aquarell übertragen hatte – landeten bei meinem Bruder, dem Stammhalter. Aber die Tagebücher, diese zumeist eher verschwiegenen Erbschaften, die kamen zu mir. In diesem Tagebuch der Emmy von Braun tat sich noch einmal eine völlig andere Welt auf: Es enthält die Beschreibung – Tag für Tag – vom Ende des

Krieges und von der Vertreibung meiner Großeltern von ihrem Gut in Niederschlesien. Warum hat Emmy von Braun diese Ereignisse, aber nicht die Jahre davor festgehalten? Ich konnte daraus nur schließen, dass das eigentliche »historische Ereignis« für sie nicht der Nationalsozialismus, sondern die Aussiedlung war. In den Memoiren meines Großvaters gibt es ein Kapitel mit der Überschrift »Nacht über Deutschland«, womit nicht etwa der Nationalsozialismus oder der Zweite Weltkrieg gemeint waren, sondern die Vertreibung. Der Untertitel des Kapitels lautet »Der Russeneinbruch«. Die zwölf Jahre zwischen 1933 und 1945 finden in diesen Erinnerungen schlicht nicht statt.

In den Tagebüchern, Memoiren und Briefen wird deutlich, wie unterschiedlich in ein und derselben Familie »die Geschichte« erlebt werden kann. Gemeinsam ist den Mitgliedern meiner Familie nur, dass jedes dieser Leben von »der Geschichte« aus der Bahn geworfen und auf neue Wege gelenkt wurde. Als ich Anfang 2002 im Flugzeug nach Melbourne saß, um meinen Onkel Hans und seine Kinder zu besuchen, wurde mir plötzlich klar, dass meine nächsten Cousins und Cousinen *alle* entweder in Australien oder in den USA leben. Ich habe Geschwister in Deutschland, aber die Geschwister meiner Eltern sind ausgewandert, und deren Kinder wurden als Staatsbürger Australiens oder der USA geboren. Die Brüder meiner Eltern – es gibt keine Schwestern – sind durchweg aus Gründen, die mit dem Nationalsozialismus zusammenhingen, ausgewandert: Hans, der Bruder meiner Mutter, hatte 1936 dem nationalsozialistischen Deutschland den Rücken gekehrt und war nach London gegangen. Die Brüder meines Vaters, Wernher und Magnus, hatten das Dritte Reich so erfolgreich unterstützt, dass die USA auf die Zusammenarbeit mit ihnen nicht verzichten wollten.

Über meinen Onkel Wernher, den Raketenforscher, werde ich nur am Rande berichten. Meine Großmutter Hildegard Margis kannte ihn, hat sich – laut Aussage ihrer Haushälterin – gelegentlich mit ihm gestritten. Ich nehme an, über die Aussichten dieses Krieges. Über Wernher ist schon viel geschrieben worden, und ich könnte das Geschriebene höchstens um den Bericht meiner Begegnungen mit ihm, als Kind und als junge Frau, ergänzen. Ich habe ihn Mitte der 1950er Jahre kennengelernt und danach noch oft erlebt – in Deutschland und in den USA. Meine Geschwister und ich haben ihn bewundert. Wir waren als Kinder stolz darauf, einen so berühmten Onkel zu haben. Außerdem hatte er ein großes Charisma und war warmherzig im Umgang mit Menschen. Ich fand beides in den Briefen, die er 1946 an seine Eltern schrieb, wieder. Erst als ich erwachsen war, begann ich mir darüber Gedanken zu machen, dass Wernher während der NS-Zeit nicht den Weltraum eroberte, sondern ein Transportmittel für Waffen entwickelt hatte, die in London und anderen Städten Europas große Zerstörungen anrichteten. Dass KZ-Häftlinge, von denen viele dabei starben, zur Produktion dieser Waffen eingesetzt wurden. Der Historiker Mike Neufeld arbeitet seit vielen Jahren an einer umfangreichen Biographie über Wernher und über seine Verantwortung als Wissenschaftler. Von Neufelds Biographie, zu der ich einige Vorarbeiten kenne[1], sind differenzierte Ergebnisse zu erwarten, mit denen ich nicht konkurrieren kann. Es ist auch nicht das Thema meines Buches. Ich erzähle hier nicht die Geschichte der Wissenschaft, sondern die privaten Geschichten von Menschen. Und ich habe mir, wenn nicht ausschließlich, so doch vor allem das Leben der Frauen meiner Familie vorgenommen.

Dass ich in der Nachfolge einer schwer zu ertragenden deutschen Geschichte stehe, war mir allerdings schon früh bewusst geworden. Mit neun Jahren kam ich in England in die Schule: Da wurde »die Geschichte« ganz anders unterrichtet als in Deutschland. Meine engste Schulfreundin in London hieß Linda. Wir waren unzertrennlich – allerdings kam sie nie zu mir nach Hause, so oft ich sie einlud. Als ich sie einmal fragte, warum, sagte sie, sie sei Jüdin und ihre Eltern hätten ihr verboten, den Fuß in ein deutsches Haus zu setzen. Als ich an diesem Abend nach Hause kam, war ich in »der Geschichte« angekommen. Trotzdem hat es noch viele Jahre gedauert, bevor ich nach der Rolle von Wernher fragte. Naiv hatte ich geglaubt, sie auseinanderhalten zu können: die Familiengeschichte und die deutsche Geschichte.

Die wenigen Quellen, über die ich verfüge, unterscheiden sich auf fast klischeehafte Weise nach geschlechtlichen Mustern. Die Männer haben Memoiren hinterlassen: publizierte im Fall von Magnus von Braun, unvollendete und unpublizierte im Fall meines Vaters und meines Onkels Hans. Die Frauen haben Tagebücher geführt. Memoiren, aus dem Rückblick verfasst, verführen dazu, die eigene Geschichte mit »der Geschichte« in Einklang zu bringen. Sie treten in jedem Sinne des Wortes die Herrschaft über die Vergangenheit an. Tagebücher hingegen sind aus dem »Jetzt« geschrieben, die Verfasser und Verfasserinnen wissen nicht, wie der weitere Verlauf »der Geschichte« sein wird. Sie können die Ereignisse, die sie erleben, noch nicht historisch einordnen. Deshalb sind die Tagebücher der Frauen meiner Familie gut geeignet für das, was ich vorhabe: Ich möchte mich gerne in ihre Zeit versetzen. Ich möchte etwas von dem aufspüren, was nicht in die offizielle Geschichtsschreibung eingeflossen ist. Es gab immer schon eine spezifisch »weibliche« Art von Nachrichtenkette, die aus Familiengeheimnissen oder dem Unsagbaren bestand. Vermutlich deshalb, weil den Frauen die offiziellen Kanäle der Geschichte so lange versperrt blieben. Auf diese Weise wurde der Untergrund, die parallele Nachrichtenvermittlung, zu einer weiblichen Spezialität. Frauen haben es auf diesem Gebiet zu Meisterleistungen gebracht. Freilich blieben die Botschaften, die man ihnen anvertraute, oft verschlüsselt. Die Tagebücher meiner Verwandten hören ein oder spätestens drei Jahre nach Kriegsende auf. Von diesem Zeitpunkt an bewegt sich das Leben in neuen, »geordneten« Bahnen, und »die Geschichte« verzichtet auf das Hinterlegen ihrer Botschaften in der »Stillen Post«.

Meine Mutter sprach wenig über meine Großmutter – und wenn, dann oft auf distanzierte Weise. Nur einmal, als wir – die fünf Kinder – eine lange Autostrecke mit ihr zu fahren hatten, sagte sie plötzlich: »Ihr wisst viel über die Familie eures Vaters. Jetzt werde ich euch von meiner Familie erzählen.« Ich war damals zehn oder zwölf Jahre alt und das, was sie erzählte, schien alles so abstrakt und weit weg von uns. Die Menschen, von denen sie uns erzählte, sagten uns nichts. Ihre Mutter, unsere Großmutter, das war eine fremde Gestalt. Hans war nur ein vergilbtes Photo auf dem Toilettentisch meiner Mutter. So blieb von diesem Bericht nicht viel hängen. Ich musste es später mühsam herausfinden. Aber ich weiß heute, dass meine Mutter auch einiges verschwiegen hat. Das zeigte sich, als ich Hans 1996 begegnete. Trotz seiner achtzig Jahre hatte er ein exzellentes Gedächtnis und offenbar nicht das geringste Bedürfnis, irgendetwas zu verdrängen. Hans lieferte mir wichtige Informationen über meine Großmutter *und* meine Mutter, die diese uns vorenthalten hatte. Seine Lebensgeschichte kennenzulernen, deren Weichen von meiner Großmutter gestellt worden waren, half mir, mehr über das Leben der Familie in dieser Zeit zu verstehen. Seine Erzählungen halfen mir aber auch, die Depressionen meiner Mutter als einen Teil der »Stillen Post« zu begreifen: als Botschaften, die keine »klare Sprache« gefunden haben.

Es gibt nicht nur die »verschwiegenen Botschaften«, die in Familien weitergegeben werden: Familiengeheimnisse, die oft in verwandelter Form in der nächsten Generation wieder auftauchen. Es gibt auch eine andere Form von Hinterlassenschaft, die man als unerledigte Aufträge, unabgeschlossene Dossiers bezeichnen könnte. Die »Stille Post« hat ihr eigenes Verhältnis zur Wahrheit. Sie gibt weiter, was der Empfänger hören will. Sie verwandelt ihre Nachrichten. Und dennoch, erstaunlich genug, bin ich immer mehr zur Erkenntnis gelangt, dass die Gesellschaft einen Gutteil ihrer Erinnerungen dieser »Stillen Post« anvertraut, vielleicht sogar die wichtigsten: all das, was verschwiegen wird, aber nicht verloren gehen darf.

Warum kommen bestimmte, deutlich ausgesprochene Botschaften nie an, während andere, geflüsterte, unverständliche umso vernehmlicher geworden sind? Um zu begreifen, wie diese Art von Nachrichtenkette funktioniert, habe ich mir die »unerledigten Dossiers« angeschaut, die vor vielen Jahrzehnten von verschiedenen Mitgliedern meiner Familie auf den Weg gegeben wurden. Ich versuche, sie mit dem zu vergleichen, was ich in mir selber wiederfinde: das Graben im Selbst als Mittel, etwas über die zu erfahren, die dort ihre Spuren hinterlassen haben. Und was für Spuren! Im Gegensatz zur Generation meiner Großeltern und meiner Eltern hat meine Generation fast nur den Frieden gekannt. Auch dann, wenn es einschneidende historische Ereignisse gab – das Ende des »Kalten Kriegs«, den Fall der Mauer im Jahr 1989 –, ging von ihnen keine existenzielle Gefährdung aus. Manchmal habe ich den Eindruck, als gäbe es in meiner Generation eine Art von Neid auf die existenziellen Erfahrungen, die diese Generationen haben machen müssen. Sie wiederum hätten viel darum gegeben, wenn ihnen dieser Albtraum erspart geblieben wäre.

Diesem Buch sind einige Photos der Menschen beigefügt, an deren Geschichte ich zu erinnern versuche. Dennoch ist es nicht ihre Geschichte. Es ist *meine* Geschichte, und sie erzählt davon, wie die »Stille Post«, die sie aufgegeben haben, bei mir angekommen ist. Ich werde nie genau wissen, was am anderen Ende ins Ohr geflüstert wurde; ich kann nur das wiedergeben, was bei mir angekommen ist. Auf dem Cover dieses Buches ist der Ausschnitt eines Photos zu sehen, das meine Mutter und mich unter einem Frauenporträt zeigt. Das ganze Photo ist – um Groucho Marx zu paraphrasieren – »the phoniest picture I ever saw«, eine Inszenierung: Es entstand 1963 in New York. Ich war achtzehn, kam von einem Internat in Deutschland und hatte gerade das Abitur hinter mir. Der Photograph fand, dass wir so altmodische Gesichter hätten, und arrangierte dieses Bild von Mutter und Tochter – dahinter die (fiktive) Urahnin mit einem ebenso altmodischen Gesicht. Er muss an eine Art von weiblicher Generationenkette gedacht haben. Auch meine »Stille Post« geht der weiblichen Generationenkette nach – nur auf andere Art als auf diesem Photo: An die Stelle des Gemäldes gehört eigentlich meine Großmutter, Hildegard Margis, deren Botschaften ich im Laufe meines Lebens immer deutlicher in mir (und in meiner Arbeit) zu spüren begann. Diese Großmutter, das glaube ich heute, wo ich etwa das Alter erreicht habe, in dem sie starb, hat mein Leben in Bahnen gelenkt, die ihm nicht notwendigerweise vorgegeben waren.

Im Gegensatz zu vielen anderen Familien haben in meiner Familie fast alle Mitglieder der Generation meiner Großeltern und meiner Eltern ihre »Geschichten« selber zu Ende führen können. Sie sind hochbetagt gestorben. Das Leben der Hildegard Margis hingegen wurde abgebrochen, bevor sie Bilanz ziehen konnte. So kommt es mir gelegentlich vor, als hätten wir, vor allem meine ältere Schwester und ich, die bei ihrem Tod schon geboren waren, ihre abgebrochene Geschichte zu Ende zu führen. Vor vielen Jahren wurde mir plötzlich klar (ich habe kürzlich Notizen dazu gefunden), dass meine Mutter mir diese Erbschaft kurzerhand übertragen hat. Sie selbst konnte damit nicht umgehen. Ich habe mich lange gegen dieses »Geschenk« gewehrt – das ging bis zur Nahrungsverweigerung. Du warst immer die Schwierige, sagte mir vor einigen Jahren meine ältere Schwester. Es ist wahr, sie war fröhlicher und machte sich und den anderen das Leben leichter. Ich habe nachträglich begriffen, dass ein Gutteil dieser Schwierigkeiten mit dieser Weigerung zu tun hatte, das mir zugedachte Paket der »Stillen Post« anzunehmen. Irgendwann – als ich mich der Aufgabe gewachsen fühlte – habe ich mich nicht mehr gewehrt. Doch das habe ich erst rückblickend begriffen. In diesem Buch möchte ich versuchen, den Dialog mit meiner Großmutter aufzunehmen und die mir zugedachte Erbschaft endlich zu akzeptieren.

TEIL I

GROSSELTERN UND ELTERN

Liebe Großmutter,

ich weiß gar nicht, ob ich Dich so angesprochen hätte oder wie wir Dich sonst genannt hätten. Deine Kinder nannten Dich »Mutti«. Vielleicht hätten wir Dich Omi oder Omama genannt. Ich will es bei Großmutter belassen; das kommt mir am leichtesten über die Lippen. Es ist schwer, etwas über die Zeit zu erzählen, die Du erlebt hast und in der es mich überhaupt noch nicht gab. Sieh es mir also nach, wenn ich einiges falsch berichte. So ist das mit den Geschichten, die man nicht selbst erlebt hat. Ich bewundere sehr die Arbeit von Historikern: Sie können ganze Biographien, Gefühle und Lebenswelten aus den Bildern, Akten und Schriftstücken rekonstruieren, die sie finden. Aber diese Dokumente erzählen uns nur einen Teil der Geschichte. Daneben gibt es noch so viele andere Erzählungen, die aus all dem bestehen, was verschwiegen wurde: Geheimnisse, Liebesgeschichten. Wer erzählt sie uns? Vielleicht die Romanschriftsteller. Sie machen eine Zeit durch die Schilderung von Menschen lebendig, und man lebt mit ihnen, den glücklichen und traurigen Protagonisten, denen immer nur eines gemeinsam ist: Sie wissen nicht, wie ihre Geschichte weitergeht. Die Historiker wissen es, weil sie aus dem Rückblick berichten, die Romanschriftsteller wissen es, weil sie eine Erzählung erfinden. Nur die, denen die Geschichte am eigenen Leibe widerfährt, wissen nicht, wie es weitergeht. Das ging mir oft durch den Kopf, während ich die Dokumente von Euch oder über Euch gelesen habe. Die »Stille Post« liegt irgendwo zwischen dem historischen Bericht und dem Roman: Anders als die Historiker habe ich nur wenige Dokumente. Aber anders als die Romanautoren muss ich die Dinge auch nicht erfinden. Mein Archiv besteht aus diesen »unsagbaren« Botschaften, die fast nur in Familien weitergegeben werden. Es bedarf einer großen Nähe, eines fast körperlichen Verwachsenseins, damit diese »Berichte« weitergegeben werden können. Die Tatsachen, von denen die »Stille Post« erzählt, lassen sich nicht an Jahreszahlen oder Namen festmachen. Sie haben etwas mit den Wunden zu tun, die das Leben den Einzelnen zugefügt hat. So sind auch die Wunden Deines Lebens bei mir angekommen.

Posen um 1900:
Die Familie von Hildegard Margis

Die Eltern meiner Großmutter, Joseph und Klara Beck, gehörten zur deutschsprachigen Bevölkerung von Posen. Posen war ursprünglich Hauptsitz der polnischen Herzöge. Im 13. Jahrhundert legten deutsche Kaufleute die Neustadt von Posen nach deutschem Recht an. Aber schon im 15. Jahrhundert bildeten die Deutschen eine Minderheit in der Bürgerschaft. Nach den napoleonischen Kriegen kam Posen unter preußische Herrschaft, um ab 1848 zum Zentrum der polnischen Nationalbewegung in Preußen zu werden. Nach einem Aufstand am 27. Dezember 1918 wurde Posen polnisch. Da lebten Joseph und Klara schon gar nicht mehr.

Die Familie von Joseph Beck kam ursprünglich aus Lothringen und war katholisch. Joseph war begabt, und deshalb übernahm die katholische Kirche die Kosten für seine Schulausbildung und das Studium. Ursprünglich wollte er Arzt werden, aber er wurde beim Anblick von Blut ohnmächtig. Das erzählte jedenfalls meine Mutter, die ihn aber auch nicht mehr gekannt hat. So entschied sich Joseph für Philosophie und Geschichte. Zuerst unterrichtete er als Privatlehrer in schlesischen Adelshäusern, etwa bei den Grafen Hatzfeld. Dann wurde ihm in Posen eine Stelle am Gymnasium angeboten. In diesem Gymnasium stieg er später zum Direktor auf. Dass er ausgerechnet im polnisch-katholischen Posen zum Protestantismus übertrat, war seine Form von Bekenntnis zum protestantischen Preußen. Als Bismarck starb, saß er im Wintergarten seines Hauses und weinte bitterlich. Wegen seiner Konversion plagten ihn lebenslang Schuldgefühle, weil er doch der katholischen Kirche so viel zu verdanken hatte. Die Schwierigkeit, sich zwischen dem Vatikan und der Nation zu entscheiden, hat die ganze deutsche Geschichte begleitet – warum sollte sie vor Joseph Halt machen?

In Posen lernte Joseph auch Klara Brück kennen, seine spätere Frau. Sie kam aus einer Industriellenfamilie: Ihre Eltern hatten eine Zuckerfabrik und waren wohlhabend. Joseph und Klara heirateten und hatten insgesamt vier Töchter. Meine Großmutter war die jüngste, sie wurde am 31. Mai 1887 geboren. Weil sich Joseph so sehnlich einen Sohn wünschte, ließ er alle vier Töchter mit kurz geschnittenen Haaren gehen. So hatte er wenigstens die Illusion von Söhnen. Er verlangte von seinen Töchtern auch, dass sie studierten. Ich bin ziemlich beeindruckt von diesem Mann, der schon damals, als die preußischen Universitäten noch für Frauen verschlossen waren, seine Töchter nicht nur verheiraten wollte (wie alle anderen auch), sondern auch ausbilden. In dieser Zeit konnten die meisten Töchter nur *gegen* den Willen der Eltern eine höhere Ausbildung durchsetzen. Hier war es eher umgekehrt. Studiert hat dann aber letztlich nur meine Großmutter, die jüngste, die sich auch sonst mit ihrem Vater ganz gut verstand. Er muss ein schwieriger Mann, aber ganz beeindruckend gewesen sein. Viele Jahrzehnte später sind meine Eltern in New York dem polnischen Vize-Außenminister Winiewicz begegnet. Er sprach fließend Deutsch und erzählte ihnen, dass er in Posen – Poznań –

ins Friedrich-Wilhelm-Gymnasium gegangen sei und von Joseph unterrichtet wurde. Meine Eltern waren tief bewegt von dieser Begegnung.

Die drei älteren Schwestern meiner Großmutter verstreute es in alle Richtungen. Tante Grete heiratete nach Dortmund: einen Rechtsanwalt, der 1933 sofort in die NSDAP eintrat. Über die beiden anderen Schwestern erhielt ich widersprüchliche Informationen: Hans sagte, die eine sei unverheiratet geblieben; meine Mutter sagte, sie habe einen Lehrer geheiratet. Va savoir. Jedenfalls kam diese Schwester gelegentlich zu Besuch nach Berlin, um ihre Schwester und die Kinder zu sehen. Hans erzählte, sie sei scheu, bescheiden und kleptomanisch gewesen. »Wir wussten das und fanden immer einige Wochen später heraus, was sie mitgenommen hatte, weil sie uns dann einen Dankesbrief und ein Geschenk schickte, das dem Gegenstand entsprach, den sie mitgenommen hatte, nur teurer.« Die dritte Schwester heiratete einen Landwirt; ihre Kinder wanderten später in die USA aus.

Joseph und Klara schieden beide freiwillig aus dem Leben. Zuerst Joseph. Er hatte sich »bei einer Prostituierten oder Schauspielerin« (wörtliches Zitat seiner Enkelin Hilde, meiner Mutter) die Syphilis zugezogen. Daraus entwickelte sich eine tabes dorsalis: Lähmungen, die ihn mehr und mehr an den Rollstuhl fesselten. Er wurde im Rollstuhl zur Schule gefahren, unterrichtete aber weiter. Als er zu erblinden begann, schnitt er sich die Pulsadern auf. Langsam verblutend lebte er noch einige Tage. Das war 1909 oder 1910. Seine jüngste Tochter, meine Großmutter, war damals 22 oder 23 Jahre alt: die einzige von den Töchtern, die noch zu Hause lebte. Es kann nicht einfach gewesen sein – weder für die Tochter noch für die Ehefrau, für die die Erkrankung von Joseph ohnehin schon ein Schlag gewesen sein muss. Damals entwickelte Paul Ehrlich gerade das erste Mittel gegen Syphilis: Salvarsan. »Magic Bullets« nannten die Amerikaner später seine Erfindung. (Ich weiß das so genau, weil ich einen Film über die Geschichte der Syphilis gedreht habe.)

Auch Klara nahm sich das Leben – mit einer Überdosis Schlaftabletten. Das war im Juli 1915, genau zu dem Zeitpunkt, als meine Großmutter in Posen ihr erstes Kind zur Welt brachte. Eigentlich lebte sie in Berlin. Warum kam ihr Kind in Posen zur Welt? Vielleicht war Hildegard Margis – es war mitten im Krieg – nach Posen gefahren, um in der Nähe ihrer Mutter zu entbinden. Oder sie war wegen des Begräbnisses nach Posen gefahren – und dann kam es dort zur Niederkunft. Auf jeden Fall muss Klara gewusst haben, dass ihre jüngste Tochter hochschwanger war. Mit ihrem ersten Kind. Müsste diese Tatsache nicht den Wunsch verstärken, am Leben zu bleiben? Jedenfalls keine leichte Erbschaft für die Tochter – und deren Tochter, die später selbst einige Suizidversuche unternahm, trotz der vielen Antidepressiva.

Von den drei Schwestern meiner Großmutter habe ich nur Margarete gekannt: »Tante Grete«, die nach Dortmund geheiratet hat. Die beiden Schwestern hatten eine enge Beziehung. Gelegentlich, wenn Hildegard Margis mit ihrer Tochter Hilde gar nicht mehr zurechtkam – die Zeugnisse von Hilde vermerken fast jedes Jahr: »Hilde ist unordentlich und vorlaut« –, kam die Schwester angereist. Dann nahm sie beide Kinder mit nach Dortmund, wohin sie in Begleitung von Onkel Max reisten, der keine Gelegenheit verstreichen ließ, die Kinder patriotisch zu erziehen. Hans erzählte, dass sich bei jeder Zugfahrt ein bestimmtes Ritual wiederholte: »It never failed: Jedes Mal, wenn wir daran vorbeifuhren, rief mich Onkel Max auf den Korridor und zeigte mir das Denkmal von Hermann dem Cherusker.« Dann erzählte er seinem Neffen von deutschen Heldentaten. Im Sommer nahmen Tante Grete und Onkel Max die Kinder mit an die Ostsee, wo Onkel Max andere Möglichkeiten hatte, seine Gesinnung zu demonstrieren. Nachdem die SPD-Regierung beschlossen hatte, der deutschen Fahne die schwarz-rot-goldenen Farben der 1848er Revolution zu verleihen, teilte sich Usedom in zwei Lager: Für Max kam nur Bansin in Frage, weil die meisten Badegäste dort Anhänger der alten kaiserlichen Fahne waren. Sobald sie ankamen, wurde die Fahne am Mast vor dem Haus gehisst. Man konnte sie in Bansin kaufen oder mieten. Im Badeort zehn Kilometer weiter fand ein ähnliches Ritual statt. Nur dominierten dort die anderen Farben. Hans erzählte: »In keinem der beiden Orte hätte man es wagen können, die falsche Fahne zu hissen; sie hätte nicht lange überlebt. Wenn man gar keine Fahne aufhängte, erweckte man erst recht Misstrauen und wurde von den Leuten argwöhnisch beäugt.« Ich nehme an, dass sich meine Großmutter vor den Ferien in Bansin gedrückt hat. Denn zwischen ihr und Max kam es immer wieder zu lautstarken Auseinandersetzungen, erzählte Hans. Meistens endeten sie damit, dass Max erklärte, Frauen verstünden nichts von Politik und sollten lieber den Mund halten. Von seinem Eintritt in die NSDAP hat er nicht mehr viel gehabt. 1933 wurde er beim Verlassen der Straßenbahn von einem Auto überfahren.

ST. ROMAN DE CODIÈRES,
DEN 28. JULI 2006

Liebe Großmutter,
ich habe Deine Schwester, Tante Grete, noch kennengelernt. Sie hat bis Ende der 1950er Jahre gelebt. Als meine Eltern, meine Geschwister und ich 1949 nach Deutschland zogen, haben wir eine Zeitlang bei ihr gewohnt. Sie hat sich gut mit Deiner Tochter verstanden, und auch ich fand sie liebenswürdig (soweit ich mich erinnern kann). Aber die Stadt Dortmund habe ich in ziemlich schrecklicher Erinnerung: Es war kalt, dunkel, so viele zerstörte Häuser. Eine derartig kaputte Welt hatten wir bis dahin nicht gekannt. Im Vatikan war ja alles heil geblieben – und als Kind muss ich gedacht haben, dass alle Orte so aussehen wie der Vatikan und dass überall die Sonne so viel schien wie in Italien.

Berlin um 1910: Paul Margis

Um 1910 tauchte Paul Margis im Leben meiner Großmutter auf. Er wurde 1882 geboren. Seine Eltern kamen aus Litauen. Der Vater war Feldwebel bei der preußischen Armee, später arbeitete er für die Post. Ihn und seine Frau hatte es nach Posen verschlagen. Auch dieser alte Herr, mein Urgroßvater, war ein großer Bewunderer von Bismarck und Wilhelm I. Im Wohnzimmer hing das Bild des Kaisers, und die Ähnlichkeit war so groß, dass Hans lange Zeit glaubte, es handle sich um ein Porträt seines Großvaters.

Paul und meine Großmutter besuchten dieselbe Schule und verliebten sich schon damals. Später studierte Paul Deutsch und Philosophie. Sie wollten heiraten, aber da Paul seine Ausbildung noch nicht beendet hatte, stieß das Vorhaben auf Widerstände bei ihrer Familie. Als sie drohten, in »wilder Ehe« zu leben, muss der Gedanke so schrecklich gewesen sein, dass die Familie nachgab. Zunächst zogen sie nach Breslau, wo Paul das Zweite Staatsexamen ablegte. Dort begann Hildegard ihre Ausbildung zur Lehrerin. Eigentlich – das weiß ich aus meinen Forschungen über die Geschichte der Frauenbildung in Deutschland – wurde von Lehrerinnen erwartet, unverheiratet zu bleiben oder den Dienst zu quittieren, sobald sie heirateten. War man in Breslau fortschrittlicher als in Berlin? Jedenfalls war es eine weise Voraussicht, dass sie diese Ausbildung gemacht hat. Sie sicherte ihr später als junger Witwe mit zwei kleinen Kindern ein mageres Einkommen. Nach dem Examen gingen die beiden nach Berlin, wo Paul eine Stelle als Studienrat angeboten worden war. Auch er unterrichtete Deutsch und Geschichte, wie sein Schwiegervater Joseph. Aber die Schule war nur die Hälfte von Pauls Leben. Seine wahre Leidenschaft galt der Bühne. Jeden Abend saßen Paul und Hildegard im Theater oder im Kino. Paul schrieb Rezensionen und machte außerdem Führungen durch Berlin für ausländische Besucher. Eine dieser Besucherinnen, Ethel Rose Taylor, kam aus den USA und verliebte sich angeblich so sehr in Paul, dass sie sich nach seinem Tod um Hilde und ihre Kinder kümmerte. Aber da greife ich vor.

Paul Margis, mein Großvater, muss eine interessante Persönlichkeit gewesen sein – klug, vielseitig, aber irgendwie auch seltsam. Neben dem Theater hatte er noch eine zweite Leidenschaft: die Psychologie. Paul verband beides. Er schrieb angeblich Drehbücher (ich habe nie eines gesehen) und arbeitete, laut Aussage seiner Tochter Hilde, zusammen mit dem Schauspieler Friedrich Kayßler an einer »Psychogrammatik des Schauspielers«. Ich gestehe, der Name Kayßler sagte mir nichts. Aber als ich nachschaute, merkte ich, dass das eine Bildungslücke ist. Kayßler war einer der bedeutendsten Schauspieler und Regisseure Berlins in der ersten Hälfte des 20. Jahrhunderts und leitete unter anderem die Berliner Volksbühne, wo ich heute oft im Zuschauerraum sitze. Trotz Recherchen habe ich das Buch über die »Psychogrammatik des Schauspielers« nicht finden können. Ich vermute, dass es nie zustande kam. Meine Mutter Hilde behauptete auch, dass es eine Korrespondenz zwischen Paul und Sigmund Freud gab, und Hans erzählte mir, dass er vor einiger Zeit in Australien auf seinen Vater Paul angesprochen wurde, der in einem Buch über Freud »a prominent role« gespielt habe. Leider habe ich weder die Korrespondenz noch das Buch ausfindig machen können. Aber es könnte schon sein, dass Freud, als er an seinem Aufsatz über das »Unheimliche« arbeitete, mit Paul Kontakt aufnahm. Seine Dissertation über E. T. A. Hoffmann war einige Jahre zuvor erschienen.

Ich fand also einige Texte von Paul Margis. Seine psychologischen Interessen sind für mich vertrautes Gelände. Aber sein Zugang ist mir fremd: Er betrieb eine Art von Mathematik der Seele. Als sich Hildegard und Paul kennenlernten, muss Paul schon Mitglied in der »Gesellschaft für experimentelle Psychologie« gewesen sein. Immerhin war er Mitbegründer eines Instituts, in dem »Angewandte Psychologie und psychologische Sammelforschung« betrieben wurden. In der »Zeitschrift für angewandte Psychologie«, die das Institut herausgab, veröffentlichte er regelmäßig Beiträge und Rezensionen, die um das Thema »Psychographie« kreisen. Auf den Begriff konnte ich mir keinen Reim machen – bis mir seine Dissertation über E.T.A. Hoffmann in die Hände fiel. Er hatte 1909 promoviert, zwei Jahre später war sie erschienen. Mein Vater, Sigis, hat diese Dissertation viele Jahre später in einer Bibliothek ausfindig gemacht und sie für Hilde kopieren und binden lassen. Es war – außer einem vergilbten Photo von einem jungen Mann mit Schnurrbart in Uniform – das einzige Erinnerungsstück meiner Mutter an ihren Vater. Inzwischen befindet sich die Dissertation bei mir – und ich bin, glaube ich, das einzige Mitglied der Familie, das je hineingeschaut hat. In dem Exemplar, das mein Vater kopieren ließ, hat irgendein Fremder viele Anmerkungen und Unterstreichungen hinterlassen.

Pauls Dissertation trägt den Titel: »E.T.A. Hoffmann. Eine psychographische Individualanalyse«. Der Umfang von 220 Seiten war für die Zeit ziemlich beträchtlich. Die Dissertation ist deshalb so umfangreich, weil sie einen von ihm selbst erarbeiteten psychologischen Fragebogen enthält. Unter »psychographischer Analyse« verstand er »die Individualanalyse einer historischen Persönlichkeit«. Ich dachte natürlich sofort, es handle sich um eine psychoanalytische Arbeit – wegen der kolportierten Korrespondenz mit Freud. Die Lehren Freuds von der »Macht des Unbewussten« waren auch damals schon im Norden angekommen. Immerhin war das erste psychoanalytische Institut nicht in Wien, sondern in Berlin gegründet worden. Aber Paul ging es gar nicht um das Unbewusste, sondern um »harte Fakten«. In seiner Einleitung schreibt er, dass er »schon in früher Jugend eine ausgesprochene Neigung zu diesem Dichter und Menschen«, das heißt zu Hoffmann, gehabt habe. Doch habe diese »kritiklose Vorliebe, die sich in ästhetischem Genießen bewegte«, nun dem Streben Platz gemacht, »durch analysierende Kritik hinter die bewegenden Hebel dieser auffallenden Erscheinung und ihrer Handlungen zu kommen«.[2] Paul unterwirft nicht das *Werk* Hoffmanns einer »psychographischen« Untersuchung, sondern die Wahrnehmungen und Äußerungen von Zeitgenossen und vor allem »Dokumente der Persönlichkeit selbst wie Briefe, Tagebücher, Selbstbiographien und ähnliches, die, wenn sie mit der Gabe der Selbstbeobachtung und Wahrhaftigkeit verfaßt sind, einen unschätzbaren Wert haben«.[3]

In gewisser Weise betrieb Paul etwas Ähnliches wie das, was ich mir mit den Tagebüchern und der restlichen Hinterlassenschaft meiner Familie vorgenommen habe. Nur dass es bei ihm nicht um die eigene Familie ging, sondern um eine »geistige Verwandtschaft«: zum Genie. Nicht gerade bescheiden, wie ich finde. Mich interessiert, wie sich andere in mir eingenistet haben und über welche Kanäle von geheimer Nachrichtenvermittlung das geschah. Paul wollte wissen, worin »die Unterschiede zwischen dem Schaffen des genialen Künstlers und den Leistungen des gewöhnlichen Sterblichen bestehen«.[4] Anders ausgedrückt: Wie entstehen Genies? (Dahinter steht natürlich implizit die Frage: Wie lassen sie sich herstellen?) Paul, vom Gedanken besessen, dass sich die Frage nach der Entstehung von Genies wissenschaftlich erfassen lasse, entwickelte ein Schema mit vielen Tabellen, in denen das Leben von E. T. A. Hoffmann nach Faktoren wie »Erblichkeit«, »Umgebungseinflüsse«, »Krankheiten«, »sexuelle Veranlagung«, »Stellung zu den Sexualobjekten«, Charakteristika der »Objekte seiner Liebe« und ihr Einfluss auf sein Schaffen befragt wurde. Unter einigen dieser Sparten kann ich mir nichts vorstellen, etwa »Lebenswellen organischen Ursprungs«; unter anderen schon mehr: »das Äußere« der Erscheinung, die »sensorische und motorische Beschaffenheit« des Schriftstellers, die »Beschaffenheit seines Trieblebens«. Sogar der Einfluss des Wetters auf das Werk spielt eine Rolle; und das Schriftbild wird nach den Vorgaben einer »wissenschaftlichen Graphologie« untersucht. Für mich erzählt Pauls Dissertation einerseits von der großen Reise des frühen 20. Jahrhunderts in die geheimnisvolle »Welt der Seele«. Andererseits ist sie aber auch ein Beleg für die Überzeugung, dass man deren Geheimnissen durch Berechnungen zu Leibe rücken kann. Kurz, Paul wollte das Unbewusste positivistisch erkunden, so als handle es sich um einen Flecken Erde, auf dem man nur ein paar Vermessungen vorzunehmen braucht, um schließlich auch diesen kartographieren zu können. Übrigens gibt es die »Psychographie« auch heute noch. In ihrer modernen Variante bezeichnet sie sich als eine »Kombination aus Psychologie und Kartographie«, die den Versuch unternehme, »die ›Landschaft der Persönlichkeit‹ zu verstehen«.

St. Roman de Codières,
den 30. Juli 2006

Liebe Großmutter,

Dein Sohn Hans erzählte mir, dass er als Kind im Speicher Eures Hauses auf einen Karton stieß, in dem sich einerseits die »Kriegsreliquien« seines Vaters befanden (Helm, Pistole usw.), die Du pietätvoll aufbewahrt hattest, und andererseits seltsame Kuben, auf denen Zahlen und Buchstaben vermerkt waren. Du erklärtest ihm, das seien Instrumente für die psychologischen Experimente, die Paul mit (oder an) seinen Schülern durchführte. Ich bin dieser seltsamen Mischung von Seelensuche, Interesse am Unberechenbaren einerseits und Glauben an die Macht der Zahl andererseits, immer wieder begegnet. Einige aufgeklärte Menschen, die ich kenne, können an keiner Handleserin vorbeigehen. Pauls Forschung kommt mir so ähnlich vor: über das Unbewusste sprechen, aber unter Vermeidung all jener Wege, die sich die »Stille Post« sucht, die Auslassungen, Missverständnisse, Fehlleistungen, Assoziationen und Träume. Vielleicht führt der Weg, den ich mir gesucht habe, auch nicht zum Ziel. Aber ich glaube, ich habe mich damit abgefunden, dass uns »das Geheimnis« am meisten von sich selbst preisgibt, wenn wir es nicht ganz zu »entschleiern« versuchen. Von Hilde weiß ich, dass sie in ihrer Jugend telepathische Spiele liebte. Sie sei ein begabtes Medium gewesen, behauptete Hans. Später, als sie mit immer größeren Depressionen zu kämpfen hatte, traten Psychopharmaka an die Stelle der Parapsychologie. Bei Dir gehe ich eher davon aus, dass Dich die Parapsychologie nicht sonderlich interessierte. Aber vielleicht hast Du auch erst nach dem Tod Deines Mannes einen anderen Weg eingeschlagen.

Pauls Tod

Hildegard und Paul waren nur wenige gemeinsame Jahre vergönnt. 1913 hatten sie geheiratet, im April 1918 fiel Paul. Er hatte sich freiwillig zu Kriegsbeginn gemeldet. Dabei hätte er als einziger Sohn seiner Eltern zurückgestellt werden können. Aber wer tat das schon damals, im August 1914, als alle strahlend in den Krieg zogen und dachten, sie seien Weihnachten wieder zu Hause? Paul konnte wegen einer Knieverletzung nicht sofort einrücken. Das empfand seine Frau als Schmach. Sie erzählte später ihrer Tochter Hilde, dass sie sich nicht am Fenster zeigen mochte, als die Soldaten an ihrem Haus vorbei in den Krieg zogen. Nur weil ihr Mann zu Hause geblieben war. Als Paul dann schließlich einberufen wurde, hat sie aber doch so bitterlich geweint, dass ihre Augen zu bluten begannen. Da hatten Paul und Hildegard schon begriffen, dass dieser Krieg nicht so schnell vorbei sein würde.

Im April 1918 traf Paul ein Kopfschuss. Er lag in den Schützengräben von Verdun und machte sich Sorgen, was aus seiner Frau und seinen Kindern werden würde, bevor er starb. Ein Kriegskamerad hat es später berichtet. Der Tag, an dem Paul fiel, war Karfreitag, sagte mir meine Mutter Hilde. Das Dienstmädchen hätte behauptet, dass sie in der Nacht seines Todes Schritte im Kinderzimmer gehört habe. Sie hätten an den Betten der Kinder Halt gemacht. Am nächsten Tag wäre die Nachricht eingetroffen. Hilde hatte Tränen in den Augen, als sie mir diese Geschichte erzählte. Da war sie über sechzig Jahre alt. Weder Hilde noch Hans hatten eine Erinnerung an ihren Vater. Die eine war zweieinhalb, der andere ein Jahr alt, als er starb. Aber Pauls Eltern haben Hilde und Hans noch gekannt. Sie waren nach Berlin gezogen, als Posen nach dem Ersten Weltkrieg polnisch wurde, denn sie hatten für die deutsche Nationalität optiert. Anfang der 1920er Jahre starb der alte Margis. Danach bezog seine Witwe eine Einzimmerwohnung in einem ärmeren Teil von Charlottenburg, nicht weit entfernt von der Schwiegertochter und den Enkeln. Das Zimmer, so erinnerte sich Hans, hatte einen Kachelofen, und die Toilette befand sich im Treppenhaus. Wir haben sie gerne besucht, sagte Hans. Man musste mich hinprügeln, sagte Hilde. Wenn wir kamen, so sagt Hans, machte sie Backäpfel mit Marmelade. Sobald die Kinder groß genug waren und mit der Straßenbahn fahren konnten, wurden sie allein losgeschickt, ihre Großmutter zu besuchen. Als diese Ende der 20er Jahre starb, hinterließ sie ihren Enkeln je tausend Reichsmark.

Hans konnte sich an viele Feiern erinnern, bei denen die Gefallenen des Ersten Weltkriegs als die Helden eines missachteten und geschundenen deutschen Vaterlands gefeiert wurden. »Ich habe mich oft gefragt«, so sagte er mir, »was wohl aus mir geworden wäre, wenn mein Vater überlebt hätte. Wahrscheinlich wäre ich in Deutschland geblieben, wäre 1936 nicht nach England gegangen.« Er fragte sich, ob sein Vater ein Anhänger von Hitler geworden wäre. Aus dem, was Hildegard ihren Kindern erzählte, konnten sie schließen, dass er ein großer Patriot war. Aber vielleicht wäre er auch ein Liberaler geworden. Oder wer will ausschließen, dass er sich, wie Onkel Max, den Nazis angeschlossen hätte, »um einen mäßigenden Einfluss auf die Leute auszuüben«? Hans sagte sich später oft, die Tatsache, dass er einer feindlichen Armee angehörte, hätte seinen Vater sicherlich entsetzt, »weil ich dann gegen Deutsche kämpfen musste«. Hildegard hat das nicht so entsetzt. Im Gegenteil. Sie sorgte dafür, dass Hans Deutschland verließ, nachdem die Nazis an die Macht kamen. Hans bedauerte bis zu seinem Tode, dass er seiner Mutter dafür nicht mehr seinen Dank aussprechen konnte.

Liebe Großmutter,

durch das kleine Fenster schaue ich auf ein Tal mit Terrassen und Kastanienwäldern. Ich liebe diesen Blick. Zu allen Tageszeiten. Und ich kenne ihn schon seit dreißig Jahren. Um das Haus herum ist ziemliche Einsamkeit. Die nächsten »Nachbarn« wohnen in einigen Kilometern Entfernung. Ich weiß nicht, ob Dir dieser Ort gefallen hätte. Du liebtest die Stadt. Aber die Geschichte der Cevennen hätte es Dir angetan: die letzte Hochburg der Hugenotten, bevor sie aus Frankreich vertrieben wurden und nach Preußen oder Holland auswanderten. In meiner väterlichen Familie, angeblich auch in Pauls Familie, gab es eine ganze Reihe von hugenottischen Vorfahren. Die französischen Nachkommen dieser Verwandten habe ich einmal aufgesucht. Sie sind alle zum Katholizismus übergetreten – aber leben noch hier in der Gegend.

Ich wusste noch nichts von dieser Verwandtschaft, als wir uns in diese Landschaft verliebten und dieses Haus kauften. In vielen der verlorenen Höfe unserer Umgebung haben sich während der deutschen Besatzungszeit Widerstandskämpfer versteckt. Die Leute hier in der Gegend sprechen noch viel über diese Zeit. In ganz unmittelbarer Nähe gibt es einen Hof, der nur »maison brûlee«, verbranntes Haus, genannt wird. Die Deutschen haben ihn angesteckt, weil er Partisanen als Unterschlupf diente. Über Jahrzehnte hat kein Mensch das Haus betreten. Kürzlich wurde es von einem Engländer gekauft, der es aufbaut und wieder bewohnen will. Mehr als sechzig Jahre mussten vergehen, bevor sich das Haus vom Tod wieder dem Leben zuwenden konnte. Ich habe Wurzeln geschlagen an diesem Ort – mehr als irgendwo sonst. Es gibt viele Orte, an denen ich gelebt habe, und gerne gelebt habe. New York, Paris zum Beispiel. Aber dieser Ort begleitet mich nun schon länger als irgendein anderer. Ich kann hier gut schreiben, und obwohl Du wahrscheinlich wenig mit dem Landleben anfangen konntest, bist Du mir hier nahe. Vielleicht wegen der Geschichte dieser Gegend. Von unserem Haus wissen wir übrigens, dass es zuletzt einen alten Junggesellen beherbergte, der sich bei Gewitter im Brotofen verkroch. Das war lange nach dem Krieg.

Ausgerechnet über Dich, die Du der Anlass für diese Recherche warst, habe ich am wenigsten Informationen. Während die anderen Mitglieder der Familie Tagebücher oder Memoiren hinterlassen haben, gibt es von Dir nichts, nur ein paar Zeugnisse *über* Dich und einige Deiner Publikationen. Ein Gutteil von dem, was ich über Dich in Erfahrung bringen konnte, verdanke ich Hans. Er hat bis zu seinem Tod an seinen Erinnerungen gearbeitet – nicht um sie zu publizieren. Er hat für seine Kinder festgehalten, woran er sich erinnerte: auf Englisch. Es wird Dich aber freuen zu hören, dass sein Deutsch noch immer sehr gut war. Nun profitiere ich von seinen Aufzeichnungen.

Hans, ich sagte es schon, das war für mich und meine Geschwister lange Zeit nur das vergilbte Photo eines jungen Mannes auf dem Toilettentisch meiner Mutter. Es stand direkt neben dem Spiegel, in den sie täglich blickte. Als Hans 1996 auf Einladung des Berliner Senats zum ersten Mal seit sechzig Jahren wieder deutschen Boden betrat, ließ er sich Berlin zeigen und erkannte einige Gegenden wieder. Das meiste hatte sich sehr verändert. Er sagte, wenn Du überlebt hättest, wäre er nach Deutschland zurückgekehrt. Aber ohne Dich habe er hier nichts mehr zu suchen gehabt.

Dennoch: Als er zum ersten Mal wieder in Berlin war, kamen die Erinnerungen hoch. Auch nebensächliche. Nachdem er ein paar Tage bei uns war, fragte er plötzlich, ob wir das Lied »Als die Römer frech geworden« kennen. Wir kannten es; es gehörte zu den Liedern, die unser Vater uns beigebracht hatte. Auf den langen Autofahrten, wo die Kinder irgendwie bei Laune gehalten werden mussten. Ich konnte mich nur noch an die ersten Zeilen erinnern. Hans fragte, ob es ein Buch gebe, in dem der Text abgedruckt sei. Gab es sicherlich, aber unser Sohn Valentin und das Internet waren schneller. Zehn Minuten später tauchte Valentin mit einem Ausdruck in der Hand auf. Alle fünfzehn Strophen. Ein seliges Lächeln ging über das Gesicht von Hans. Seine Schulzeit war wieder da. Und in diesem Lächeln des 80-Jährigen meinte ich auch die Kindheit von Sigis und Hilde zu erkennen. Das Lied ist alles in einem: Kaiserreich, Nationalismus, germanisches Heldentum. Aber zugleich war es auch ein Lied, mit dem Berliner Pennäler ihre Lehrer traktiert haben müssen. Von all dem erzählte das Lächeln Deines Sohnes. Und es erzählte auch von den Widersprüchen, die Dein Leben und das Deiner Kinder begleiteten. Das Lächeln von Hans über das wiedergefundene Pennälerlied war eine von vielen Arten, wie die »Stille Post« ihre Botschaften weitergibt.

Hans sagte mir bei unserem letzten Gespräch, und dabei begann er zu weinen, dass er zwei Dinge in seinem Leben bedauere: sich geweigert zu haben, mit seiner krebskranken Frau Shirley über ihren nahenden Tod zu sprechen, als diese ihn darum bat; und Dir nicht mehr gedankt zu haben für alles, was Du für ihn tatest. Dein früher Tod nahm ihm diese Möglichkeit. Aber er hat sein Leben als einen Versuch begriffen, das weiterzuführen, was Du in ihm angelegt hattest. Seine Lebensgeschichte erscheint mir heute wie einer der Kanäle, durch die Du ihm Deine »Stille Post« anvertraut hast. Es ist »seine Geschichte« – aber es ist zugleich »die Geschichte«, die vermittelt durch Dich in seiner Biographie Gestalt angenommen hat. An sich dachte ich, dass die Botschaften der »Stillen Post« vor allem von Müttern zu Töchtern weitergegeben werden. Am Beispiel von Hans konnte ich jedoch erkennen, dass sie sich manchmal auch andere Wege suchen. Deine Tochter Hilde hat sich weitgehend gegen die Erbschaft gewehrt, die Du ihr vermacht hast, Hans hat sie angenommen und sogar gelebt.

Einiges über Dich erfuhr ich auch von meiner Mutter. Aber ihre Erinnerungen an Dich sind »lückenhaft«, und ich habe den Eindruck, dass sie von Euren Konflikten geprägt sind. Deine Tochter trennte zwischen dem, was ich erfahren sollte, und dem, was besser verschwiegen oder »vergessen« wird. Die meisten Berichte von Hans und Hilde über Dich stimmen überein. Nur in einem Punkt widersprechen sie sich: Beide behaupteten bis ins hohe Alter, Dein Lieblingskind gewesen zu sein. Das entbehrte nicht der Komik und hätte Dich vermutlich amüsiert: diese beiden hochbetagten Menschen, die noch immer – jeder für sich – auf ihrem Sonderstatus beharrten. Ihr Insistieren erzählt etwas von der Bedeutung, die sie Dir und Deiner Zuneigung beigemessen haben.

Berlin nach 1918: Hildegard Margis

Nach dem Tod ihrer Mutter im Jahre 1915 und dem Tod von Paul 1918 war Hildegard Margis auf sich allein gestellt und hatte zwei kleine Kinder zu versorgen. Ihre kinderlose Schwester und der Schwager Max aus Dortmund werden sie etwas unterstützt haben. Aber Hildegard hatte auch eine Ausbildung als Lehrerin; sie konnte an der Schule unterrichten. Da es an männlichen Lehrern fehlte, wurde sie sogar zum Schuldienst im Gymnasium zugelassen. Außerdem gab sie Klavierstunden. Irgendwie bringe ich sie damit nicht so recht in Verbindung. Außer bei den Virtuosen klingen Klavierstunden nach höherer Tochter und ein wenig »Kultur fürs Haus«. Aber vielleicht war sie ja zunächst tatsächlich vorgesehen für die Karriere der »höheren Tochter« – trotz der kurzen Haare und trotz der Ausbildung. Die andere Frau entwickelte sich erst später, als sie auf sich selbst gestellt war und sich völlig neu orientieren musste, wie so viele Frauen dieser Generation. Übrigens eine seltsame Koinzidenz: Dieselben Frauen, die zum ersten Mal das Stimmrecht erhielten, entwickelten auch diese ungeahnten Kräfte, die ich bei meiner Großmutter entdeckt habe. Was kam zuerst? War das Stimmrecht eine Folge dieser Kräfte oder die Kräfte die Folge des Stimmrechts?

Eine Erinnerung von Hans geht auf ein Ereignis zurück, das stattfand, als er vier Jahre alt war, also 1919 oder 1920: »Ich hörte Schreie von der Straße und ging ans Fenster, um rauszuschauen. Mutti kam sofort ins Zimmer gestürzt, riss mich vom Fenster und schlug es zu. Die Schreie kamen von Soldaten, die die Leute aufforderten, die Fenster zu schließen, weil Heckenschützen unterwegs waren.« Es könnte sich um den Kapp-Putsch gehandelt haben. Berlin war damals ein einziger Unruheherd, und die Straßenkämpfe gehörten zum Alltag. Ich habe Filme über diese Zeit gedreht – einen über den Hitlerputsch von 1923 zum Beispiel – und kann mir deshalb die Atmosphäre ganz gut vorstellen. Man lebte mit dieser permanenten Unruhe, den Menschen blieb ja auch gar nichts anderes übrig. Einmal, so erzählte Hans, war seine Mutter in der Nähe des Brandenburger Tores unterwegs und wollte die breite Chaussee Unter den Linden überqueren. Ein Fremder zog sie in einen Hauseingang mit der Bemerkung: »Gnädige Frau, was Ihnen da um die Ohren schwirrt, sind keine Bienen, sondern Kugeln.« Hildegard Margis begann damals, sich für Politik zu interessieren. Ihre Ausrichtung war nicht revolutionär, eher bürgerlich und national-konservativ. Zu Hans sagte sie einmal: »Ich würde auf den Knien nach Doorn rutschen, wenn ich den Kaiser zurückholen könnte.« »I told her she should rather take a train«, erzählte mir Hans.

In den unmittelbaren Nachkriegsjahren lebte Hildegard mit ihren Kindern am Rande des Existenzminimums. Nicht einmal die Straßenbahn konnten sie sich leisten. Ihre Tätigkeit als Lehrerin brachte wenig ein. So kam sie eines Tages auf die Idee, eine Zeitschrift zu gründen, die Verbraucherinformationen an Privathaushalte und Zeitungen verteilte. Damit hatte sie eine Marktlücke entdeckt. Die Industrie brachte ständig neue Produkte auf den Markt, und keiner wusste, wie man damit umgehen sollte. Wie sollte man wissen, was preiswert und haltbar ist? Hildegard gründete mit Hilfe einer Schreibmaschine und ihrer eigenen Arbeitskraft ein kleines »Unternehmen«: HuW (Haushalt und Wirtschaft). Die Informationen wurden mit Kohlepapierdurchschlägen vervielfältigt, aber damit konnte man nur wenige Kopien machen. Die Nachfrage nach den »Informationsblättern« wuchs. Hildegard wollte den Betrieb ausbauen, doch die Inflation zerschlug diese Hoffnungen. Hans, damals noch Kind, erinnerte sich: »Ich fand einmal eine Banknote auf der Straße mit unendlich langen Reihen von Nullen und ging damit zum Bäcker in der Hoffnung, ein Stück Kuchen zu erwerben. Der Schein war ein trockenes Brötchen wert. Und das war erst der Beginn der Inflation.« Dann geschah ein Wunder: Ethel Rose Taylor, die amerikanische Freundin und Verehrerin von Paul aus der Vorkriegszeit, schickte Hildegard Margis fünf Dollar.

Fünf Dollar waren in dieser Zeit ein Vermögen: Davon konnte Hildegard eine ganze Büroausstattung und eine Unmenge Papier kaufen. »HuW« verwandelte sich in ein »Unternehmen«, und mit dem kleinen Imperium wuchs auch das Selbstvertrauen der frischgebackenen Unternehmerin. Hildegard stellte Leute ein. Die »Informationsblätter« wurden mit Wäschekörben auf die Post gebracht – so wie das Papiergeld in Wäschekörben auf die Banken getragen wurde. Hans bemerkte ironisch in den Aufzeichnungen für seine Kinder: »In dieser Zeit hatte man keine Angst vor Banküberfällen. Die Diebe hätten das Geld gar nicht davontragen können. Außerdem hatte es innerhalb von wenigen Stunden seinen Wert verloren. Man konnte sehen, wie die Leute zu den Läden rannten, um ihr Geld auszugeben, bevor es wertlos war.« Druck und Versand der Informationsblätter wurde an professionelle Druckereien gegeben. Hildegard engagierte zwei Sekretärinnen und tat sich mit anderen Frauen zusammen. Gemeinsam gründeten sie einen Hauswirtschaftlichen Einkaufs-, Beratungs- und Auskunftsdienst (»Heibaudi«). Es wurden Büros am Landwehrkanal angemietet, in denen die modernsten Haushaltsgeräte ausgestellt und Beratungen durchgeführt wurden: Firmen holten sich hier Informationen über Geräte ein, Privatkunden ließen sich über Gehaltsfragen oder Familienrecht beraten. Eine Kochschule wurde eingerichtet.

Liebe Großmutter,

es wird Dich freuen zu hören, dass sich Ethel Rose Taylor auch nach Deinem Tod um Deine Kinder kümmerte. Sie schrieb an Hans, als er im Lager in Australien saß und unterstützte ihn, soweit sie konnte. Sie kümmerte sich um Hilde und Sigis, als die beiden 1946 nicht wussten, wohin sie gehen sollten: Nach Deutschland, wo sie keine engen Verwandten mehr hatten? In die USA, wo die Brüder von Sigis und nun auch seine Eltern lebten? Nach Australien, wo sich Hildes Bruder niedergelassen hatte? Ethel Rose Taylor versuchte, Arbeit für Sigis in den USA zu organisieren. Es klappte nicht. Aber sie war wahrlich eine treue Freundin – über zwei Generationen und zwei Weltkriege hinweg.

Hildegard Margis auf dem Weg zum Erfolg

Bei Hildegard ging es von nun an ständig und rasant aufwärts. Die Aktivitäten im Bereich der Hausfrauen- und Verbraucherberatung waren so erfolgreich, dass sich große Firmen wie Siemens, AEG und die Gasindustrie für diese »Unternehmerin« zu interessieren begannen. Die Elektroindustrie bot ihr Geld, damit sie sich in ihren Hausfrauenblättern für die Elektrifizierung der Haushalte einsetzte. Das tat sie mit viel Geschick, wie ich nachlesen konnte, indem sie die Vorteile der neuesten Technik vorstellte. Im Siemens-Jahrbuch von 1929 wurde ein Artikel von Hildegard Margis aus früheren Jahren über die elektrische Brat- und Backröhre nachgedruckt: »Sicherlich wird sie in weitaus den meisten Fällen nur für die Herstellung bestimmter Gerichte in Funktion treten; die Tatsache aber, daß beispielsweise in möblierten Wohnungen, in Zimmern zumal, die keine Gasleitung haben, und in engen Küchen mittels eines Gerätes, dessen Anschaffung dank seines vergleichsweise niedrig gehaltenen Preises auch für minderbemittelte Familien im Bereich der Möglichkeiten liegt, ohne jede gesundheitsschädlichen Folgen für die Bewohner eine vollkommene Speisenfolge hergestellt werden kann, muß ihren Besitzeswert wesentlich erhöhen und wird ohne Frage ein Mittel zur Lösung drückender Raumprobleme sein.«[5] Darauf bot ihr die Gasindustrie Geld dafür, dass sie die Vorteile des elektrischen Haushalts nicht gar zu sehr hervorhob. Ihre Geschäftstüchtigkeit – darüber waren sich ihre beiden Kinder ausnahmsweise einig – war hoch entwickelt: Sie nahm Geld von beiden Seiten – und wurde zugleich zur Vorkämpferin des technischen Fortschritts. Ein Buch über »Zeitgemäßes Kochen« beginnt mit den Worten: »Wer nicht mit der Welt mitgeht, wer mißmutig hinter dem Ofen hockt und voll Verachtung auf die Fortschritte der Technik, des Verkehrs, des allgemeinen Lebens über, unter, neben sich sieht, der führt ein bemitleidenswertes Dasein. Unser Zeitalter der Technik verlangt gebieterisch von jedem einzelnen, daß er sich seine Errungenschaften, soweit es im Bereich des Möglichen liegt, zunutze macht, um nicht überrannt zu werden von den Ereignissen und nicht beherrscht zu werden da, wo er eigentlich herrschen sollte.«[6]

Gelegentlich veröffentlichte Hildegard Margis ihre Artikel auch unter Pseudonym: Elisabeth Hoffmann. Ich nehme an, das vereinfachte die Frage der Loyalität. Außerdem waren die Hausfrauenblätter voll mit Werbung. Nach bitterer Armut begann Hildegard nun, kaum acht Jahre nach dem Krieg, richtig Geld zu verdienen. Und sie genoss es, das Geld. Hilde behauptete zwar, dass ihre Mutter einen schrecklichen Geschmack hatte – »braune Schuhe zu einer schwarzen Tasche!« –, aber das hielt sie nicht davon ab, in den teuersten Läden Berlins einzukaufen. Für ihre Tochter Hilde war das Äußere wichtig, in Kleidung und Einrichtung war sie unübertroffen. Mutter Hildegard hingegen wollte sich damit nicht aufhalten. Sie hatte andere Prioritäten: Das Geld war dazu da, sich Freiheit zu erkaufen. Freiheiten wovon? Von Männern? Von politischer Abhängigkeit? Es muss etwas in dieser Art gewesen sein. Oder das Geld war auch einfach nur Selbstzweck, ein Zeichen von Autonomie. Gegen Ende der 1920er Jahre, so sagte Hans, war Hildegard eine der bestverdienenden Frauen Deutschlands. Sie verfügte über keine Erbschaft, nichts war ihr mitgegeben worden. Aber von diesem Einkommen konnte die ganze Familie mehr als gut leben.

Die Familie bezog eine Wohnung mit acht Zimmern am Kaiserdamm Nr. 21 (Ich habe noch die Fernsprechnummer ausfindig gemacht: West 7691. Damals hatten die verschiedenen Stadtteile von Berlin getrennte Netzwerke, als handle es sich um unterschiedliche Städte.) Der Haushalt beschäftigte eine Köchin, ein Dienstmädchen und zwei Sekretärinnen. Später kaufte sie ein ansehnliches Grundstück auf der Lyckallee in Charlottenburg, um dort ein Haus zu bauen. Es war eines der ersten vollelektrifizierten Häuser Deutschlands. Die Elektroindustrie zeigte sich erkenntlich: Das Haus von Hildegard Margis wurde nicht nur mit einer elektrischen Küche ausgestattet, sondern auch mit automatischen Sicherungen (die damals neu waren). Alle Räume verfügten über ein Haustelefon. In mehreren Zimmern gab es Radiolautsprecher. Damals muss das Haus etwa so gewesen sein wie die Vorzeigehäuser der Telecom heute. Oder Häuser, die durch alternative Energie versorgt werden. Finanziert wurde es von Siemens. Die Firma verlangte dafür, dass gelegentlich Führungen durch die Villa stattfinden durften. Das Haus wäre heute wahrscheinlich geeignet als Museumsstück der frühen Elektrifizierung, aber leider steht es nicht mehr. Es wurde 1943 von einer Bombe getroffen und schwer beschädigt. Unmittelbar nach dem Krieg haben noch einige Freunde von Hildegard darin Unterschlupf gefunden, darunter Hans Lohmeyer, der von 1919 bis 1933 Oberbürgermeister von Königsberg war, bevor er von den Nazis abgesetzt wurde. In den 1950er Jahren haben meine Eltern das Haus und Grundstück verkauft. Heute steht ein modernes Mietshaus darauf. Auf dem Grundstück stehen alte Bäume. Es könnten dieselben sein, die ich auf den Photos vom Haus gesehen habe.

Liebe Großmutter,

Hilde und Hans beanspruchten nicht nur beide das Privileg, Dein Lieblingskind gewesen zu sein, sie hatten auch unterschiedliche Vorstellungen von Deinem Liebesleben: Hilde war überzeugt, Du seiest lesbisch. Wirklich interessiert hätten Dich nur die Frauen. Hans behauptet, er könne sich an mindestens einen Liebhaber von Dir gut erinnern, ein Mann namens Dieter Mende, der im Justizministerium gearbeitet habe: »Oft, wenn ich spät abends nach Hause kam, saßen sie noch im Wohnzimmer. Als ich einmal verfrüht von einer Reise wiederkehrte, habe ich ihn und Mutti in sehr hastig übergezogenen Kleidern vorgefunden. Ich mochte ihn, Hilde mochte ihn nicht. Er war jüdisch. Ich weiß nicht, ob er den Holocaust überlebt hat.«

Wahrscheinlich stimmt sowohl Hildes Einschätzung als auch die von Hans. Es gab in Eurer Generation von Frauen, die als erste über das aktive und passive Wahlrecht verfügte, einen bestimmten Frauentypus, der mich immer fasziniert hat: fest entschlossen, sich die neue Freiheit nicht nehmen zu lassen. Dazu musstet Ihr zusammenhalten, und ich kann mir vorstellen, wie tief diese Art von Solidarität in die Gefühlswelt eingreift. Männer waren für die Liebe und solche Nebensächlichkeiten da. Aber Frauen, das war das wirklich Existenzielle, das Leben, nicht wahr? Ich versuche manchmal meinen Studierenden klarzumachen, wie rasant schnell sich damals die Lebensbedingungen von Frauen veränderten. Es ist für sie kaum vorstellbar. Nicht alle, aber einige von Euch haben damals ihre Chance ergriffen. Dass viele von Euch Witwen waren, spielte dabei sicherlich eine Rolle. Kein Mann, der Euch bevormundete und Euch sagte, wo's langgeht!

Selbst ist die Frau

Gegen Ende der 1920er Jahre war Hildegard Margis in Berlin und weit darüber hinaus sehr bekannt. Sie wurde in den Vorstand mehrerer Frauenorganisationen berufen, leitete den Hausfrauenverband und erhielt zahlreiche Einladungen zu öffentlichen Vorträgen (natürlich gut bezahlt!). Sie sprach im Radio zu Themen wie »Was die Käuferin von heute wissen muß«, propagierte den Konsum von Seefisch oder Milch oder berichtete über »Internationale Frauenfragen«.[7] Die politischen Parteien wurden auf Hildegard Margis, wie auch auf andere energische Frauenrechtlerinnen dieser Generation, aufmerksam. Überhaupt hatten die Parteien begonnen, sich für dieses Hausfrauennetzwerk zu interessieren. Seitdem die Frauen das aktive und passive Wahlrecht erhalten hatten, waren sie zu einem wichtigen Faktor des politischen Kalküls geworden. Da kam eine Frau, die das riesige Wählerinnenpotential der Hausfrauen ansprach, gerade recht. Gustav Stresemann suchte Kontakt zu Hildegard Margis, forderte sie auf, der Deutschen Volkspartei beizutreten und für den Reichstag zu kandidieren.

Das tat sie. Das Frauenwahlrecht lag keine vier Jahre zurück – und schon war eine ganze Reihe von Frauen in der Politik aktiv. In der SPD oder KPD sowieso. Viele der bürgerlichen Frauen schlossen sich eher der DVP als der Deutschnationalen Volkspartei an. Bei Hildegard Margis reichte es dann zwar nicht für ein Mandat im Reichstag, aber sie spielte eine Rolle in der Kommunalpolitik. Schon im Frühling 1922 wurde sie als Mitglied der Bezirksverordnetenversammlung Charlottenburg verzeichnet. Sie saß in den Ausschüssen für das Gesundheits- und Ernährungswesen und war zuständig für die höheren Lehranstalten. Sie wurde in den Vorstand zahlreicher Wohltätigkeitsorganisationen gewählt: des Vereins gegen Verarmung, des Vaterländischen Frauenvereins, der unter anderem die Kindererholungsstätte Eichkamp betrieb. Hilde und Hans verbrachten gelegentlich ihre Ferien in diesen Lagern an der Ostsee. Außerdem wurde sie zum

Mitglied des Reichswirtschaftsrates ernannt, als Vertreterin der Verbraucherinteressen. Wenn sie zu Vorträgen in andere Städte fuhr, stellten ihr Siemens oder eine andere Firma einen Wagen zur Verfügung. Gelegentlich durften ihre Kinder sie begleiten. Sie kaufte sich ein Auto – selbstverständlich musste es ein Mercedes-Kabrio sein – und lernte Autofahren. Weil sie aber, laut Hans, eine miserable Autofahrerin war, engagierte sie einen Chauffeur. Bei dem wiederum lernte Hans Autofahren, lange bevor er den Führerschein beantragen konnte. Interessant erscheint mir eine kleine Erinnerung von Hans über den Berliner Autoverkehr in dieser Zeit: »Es gab zwar Ampeln, aber meistens regelte ein Polizist den Verkehr. An jeder Kreuzung derselbe das ganze Jahr über. Zu Weihnachten bedachten ihn die Autofahrer aus der Nachbarschaft mit Geschenken. Ich habe Kreuzungen gesehen, an denen sich ein zwei Meter hoher Berg von Päckchen türmte.«

Die Familie verbrachte nun den Urlaub in der Schweiz, man besuchte die Sehenswürdigkeiten von Florenz, Rom, Neapel und Capri. Keine zehn Jahre, nachdem sie ihr kleines Informationsblatt gegründet hatte, bewegte sich Hildegard Margis mit der größten Selbstverständlichkeit in einflussreichen politischen und wirtschaftlichen Kreisen Berlins. Die Wohnung am Kaiserdamm, später das Haus in der Lyckallee wurden zu einem gesellschaftlichen Treffpunkt, an dem häufig Abendessen stattfanden. Hier verkehrten Regierungsmitglieder, Diplomaten und Leute aus Verlagswesen und Industrie. Stresemann war ein häufiger Gast und zog wiederum andere an, die den Außenminister zu treffen hofften. 1928 gründete Hildegard Margis zusammen mit der Deutschen Verlags-Anstalt in Stuttgart einen eigenen Verlag für Hauswirtschaft, der sich mit Kochbüchern und Expertisen zu Haushaltsfragen an Hausfrauen und Fachleute wendete. Er bildete einen Teil des umfangreichen Fachbuchprogramms der Deutschen Verlags-Anstalt. Mit Gustav Kilpper, der seit 1910 den Verlag leitete, war sie befreundet. 1930 schloss sie einen Vertrag mit dem Ullstein Verlag. Sie erhielt im Verlagshaus eigene Büroräume und gab dort eine Reihe von Texten zu Frauenfragen heraus. (Ich kann nur vermuten, dass es sich um »Ullsteins Blatt der Hausfrau« handelt.) Man holte ihren Rat ein. »Die Regale im Haus waren voll mit Fachbüchern, zu denen Mutti Expertisen abzugeben hatte«, sagte Hans.

Hildegard Margis wurde allmählich zur Fachfrau für einen neuen Sektor der Wirtschaft: die »rationelle Haushaltsführung«. So der Titel ihrer Schriftenreihe: »Haushalt und Wirtschaft. Ratschläge für eine rationelle Haushaltsführung«, die im Schriftenverlag Deutscher Hausfrauen G.m.b.H. erschien. Innerhalb der Frauenbewegung der 1920er Jahre war die Rationalisierung des Haushalts dringlich geworden, weil der Erste Weltkrieg viele Witwen hinterlassen hatte und Frauen zu Familienernährerinnen geworden waren, die zugleich den Haushalt zu versorgen hatten. Die Situation verlangte nach Zeitökonomie. Hinzu kamen die Zwänge der Wohnungsnot. Zusammen mit Karl Mahler gab sie den Band »Teilung und Umbau von Wohnungen« heraus. Darin machten bekannte Architekten und Inneneinrichter Vorschläge für die Teilung großer Wohnungen, um der Wohnungsnot abzuhelfen. »Die Beschränkung der Mittel auf Einnahme allein durch Arbeit limitiert jeden Wohnungsluxus.« Aus solchen Überlegungen sprechen die schmerzvollen Erfahrungen mit der Inflation. Aber auch sonst änderte sich das Leben: »Hausangestellte zu halten ist heute nur einem verschwindend kleinen Anteil der Bevölkerung möglich.« Deshalb seien Wohnungen gefragt, in denen »eine Vereinfachung der Hausarbeit gewährleistet« sei. Im Übrigen müsse man sich auch darüber im Klaren sein, »daß die Einstellung der heute maßgebenden Generation« sich durchgreifend geändert habe: »Eine reale Denkungsweise fordert kategorisch die Beschränkung auf absolute Zweckmäßigkeit. Der Begriff der ›kalten Pracht‹, die vor dem Kriege, selbst für den kleinsten Mittelstand, ein erstrebenswertes Schönheitsideal bildete, ist ein unverstandenes Märchen geworden.«[8]

In dieser neuen, pragmatischen und innovativen Wohnungsästhetik, die von den Zwängen der Ökonomie wie von dem Bedürfnis nach einfacher Lebensorganisation bestimmt war, spielten

Frauen eine wichtige Rolle. Sie entwickelten völlig neue Ideen der Raumgestaltung.[9] Viele von ihnen waren Jüdinnen und mussten später emigrieren. Bei einigen dieser Frauen verband sich der Fortschrittsgedanke mit traditionellen bürgerlichen Idealen. So auch bei Hildegard Margis. In einem Aufsatz über »Durchdachte Hausarbeit« schrieb sie 1928: »Der Wiederaufbau unserer Gesellschaft, wenn er mehr sein soll als ein bloßes Schlagwort, muß seinen Ausdruck finden in dem Heim des Volkes. Um das zu erreichen, muß die Frau ihre ganze Persönlichkeit entfalten können; ihre Arbeit muß unter so guten Bedingungen geleistet werden, daß sie Zeit behält, nicht nur ihre Kinder zu ernähren und zu kleiden, sondern auch ihren Geist und Charakter zu bilden. [...] Wir können hoffen und vertrauen, daß unter diesem Gesichtswinkel die Rationalisierung der Hauswirtschaft das Gebiet ist, auf dem eine Weltsprache gesprochen wird.«[10] So patriotisch das Anliegen der Hausfrauenvereine auch war, der Bezug zur »Weltsprache« verrät, dass sich der Blick dieser selbstbewussten Frauen nun nach außen, in »die Welt« richtete, vor allem nach England und in die USA, wo die moderne Haushaltstechnik am weitesten entwickelt war.

Im Auftrag von Gustav Stresemann fuhr Hildegard Margis zu Vortragsreisen nach England und in die Vereinigten Staaten. Sie war zugleich Delegierte der DVP und der deutschen Hausfrauenverbände – und eine solche Delegierte wohnte natürlich in den besten Hotels. Hans: »Als Mutti zum ersten Mal in New York war, wohnte sie im Waldorf Astoria. Sie wurde gefragt, welche Blumen sie liebt. Bei jedem späteren Besuch fand sie diese Blumen in ihrem Zimmer vor.« Vor den »Daughters of the Revolution« – einer amerikanischen Frauenorganisation, deren Mitglieder nachweisen müssen, dass ihre Vorfahren schon vor der Revolution in Amerika lebten – sprach sie über das Deutschland der Nachkriegsjahre und die Anliegen der Frauen in dieser neuen Zeit. Was können Frauen zum Allgemeinwohl beitragen – und was kann der Staat zum Wohlergehen der Frauen beitragen? Da gab es durchaus Parallelen zwischen den modernen USA und

Deutschland, das gerade erst begonnen hatte, die Moderne für sich zu entdecken. Über die gemeinsame Sprache, die diese Frauen über nationale Grenzen hinweg entwickelten, drang auch Gedankengut nach Deutschland ein, das nicht nur den »Dolchstoß«, den »Versailler Verrat« und die »Wiedererweckung des deutschen Reichs« zum Thema hatte. Hildegard Margis berichtete im Radio und in gedruckten Publikationen über »Amerikanische Maßnahmen zur Rationalisierung des Haushaltes«.[11] Ausgerechnet Hausfrauenverbände trugen zu einer solchen Öffnung des Horizonts bei: Diese auf sich selbst gestellten Frauen hatten andere Sorgen als die Wiederherstellung der »Ehre« auf dem Feld.

Es gibt ein Photo, das Erich Salomon Mitte der 20er Jahre gemacht hat und das ich erst vor kurzem entdeckte. Es zeigt vier Frauen in ein intensives Gespräch vertieft. Sie sitzen an einem Tisch, an dem vorher ein größeres Diner stattgefunden haben muss, und tragen Abendgarderobe. Es ist der Moment, in dem sich die Herren früher mit einer Zigarre ins »Herrenzimmer« zurückzogen, um über Politik und anderes zu reden, von dem Frauen nichts verstehen. Auch diese Frauen haben sich zurückgezogen: in eine Frauenwelt. Und auch hier wird über Politik und andere Dinge gesprochen, von denen Männer nichts verstehen. Eine von den vier Frauen ist verdeckt, von zwei anderen weiß man die Namen. Es sind Ada Schmidt-Beil und Katharina von Kardorff, zwei bekannte Frauenrechtlerinnen der Weimarer Republik. Die vierte Frau sieht man nur von der Seite: Sie hat den Rest der Gesellschaft völlig vergessen und liegt mit dem Bauch weit über den Tisch gelehnt, ins Gespräch mit den anderen Frauen vertieft. Als ich das Photo zum ersten Mal sah, dachte ich unwillkürlich: Diese Frau muss meine Großmutter sein. Se non è vero, è ben trovato.

1931 veröffentlichte Ada Schmidt-Beil einen umfangreichen Band (632 Seiten!) unter dem Titel »Die Kultur der Frau. Eine Lebenssymphonie der Frau des XX. Jahrhunderts«.[12] In diesem Buch schrieben viele, insgesamt 85, bekannte Frauen der Weimarer Republik, darunter Dora Benjamin, Renée Sintenis,

Alice Salomon, Marie Juchacz, Else Lüders, Lily von Schnitzler. Es ging quer durch alle sozialen Schichten und politischen Bewegungen – mit Ausnahme der Kommunisten und der Nationalsozialisten; beide politische Strömungen sind in dem Buch nicht vertreten. Dafür stellte Katharina von Kardorff die Frage: »Brauchen wir eine Frauenpartei?« Nicht ganz überraschend kam sie zu dem Schluss, dass das nicht nötig sei. Die Frage ist ohnehin immer nur von bürgerlichen Frauen gestellt worden – Frauen der KPD oder Sozialdemokratinnen kam sie nicht in den Sinn. Aber auch unter den bürgerlichen Frauen hatte die Frauenpartei keine gute Presse. Dagegen sind mehrere Aufsätze in diesem Band der Hausfrau und dem Haushalt gewidmet, darunter einer von Hildegard Margis, der den Titel trägt: »Zur Psychologie der Technik im Haushalt«. Unter »Psychologie« verstand sie die Fähigkeit, mit den Haushaltsgeräten korrekt umzugehen und deren falsche Verwendung nicht nur den »unpädagogischen Gebrauchsanweisungen« anzulasten. Anfang der 1930er Jahre ging es also schon nicht mehr nur um die Einführung *eines* neuen technischen Haushaltsgeräts, sondern um die Unterscheidung zwischen den vielen Möglichkeiten, die die einzelnen boten. Laut Hildegard galt es zu unterteilen »in solche Geräte, die der Reinigung dienen, wobei unter Reinigung auch das Waschen zu verstehen ist, und in solche Geräte, die der reinen Produktion, d. h. der Herstellung von Speisen bzw. Kleidungsstücken dienen«. Zur »Psychologie« der Technik im Haushalt gehörte auch das Wissen um Geräte, die es schon gibt – »Der Waschtag mit einer guten Waschmaschine – ein Freudentag!« –, und solchen, die man sehnlichst herbeisehnte: etwa den Kühlschrank oder die Spülmaschine: »Wenn man eine Umfrage bei Hausfrauen halten würde, so würde man sicherlich zur Antwort bekommen, daß das Abwaschen diejenige Arbeit ist, zu der die größte Überwindung gehört. Es wäre daher zu wünschen, daß auch bei uns preiswerte Abwaschmaschinen in absehbarer Zeit eingeführt würden.« Das eigentliche Anliegen von Hildegard Margis war nun die »geistige Durchdringung des Haushaltbetriebes«. Dieser sollte so angelegt sein, dass »der Erfolg der Arbeit« bewertet wird und nicht etwa »diejenige Hausfrau als die beste angesehen wird, die sich am meisten abrackert«.[13]

ST. ROMAN DE CODIÈRES,
DEN 9. AUGUST 2006

Liebe Großmutter,
es wird Dich vielleicht wundern, aber viele der Namen in dem Band »Die Kultur der Frau« sind mir aus meinen Recherchen über die Geschichte der Frauenbewegung bekannt. Beim Lesen der Namen dachte ich: Vielleicht ist es ja nicht zwingend, dass die Namen von Frauen aus »der Geschichte« verschwinden. Vielleicht setzt sich tatsächlich eine Form von bewusster Erinnerung durch, in der auch für Frauen mehr Platz ist. Das war jedenfalls das Ziel der ersten historischen Frauenforschung nach 1945. Es hat lange gedauert, bevor es überhaupt eine Frauenforschung gab. Die Nazis hatten mit der Erbschaft, die die Frauen Deiner Generation hinterlassen hatten, gründlich aufgeräumt – und es bedurfte mehr als einer Generation, bevor Frauen wieder dort anschließen konnten, wo Ihr aufgehört habt. Inzwischen frage ich mich, ob es deshalb diese verschwiegene Erinnerungskette der »Stillen Post« gibt: Die Nachrichten gehen in den Untergrund, aber irgendwann tauchen sie eben wieder auf.
Zwar habe ich nur wenig Biographisches über Dich finden können, aber in Deinen eigenen Schriften teilt sich – zwischen den Zeilen – auch einiges *über* Dich mit. (Bei der Suche nach diesen Schriften half mir unter anderen Prof. Dr. Ursula Nienhaus, die das Frauenforschungs-, Bildungs- und Informationszentrum in Berlin leitet. Durch sie habe ich begriffen, dass einiges von dem, was Ihr hinterlassen habt, doch erhalten blieb.) Es entstand allmählich dieses Bild von Dir, das mir Bewunderung abverlangt. Darüber hinaus stellte ich fest, dass ich dieser Großmutter, die ich nie kennenlernte, schon längst in Büchern und Filmen begegnet bin. Darunter

auch in meinen eigenen Filmen und Büchern. Ihr, die Frauen der 1920er Jahre in Berlin, wart mutig, innovativ, manchmal auch witzig und gerissen. Ihr wart nicht immer rechtschaffen (wie Du mit Gas- und Elektroindustrie umgegangen bist, war nicht ganz koscher!), aber ebendeshalb habt Ihr den anderen zu schaffen gemacht. Bisher habe ich mir diese Frauen aus der Distanz des historischen Blicks angesehen. Rückblickend weiß ich nun, dass ich mich für sie interessiert habe, weil sie über Dich zu den unerledigten Akten meiner »Stillen Post« gehörten – so wie ich mich für Körpersprachen interessierte, um die »Sprache« von Hilde, meiner Mutter, zu verstehen. Früher habe ich diese Interessen auf eine abstrakte, »historische« Ebene verschoben – schön weit weg vom Selbst. Der »eigentlichen« Sache konnte ich mich vielleicht erst zuwenden, als niemand mehr da war, der hereinreden kann. Das gehört zu den Eigenschaften der »Stillen Post«: Über die Botschaften, die weitergegeben werden, bestimmt jeder Teilnehmer neu.

Die Hausfrauenbewegung

Die 1928 von Hildegard Margis mit der Deutschen Verlags-Anstalt gegründete Reihe hieß »Frauendienst-Verlag«. Der Name erinnert nicht durch Zufall an den im Ersten Weltkrieg eingerichteten »Nationalen Frauendienst«: eine Frauenorganisation, in der Frauen auf »weibliche« Weise zum Sieg des Vaterlands beitragen wollten. Im »Frauendienst-Verlag« erschienen viele Kochbücher, obgleich Hildegard selbst – nach einmütiger Aussage ihrer beiden Kinder – vom Kochen wirklich gar nichts verstand. »Wenn die Köchin mit ihr das Gericht für eine Einladung planen wollte, sagte sie nur: ›Ich habe keine Ahnung, schauen Sie in mein Kochbuch.‹« Die Rezepte in ihren Kochbüchern waren allesamt geklaut, erzählte Hilde: Im Büro von Hildegard Margis saßen Frauen, die dafür bezahlt wurden, aus alten und neuen Kochbüchern abzuschreiben. »Köstliche Küche« hieß ein solcher

Band – er war dem elektrischen Kochen gewidmet, wurde mindestens dreimal aufgelegt: 75 000 Exemplare.[14] Siemens verteilte ihn gerne an potentielle Kunden. Ein Aufsatz kreiste »Rund um den Käse« und entstand im Auftrag des Reichsausschusses für die Förderung des Milchverbrauchs.[15] Der Vertrieb der Kochbücher wurde wirkungsvoll inszeniert. Ein Kochbuch mit Schokoladerezepten wurde von der Schokoladenindustrie finanziert und umsonst verteilt. Für die Fischindustrie erfand Hildegard Margis den Slogan »Eßt mehr Fisch und ihr bleibt gesund!« Ihr Kochbuch mit Fischrezepten begleitete die Werbekampagne der Fischindustrie.

Hans besaß noch eines dieser Kochbücher – eines der wenigen Erinnerungsstücke an seine Mutter, die ihm geblieben waren. Es enthielt eine Widmung von Hildegard Margis an Ethel Rose Taylor, die 1935 erneut nach Berlin gekommen war. Auf diese Weise war das Buch in den USA gelandet, und Ethel Rose Taylor hatte es nach dem Krieg an Hans nach Australien geschickt. Er schenkte es mir, nun ist es wieder in Berlin.

Dieses Buch heißt »Das deutsche Kochbuch« und erschien 1933 im »Frauendienst-Verlag«. Dass sich der neue politische Wind, eine Verstärkung der deutschnationalen Stimmung, in den Kochbüchern niederschlug, ist nur ein Indiz unter vielen, wie sehr sich eine Geschichte Deutschlands auch als eine Geschichte der Hausfrauen erzählen ließe. »Das deutsche Kochbuch« enthält neben einer Reihe von Rezepten, die »ausschließlich auf die Verwendung deutscher landwirtschaftlicher Erzeugnisse aufbauen«, einen ausführlichen Aufsatz. Von der »Weltsprache« der Hausfrau, von der noch 1928 die Rede war, ist darin nichts mehr zu spüren. Stattdessen wird die Bedeutung der deutschen Hausfrau für die nationale Wirtschaft hervorgehoben. Für seine Ernährung gebe das deutsche Volk alljährlich 30 Milliarden, nahezu die Hälfte seines Gesamteinkommens, aus. »Die Zahl spricht Bände für die Bedeutung, die der Ernährung in der Gesamtwirtschaft zukommt.« So werden das Kochen und die »Autarkie« (der Begriff taucht immer wieder auf) zu einer nationalen Angelegenheit, die Nationalökonomen und Hausfrauen miteinander verbindet. Auch Hildegard Margis, die ihren Sohn schon lange vor 1933 nachdrücklich vor Hitler gewarnt hatte, wurde mitgerissen vom Gedanken einer »Festung Deutschland«.

Paradigmatisch für den Wandel auch ein anderer Band, an dem meine Großmutter beteiligt war. 1932 erschien unter der Federführung von Clara Mende ein Buch mit dem Titel »Deutsches Frauenstreben. Die deutsche Frau und das Vaterland«. (Dass Clara Mende denselben Nachnamen trug wie Hildegards Geliebter Dieter Mende kann bedeuten, dass sie mit dem Mann oder Bruder ihrer Koautorin liiert war, der laut Hans Jude war. Es kann aber auch gar nichts bedeuten.) Hildegard Margis war Mitherausgeberin des Bandes und Autorin von mehreren Aufsätzen.[16] Laut Clara Mende verlangte »das Reich der Frau«, die Familie und das Haus, von der Frau schon immer eine Arbeit »bis zur Selbstaufopferung, ohne besondere Würdigung und Anerkennung vom Mann und vom Staat«.[17] Doch seit 1918 und der Einführung des Frauenwahlrechts habe sich ein Wandel vollzogen, durch den dieser Rolle eine Bedeutung zukomme, die weit über den Rahmen des Privaten hinausgehe: »Die Etatfragen des Staates sind leichter zu übersehen, wenn die Frauen im eigenen Haushalt einen vernünftigen Etat aufstellen. […] Wird so jeder einzelne Haushalt auf eine gesunde Basis gestellt, werden sie alle zusammen die Grundlage einer gesunden Finanzwirtschaft der Nation bilden.«[18] Deshalb sei es das Anliegen der Hausfrauenbewegung, die »Hausmutter im höchsten Sinne« zu schaffen, »die ihre politischen Aufgaben erfaßt und sich auch als Mutter im Staatsleben fühlt«. Diese Aufgabe bezog auch die Erziehung der Jugend ein, die »in national wichtige Gedankengänge hineinwachsen« sollte, »eine Aufgabe, die in dem Italien Mussolinis mit großer Energie angefaßt ist«.[19] Die Vorbilder sind klar.

Die Aufsätze von Hildegard Margis erzählen von der Geschichte der Hausfrauenbewegung und ihrer Vorkämpferinnen – Lina Morgenstern, Hedwig Heyl, Luise Kiesselbach – und von der Gründung des »Deutschen Verbandes der Hausfrauen«

im Jahr 1915, mitten im Krieg. »Wenn man die letzten Vereins-
berichte einmal genau verfolgt, so erkennt man, daß sie interes-
santeste Kulturdenkmäler sind. Sie schildern die Not der Tage,
sie schildern aber auch den auf einer unerhörten Lebensenergie
aufgebauten Optimismus unseres Volkes. Es gibt keine Not, die
nicht sofort Maßregeln zur Linderung erzeugt; es gibt keine Krise,
die nicht produktive Ideen auslöst. Unfallversicherungen, Sterbe-
kasse, Krankenversicherungen sprechen von der Notwendigkeit
des Selbstschutzes der deutschen Hausfrauen.«[20] Natürlich fehlt
auch hier nicht der Hinweis auf die enge Verbindung zwischen
Hausfrau und nationaler Gesundung: Die Hausfrauenbewegung
sei verantwortlich für die »große volkswirtschaftliche Verbunden-
heit: Beruf im Hause und Beruf im Volke. Vor diesem Gedanken verschwinden alle Unterschiede wie Besitz, Bildung, Alter
und soziale Lage, konfessionelle Verschiedenheit und politische
Färbung. Das Licht der Hausfrauensonne leuchtet und wärmt
alle, ganz gleich, woher sie kommen, ganz gleich, wohin ihr Weg
sie führt, und zeigt das hohe Ziel der Wiedergesundung unseres
Volkes.«[21]

Dennoch begannen Frauen auch persönliche Forderungen zu
erheben: Immer wieder kritisiert Hildegard Margis die niedrige
Bewertung der Leistung der Hausfrauen und setzt sich für die
Würdigung ihrer Tätigkeit ein. Sie publiziert in Bänden mit dem
vielsagenden Titel »Die Hochschule der Frau. Heimkurse für die
Arbeitspraxis des Frauenberufes«.[22] Zwar wurde die Forderung
nach Bildung damit begründet, dass Frauen nur so ihrer nationalen Aufgabe gewachsen seien; zwar wurde die außerhäusliche
Berufstätigkeit von Frauen mit Kindern als gesellschaftlicher
»Notstand« bezeichnet.[23] Doch es ist deutlich spürbar, dass diese
Frauen mit der Forderung nach Bildung auch an sich selber dachten. Eine Welt, die einer rein männlichen Entscheidungsbefugnis
unterlag, erschien ihnen nicht mehr zuverlässig.

Obgleich Hildegard Margis ohne Vorbehalte die technischen
Fortschritte im Haushalt befürwortete, widersetzte sie sich dem –
an sich naheliegenden – Gedanken einer kollektiven Haushalts-

führung mit gemeinschaftlicher Technik. Diese sei wirtschaftlich weniger rational, weil es zur kollektiven Haushaltsführung bezahlter Leitungskräfte bedürfe. Außerdem führe die Kollektivierung zu Normierungen und Standardisierungen, die keinem Individuum gerecht würden. Zum Abschluss ihres Aufsatzes zu diesem Thema kommt der geradezu prophetisch anmutende Satz: »Wenn Deutschland einmal etwas anderes sein soll als eine Nation von Kinobesuchern, Fußballfanatikern und Automobilisten, dann wird es den Hausfrauen und Müttern zu danken sein, die es verstanden haben, aus dem Dach über dem Kopf und den vier Wänden ein Heim zu bereiten, von dem geistiges Leben, Hilfsbereitschaft und menschliche Güte strömt.«[24]

Die Anpassung der Hausfrauenrolle an das nationale Gedankengut wurde den Vorkämpferinnen »deutschen Frauenstrebens« nicht gedankt. Die Anwesenheitslisten der Berliner Volksvertreter verzeichnen den Namen von Hildegard Margis noch bis 1932. Danach verschwindet er aus den Registern. 1932 wurden die Nationalsozialisten zur stärksten Partei im Preußischen Landtag. Hildegard Margis wurde nicht mehr gewählt. Um etwa diese Zeit müssen sich meine Eltern, Sigismund von Braun und Hilde Margis junior, im Haus meiner Großmutter zum ersten Mal begegnet sein.

ST. ROMAN DE CODIÈRES,
DEN 12. AUGUST 2006

Liebe Großmutter,

es fällt schwer, sich vorzustellen, dass diese Diskussionen über die Rolle der Frau in der Gesellschaft keine hundert Jahre zurückliegen. Die Geschwindigkeit, mit der sich der Wandel vollzogen hat, ist in der Tat einmalig, vor allem wenn man bedenkt, wie langsam sich sonst Mentalitäten verändern. Gesetze, das Recht können schnell verändert werden. Aber das, was sich in den Köpfen abspielt? Allerdings zeigt Dein Beispiel auch, wie leicht sich solche Änderungen wieder rückgängig machen lassen. Ich vermute, die Tatsache, dass Du schon vor dem Machtantritt der Nazis Dein politisches Mandat verloren hast, hing nicht nur mit dem sinkenden Stern der DVP zusammen. Von heute aus gesehen, entsteht der Eindruck, dass es schon damals eine breite Strömung gab, die mit den neuen Rechten der Frauen aufräumen wollte. Die Nazis haben diesen Wunsch nur in die Wirklichkeit umgesetzt. Meine Studentinnen glauben, es sei nicht mehr möglich, dass Frauen ihren Studien- oder Arbeitsplatz verlieren, wie es nach 1933 geschah. Aber wenn sie in die Berufswelt gehen, stoßen auch sie an diese »glass ceilings«, die den Karrieren von begabten Frauen oft eine Barriere setzen. Man kann die Mechanismen, mit denen das geschieht, nicht benennen. Aber über das Phänomen selbst gibt es keine Zweifel. Mit diesen Fragen beschäftige ich mich seit langem – und es ist so seltsam und bewegend, sie auch in Deinem Leben und Deinen Texten zu finden. Natürlich in ganz anderer Weise, als wir sie heute erleben. In Deinen Texten über die »Psychologie der Haushaltstechnik«, über »deutsches Frauenstreben« oder in einem Deiner Kochbücher mit den (geklauten) Rezepten scheint die Geschichte Deutschlands in eigener Weise auf. Frauen meiner Generation rühren Kochbücher oft nur mit spitzen Fingern an, und wenn jemand das Wort der »Hausfrauensonne« in den Mund nähme, würden die meisten schreiend davonlaufen. Dennoch muss ich anerkennen, dass Deine Generation Wege geöffnet und Maßstäbe gesetzt hat, von denen wir noch heute profitieren.

Du hast es Dir sicherlich anders vorgestellt, aber ich muss Dich enttäuschen: Die Bemühung von Frauen um Gleichberechtigung hat immer noch etwas Anrüchiges. Das lässt sich gut in meinem beruflichen Umfeld, der Universität, beobachten. Es ist fast, als entehre die Thematisierung der Geschlechterfrage die »Reinheit der Wissenschaft«. Natürlich lässt sich das nicht verallgemeinern. Aber in den Wissenschaftsakademien und in den akademischen Gremien feiert der Herrenwitz weiterhin fröhliche Urstände – vor allem, wenn es um Geschlechtergerechtigkeit geht. Manche männliche Kollegen verwehren sich dagegen. Aber leider geschieht das meistens erst kurz bevor sie das Ruhestandsalter erreichen – oder danach. (Die Anzahl von Emeriti oder Journalisten, die nach der Pensionierung die »Frauenfrage« entdecken und auf ihre Fahnen schreiben, beginnt ein untersuchungswürdiges Phänomen zu sein.) Auf dem Höhepunkt ihrer Karriere, oder auf ihrem Weg dorthin, halten es viele Wissenschaftler (und Wissenschaftlerinnen) nicht für ratsam, die weiße Weste der Wissenschaft mit der »Frauenfrage« zu verunreinigen. In solchen Situationen erscheinen mir Eure Errungenschaften – trotz aller Einwände – auch als eine Ermutigung und als eine Erbschaft, die ich gar nicht ausschlagen kann. Deine Tochter, meine Mutter, hat mit dieser Erbschaft nicht viel anfangen können – sie hat ein oder zweimal Deine Selbstständigkeit angestrebt, aber man hat es ihr sicherlich nicht leicht gemacht. So hat sie auf andere Weise ihre Ansprüche ans Leben durchgesetzt. Darauf komme ich später zurück. Das ist es, was ich mit der »Stillen Post« meine: Deine Anliegen sind mir vertraut, obwohl sie mir nicht bewusst weitergegeben wurden. Sie haben sich in meinem Kopf niedergelassen, ohne mir je ausdrücklich mitgeteilt worden zu sein.

Die Familie von Braun

Die andere Erbschaft, die mir mit auf den Weg gegeben wurde, war die meiner väterlichen Familie von Braun. Sie weist in eine ganz andere Richtung, und dennoch hat auch sie in meinem Denken tiefe Spuren hinterlassen. Diese Erbschaft erreichte mich über andere »Kanäle« als die meiner Großmutter. Erstens habe ich diese Großeltern noch gut gekannt. Zweitens hat mein Großvater, Magnus von Braun, Memoiren hinterlassen, die in mehreren überarbeiteten Neuauflagen erschienen sind. Und auch mein Vater, Sigismund von Braun, hat bis zu seinem Tod an Erinnerungen geschrieben, die unvollendet blieben, aus denen ich jedoch einiges Wissen beziehe. Beide Männer (mein Vater und mein Großvater) betrachteten sich beziehungsweise ihre Niederschriften als eine Art von »offiziellem« Gedächtnis, deren Ziel entweder in der »Kanonisierung« der eigenen Familie (Magnus von Braun) oder in der Überführung der eigenen Biographie in die »allgemeine« Geschichte (Sigismund von Braun) bestand. Jedenfalls ist dies der dominante Ton in den Memoiren. Das gilt allerdings nicht für den sehr persönlich gehaltenen Bericht von Sigis – so wurde mein Vater zeitlebens von Familie und Freunden genannt – von einer Weltreise, die er 1933 bis 1935 im Anschluss an einen Studienaufenthalt in den USA unternahm; und es gilt auch nicht für ein stichwortartiges Tagebuch, das er zwischen 1929 und 1937 geführt hat und das heute im Politischen Archiv des Auswärtigen Amtes liegt. Den »offiziellen« Ton schlägt er nur in den Memoiren an – und meistens ist genau dies auch die Funktion von Memoiren: sich und die eigene Geschichte für das kollektive Gedächtnis zu qualifizieren.

In den Briefen, die vor allem gegen Kriegsende und kurz nach dem Krieg zwischen Hilde, Sigis und seinen Eltern geschrieben wurden – einige von ihnen blieben erhalten –, ging es ums nackte Leben und noch nicht um einen Platz im kollektiven Gedächtnis. Einige dieser Briefe halfen mir, mich in die Gefühle der Protagonisten zu versetzen. Aber die »offiziellen Erinnerungen« von Magnus und Sigismund von Braun sind keine »Stille Post«. Es gibt keine »Geheimnisse« – wenngleich natürlich auch hier vieles verschwiegen wird. Magnus von Braun zum Beispiel geht in seinen rund fünfhundertseitigen Memoiren nur »am Rande« auf die Tatsache ein, dass er als Regierungspräsident in Gumbinnen (im östlichsten Ostpreußen) den Kapp-Putsch unterstützte. Immerhin hat ihn diese Aktion seine Stelle als preußischer Beamter gekostet.

Für uns Kinder spielten die Großeltern Braun eine wichtige Rolle. Sie erschienen uns wie eine »Instanz«, vor der man keine Fehler machen durfte. Bei Magnus von Braun hing das mit seinem patriarchalen Auftreten zusammen. Er konnte – auch noch im hohen Alter – streng bis erbarmungslos mit Menschen umgehen. Allerdings war er auch so schlagfertig, dass er immer die Lacher auf seiner Seite hatte. Ich weiß nicht, ob es an diesem Großvater liegt, dass es bei meinem Vater und unter meinen Geschwistern eine ausgeprägte Hochschätzung des Witzes gibt. Das hat Vor- und Nachteile. Der Vorteil ist, dass die Familientreffen selten öde sind. Der Nachteil ist, dass sie meistens zu einem Turnier des höchsten Lacherfolges ausarten. Es ist in meiner Familie so gut wie unmöglich, ein ernsthaftes Gespräch zu führen, ohne dass dieses durch einen Witz zu einem abrupten Ende gebracht wird. Wenn es denn mal vorkommt, dass sich ein ernsthaftes Gespräch länger hinzieht, so wird in der Runde eine allgemeine Nervosität spürbar, die erst dann ein Ende findet, wenn einer den erlösenden Kalauer oder die richtige Anekdote gefunden hat. Die Tonfärbung der Sprache von Magnus von Braun konnte die preußische Herkunft nicht verleugnen und strafte seine bayerische Tracht Lügen. Wenn Familienphotos gemacht wurden, war es selbstverständlich, dass sich Magnus – nomen est omen – in der Mitte des Gruppenbildes befand. Er saß, alle anderen standen um ihn herum. Als ich ihn kennenlernte, war er schon um die siebzig Jahre alt. Ich habe später erfahren, dass er in seiner Jugend ein ziemlicher Frauenheld war. Etwas davon war noch immer spürbar: Betrat eine Frau den Raum, so veränderte sich schlagartig seine Haltung: Der »Jäger« in ihm wurde wach. In seinen Memoiren gibt es ausführliche Passagen zu Jagdausflügen, die er in Ostpreußen und im Baltikum unternahm, und zu den Wildarten, die er erlegte. Mit den Frauen muss es ähnlich gewesen sein: Sie waren eine Art von Trophäe, mit der man sich schmücken konnte und die man in seinem Beutebuch vermerkte.

Magnus von Braun begann schon 1933 seine Memoiren zu schreiben. Er hatte tatsächlich einiges zu erzählen. Die Kriegsjahre hatte er aus nächster Nähe in Berlin miterlebt – als erster Reichspressechef – und während dieser Zeit ein Tagebuch geführt, das die politischen Entwicklungen präzise festhält. Das

Manuskript seiner Memoiren wurde 1945 unter nicht ganz einfachen Umständen aus Schlesien in den Westen geschmuggelt und dort vergraben. Die Memoiren erschienen 1956 unter dem Titel »Von Ostpreußen nach Texas«. Rund zehn Jahre später erschien eine zweite, überarbeitete Auflage unter dem Titel »Weg durch vier Zeitepochen«.[25] Der Titel der ersten Fassung verdankte sich der Tatsache, dass Magnus und Emmy von Braun nach dem Krieg ihren beiden Söhnen, Wernher und Magnus jr., in die USA folgten. Von dort kamen sie 1955 nach Deutschland zurück und ließen sich in Bayern nieder, wo sie bis zu ihrem Tod lebten. Magnus von Braun wurde 94 Jahre alt.

In den letzten Jahrzehnten seines Lebens betrieb Magnus von Braun vor allem genealogische Forschungen. Vermutlich ist die Genealogie ein geeignetes Mittel, um die eigene Geschichte mit »der Geschichte« in Einklang zu bringen. Das dürfte der Grund sein, dass sie bis heute ein fast reiner »Männerberuf« geblieben ist. Wie fast jeder Ahnenforscher brachte Magnus von Braun es fertig, den eigenen Ahnenstamm bis zu Karl dem Großen zurückzuverfolgen. Da ihm freilich bewusst war, dass viele andere das auch konnten, thematisierte er in seinen Memoiren das Phänomen des »Ahnenschwundes«: Nachdem er dem Leser (mit Leserinnen hat er, glaube ich, nicht gerechnet) zu verstehen gibt, dass zu seinen Vorfahren Karl der Große und zu denen seiner Frau die Könige von Frankreich und England, Maria Stuart und Barbarossa gehören, fährt er fort: »Das Bild verblaßt aber, wenn man sich klar macht, daß der Mensch 2 Eltern, 8 Urgroßeltern, in der 10. Generation bereits 512, in der 30. 536 870 912 (in der 40. rund 550 Milliarden) Vorfahren in der Obersten Linie hat, daß man pro Jahrhundert 3, pro Jahrtausend 30 Generationen rechnet. Karl der Große ist also einer der vielen hundert Millionen Vorfahren. [...] Im Reich Karls des Großen haben wahrscheinlich knapp sieben Millionen Menschen gelebt, während allein die Ahnenzahl eines einzigen zu jener Zeit viele hundert Millionen Menschen beträgt. Diese Diskrepanz der Zahlen ist nur durch den Ahnenschwund möglich, der bei Inzucht entsteht. (Das Kind von Vetter und Kusine hat nicht acht, sondern nur sechs verschiedene Urgroßeltern.) Die Angehörigen eines Volkes sind alle eng miteinander verwandt. Ein Volk ist also eine physische Einheit.«[26] Diese letzte Schlussfolgerung ließ mich aufmerken: Bei meinem Großvater wird der »Ahnenschwund« zum Beweis dafür, dass das Volk oder die Nation eine physiologische Einheit bildet. Das ist eine neue Variante des »Volkskörpers«: Die »Rasse« entsteht durch den Ahnenschwund. Allerdings ist Magnus' Schlussfolgerung nicht ganz logisch, denn jedes »Volk« hat immer Teile anderer »Völker« aufgenommen. Meine eigene Familie ist dafür das beste Beispiel: Zu den Braun'schen Vorfahren gehörten eine ganze Reihe von Hugenotten, die aus Frankreich nach Preußen eingewandert waren und schwerlich zu dem »Ahnenschwund« meiner Familie beitrugen.

Magnus und Emmy von Braun

Sowohl Emmy als auch Magnus stammten aus dem ostelbischen Adel: Emmy von Brauns Familie, die Quistorps, kamen aus Pommern; die Familie von Magnus stammte aus Ostpreußen.[27] Dass zur Familie auch polnische Familienlinien gehörten, wurde gerne verschwiegen. Bei meinen Recherchen im Familienarchiv (das durch die Vertreibung meiner Großeltern von ihrem Gut in Niederschlesien sehr dezimiert wurde) stieß ich auf ein Dokument, das mich allein wegen des Tones anrührte. Es handelt sich um das Testament eines Vorfahren, Sigismundt von Braun (mein Vater ist nach ihm benannt) aus dem Jahre 1662. Es beginnt mit den Worten »Im Namen der Hochgelobten Heyligen Dreyfaltigkeit habe ich Sigismundt von Braun auf Zopten und Zöllnikg erwogen, dass ich samt andern Menschen sterblich, und dass ich nichts Gewisses auf dieser Welt vor mir habe als den Todt, nichts Ungewisseres aber, als desselben Stunde, wann und wie solche der Liebe Gott über mich bestimmt …« In dem Testament wird sehr genau darüber verfügt, welcher Sohn welches Gut erhält (es gab offenbar mehrere zu verteilen), auf welches Geld der jüngste Sohn Anspruch erheben könne, um zu studieren, in welcher Weise die unverheirateten Töchter bedacht werden sollten – auch die Modalitäten und Kosten eines Hochzeitsfestes wurden festgelegt – usw. Aus diesem Testament ließ sich rekonstruieren, wie eine lange Kette von Familienzugehörigkeit entsteht: hier vornehmlich über vererbtes Land. Die Töchter wurden zwar mit einer guten Mitgift versehen, fielen aus dieser Kette aber heraus. Sie bildeten keinen Teil der Generationenfolgen. Dennoch gibt es auch weibliche Generationenfolgen: Sie sind informell, werden nicht testamentarisch bedacht und bilden einen Teil der »Stillen Post«.

1910 heirateten Magnus und Emmy auf Gut Crenzow, das den Quistorps gehörte. Sie zogen nach Berlin, nahmen ein Haus am Schlachtensee, wo Sigis 1911 als ihr ältester Sohn zur Welt kam. Die drei Söhne, Sigis, Werner und Magnus, waren als Kinder oft zu Besuch auf Crenzow. Der Ort grub sich tief in die Erinnerungen meines Vaters ein. Er besuchte ihn – zum ersten Mal nach dem Krieg – in den 1990er Jahren. Als er vor dem Gutshaus aus dem Auto stieg, so erzählt meine ältere Schwester Carola, die ihn begleitete, waren alle Erinnerungen sofort wieder da. »Das ist der Ort, wo ich Willi das Leben gerettet habe«, sagte er und zeigte auf einen Teich. Wer, bitte schön, war Willi?

Das Gut liegt nicht weit von Anklam, also auch nicht weit von Usedom. Als Werner auf der Suche nach einem Ort für die Raketenversuche war, schlug Emmy ihm vor, sich die Gegend von Peenemünde anzusehen. Sie übte überhaupt einen erheblichen Einfluss auf ihre drei Söhne aus. Sie hatte sich schon früh für Astronomie interessiert und gab dieses Interesse an ihre Söhne weiter. Laut Aussage von Sigis war seine Mutter »eine der meistgebildeten und -belesenen Frauen, denen ich je begegnet bin«. Emmy sprach vier oder fünf Fremdsprachen, damals eine Seltenheit, und kannte sich in der englischen und französischen Literatur gut aus. Sie starb 1959 an Krebs. Nach der ersten Operation konnte sie nachts nicht schlafen und zitierte den Faust vor sich hin. Sigis: »Sie hatte ein erstaunliches Gedächtnis, konnte den ganzen Faust, auch seinen zweiten Teil, auswendig.« Andere hätten vielleicht Gebete oder Psalmen rezitiert. Emmy hielt sich an die deutsche Literatur. Auch zeichnen konnte sie. Dank einer solchen Zeichnung wusste ich schon als Kind, wie das Gutshaus meiner Großeltern in Niederschlesien aussah. Als ich das Tagebuch dieser Großmutter über die Vertreibung aus Niederschlesien zu lesen begann, hatte ich ein Photo von ihr vor Augen, auf dem sie über eine Schreibmaschine gebeugt ist: Es muss gemacht worden sein, als sie das Tagebuch transkribierte.

In der ostpreußischen Welt von Magnus gab es – abgesehen von der Ahnenreihe – nur drei wichtige Dinge: die »Scholle«, die Armee und die Jagd. Allen drei Gebieten widmete er in seinen Memoiren ausführliche Kapitel. Natürlich gab es für diesen Landadel auch die »Kultur«, aber das war ein Luxus, dazu fehlte das Geld. Als Magnus' Schwester den Wunsch äußerte, Klavier spielen zu lernen, schenkte ihr der Vater ein Kalb, »das später einmal groß geworden und gemästet, in ein Klavier verwandelt werden sollte und auch wurde«.[28] In der Bibliothek dieses ostpreußischen Gutshauses stand ein wenig deutsche Literatur, aber vor allem »die lückenlose Sammlung der Ranglisten der preußischen und dann der deutschen Armee von den ersten, 1789 ausgegebenen bis zur deutschen von 1914. Die ersten hatten Taschenformat, die letzten Telefonbuchgröße.«[29] Es sei, so Magnus, kein Zufall, dass »das Eiserne Kreuz jeweils I. und II. Klasse von 1814, von 1870 und 1914 die Brust der Besitzer von Neucken [dem Landgut der Familie] zierte.«[30]

Für Magnus hatte das Verhältnis zur preußischen Armee eine sakrale Funktion: »Das aus dem Lehnsverhältnis stammende Treueverhältnis zwischen König und Adel war jeder Diskussion enthoben – wie jeder lebendige Glaube. Daß der König von Preußen außerdem das Oberhaupt der evangelischen Kirche war, gab – wenn auch unbewußt – seiner Stellung einen religiösen Hintergrund. Ist es ein Wunder, daß zwischen einem Berliner Börsenmakler oder einem Pressegewaltigen und dem östlichen Junker kein inneres Verstehen möglich war?«[31] Magnus spricht es hier nicht aus, aber mit dem »Börsenmakler« und dem »Pressegewaltigen« waren natürlich Juden gemeint. Bei beiden handelte es sich um Stereotype des »Jüdischen« im Kaiserreich. So wie die Nation für ihn einen »Körper« bildete, dem Juden – aus genealogischen Gründen – nicht angehören konnten, so waren für ihn Juden auch ausgeschlossen aus diesem mit einer »Kirche« gleichgesetzten Staat. Ihnen fehlte einfach das »innere Verstehen«, das für die Zugehörigkeit zu dieser »Kirche« unbedingt notwendig war!

Mit achtzehn Jahren verließ Magnus zum ersten Mal die ostpreußischen Landesgrenzen, studierte Jura in Hannover und Göttingen; anschließend reiste er durch Europa, absolvierte eine Banklehre in London und schlug schließlich die Verwaltungslaufbahn ein: Er wurde Landrat in der Provinz Posen, wo er bis zum Ausbruch des Ersten Weltkriegs blieb. (Dort wurde 1912 Wernher geboren.) Kurz nach Kriegsausbruch berief ihn Clemens Delbrück als persönlichen Referenten ins Reichsamt des Inneren. Magnus und Emmy zogen wieder nach Berlin, wo Magnus aus nächster Nähe die politischen Entwicklungen während des Ersten Weltkriegs nicht nur miterlebte, sondern auch mitgestaltete. Seine Tagebücher aus dieser Zeit sind zum Teil in seine Memoiren eingeflossen.

Nicht aufgenommen wurde allerdings der erste Absatz dieses Tagebuchs, das Magnus schon einige Jahre vor Kriegsbeginn begonnen hatte. Er lautet: »Der Engländer ist uns in seiner primitiven Einstellung zur Religion oft ein Rätsel. Seit den Zeiten Cromwells ist er dem Puritanismus verschrieben. Auch die geschäftstüchtige City, also gerade die Whigs sind kirchlich und glauben an die Unfehlbarkeit ihres Dogmas. Sie betrachten sich als die Auserwählten Gottes, als seine Werkzeuge, deren Sein, Handeln und Wirken als von Gott selbst inspiriert ist. Diese tiefe einfache Religiosität und dieses naive Selbstbewusstsein besagt oft mehr über eine innere Kraft als unsere ganze Bildung, die immer nur in der Hand starker, seelischer – primitiver – Kräfte zum Werkzeug des Aufstiegs werden kann.« Dank dieser Eigenschaften seien die Engländer zu »Herrschernaturen« geworden: »Sie dirigieren und verstehen es, andere für sich arbeiten – und sterben zu lassen. Der Geist Cromwells spukt noch heute in jedem Engländer, und so ganz unrecht haben sie nicht, wenn sie sich für ›auserwählt‹ halten. Ihre insulare Lage ist schwer angreifbar.« Diese Lage erlaube es ihnen, »ein Weltreich zu schaffen, ohne dass dabei allzuviel englisches Blut vergossen wird«. Und dann folgt die Erkenntnis: »Der einzige sichere Weg, den es vielleicht gibt, auf dem der Friedensstörer Europas, der durch die Jahrhunderte hindurch den Kontinent nicht zur Ruhe kommen liess, zur Raison gebracht werden kann, ist der Weg, den Rom nach den punischen Kriegen mit Karthago gegangen ist und den Napoleon I. beschreiten wollte, aber nicht beschritt, als er sein Heer in Boulogne versammelt hatte.« Das sei zwar »ein schwerer Weg, aber wird er uns erspart bleiben, wenn nicht die Kultur Europas durch die immer wieder sich wiederholenden Zermürbungskriege von anderen Kulturen überflügelt und schliesslich zugrunde gerichtet werden soll?«

In diesen Aufzeichnungen von 1907 erkennt man deutlich die politischen Ansichten, die Deutschland wenige Jahre später in den Ersten Weltkrieg treiben sollten. Man erkennt in Umrissen auch schon den Zweiten Weltkrieg und einige politische Motive, die Magnus' Sohn Wernher angetrieben haben mögen, eine deutsche Rakete zu entwickeln, mit der die uneinnehmbare Festung England »zur Raison gebracht« werden sollte. Im Unterschied zu meinem Großvater Magnus sollte meine Großmutter Hildegard Margis in London einen Zufluchtsort für ihren Sohn sehen. So verschieden kann das Verhältnis zu den Engländern mit ihrer »primitiven Einstellung zur Religion« sein.

Auf der anderen Seite war Magnus von Braun aber auch bemerkenswert aufgeschlossen für den Fortschritt und die Entwicklungen der Moderne. Das zeigte seine politische Karriere, die paradoxerweise implizierte, dass er selbst zu einem »Pressegewaltigen« wurde. In seinen Memoiren schreibt er: »Ein inzwischen zur Macht gekommener Faktor war meinem Minister als altem Beamten völlig fremd: die Presse.« Delbrück habe in seiner Zeit als Minister »höchstens zweimal Journalisten empfangen«.[32] Es wurde zum wichtigsten Anliegen von Magnus in der Kriegszeit, der Regierung in Berlin die Rolle der Presse näherzubringen. Das Unterfangen erwies sich als mühselig, »weil keiner der Beamten an die Presse heranwollte und viele eine ausgesprochene Angst vor diesem gefährlichen Monstrum« hatten.[33] Schließlich wurde aber doch eine zentrale Nachrichtenstelle im Reichsamt des Inneren eingerichtet, wo »eine große Anzahl in- und ausländischer Zeitungen von gebildeten Mädchen gelesen« wurde. Magnus baute einen Stab von Mitarbeitern auf, die »aufklärende Artikel« schrieben und in die Presse lancierten. »Die Artikel konnte ich zu meiner Freude mehrfach im Pariser ›Temps‹ oder in der Londoner ›Times‹ als Meldungen aus Bern lesen.«[34] Er organisierte regelrechte Pressekampagnen, lancierte Namen für das Amt des Reichskanzlers, darunter auch den von Georg Michaelis (1857–1936), der zunächst preußischer Ministerpräsident war und von Mitte Juli bis Ende Oktober 1917 zugleich das Amt des Reichskanzlers innehatte.

Das im September 1917 geschaffene zentrale Presseamt unterstand direkt der Reichskanzlei. Magnus von Braun übernahm die Leitung. Damit gab es zum ersten Mal in Deutschland einen Reichspressechef und ein Amt, das den Notwendigkeiten einer modernen Öffentlichkeitsarbeit Rechnung trug. »Mag manches geändert werden, was ich geschaffen habe, aber ich glaube dazu beigetragen zu haben, daß die Presse zu einer Abteilung der öffentlichen Staatspolitik wurde«, so seine spätere Bilanz.[35] Magnus, der sich in seinem Kriegstagebuch vehement gegen die Einführung einer parlamentarischen Demokratie aussprach, begriff andererseits aber auch schon früh, dass man versuchen musste, die Öffentlichkeit gegen das Parlament auszuspielen: »Michaelis hat eine furchtbare Erbschaft Bethmanns angetreten, der das Parlament so groß hat werden lassen, daß es jetzt, trunken in seinem Machthunger, alles an sich zu reißen versucht«, notierte er 1917. Um dem »Machthunger« des Reichstags zu begegnen, schlug Magnus vor, der Reichskanzler solle »in der Philharmonie, im Zirkus Busch oder sonst wo« auftreten, um sich so direkt an das

Volk zu wenden: »Er könnte damit das Volk gegen die Mehrheit des Reichstages ausspielen.«[36] Dieser Rat wurde im Kaiserreich mit Befremden aufgenommen. Später sollten die öffentlichen Auftritte Hitlers etwa im Zirkus Krone seiner »Machtübernahme« im Parlament den Weg bereiten helfen. Rückblickend musste Magnus selbst erkennen, dass »aus diesem Samenkorn [dem Reichspresseamt] fünfzehn Jahre später ein ganzes Reichsministerium – das Propagandaministerium des Herrn Joseph Goebbels – entstehen sollte«.[37]

Dass die Verkündung der Republik für Magnus als »Unglückstag des 9. Novembers« wahrgenommen wurde, überrascht nicht.[38] Es entsprach den Ansichten vieler Angehöriger des ostelbischen Adels. Dennoch erstaunt es, wie schnell er bereit war, seine Loyalität zu diesem als »Glaubensgemeinschaft« definierten Staat aufzukünden. Oder genauer: Es wird offenbar, dass diese Loyalität dem preußischen König bzw. dem Kaiser galt – und damit dem preußischen Adel, dem Magnus selbst angehörte. Sie galt nicht dem Staat. Nach dem Ende des Krieges wurde er, noch immer dem Preußischen Innenministerium unterstehend, zum Regierungspräsidenten von Gumbinnen, seiner Heimatprovinz, ernannt. Wenig später fand der »Kapp-Putsch« gegen die Berliner sozialdemokratische Regierung statt. Der Oberpräsident von Ostpreußen, August Winnig, stellte Kapp die Provinz Ostpreußen als Basis für den Putsch zur Verfügung und forderte Magnus auf, dasselbe in Gumbinnen zu tun. Magnus folgte der Aufforderung umgehend. Später erklärte er sein Vorgehen als ein »Versehen«, das der abgebrochenen telegraphischen Kommunikation zwischen Ostpreußen und Berlin geschuldet gewesen sei. Man habe zu spät erfahren, dass die gewählte Regierung sehr schnell wieder im Amt war. Den Misserfolg des Putsches erklärte Magnus damit, dass Kapp die »Nerven verlor« und am 17. März seinen Rücktritt bekannt gab, »um den inneren Frieden herbeizuführen«.[39] Tatsache ist freilich, dass Kapp durch einen Streik der Berliner Arbeiterschaft gezwungen wurde aufzugeben. Ebendieser Streik hatte dazu geführt, dass Ostpreußen von den Nachrichten abgeschnitten war. Dass der Streik der Berliner Arbeiterschaft – und nicht etwa Kapps Sorge um den »inneren Frieden« – ausschlaggebend war für das Scheitern des Putsches, hätte Magnus zumindest rückblickend wissen können. Aber in seinen Memoiren steht es anders. Auch ist es sehr unwahrscheinlich, dass er der Depesche Folge geleistet hätte, wenn sie ihn aufgefordert hätte, sich einer neuen kommunistischen Regierung anzuschließen. Das Anliegen von Kapp und den anderen Putschisten war nach seinem Herzen. Nach diesen Ereignissen war die Staatskarriere von Magnus beendet. Die »Kirche« Preußen verzichtete auf seine weiteren Dienste, und es wurde ihm, Winnig und den beteiligten Landräten eine Geldstrafe auferlegt.

Magnus übernahm nun eine Funktion bei der Berliner Raiffeisen-Genossenschaft, deren Generaldirektor er später wurde. 1932 wurde er noch einmal nach Berlin berufen, als Reichsminister für Ernährung, Landwirtschaft und Forsten im so genannten »Kabinett der Barone« unter Papen und Schleicher. Zugleich wurde er zum Reichskommissar für die Osthilfe ernannt. Die Berufung ins Ministeramt löste den Protest breiter politischer Kreise aus, die es unangebracht fanden, dass ein unehrenhaft entlassener preußischer Beamter zum Minister ernannt wurde. Am 30. Januar 1933 schied Magnus, nunmehr fünfundfünfzig Jahre alt, aus dem politischen Leben aus. Er zog sich auf sein Gut Oberwiesenthal zurück, das er 1930 erworben hatte. Das Gut befand sich in Niederschlesien (unweit von Lähn/Wlén bzw. Hirschberg/Jelenia Gora). Der Rückzug in die Landwirtschaft war eine Alternative zum politischen Leben, die der konservative Adel immer gehabt hat. »Auch wenn wir lange Zeit in großen Städten gelebt haben«, so schrieb er in seinem Nachruf auf seine Frau Emmy, seien sie »in unserem Inneren immer Kinder des Landes geblieben«. Das sei mehr als »eine ländliche Abstammung – es ist aber auch eine innere Einstellung zum Leben«.

Der Gegensatz zur Erbschaft der Großmutter Margis könnte kaum größer sein: Sie war ein Geschöpf der Großstadt und war, anders als mein Großvater, in der ersten deutschen Republik

angekommen – so prekär diese auch war. Mit dem Anwachsen
der Macht des Nationalsozialismus schieden beide aus dem politischen Leben aus. Die nun folgenden zwölf Jahre erlebten sie auf
sehr unterschiedliche Weise. Magnus betrieb in Ruhe seine Landwirtschaft und hielt sich aus der Politik heraus. Er wurde auch
nicht Parteimitglied. Hildegard Margis hingegen entwickelte ein
neues politisches Engagement. Ihr Haus in der Lyckallee, das sie
1930 bezogen hatte – in demselben Jahr, in dem auch Magnus
und Emmy von Braun ihr Gut in Niederschlesien erwarben –,
sollte zur Zufluchtsstätte für einige Menschen werden.

Berlin nach 1933: Hildegard und Hans Margis

Nach 1933 liefen die Geschäfte von Hildegard Margis zunächst
noch gut: Die Familie hatte ihr Auskommen. Hildegard Margis
hatte Ersparnisse beiseitelegen können, einige davon im Ausland.
Doch 1934 wurde der Ullstein Verlag enteignet, durch die Nationalsozialisten »arisiert« und in die KG Deutscher Verlag überführt. Ähnliches geschah mit der Deutschen Verlags-Anstalt:
1848 gegründet, wurde sie 1936 in eine GmbH überführt. Kilpper
wurde 1934 verhaftet, später wieder auf freien Fuß gesetzt. Aber
da waren alle mit dem Verlag verbundenen Reihen und Fachzeit-
schriften schon längst von den Nationalsozialisten gleichgeschal-
tet worden. Dasselbe geschah mit dem von Hildegard Margis gegründeten »Frauendienst-Verlag«. Auch die Verbraucherberatung
wurde in die Vormundschaft der Nationalsozialisten überführt
und Hildegard Margis aus ihren Funktionen gedrängt. Sie hätte
sich zurückziehen, von ihrer Witwenrente und den Ersparnissen
leben können. Aber das tat sie nicht. Als am 9. November 1938
jüdische Läden geplündert wurden, nahm sie ihr Auto und half
jüdischen Freunden, ihr Lager zu räumen und die Textilbestände
zu retten. Sie brachte die Sachen in ihrem Haus unter. Ab nun
kamen Leute in die Lyckallee, um dort Kleidung zu kaufen.
     Die politische Haltung von Hildegard Margis gegenüber dem

Nationalsozialismus hatte sich schon lange vor der »Reichskristallnacht« entwickelt. Als Jugendlicher war ihr Sohn Hans ein glühender Bewunderer Hitlers und der Nationalsozialisten, die er durch die Straßen Berlins marschieren sah. Er wusste, dass seine Mutter nicht viel von ihnen hielt. Als er etwa vierzehn Jahre alt war, fragte er sie, was sie gegen Hitler habe. Sie antwortete ihm, dass sie »Mein Kampf« gelesen habe, und es sei evident, dass er auf einen neuen Krieg zusteuere. Sie gab ihrem Sohn den weisen Rat, Hitler nicht *anzuhören*, im Radio oder sonst wo, sondern seine Reden zu *lesen*. Hans merkte schnell, dass »Hitlers Reden nur von den Emotionen und dem Jubel der Menge getragen wurden. Als ich sie las, waren sie plötzlich voll von Wiederholungen und langweilig«. Dennoch trat er 1932, als Sechzehnjähriger, der Organisation »Jung-Stahlhelm« bei, die bald darauf in die SA überführt wurde. Viele junge Männer in dieser Organisation waren wie Hans Söhne von Vätern, die im Ersten Weltkrieg gedient hatten. Ein Gutteil von ihnen ersehnte die Rückkehr des Kaisers – »wie bei allen Kriegsveteranen wurde natürlich die Armee verherrlicht. Sie habe keine Niederlage erlitten, sondern sei ›rücklings erstochen‹ worden.« An diesen Mythos glaubte auch Hans. Er gehörte einer berittenen Einheit an. Das war schicker, »obgleich wir alle wussten, dass in einem künftigen Krieg die Kavallerie überholt sein würde«. Er musste sich eine Uniform zulegen, die der Armee-Uniform möglichst ähnlich war. »Als ich mit dieser Uniform nach Hause kam, brach meine Mutter in Tränen aus. So sah mein Vater aus, als sie ihn zum letzten Mal gesehen hatte.«

Spätestens zu diesem Zeitpunkt nahm Hildegard Margis sich vor, dafür zu sorgen, dass der Sohn Deutschland verließ. Es reiche, einen Mann im Krieg verloren zu haben, sagte sie zu Hans. Doch Hans hatte Spaß am soldatischen Spiel. Die Einheit, der er angehörte, wurde von Karl Ernst kommandiert: ein schlechter Reiter, weshalb er beim Ex-Offizier Ernst Röhm, der die Inspektion der Truppen in Berlin hoch zu Roß abnahm, in Ungnade fiel. Ernst, so Hans, bot bei diesen Gelegenheiten »einen peinlichen und bemitleidenswerten Anblick, mit beiden Händen an den Sattel geklammert, um dann schließlich doch vom Pferd zu fallen«. Schon bald wurde klar, dass diese Einheit für besondere Einsätze vorgesehen war.

Im Sommer 1934 war es so weit: »Am Morgen des 30. Juni erhielten wir einen Einstellungsbefehl vom Hauptquartier. Wir sollten uns bis 10 Uhr morgens nicht weit vom Bahnhof Grunewald versammeln, um ein Feldmanöver durchzuführen. Die kurzfristige Einberufung war seltsam, aber die ganze Gruppe fand sich pünktlich ein, und wir fragten uns, wohin es wohl gehen würde. Wir befanden uns weit entfernt von irgendeinem Ort, der für Feldmanöver geeignet war. Dann kam ein Lastwagen, von dem Maschinengewehre entladen wurden. Nicht die üblichen Papp-Attrappen, sondern echte, wenn auch etwas veraltete. Es brauchte drei Mann, um sie zu bedienen. Da ich einer der größten war, wurde ich beauftragt, das Ding über die Schulter zu nehmen, Paul trug die Munition und ein anderer Kerl schleppte die Wasserkanister. Dann wurden wir in Richtung Innenstadt dirigiert. Irgendwie sah das nicht gut aus, aber ich war preußisch erzogen und habe nicht argumentiert. Wir kamen kaum 400 Meter weit, als uns eine Polizeitruppe mit Gewehren im Anschlag aufhielt. Während unser Feldwebel ihnen seine Befehle erklärte, versperrte ein weiterer Polizeitrupp die Straße hinter uns. Ich ließ sofort mein Maschinengewehr fallen und konnte noch hören, wie die anderen dasselbe taten. Es war nicht der Moment für Heldentaten, zudem wir gar nicht wussten, was geplant war.«

Später hörte Hans im Radio, dass Röhm verhaftet worden war und Karl Ernst in Hamburg von einem Schiff geholt wurde, mit dem er das Land verlassen wollte. »Wir dachten, dass sei das Ende der Nazis. Aber das war ein Irrtum.« Dann erfuhr Hans, dass Röhm gezwungen worden war, sich das Leben zu nehmen, dass Ernst ermordet und General Schleicher mit seiner Frau am Frühstückstisch erschossen worden war.

Hans und zwei seiner SA-Kameraden tauchten für einige Zeit in Ostpreußen unter. Dafür sorgte Hildegard Margis, die währenddessen die Entwicklung in Berlin verfolgte. Auf dem Landgut, wo Hans und seine Freunde zu Gast waren, gab es Viehzucht. »Unser Gastgeber wollte nichts mit solchen Dingen wie Gemüse, Hühnern oder Schweinen zu tun haben. Das war ihm zu weibisch. Er beschäftigte eine ziemliche Anzahl von landwirtschaftlichen Kräften, und ich war erstaunt über die Art, wie sie behandelt wurden, es waren fast feudalistische Verhältnisse. Wenn sie mit dem Eigentümer oder einem Mitglied seiner Familie sprachen, nahmen sie den Hut ab und standen stramm, und es kam nicht selten vor, dass der Eigentümer sie für einen Fehler misshandelte.« Die drei Gäste halfen auf dem Hof, verfügten aber über viel freie Zeit, die sie mit Reiten, Wandern oder Baden verbrachten. Für geistige Tätigkeiten war dies nicht der richtige Ort. »Die Familienbibliothek war so gut wie inexistent, vielleicht acht Bücher auf den sonst leeren Regalen. Ich vermute allerdings, dass die Töchter des Hauses einige Bücher in ihren Zimmern versteckt hatten. Sie waren ganz gebildet und konnten über viele Themen sprechen, auch über Politik. Besser als ihr Vater.«

Nach seiner Rückkehr nach Berlin trat Hans aus der SA aus; zur Freude seiner Mutter. Sie hatte ihn schon kurz nach seinem Eintritt gefragt, ob er nicht in England zur Schule gehen wolle. Nun war er bereit. Hildegard Margis betrieb aktiv seine Ausreise und verfügte offenbar auch über das notwendige Geld und die richtigen Beziehungen. Vor 1933 war sie oft in England gewesen, um dort Vorträge zu halten. Sie hatte sich mit verschiedenen Londoner Geschäftspartnern angefreundet, und da in Deutschland schon vor den Nationalsozialisten Währungstausch-Restriktionen eingeführt worden waren, hatte sie das in England verdiente Geld bei einem Freund der Familie, dem Direktor von Siemens in London, zurückgelassen – ein Startkapital für Hans, als dieser »zur Weiterführung seiner Ausbildung« nach England ging.

Bei einer ihrer Reisen nach England sorgte Hildegard Margis für eine erste Unterkunft für Hans bei einem befreundeten Ehepaar in Eastbourne. Zu Hause stellte sie seine Garderobe zusammen: Sie

vertrat die Ansicht, dass ein junger Mann in England maßgeschnei-
derte Anzüge und Hemden mit englischem Kragen, Gamaschen,
Smoking, Frack mit den entsprechenden Hemden und Krawatten
brauchte. Er erhielt sogar einen Regenschirm, Handschuhe, einen
schwarzen »Eden-Hut«, »things that I had never worn before«. Sie
ließ ihm bei einem Juwelier einen Ring mit seinen Initialen an-
fertigen. Vor allem aber sorgte sie für seine Befreiung vom Wehr-
dienst. Sie gab an, dass er zu Ausbildungszwecken für einige Zeit
nach England gehen müsse. Er war damals in der Unterprima,
ein Jahr vor dem Abitur. Vermutlich wäre sie nach seinem Schul-
abschluss mit dieser Begründung nicht mehr durchgekommen.
Freunde in den Behörden – sie muss in solchen Angelegenheiten
sehr geschickt gewesen sein – halfen ihr. Die Befreiung vom Wehr-
dienst wurde sogar im Pass eingetragen und bewirkte, dass Hans
eine Zeitlang unbehelligt aus- und einreisen konnte.

ST. ROMAN DE CODIÈRES,
DEN 15. AUGUST 2006

Liebe Großmutter,

zweifellos gab es in diesen Jahren viele Mütter, die ihre Söhne
gern dem vorauszusehenden Kriegsgeschehen entzogen hätten,
und gewiss gab es auch einige, die, wie Du, dazu in der Lage
gewesen wären. Dennoch ist mir kaum ein anderes Beispiel
bekannt, wo dieser Wunsch konsequent umgesetzt wurde (außer natürlich bei jüdischen Familien, von denen viele früh dafür sorgten, dass ihre Kinder außer Landes kamen). Ich kenne
nur einen Fall einer (nichtjüdischen) Familie, die ihre Söhne
vor Kriegsbeginn in die Schweiz schickte. Du wirst es nicht
glauben, aber als diese nach dem Krieg wieder in Deutschland
lebten, wurden sie von ihren ehemaligen Schulkameraden ge-
schnitten und die Familie als »Vaterlandsverräter« beschimpft.
Wenn dies der Stimmung nach dem Krieg entsprach, so kann
ich mir vorstellen, wie viel Mut und Geschick Du an den Tag
legen musstest, während der Naziherrschaft dafür zu sorgen,

dass Dein Sohn das Land verlässt. Ich weiß, Du warst nach dem Ersten Weltkrieg und noch Anfang der 1930er Jahre sehr deutsch-national und patriotisch eingestellt. Hatte sich das mit dem Antritt der Nazis verändert? Für die Mehrheit der Deutschen erreichte der Glauben an Hitler in diesem Jahr, dem Jahr der Olympiade, als Deutschland wieder in der internationalen Gemeinschaft Anerkennung fand, seinen Höhepunkt. Nicht für Dich. Man kann sagen, Du hast das Wohl Deines Sohnes über das des »Vaterlandes« gestellt. Aber es ist mehr als das: Du hast Dich dieser neuen Begeisterung für Deutschland entzogen und dem triumphierenden Patriotismus Misstrauen entgegengebracht. Eine Überlegung bewegt mich: Hättest Du so unabhängig gedacht und gehandelt, wenn Du nicht alleinerziehende Mutter gewesen wärest? Hans hat solche Gedanken später selber geäußert: Er fragte sich, ob er auch ins Ausland geschickt worden wäre, wenn sein Vater den Ersten Weltkrieg überlebt hätte. Hätte der »männliche Codex« (ein Krieg verpflichtet zur Solidarität mit dem »Vaterland«) Dich als Mutter davon abgehalten, so zu denken? Vielleicht hätte auch Dein Schwager Max verhindert, dass Du Deinen Sohn ins Ausland schickst, wenn er 1936 gelebt hätte. Im Ersten Weltkrieg gab es viele Mütter, die stolz darauf waren, ihren Sohn dem Vaterland zu opfern. In den 1930er Jahren war die Begeisterung, glaube ich, nicht mehr so groß. Aber wenige haben die innere Unabhängigkeit gehabt, so zu handeln wie Du. Deshalb habe ich das Leben und die Geschichte von Hans immer als eines Deiner »Werke« erlebt.

Berlin 1930er Jahre: Sigis

Hans, Sigis und Hilde waren 1936 zwischen 19 und 25 Jahre alt. Sigis war der älteste von ihnen. 1911 in Berlin geboren, war er auch der älteste der drei Söhne von Magnus und Emmy von Braun. Meine Quellen für seine Geschichte in den 1930er Jahren sind seine unveröffentlichten Memoiren, ein Buch, das er über seine Weltreise von 1934/35 schrieb,[40] sowie das schon erwähnte stichwortartige Tagebuch über die Jahre 1929 bis 1937. Manchmal enthält dieses Tagebuch nicht viel mehr als einen Hinweis auf den Ort, an dem er sich an dem Tag des Eintrags befand, manchmal aber auch Hinweise, die Aufschluss über seine Stimmungslage oder über Dinge geben, die ihn bewegten.

Sigis studierte Jura wie sein Vater, machte eine Banklehre wie sein Vater. Doch anders als sein Vater erhielt er kurz nach dem Referendarexamen im Januar 1933 die Mitteilung des Deutschen Akademischen Austauschdienstes, dass ihm ein Stipendium für einen Aufenthalt an einer amerikanischen Universität bewilligt worden sei. Im September 1933 brach er nach Cincinnati auf. Nach Beendigung des dortigen Studienjahres unternahm er zusammen mit zwei Freunden, die mit ihm in die USA gegangen waren, eine Weltreise. Seinem Bericht über die Zeit in den Vereinigten Staaten und die anschließende Reise durch Asien merkt man die Tatsache an, dass er diese Zeit seines Lebens noch nicht in die »kanonisierte« Erinnerung des Memoirenverfassers zu überführen brauchte. Als er in Cincinnati abreiste, hatte er nur den Brief eines der Kuratoren der Universität in der Tasche, gerichtet an dessen Geschäftsfreund in der States Steamship Company in Portland, Oregon. Er lautete kurz und knapp: »Dear John, this is Sigismund von Braun. Please help him across the Pacific. Yours Sanford.«

Mit dem Brief ging er in Portland auf die Reederei und wurde als zweiter Rudergänger auf dem nächsten Ostasien-Schiff angeheuert. Es hieß »Pennsylvania«. Dreißig Tage später – das Schiff hatte einen Taifun überstanden und war knapp der Seenot entgangen – ging er in Shanghai an Land. Die weitere Reise führte ihn und seine Freunde, die auf anderem Weg dorthin gelangt waren, nach Japan, Korea, die Mandschurei, weiter nach China, Angkor, Siam, Malaya, Ceylon, Indien und schließlich zurück nach Europa. Sie dauerte rund neun Monate, die drei Freunde heuerten auf Schiffen an, oder sie schnorrten sich durch die deutschen Kolonien von Tokio, Shanghai, Calcutta und anderswo: »Wir hatten uns eine Reihe von freundschaftlichen Einführungsbriefen an alle möglichen Leute auf der – keineswegs fest geplanten – Reiseroute besorgt und auf einer Karte Asiens mit mehrfarbigen Fähnchen festgelegt, wo die besten Adressen lagen. Das hieß also, Vorträge halten, soweit gefragt, gelegentlich arbeiten, aber auch viel Nassauern.«

In Calcutta führte die Begegnung mit deutschen, englischen und anderen Diplomaten und der – trotz wachsender Angst vor einem neuen Krieg – rücksichtsvolle Umgangston unter ihnen dazu, dass Sigis beschloss, in den Auswärtigen Dienst zu gehen. »Der deutsche Vizekonsul, bei dem wir unsere Post abholten, lud uns zu einem Freundschaftsabend mit seinen Kollegen aus anderen Konsulaten und Freunden aus dem British Indian Civil Service ein. Die politische Lage in Europa war nach Hitlers Wehrhoheitserklärung gespannt, aber die Diskussion unter den allen möglichen Nationen angehörenden Teilnehmern aus dem diplomatisch-konsularischen Beruf war so freundschaftlich sachbezogen und so emotionslos, daß ich mir stante pede sagte: das ist der Club, in den ich gehöre.«

Am Ende der Reise trennten sich die Freunde in Bombay, von wo die beiden anderen mit einem italienischen Passagierschiff nach Venedig fuhren. Sigis heuerte auf einem deutschen Frachter als Aushilfskellner an und erreichte Ende Juni 1935 Hamburg: »Gerade rechtzeitig zur Silberhochzeit meiner Eltern, die wir in Wiesenthal feierten, mit der Familie wieder vereint.« Die ganze Reise, so schreibt er, habe ihn insgesamt 200 Dollar gekostet. »Und da ich etwa 25 RM als Heuer für den Monat auf der ›Uhenfels‹ erhalten hatte und damit von Hamburg via Berlin nach Hause gefahren war, gab ich stolz meinem Vater die 50 Mark zurück, die er mir zur Begrüßung nach Hamburg geschickt hatte. Ich hörte zu, wie und was Bruder Wernher über seine Raketenpläne erzählen konnte. Und ich betonte, daß ich mich nunmehr um eine Einstellung im AA bewerben würde.« Seine Reise brachte Sigis beim Kammergericht einen Verweis ein: Die Tatsache, dass er ohne Geld gereist sei, habe die »Standeswürde des Juristen« verletzt. Die »Heimat« Deutschland hatte ihn wieder. Die beiden Freunde, die mit ihm dieses Abenteuer geteilt hatten, sollten 1941 beim Russlandfeldzug fallen.

Am 1. April 1936 trat Sigis als Attaché (das heißt Diplomat in der Ausbildung) ins Auswärtige Amt ein. Laut seinen Aussagen war dieses damals noch nicht allzu sehr vom Nationalsozialismus infiltriert. »Man versuchte«, so schreibt er in seinen Erinnerungen, »das Amt von Parteieinflüssen freizuhalten, was auch noch eine Reihe von Jahren gelang, bis Ribbentrop Außenminister wurde. Das AA war eine Art Nische, wie sie sich auch auf anderen Gebieten alsbald bildeten.« Sebastian Haffner beschreibt in seinen Erinnerungen präzise, wie die Nationalsozialisten schon im ersten Jahr nach der »Machtergreifung« den Justizbetrieb mit den eigenen Leuten besetzten.[41] Es ist denkbar, dass das Auswärtige Amt wegen der Sensibilität der Auslandsbeziehungen bis zur Übernahme durch Ribbentrop im Jahre 1938 eine Sonderstellung innehatte. Die NSDAP hatte deshalb auch ein eigenes Außenpolitisches Amt eingerichtet. Dennoch zeigen Notizen aus dem Tagebuch von Sigis, dass auch im Auswärtigen Amt spätestens ab 1936 ein neuer Wind wehte, der sich gerade auf die Ausbildung des Nachwuchses auswirkte.

Das Tagebuch gibt einen, wenn auch fragmentarischen Einblick in diese Entwicklung. 1935 war Sigis von seiner Reise zurückgekehrt, die ihm einen »Blick von außen« auf die Ereignisse in Deutschland verschaffte: »24. Juni 35. Rückkehr aus der Fremde. Konfrontation mit den neuen Bestimmungen, Unbehagen.« Einen Monat später: »18. Juli 35. Berlin, gebrütet, gelesen, gewartet. Pergamon Museum. Rede des Negus, gleichzeitig Judenverbot in Breslauer Badeanstalten.« Keine weiteren Einträge an diesem Tag. Aber die Zusammenstellung zeigt, dass er dem Badeverbot für Juden den gleichen Rang wie internationalen Nachrichten beimaß. Bei seiner Verbeamtung notierte Sigis: »24. Juli 35. Berlin, Vereidigung auf Adolf Hitler, abds. Spaziergang. Briefe. Angst um meine Menschlichkeit.« Ist in diesen Bemerkungen noch der »fremde Blick« auf die Entwicklungen in Deutschland spürbar, so klingen Tagebucheinträge vom August 1935 so, als hätten die »neuen Bestimmungen« nun auch von Sigis Besitz ergriffen: »20. August 35. Berlin, Dolmetscherei auf Strafrechtskongress, Humanisierung des Strafvollzuges?« Am 22. August 1935 fährt er mit den (offenbar ausländischen) Mitgliedern des Strafrechtskongresses nach Brandenburg zur Besichtigung des dortigen Zuchthauses: »6000 Untersuchungsgefangene (politische) in Sachsen. Kommunistische Arbeitslose und das daraus entspringende Problem.« Am 2. September 1935 ist er in Weimar auf einer Tagung: »Bevölkerungskongress, Rasseninstitut, Dr. Astel, Mr. Campbell, 10 % Sterilisierung.«

An den Einträgen verschiedener Jahre zum 11. Oktober kann man deutlich erkennen, wie Sigis' Geschichte allmählich mit »der Geschichte« konform zu gehen begann. (Sigis hielt seine Notizen mit Kürzeln fest; ich schreibe sie zur besseren Lesbarkeit aus.) Für den 11. Oktober im Jahre 1929 und 1930 steht nur: »Hamburg« (er absolvierte hier eine Banklehre); für das Jahr 1931 markiert er: »Berlin« (er studierte an der Berliner Universität Jura); und für das Jahr 1932 heißt es: »Berlin, Referendar«. Am 11. Oktober 1933 steht: »Cincinnati« und im darauf folgenden Jahr: »Pennsylvania«. (Damit ist nicht der US-Staat gemeint, sondern das Schiff, auf dem er angeheuert hatte, um nach Shanghai zu gelangen.) Am 11. Oktober 1935 befand er sich wieder in Berlin und verzeichnete: »militärische Untersuchung«. (Kurz danach wurde er für eine etwa dreimonatige Militärübung eingezogen. Aus dieser Zeit müssen die Photos von Sigis in Uniform stammen, die ich erst kürzlich entdeckte. Ich hatte noch nie Photos von ihm in Uniform gesehen – es blieb auch das einzige Mal, dass er in einer Uniform steckte. An meiner eigenen Überraschung über diese Photos ist mir bewusst geworden, dass es für die meisten meiner Generation eher »normal« ist, ein Bild vom Vater in Uniform zu kennen.)

Für das Jahr 1936 (nach seinem Eintritt ins Auswärtige Amt im März 1936) folgen ausführlichere Notizen: »Bus München über Reichsautobahn und Herrenchiemsee (Schloss) und Alpenstraße nach Berchtesgaden. Aussprache Alfred Rosenberg (Polarität Berlin–Moskau, weltanschauliche Bedingtheit der Außenpolitik; Taktik habe Vorzug; nationalsozialistische Weltanschauung als Kirchenersatz). Anschließend Empfang bei dem Führer Obersalzberg, Fahrt Königssee als Gäste des Führers.« Die Reise nach München und Umgebung dauerte etwa eine Woche und war Teil der Ausbildung der Neulinge im Auswärtigen Amt. Der Begegnung mit Rosenberg und dem Termin am Obersalzberg ging ein Besuch in der psychiatrischen Anstalt von Eglfing (heute Krankenhaus Haar) voraus. Am 7. Oktober 1936 notierte Sigis in sein Tagebuch: »Tutzing-München, Verrücktenanstalt Eglfing, ca. 84% Erbkranke, wovon Schwachsinn zu 100%, andere Krankheiten mit zum Teil nur 10% Wahrscheinlichkeit erblich. Nachmittag in der Reichs-Führerschule der S.A. Sollen Bewegung und Partei nach Durchdringung der Beamtenschaft mit Weltanschauung aufgelöst werden? Meist: nein.«

Am 8. Oktober 1936 war er mit seiner Gruppe in der N.S.K.K.-Führerschule und besuchte das Konzentrationslager Dachau: »Theologie Student und Gardeleutnant. Vortrag über Freimaurerei von Dr. Hasselbacher, gut und überzeugend. Abds. Ausprachefortsetzung München.« Am 12. Oktober war die Ausbildungsgruppe in Tutzing, wo die Attachés erneut Vorträge hörten: »Vorträge Ehrlicher (Hitlerjugend) ›Glaubensintensivität‹, aber Blick und Kampfzeit, Best (Gestapo) ›Rechtfertigung der Verordnung v. 28. 2. 33 und Staatsinteresse‹. *Sehr* guter Eindruck. Ferner Meyer (Judentum, Arbeit des Sippenamts). Schoek (Kriminalpolitik).« Innerhalb von wenigen Tagen wurden den jungen Beamten die wichtigsten Linien des Nationalsozialismus beigebracht – NS als Religion, Euthanasie, Konzentrationslager, Antisemitismus, Sippenamt –, und vieles überzeugte Sigis offenbar. Sein Eintritt ins Auswärtige Amt lag nur ein halbes Jahr zurück, aber schon hatte die neue Ideologie – mit ihrem Wahn einer »arischen Rasse« und deren Überlegenheit – von ihm Besitz ergriffen. Das Unbehagen über die »neuen Bestimmungen«, das er bei seiner Rückkehr nach Deutschland noch empfunden hatte, war verflogen. Als ich diese Notizen las, dachte ich, dass genau dies eines der Merkmale totalitärer Regime ist: Sie bringen die Unterscheidung zwischen der eigenen Geschichte und »der Geschichte« zum Verschwinden. Was zunächst als Ideologie daherkommt, wird zur eigenen Gefühlswelt. Umso mehr hat es mich beeindruckt, dass Hildegard Margis dieser Überwältigung widerstanden hat: nicht nur intellektuell, sondern auch in ihrem Handeln.

1937 wurde Sigis mitgeteilt, dass er das zweite Jahr seiner Ausbildung an der deutschen Botschaft in Paris verbringen sollte. Er hatte das Französische Gymnasium in Berlin besucht, sprach gut Französisch, und diese Sprachkenntnisse dürften bei seiner Versetzung eine Rolle gespielt haben. Am 1. April 1937 trat er seine neue Stelle als persönlicher Referent des deutschen Botschafters in Paris an. Er fühlte sich wohl und fand viele Freunde, denen er wieder begegnen sollte, als er etwa drei Jahrzehnte später als Botschafter der Bundesrepublik Deutschland nach Paris zurückkehrte. Der Aufenthalt fand jedoch ein jähes Ende: Im September 1937 ging in der Botschaft ein Telegramm aus Berlin ein, laut dem der Attaché Sigismund von Braun nach Addis Abeba, damals Italienisch-Ostafrika, versetzt sei. »*Sofortige* Abreise erforderlich«, hieß es. Es wurde hinzugefügt, er solle sich »geistig auf einen längeren Aufenthalt in den Tropen« einstellen. Es handelte sich um eine Strafversetzung. Vorausgegangen war eine Auseinandersetzung mit Baldur von Schirach, der auf Besuch in Paris gewesen war und mit dem Sigis aneinandergeriet. Schirach hatte seine sofortige Entlassung aus dem Dienst gefordert; das Auswärtige Amt, das zu der Zeit noch nicht Ribbentrop unterstand, reagierte auf die Forderung mit einer Strafversetzung.

Dass sich Sigis während seiner Zeit in Paris kritisch zum NS-Regime äußerte, geht auch aus anderen Quellen hervor. Der Aufenthalt im Ausland trug offenbar dazu bei, dass er sich der Anziehungskraft der nationalsozialistischen Ideologie wieder zu entziehen vermochte. Mike Neufeld hat mir einen Text gezeigt, den Sigis' Bruder Wernher 1953 als Vorwort zur französischen Aus-

gabe von Walter Dornbergers Buch »V 2. Der Schuss ins Weltall«
verfasst hat. Er schickte den auf Deutsch geschriebenen Text mit
einem Brief, datiert vom 1. Mai 1953 in Huntsville, Alabama, an
Dornberger. Darin schreibt Wernher, dass ihm und Dornberger
»der Gedanke an einen drohenden Krieg […] in den Jahren nach
Hitlers Machtergreifung niemals auch nur im Traum erschienen«
sei. Zum Beweis für seine Ahnungslosigkeit fügte er eine Anekdote hinzu, die sich auf eine Begegnung zwischen den beiden
Brüdern in Paris bezieht: »Im Jahre 1937 besuchten Oberstleut-
nant Dornberger und ich gemeinsam die Pariser Weltausstellung.
Bei dieser Gelegenheit verbrachten wir einen geselligen Abend
im kleinen Kreise mit einigen juengeren Beamten der deutschen
Botschaft in Paris. Es ist mir in unausloeschlicher Erinnerung
geblieben, wie unglaeubig und bestuerzt wir beide waren, als jene
jungen Attachés, deren Stellung sie doch offensichtlich in die
Lage versetzen musste, den Puls der Weltgeschehnisse zu fuehlen,
uns in unverhohlener Entruestung erklaerten, dass Hitler's [sic!]
hemmungs- und skrupellose Aussenpolitik im Begriff stuende,
einen Weltbrand auszuloesen. Nur zwei Jahre spaeter sollten die
duesteren Voraussagen dieses unvergesslichen Abends bittere
Wirklichkeit geworden sein.«

In Frankreich hatte Sigis das »Unbehagen«, das er bei seiner
Rückkehr von den USA und seiner Weltreise auf die »neuen Bestimmungen« in Deutschland empfunden hatte, wiedergewonnen.
Von der unerwarteten Versetzung nach Afrika sollte er später nur
sagen, dass sie ihn gelehrt habe, »dem Schicksal nicht in den Arm
zu fallen«. Sein Nachfolger auf dem Posten war Ernst vom Rath,
der am 7. November 1938 von Herschel Grynszpan erschossen
wurde. Grynszpan wollte in einer Verzweiflungstat das Schicksal
seiner Familie, die aus Deutschland ausgewiesen worden war und
im Niemandsland an der polnischen Grenze festgehalten wurde,
rächen. Das Attentat lieferte den Nationalsozialisten bekanntlich
den Vorwand, in Deutschland die Synagogen anzuzünden und
jüdische Läden zu plündern. Es war der Beginn einer verschärf-
ten Judenverfolgung. Die Ankündigung im Telegramm, dass

sich Sigis auf einen längeren Tropenaufenthalt einzustellen habe, bewahrheitete sich – allerdings anders als es seine Vorgesetzten vorausgesehen hatten.

Berlin 1930er Jahre: Hans

Die Geschichte von Hans verlief ganz anders als die von Sigis. Im Januar 1936 gab Hildegard Margis eine Abschiedsparty für ihren Sohn. Er war neunzehn Jahre alt, trug den neuen Smoking, und das Haus in der Lyckallee empfing rund fünfzig Gäste. An diesem Abend hatte Hans ein einschneidendes Erlebnis, das er auch in seinen Memoiren festgehalten hat: Auf einer Gartenbank, in klirrender Kälte, wurde er zum ersten Mal richtig geküsst. Einige der Menschen, die auf diesem Fest waren, habe ich später kennengelernt, auch die Schwester der jungen Frau, die Hans in die Kunst des Küssens einführte. Diese Schwester verließ Deutschland zusammen mit ihrem Mann nach dem 9. November 1938 und emigrierte nach Schweden. Ich bin heute mit ihrer Tochter, Monica Wittgenstein-Nagler, befreundet. Die junge Frau, die Hans praktischen Unterricht erteilte, verschlug es in die USA. Auch andere, die auf diesem Fest waren, werden Deutschland den Rücken gekehrt haben. Viele von ihnen unfreiwillig, weil sie als Juden verfolgt wurden. Ich würde viel darum geben, das Gästebuch dieses Abends in den Händen zu halten und zu wissen, was aus den Menschen geworden ist. Für Hans war es ein endgültiger Abschied – von Berlin, von Deutschland, von seiner Jugend. »I never saw any of them again«, schrieb er von den Menschen dieses Abends in seinen Erinnerungen und fügte hinzu: »This sentence became an important part of my life.« Wenige Tage später saß er im Zug nach London.

Einer seiner Reisebegleiter auf dem Weg nach London war ein etwa gleichaltriger junger Mann, Dodo Katzenellenbogen. Er kam aus einer jüdischen Familie, die dafür gesorgt hatte, dass er rechtzeitig Deutschland verließ. »Dodo war ein sehr netter Kerl.

Er hatte schon einige Zeit in England verbracht und konnte deshalb gut Englisch. Während der ganzen Reise brachte er mir bei, wie man das englische ›th‹ ausspricht. Er sagte, es sei der wichtigste Laut der englischen Sprache. Als wir in Victoria Station ankamen, war ich fast perfekt.« Dodo setzte Hans noch in seinen Zug nach Eastbourne, wo er für die nächsten paar Monate wohnen sollte. »Ich habe Dodo nie wieder gesehen und hätte ihm gerne für seine Unterstützung und seine erste Einführung in die englische Sprache gedankt. Ich glaube, sein eigentliches Ziel waren die USA, wo er Verwandte hatte.«

Ich habe Dodo viele Jahre später – 1963 – in New York kennengelernt. Er hieß jetzt Stephen Kellen, trug aber noch immer den Spitznamen Dodo. Stephen und seine Frau Anna-Maria gründeten später die American Academy in Berlin: in der schönen alten Villa der Arnholds, in der Anna-Maria Kellen aufgewachsen war. Als ich die Kellens kennenlernte, wusste ich noch nichts von dieser Begegnung zwischen Hans und Dodo – ich kannte Hans überhaupt noch nicht, und er hatte auch noch nicht seine Erinnerungen aufgeschrieben. Aber ich konnte ihm später erzählen, was aus Dodo geworden war – und erneut sah ich dieses glückselige Lächeln auf seinem Gesicht: Für ihn hatte sich wieder ein Kreis geschlossen.

Im April 1936 kam Hildegard Margis auf Besuch nach London. Hans war nun seit drei Monaten in England, sein Englisch war miserabel, aber er versuchte, es durch viele Kinobesuche aufzubessern. Inzwischen lebte er in einem »boarding house« bei Mrs. Watson, wo er Englisch sprechen musste. Die Stimmung in diesem Haus spiegelte die politische Situation Europas wider: Neben der Hausherrin und ihrer Tochter gab es einen Geschäftsmann sowie einen Studenten aus Holland, »der ein militanter Kommunist war; ich vermute, er wurde in Holland wegen seiner Ansichten des Landes verwiesen«. Dann gab es noch Hans selbst, »frisch eingereist von einem totalitären, faschistischen Land«. Die Unterhaltungen bei Tisch waren gelegentlich etwas »vivid«, wie er schreibt: »Bei Tisch versuchte mir jeder zu beweisen, dass England besser sei als jedes andere Land, mit Ausnahme des holländischen Studenten, der auf alles, was nicht russisch war, verächtlich herabblickte.« Die unterschiedlichen Einstellungen führten zu Auseinandersetzungen, die die Hausherrin meistens damit beendete, dass sie das Esszimmer für geschlossen erklärte und alle in die Lounge bat, wo das Radio angestellt wurde und niemand mehr reden konnte. »Es gab bemerkenswerte Unterschiede zwischen den Leuten in diesem boarding house und den Leuten, die aus Deutschland kamen. Natürlich waren alle Leute, die aus Deutschland kamen, Juden mit Gymnasialbildung, wohingegen die jungen Leute bei Mrs. Watson Verkäufer oder Ähnliches waren. Sie konnten komisch und unterhaltend sein, aber sie wussten sehr wenig über das, was um sie herum vor sich ging. Ich bezweifle sogar, dass sie wussten, wer ihr Premierminister war.«

Bald nach dem Besuch seiner Mutter bezog Hans eine Wohnung, die er sich mit einem Kollegen teilte. Dieser machte ihn mit der »City« vertraut und führte ihn zum ersten Mal in eine Cafeteria. »Jeden Morgen zog ich meinen dunklen Anzug an, setzte den schwarzen Hut auf und zog mir die Handschuhe über, nicht zu vergessen: der Regenschirm. So marschierte ich zur Station, um die Bahn zum Finsbury Square zu schnappen, um mich herum viele identisch gekleidete Typen. Nur die anderen hatten tatsächlich Arbeit. Auf dem Rückweg nahm ich manchmal den Bus und war immer erstaunt über den dichten Verkehr. Ich hatte gedacht, dass Berlin viele Autos hat, aber verglichen mit London war Berlin eine ländliche Stadt. Ich kann mich erinnern, dass ich einmal an der Tottenham Court Road aus dem Bus ausstieg, die Oxford Road hinunterlief, mir die Haare schneiden ließ und dann denselben Bus am Marble Arch wieder einholte.«

Die ersten Monate in London saß Hans tagsüber in einem Büro herum: ebenso unbezahlt wie tatenlos, auf einer »Lehrstelle«, die ihm seine Mutter verschafft hatte. Ein Kollege machte ihn auf eine Anzeige aufmerksam, in der eine bezahlte Lehrstelle in einer Dieselmaschinen-Fabrik angeboten wurde. Er bewarb sich und wurde – aus unerfindlichen Gründen (als Ausländer und ohne abgeschlossene Ausbildung) – unter 300 Bewerbern genommen. Seine Mutter riet ihm jedoch davon ab, die Stelle anzutreten. Er hätte sich für mehrere Jahre verpflichten müssen. Vielleicht ging sie davon aus, dass er bald nach Deutschland zurückkehren konnte. Bei ihrem nächsten Besuch machte sie Hans mit dem Besitzer einer Farbenfabrik bekannt, für die er nun zu arbeiten begann. Nach einiger Zeit verkündete ihm der Direktor der Firma, dass er ihn nach Deutschland schicken wolle, um dort eine Niederlassung aufzubauen. »Das war zwar schmeichelhaft, aber ich war entsetzt. Er hatte offenbar überhaupt nicht verstanden, warum ich in England war. Ich sagte ihm, dass ich Deutschland wegen Hitler verlassen hatte. Ich glaube, er verstand es nicht, wie es auch vielen anderen Leuten in England ging, die in Hitler die Antwort Gottes auf den Kommunismus sahen.« Hans wurde gefragt, ob ihm Südamerika gefallen würde. Er antwortete, dass er nichts gegen Südamerika habe, aber beabsichtige, nach Deutschland zurückzukehren, sobald der Spuk mit Hitler vorbei sei. »Natürlich konnte er nicht so lange warten; wahrscheinlich ging er davon aus, dass Hitler noch für viele, viele Jahre bleiben würde.« Hans hingegen hielt, wie viele Deutsche in London, den Nationalsozialismus für eine vorübergehende Erscheinung.

Den Jahreswechsel 1936/37 verbrachte Hans in Berlin. Er war zum ersten Mal wieder in Deutschland. Als er im Januar wieder nach England reiste, baten ihn Freunde seiner Mutter, Geld für sie mitzunehmen. Er willigte ein, war dann aber doch erschrocken, als er sah, dass es sich um etwa tausend Pfund in 50-Pfund-Noten handelte. »Ich erinnere mich an das ängstliche Gesicht meiner Mutter, die mich durch die Glasscheibe bei der Zollkontrolle beobachtete. Wenn der Zollbeamte auf sie geschaut hätte, hätte er sofort gemerkt, dass etwas nicht in Ordnung war. Es geschah aber nichts, und ich konnte ohne Probleme die Maschine besteigen.« Die Angst seiner Mutter war berechtigt. Beide wussten, dass hohe Strafen auf die Ausfuhr von Devisen und Werten standen. Als Hans bei den darauf folgenden Reisen erneut Geld und Wertobjekte für jüdische Freunde transportieren sollte, baute er seine alte Reiseschreibmaschine, Typ »Erika«, um. Eine Schreibmaschine konnte er bei sich tragen, ohne aufzufallen. Das Innenteil der Walze, eine Holzrolle, auf die eine Gummischicht aufgezogen war, entfernte er und fügte die Geldbündel eng zusammengerollt an die Stelle. Dann verschloss er die beiden Enden mit verkürzten Teilen der Holzrolle und schraubte das Ganze wieder zusammen. »Ich war sehr stolz auf diese Handarbeit. Von außen konnte man nichts erkennen. Es wäre zwar unmöglich gewesen, damit zu schreiben, aber wen störte das? Von nun an stellte ich die Maschine immer direkt vor den Zollbeamten, während ich meinen Pass heraussuchte. Mutti sagte mir einmal, sie sei fast ohnmächtig geworden, als sie die Maschine vor dem Mann stehen sah. Es war der Anfang einer neuen Karriere, obwohl mir das damals noch nicht klar war.« Die »neue Karriere« verlangte von Hans nicht nur Pfiffigkeit, sondern auch viel Mut. Das galt auch für seine Mutter, die ihren Sohn von diesen gefährlichen Unternehmungen nicht nur nicht abhielt, sondern sie sogar organisierte. Sie wäre genauso betroffen gewesen, wären die Transporte aufgeflogen.

Von nun an reiste Hans häufig zwischen London und Berlin hin und her. Offiziell war er der Mitinhaber einer Firma, die Hildegard Margis zusammen mit einem englischen Geschäftsfreund in London gegründet hatte. Aber diese Tätigkeit war nur ein Vorwand. Wenn er in Berlin ankam, hatte seine Mutter schon eine Liste von Leuten bereit, für die er Wertobjekte aus Deutschland herausschaffen sollte. »Natürlich waren sie potentielle Emigranten, oder zumindest ihre Kinder waren es. Neben dem Geld, das immer aus fremden Devisen bestehen musste, weil deutsches Geld im Ausland nicht gehandelt wurde, war zumeist Gold und Schmuck dabei.« Es gelang Hans, zum Vertreter einer Firma zu werden, die hochwertigen Modeschmuck herstellte. Von nun an hatte er auf jeder Reise auch einen Koffer mit Proben von Modeschmuck dabei, unter den er den echten Schmuck mischte. Einmal transportierte er ein goldenes Fabergé-Zigarettenetui. »Das füllte ich mit Zigaretten und trug es in meiner Tasche. Alles kam wohlbehalten in London an und wurde an die angegebenen

Adressen verteilt.« Für seine Dienste erhielt Hans eine Entschädigung, von der er leben konnte. Die englischen Ersparnisse seiner Mutter waren längst aufgebraucht. Aber das Geld war nicht der wichtigste Grund für seine Kurierdienste. Zum Überleben hätte er in London auch eine Arbeit annehmen können. Vielmehr war aus dem jungen Mann, der wenige Jahre zuvor noch ein begeisterter Anhänger der »Jung-Stahlhelmer« gewesen war, inzwischen ein reifer Mann geworden, der politische Verantwortung übernahm und dafür auch bereit war, Risiken einzugehen. An dieser Entwicklung hatte seine Mutter den größten Anteil.

Manchmal begleitete Hans auch die Kinder von Freunden, für die die Eltern eine Ausreisemöglichkeit organisiert hatten. »1938 war mein Begleiter auf der Reise nach London der Sohn eines befreundeten Arztes, Dr. Bamberg. Er war etwas älter als ich und war noch nie in England gewesen. Er hatte sehr viel Ärger an der deutschen Grenze, sein Gepäck wurde völlig durchsucht und er selbst sehr schlecht behandelt. Wir taten so, als würden wir uns nicht kennen, weil ich sein Geld bei mir hatte. Aber wir kamen schließlich gut in London an, und er muss einen Stoßseufzer getan haben. Ich auch, aber ich atmete schon auf, wenn der Zug in Holland oder Belgien ankam. Er wartete auf ein Visum, um nach Argentinien weiterzureisen. Das hat auch geklappt, und ich habe ihn noch ans Schiff gebracht.« Allmählich wurden »Emigrationsbegleitung« und die illegale Ausführung von jüdischem Eigentum zur Haupttätigkeit von Hans, bis er – kurz vor Beginn des Kriegs – nicht mehr aus- und einreisen konnte.

Seltsam, dachte ich, nachdem Hans mir von diesen »Geschäftsreisen« erzählt hatte: der eine Onkel brachte Geld und Schmuck für Emigranten nach London, die aus Deutschland zu fliehen versuchten; der andere konstruierte die Raketen, die an demselben Ort Zerstörungen anrichteten und viele Menschenleben kosteten. Mit beiden bin ich gleich eng verwandt.

Im Juli 1939 reiste Hildegard Margis zum letzten Mal nach London. Es war schon klar, dass es bald zum Krieg kommen würde. Bevor sie sich von ihrem Sohn verabschiedete – beide wussten, dass sie sich nun längere Zeit nicht mehr sehen würden – sagte sie zu Hans: »Ich bin froh, dass du hier in London bist. Erstens kannst du nicht zum Kriegsdienst eingezogen werden; und zweitens musst du wissen, dass meine Mutter Jüdin war.« Sie sprach von Klara Beck, geb. Brück, der Frau von Joseph Beck, die aus einer Industriellenfamilie aus Posen stammte und sich 1915 das Leben genommen hatte. Hildegard Margis hatte bis dahin ihren Kindern nichts von ihrer jüdischen Herkunft gesagt. Vielleicht empfand sie es als Makel, vielleicht war es ihr auch einfach unwichtig. Die Familie feierte Weihnachten wie alle anderen und glaubte ansonsten an die Überlegenheit der »deutschen Kultur«. Beide Kinder waren getauft, ich habe auch die Konfirmationsurkunde von Hilde. Dennoch, in den Worten von Hans: »Mutti hatte wahrscheinlich mehr jüdische Freunde als nicht-jüdische. Auch meine beiden besten Freunde waren Juden.« Das brachte Hans allerdings nicht auf die Idee, dass er selber jüdischer Abstammung sein könnte. Darüber dachte man gar nicht nach. »Ich kam nie auf die Idee, meine Freunde nach ihrer Religion zu fragen.« Später, als die Tatsache, jüdisch oder nicht, existenziell wurde, versuchte Hildegard Margis ihre Kinder vielleicht durch Unwissen zu schützen. Deshalb sprach sie mit Hans auch erst darüber, als er in London war. Rückblickend fällt freilich auf, dass sie beide Kinder drängte, Deutschland zu verlassen. Auch ihrer Tochter sollte sie zureden. »Selbst hier im Ausland«, so Hans, »machte sie sich Sorgen, dass mich dieses Wissen beunruhigen würde. Ich bedauerte nur, dass wir nicht früher über die Familie gesprochen hatten. Wir haben uns das für die Zeit nach dem Krieg vorgenommen. Es kam nie mehr dazu. In gewisser Weise hat mich diese Nachricht sogar froh gemacht, vielleicht weil ich jetzt einen legitimen Grund für meine Aversion gegen das Hitler-Regime hatte.« Hans schlug seiner Mutter vor, bei ihm in London zu bleiben. Aber davon wollte sie nichts wissen. Es war das letzte Mal, dass sie sich sahen.

Liebe Großmutter,

mir ist bis heute unverständlich, warum Du als alleinstehende »Halbjüdin« und durchaus gefährdet nicht in London geblieben bist. Vielleicht gingst Du davon aus, dass die Deutschen keinen Zugriff auf die Geburtsregister und Akten in Posen hatten, mithin niemand so schnell von Deiner »nicht-arischen« Herkunft erfahren würde. Gab es nie Gelegenheiten, bei denen Du den Ariernachweis vorlegen musstest? Deine noch in Berlin verbliebene Tochter war sicherlich ein Grund, dass Du von London nach Deutschland zurückgekehrt bist. Aber eigentlich war zu diesem Zeitpunkt schon klar, dass auch Hilde bald ins Ausland gehen würde. Ich verstehe, dass Du Dir, wie viele andere Menschen auch, nicht wirklich vorstellen konntest, was in Deutschland und von Deutschland ausgehend noch geschehen würde. Und trotzdem: Du wusstest, in welcher Gefahr Du Dich befandest und bist dennoch in Deutschland geblieben. Fühltest Du Dich so deutsch, dass Dir ein Leben im Ausland unmöglich erschien? Ich weiß, das ging auch vielen Juden so, die wie Dein Freund Franz Ullstein noch bis 1939 gewartet haben, bevor sie Deutschland den Rücken kehrten.

Die Nachricht, die Du Hans bei Eurem Abschied mitgegeben hast, hat sicherlich eine Rolle dabei gespielt, dass er später eine Jüdin geheiratet hat und in einer jüdischen Familie lebte. Ich sagte schon, dass ich seine Lebensgeschichte wie die Umsetzung Deiner Hoffnungen in gelebte Biographie empfinde. Es muss Ende der 1980er Jahre gewesen sein, einige Jahre, bevor Hans zum ersten Mal in unserem Leben auftauchte. Mein Bruder Christoph fuhr nach einem längeren Aufenthalt in Tokio mit seinen drei Kindern auf einem Schiff von Japan nach Deutschland zurück. Sie wollten über Australien reisen und Hans kennenlernen. Kurz nach Christophs Rückkehr trafen wir uns in München, wo wir Hildes 70. Geburtstag feierten.

Christoph erzählte von seiner Begegnung mit Hans, Shirley (der Frau von Hans) und ihren Kindern. Bei diesem Besuch hat Hans meinem Bruder von Deiner jüdischen Herkunft erzählt. »Das hat dir deine Mutter wohl nicht erzählt«, hatte Hans hinzugefügt. In der Tat. Wir wussten nichts davon. Es war eines der Dinge, die Hilde einfach »vergessen« hatte. Für meine Geschwister und mich war diese Nachricht eine kleine Überraschung. Wir musterten unsere »prominenten« Nasen, begannen meine jüngste Schwester, die im Bankgeschäft tätig ist, mit ganz neuen Augen zu sehen, und hatten unsere Freude an dieser Neuigkeit. Ganz anders die Reaktion von Hilde: »Unsinn«, sagte sie, »ich glaube das nicht. Das hat Hans nur erfunden, weil er eine Jüdin geheiratet hat und sich schämt, Deutscher zu sein.« Dann fügte sie freilich hinzu: »Aber erzählt Eurem Vater nichts davon.«

Als Hans 1996 nach Deutschland kam, wiederholte er die Geschichte, die er Christoph erzählt hatte, und fügte noch einige Details hinzu. Hilde weigerte sich weiterhin, die Frage zu thematisieren. Sie hatte dieses Wissen aus ihrer Erinnerung getilgt – aus Gründen, über die ich nur spekulieren kann: Angst war sicherlich ein Grund. Aber warum Angst nach dem Zusammenbruch des NS-Regimes? Ich vermute, dass der Antisemitismus auch in der jungen Bundesrepublik noch so tief verwurzelt war, dass sie ihre eigene jüdische Identität lieber »vergessen« wollte. Nur: ein solches Wissen ist schwer zu verdrängen. In einem Gespräch, das Christoph mit Sigis wenige Monate vor dessen Tod führte, zeigte es sich, dass sich Sigis, im Gegensatz zu Hilde, durchaus erinnerte: »Ja, da war etwas«, sagte er. Als er 1939, kurz vor seinem Abflug nach Abessinien, aus einer Telefonzelle in Neapel in Berlin anrief und Hilde bat, ihn zu heiraten, habe sie gesagt: »Aber du weißt doch, ich kann nicht.« Daran erinnerte er sich nun, viele Jahre später. Mit diesem »ich kann nicht« harte sie ihre Schwierigkeiten gemeint, den für die Eheschließung erforderlichen »Ariernachweis« zu erbringen. Damals wusste sie noch um ihre jüdische Herkunft.

Sigis und Hilde haben dennoch geheiratet: in Äthiopien und unter Bedingungen, die gewiss nicht so genauen Kontrollen unterlagen wie in Deutschland. Allerdings erzählte Hilde auch, dass sie, bevor sie Deutschland verließ, nach Posen gereist sei, um dort ihre Geburtsurkunde zu holen, und diese ohne Schwierigkeit erhalten habe. Posen war freilich seit 1918 wieder polnisch, und der Zeitpunkt, zu dem Hilde dorthin fuhr, war entweder kurz vor oder nach der deutschen Besetzung Polens im Jahre 1939. In beiden Fällen kann man bezweifeln, dass den polnischen Behörden viel daran gelegen war, Zuarbeit für den »Ariernachweis« zu leisten. Ich habe später noch einmal versucht, die Geburtsakten von Euch drei in Posen geborenen Frauen zu bekommen: Deine, die Deiner Mutter Klara Beck und die Deiner Tochter Hilde. Die Gedenkstätte Deutscher Widerstand, die oft in Polen recherchiert, half mir dabei. Rund ein Jahr nach meiner Anfrage erhielt ich einen Brief von Johannes Tuchel, dem Geschäftsführenden Leiter der Gedenkstätte, mit folgendem Wortlaut: »Nach mehrfachen Nachfragen haben wir jetzt die Mitteilung bekommen, dass in Posen keine Unterlagen über Hildegard Margis vorliegen sollen. Ein Großteil der Akten aus Posen soll gegen Ende des Zweiten Weltkriegs vernichtet worden sein, so dass die dortigen Archive nur noch Splitterbestände aufweisen. – Ich bedaure sehr, dass wir Ihnen jetzt erst in dieser Angelegenheit Nachricht geben können, aber dies ist leider eine Erfahrung, die wir mit dem osteuropäischen Archivwesen im Moment öfter haben.« Die offiziellen, in den Archiven gelagerten Erinnerungen geben also keinen genauen Aufschluss über Deine jüdischen Vorfahren. Aber es gibt informelle Erinnerungen. Etwa die von Brigitte Lohmeyer, einer Freundin von Hilde, die etwas älter war als sie und zeitweise in Deinem Büro gearbeitet hat. Auf den Bericht von Hans angesprochen, benutzte sie genau dieselbe Formulierung wie Sigis: »Ja, ich erinnere mich, da war etwas.«

Berlin 1930er Jahre: Hilde

Erlebten schon Sigis und Hans die ersten Jahre des Dritten Reichs auf sehr unterschiedliche, fast konträre Weise – der eine verließ 1936 das Land, der andere trat in demselben Jahr in den deutschen Staatsdienst ein – so verlief die Lebensgeschichte von Hilde noch einmal ganz anders. Man könnte glauben, sie habe während dieser Zeit in einer anderen Welt gelebt. Am Beispiel von Hilde kann man deutlich erkennen, dass sich dieselben historischen Ereignisse auf das Leben von Frauen anders auswirken als auf das von Männern. Dass diese unterschiedliche Weise, »die Geschichte« zu erleben, freilich nicht zwingend ist, zeigt ein Vergleich zwischen Hildes Lebensweg und dem ihrer Mutter. Mutter und Tochter tragen denselben Namen. Aber ihre Biographien erscheinen wie zwei entgegengesetzte Lebensentwürfe: Die eine Frau, jung verwitwet, alleinerziehende Mutter von zwei kleinen Kindern, schlug sich mit Erfolg durchs Leben. Sie setzte sich über die Regeln hinweg, die für Frauenleben vorgesehen sind. Hildes Leben hingegen wurde von diesen Regeln bestimmt. Dennoch gab es auch bei ihr große Widerstandskräfte.

Als mein zweites Kind, Valentin-Elias, geboren wurde, nahm ich ein Tonband und bat Hilde, von ihrer Kindheit zu erzählen. (Offenbar wächst mit der Geburt eines Kindes das Bedürfnis, mehr über das Leben der vorangegangenen Generationen zu wissen.) Sie erzählte mir einiges, das sie vorher noch nicht erzählt hatte, und sie schien das Bedürfnis zu haben, endlich über diese Dinge zu sprechen. Sie wollte, dass ihre Geheimnisse nicht verloren gehen.

Die Erfahrungen von Hilde mit ihrer Mutter waren ganz anders als die von Hans. Die Kraft und Selbstständigkeit der Mutter, die ihrem Sohn dazu verhalf, Deutschland zu verlassen, erfuhr seine Schwester als Bevormundung. Gertrud Kubitschek, die Haushälterin von Hildegard Margis, berichtete, dass das Verhältnis von Mutter und Tochter oft sehr gespannt war. Es sei im Haus zu lautstarken Auseinandersetzungen gekommen. Das hing damit zusammen, dass sie sehr unterschiedlich, auf der anderen Seite aber auch eng verbunden waren, wie viele Mütter und Töchter. Die Abwesenheit eines Vaters mag dabei eine Rolle gespielt haben. Hilde fühlte sich zeitlebens von Männern angezogen, die ihre Väter hätten sein können. Sie erzählte, dass sie eigentlich gerne Geschichte und Philosophie studiert hätte, das habe ihre Mutter jedoch strikt abgelehnt. »Sie hat zu mir gesagt: ›Das kommt überhaupt nicht in Frage. Sag mir, wie du damit Geld verdienen willst. Du willst nur in den Salons brillieren, und das kommt nicht in Frage. Es kommen solche Zeiten, da ist der Salon sowieso vorbei. Es geht nur ums Geld. Du musst Lehrerin werden.‹ Paukerin zu werden, das war für mich undenkbar. Aber eigentlich ging es ihr darum, mich immer um sich zu haben. Schon als kleines Kind. Wenn andere Kinder abends um 10 im Bett waren, dann saß ich im Zentralbüro der Deutschen Volkspartei. Bei Frau Margis war immer ihre kleine Tochter dabei. Das wusste jeder. Dadurch war ich auch ziemlich verwöhnt, andererseits aber auch nervös. Ich muss manchmal so geschrien haben. Dann war sie völlig aufgelöst und sagte, ich ertrage dies Kind nicht mehr. Wenn ich mein Zimmer nicht aufräumte, hat sie meine Sachen genommen und einfach aus dem Fenster geworfen. Die musste ich dann unten im Hof wieder aufsammeln. Später hat mich meine Mutter oft bei Verhandlungen dabeigehabt. Das war irgendwie eine schwache Stelle bei ihr, die Verträge, und da hat sie mich immer zu den Anwälten mitgenommen.«

Hilde zeichnete ein Bild ihrer Mutter, das fast konträr zu dem ist, das Hans beschrieben hat: eine dominante Frau, die ihre Tochter nicht loslassen kann. Vielleicht hätte Hilde wirklich gerne studiert – ob Philosophie oder ein anderes Fach. Aber sie brach die Schule ab, bevor sie das Abitur erreichte. (Allerdings komme ich heute immer mehr zu der Ansicht, dass die Klagen vieler Töchter über ihre »dominanten Mütter« auch ein Vorwand sein können, sich vor Selbstständigkeit und Autonomie zu drücken.) Bei uns, ihren vier Töchtern, hat Hilde später darauf gedrängt, dass wir eine universitäre Ausbildung machen – mehr als

Sigis, der das nicht unbedingt für notwendig erachtete. Der unerfüllte Wunsch nach einer akademischen Ausbildung hat meine Mutter offenbar lange begleitet.

Hilde hat als Kind erlebt, wie schwer sich ihre Mutter in den Jahren nach dem Ersten Weltkrieg durchschlug. Diese Erfahrung hat sie zeitlebens – allem späteren Wohlstand zum Trotz – als Angst begleitet. »Ich wollte nie mehr arm sein«, sagte sie mir bei unserem Gespräch. Trotz begrenzter Mittel sorgte ihre Mutter dafür, dass Hilde eine Privatschule besuchen konnte: das Klockowsche Lyzeum in Berlin, eine Schule für höhere Töchter. Mir liegen noch ihre Schulzeugnisse vor: Außer in Geschichte waren Hildes Noten eher schlecht. Dafür stand unter Benehmen gelegentlich: »Hilde ist vorlaut«. Na ja, lieber als kleinlaut. Obgleich es sich um eine Privatschule handelte, brauchte Hildegard Margis für ihre Tochter kein Schulgeld zu zahlen. Die Direktorin war eine Freundin aus der DVP. »Die Schülerinnen«, so erzählte Hilde, »waren hauptsächlich preußische adlige und bürgerliche Mädchen, aber viele von denen waren auch arm wie ich. Es war eine sehr strenge Schule. Wenn Pause war, wurde das Butterbrot ausgepackt und dann nach so und so viel Minuten wieder eingepackt und dann ging man – je zwei – im Hof herum. Es waren 50 Kinder in einer Klasse, und dann diese kleinen und vornehmen Lehrerinnen mit ihrem Stehkragen und weiß gepuderten Näschen. Eine war beispielsweise die Tochter von Mommsen, vor der hatte ich irrsinnige Angst, weil ich bei ihr auch Handarbeitsunterricht hatte, und da fielen mir immer die Maschen runter, ich schwitzte und hatte Tränen, und der Strumpf fühlte sich an wie ein Brett.«

Auf der Schule gab es auch einige jüdische Mädchen. Sie brauchten am täglichen Gottesdienst nicht teilzunehmen. Wenn Hilde zu spät kam – was offenbar häufig geschah –, so gab sie an, »mosaischen Glaubens« zu sein. Damit kam sie durch. Die Präsenz der jüdischen Kinder, so erzählte Hilde, führte manchmal auch zu seltsamen Situationen. »Da war zum Beispiel dieses Mädchen aus streng religiöser Familie, und es sollte am Samstag eine Klassenarbeit geschrieben werden. Als das Mädchen sagte, es dürfe heute keine Klassenarbeit schreiben, da fragte die Lehrerin ganz verzweifelt: ›Kannst du nicht wenigstens mit Bleistift schreiben?‹ Das fand ich schon damals sehr komisch.«

Die Tatsache, sich gelegentlich als Kind »mosaischen Glaubens« auszugeben, hielt Hilde nicht davon ab, sich Klischees über Juden zu eigen zu machen. »Einige dieser jüdischen Kinder in meiner Schule waren auch sehr reich. Einmal war ich in einem Haus zu einem Geburtstagsfest eingeladen, da war ich etwa 10 Jahre alt. Ein Abendessen von 6 bis 9 Uhr. Es war ein Buffet aufgebaut, mit Sachen, die ich noch nie gesehen hatte. Und Massen von Schokolade und Kuchen. Wir bekamen damals Schokolade zweimal im Jahr – zum Geburtstag und zu Weihnachten. Und ich dachte, das ist doch gemein, hier ist die viele Schokolade, und mein Bruder, der verhaut mich zwar immerzu, aber dass er zu Hause sitzt und überhaupt keine Schokolade hat, das ist auch nicht richtig. Und ich habe mir etwas genommen und in meiner Tasche versteckt. Aber das Papier guckte raus. Und als ich dann wegging, stand dieses Judenmädchen in der Diele mit höhnischem Gesicht und sagte: ›Äh, was hast du denn da?‹ Da bekam ich ein puterrotes Gesicht. Ich habe mich so geschämt, beim Klauen erwischt zu werden. Ich hätte ja auch fragen können, aber wir wurden so streng erzogen: man bettelt nicht. Das galt als ungehörig. Es wurde damals auch nie über Geld gesprochen. Das war die preußische Erziehung.«

ST. ROMAN DE CODIÈRES,
DEN 24. AUGUST 2006

Liebe Großmutter,
dieses Gespräch habe ich 1980 aufgezeichnet. Hilde hatte keine Schwierigkeiten, ein Wort wie »Judenmädchen« zu verwenden. In diesem Bild scheint die ganze Ambivalenz auf, mit der sie ihr Leben lang zu tun hatte. Du hast Deinen Kindern nichts von Deiner jüdischen Herkunft gesagt. Du hast Dir

wahrscheinlich auch gar keine Gedanken darüber gemacht. Ich weiß, im Berlin der 1920er Jahre fragte man selten, wer Jude ist und wer nicht. Jedenfalls unter den Intellektuellen. Aber Deine Herkunft muss sich Deinen Kindern unterschwellig mitgeteilt haben – erst recht mit dem Aufstieg der Nazis. Eigentlich hätte Hilde die vielen jüdischen Freunde in Deinem Umkreis – ob im Verlagswesen, in den politischen Kreisen oder allein durch die Tatsache, dass Du jüdischen Freunden halfst, ihre Lager vor den Plünderungen der Nazis zu retten – als Anzeichen dafür sehen können, dass vielleicht auch sie ein »Judenmädchen« war. Warum benutzte Hilde solche Ausdrücke? Hilde und Sigis gehörten zum Establishment in Westdeutschland, aber Hilde hatte immer noch Angst, nicht dazuzugehören und zu »denen« – den Juden – gerechnet zu werden. Hildes Abwehr gegen die eigene jüdische Herkunft erhielt sich bis zuletzt. Als Hans 1996 nach Deutschland kam, wurde er von seinem Sohn John, seiner Tochter Liane und seinem Enkel Samuel begleitet. Hilde wusste, dass sich Samuel an die jüdischen Speisegesetze hielt. Dennoch ließ sie am Begrüßungsabend ein Gericht mit Schweinefleisch servieren. Für Samuel gab es Pute. Warum nicht Pute für alle? Hilde wollte, dass man es sieht. Sie sagte ausdrücklich: »Wir haben andere Essgewohnheiten.« Kann man es ostentativer ausdrücken, dass man nicht zu »denen« gehören will?

Ich weiß bis heute nicht, was Hilde in diesem bundesrepublikanischen Umfeld schwerer gefallen ist: sich eingestehen zu müssen, dass Du jüdischer Herkunft warst, oder sich eingestehen zu müssen, dass Du deshalb verhaftet wurdest, weil Du mit einer kommunistischen Widerstandsgruppe kollaboriert hast. Das bundesrepublikanische Umfeld der 1950er und 1960er Jahre war nicht dazu angetan, sie in der Reflexion über diese Frage zu unterstützen. Mag sein, dass dies zu ihren Depressionen beitrug.

Hans kam nach dem Tod von Sigis 1998 noch ein zweites Mal nach Deutschland, um seine Schwester zu sehen, mit der er in der Jugend so innig gewesen war. Sie waren beide über achtzig Jahre alt, und der lange Flug war für Hans sehr anstrengend gewesen. Es war uns, den Kindern, wie auch ihnen selbst klar, dass dies die letzte Begegnung Deiner beiden Kinder sein würde. Diese letzte Wiederbegegnung endete mit einem Zerwürfnis, für das es vor ihrer beider Tod keine Versöhnung gab. Sehr zur Trauer von Hans. Der Bruch ging von Hilde aus, und es war einer der Wutanfälle, die ich mittlerweile gelernt hatte, als Teil ihrer Depressionen zu begreifen. Der Anlass war nichtig – ein Missverständnis über eine Verabredung. Aber dahinter steckte offenbar viel mehr, vielleicht auch die Angst vor dem, was der Bruder repräsentierte: unter anderem das Bekenntnis zur jüdischen Erbschaft, die Du Deinen Kindern hinterlassen hattest.

Hilde: Die Liebe in Zeiten politischer Krisen

Bei unserem Gespräch berichtete mir Hilde ausführlich von einer Liebesbeziehung, die sie als junges Mädchen mit einem Freund der Mutter begonnen hatte. Er war 22 Jahre älter als sie. Kurt Saalfeld war im Vorstand des Ullstein Verlags und für das Ressort Anzeigen und Einkauf zuständig. Er war verheiratet mit Elisabeth, der Tochter von Franz Ullstein. Als sie sechzehn Jahre alt war, konfrontierte Hilde ihre Mutter mit der Nachricht, dass sie Saalfeld liebte und dass er ihr versprochen habe, sie zu heiraten. Kurt Saalfeld und Elisabeth Ullstein wurden kurz darauf geschieden. Für Elisabeth Ullstein war es »der Tropfen, der das Fass zum Überlaufen brachte«, sagte mir später ihr Sohn. Sie hatte schon viele Seitensprünge von ihrem Mann hinnehmen müssen. Die junge Hilde, fast noch ein Kind, habe sie mit offenen Armen in ihrem Haus aufgenommen, sie sogar zur Patentante ihres Sohnes gemacht – und dann dieser Skandal! Das war zu viel für sie. Es war auch zu viel für Hildegard Margis: Ihre Tochter war minderjährig. Außerdem war Hildegard Margis mit Franz Ullstein befreundet, unterhielt Büros im Ullstein Verlag und arbeitete eng mit dem Verlag zusammen. Nun reichte Franz Ullsteins Tochter wegen ihrer Tochter die Scheidung ein. Hildegard Margis setzte der Beziehung sofort ein Ende und steckte Hilde in ein Internat. Sie blieb dort aber nicht sehr lange, sondern verließ die Schule vor dem Abitur.

Hilde war 65 Jahre alt, als sie mir von dieser lange zurückliegenden Liebesgeschichte erzählte, wenn auch unter Umgehung einiger Details wie der Scheidung von Elisabeth Ullstein und Kurt Saalfeld. Für sie war die Angelegenheit, die fünfzig Jahre zurücklag, emotional noch immer hoch besetzt. In ihrer Erinnerung blieb Saalfeld die »große Liebe« ihres Lebens – und das muss auf Gegenseitigkeit beruht haben. Denn der Sohn erzählte mir, dass sein Vater noch Ende der 1940er Jahre, als Hilde schon längst mit Sigis verheiratet war und drei Kinder hatte, um sie warb und sie aufforderte, ihm nach Portugal zu folgen, wo er dabei war, ein Unternehmen aufzubauen. Als Hilde Hans zum letzten Mal sah, vertraute sie ihm an, dass »Kurt Saalfeld der einzige Mann war, den sie je wirklich geliebt hat«.

Beim Blick zurück kommt das »Nicht-Gelebte«, die »andere Möglichkeit« immer besser davon als die gelebte Biographie, die sich notwendigerweise auch mit Verletzungen füllt. Auch »die Liebe« kommt besser davon als die Ehe mit all ihren Alltäglichkeiten und Sorgen. So war's wohl auch bei Hilde: Sie idealisierte die Liebe, die sie nicht hatte ausleben dürfen. Aber sie unternahm in der Nacht nach Sigis' Bestattung einen Suizidversuch. Sie überlebte diesen wie andere. Ihre Haushälterin fand später den Abschiedsbrief, den sie an ihre Kinder geschrieben hatte und in dem sie von der Hoffnung sprach, mit Sigis im Tode vereint zu sein. Der Abschiedsbrief verschwand wieder. Hildes Gefühlswelt wechselte ständig zwischen Ängsten, Depressionen und einem mächtigen Lebenswillen. Das prägte auch ihr Verhältnis zu Männern. Saalfeld repräsentierte die Liebe und mein Vater die Gesellschaft, der sie sozial angehören wollte und von der sie vielleicht immer befürchtete, verstoßen zu werden. Nicht dass diese Bedrohung wirklich im Raum gestanden hätte – außer zur Zeit des Dritten Reichs, und genau da hat sich mein Vater über »die Bestimmungen« hinweggesetzt. Aber schließlich ging es in Hildes Welt auch nicht um die Wirklichkeit, sondern um das, was sich *in ihr* abspielte.

Ich erfuhr von Kurt Saalfelds Sohn Klaus, der heute in Lissabon lebt, was aus seinem Vater nach dieser Trennung geworden ist: Kurt Saalfeld wurde im Verlauf des Jahres 1933 aus dem nun unter »arischer Leitung« stehenden Ullstein Verlag ausgeschlossen. Als der Reichstag im März 1933 das Ermächtigungsgesetz verabschiedete, befand sich Saalfeld gerade auf dem Tennisplatz, setzte sich sofort in sein Auto und fuhr, ohne noch einmal nach Hause zu fahren, direkt ins Ausland. Kameraden aus dem Ersten Weltkrieg, die sich den Nazis angeschlossen hatten, hatten ihm zu verstehen gegeben, dass er auf einer Namensliste von Personen stand, die sofort verhaftet werden sollten. Saalfeld floh nach Holland, in der Annahme, dort vor den Nationalsozialisten sicher zu sein. Als Elisabeth Ullstein Silvester 1938/39 mit ihrem Vater und dem Sohn in die Schweiz floh (jeder durfte zehn Reichsmark mitnehmen), schrieb ihr Kurt Saalfeld, sie solle den Sohn zu ihm nach Holland schicken, wo sich auch schon die gemeinsame Tochter befand. In Holland seien die Kinder sicherer als in der Schweiz. Das war ein Fehler. Kurz darauf besetzten die Deutschen das Land – »und wir saßen in der Falle«, sagt sein Sohn Klaus Saalfeld.

Kurt Saalfeld muss jedoch sehr geschickt gewesen sein. Er wurde von der deutschen Abwehr angeworben – die Abwehr im Ausland nahm es nicht so genau mit den Rassegesetzen – und bewegte sich nicht nur frei in Holland, sondern auch im besetzten Paris. Von dort aus sollte er als »Wirtschaftsattaché« nach Kuba geschickt werden und kam nach Lissabon, um sich einzuschiffen. In Lissabon (wo sich Abwehrleute aller beteiligten Kriegsgegner begegneten) lief er zu den Alliierten über. Als Sigis 1939 um die Hand von Hilde anhielt, gab es heftige Diskussionen zwischen Mutter, Tochter und Tante Grete, die extra aus Dortmund angereist war. Laut Bericht der Haushälterin war dabei immer von einem »Mann in Holland« die Rede, der niemand anderer als Saalfeld gewesen sein kann. Ob es bei dieser Auseinandersetzung um die Frage des »richtigen Ehemannes« oder des »richtigen Ortes« – der eine Prätendent befand sich in Holland, der andere in Abessinien – für Hilde ging, ist nicht mehr zu klären. Zu Kriegsbeginn mögen beide Orte noch wie sichere Häfen erschienen sein. 1962 starb Kurt Saalfeld. Seinen Sohn Klaus, ihren Patensohn, hat Hilde später wiederholt getroffen.

Als ich 1996 Hans kennenlernte, erzählte er mir eine Geschichte von Hilde, die sie mir, wie andere Geschichten auch, bei unserem Gespräch, bei dem sie eigentlich »auspacken« wollte, verschwiegen hatte. Ich konnte diese Geschichte gut in Verbindung bringen mit den heftigen Entladungen, die ich von ihr kannte. Ich erzählte ein paar Freunden davon. Die Männer reagierten zumeist entsetzt; die Frauen eher beeindruckt: Irgendetwas in der Handlung von Hilde forderte den Frauen Respekt ab. Ich selbst war hin- und hergerissen zwischen Bewunderung und Entsetzen. Die Geschichte, von der Hans berichtete, war folgende: Hilde ging im Jahr 1938, damals 23 Jahre alt, eine Liebschaft mit einem Mann ein, Alfred Eduard Frauenfeld, der eine leitende Tätigkeit in der Reichskulturkammer ausübte. Vielleicht hatte er ihr – einer attraktiven jungen Frau, die sich womöglich Hoffnungen auf eine Film- oder Theaterkarriere machte – eine »Rolle« versprochen. Frauenfeld kam aus Österreich – ein Nazi der ersten Stunde. Als Hilde erfuhr, dass er ihr verschwiegen hatte, Ehefrau und Kinder zu haben, holte sie die Pistole aus dem Schrank ihres Bruders, verabredete sich mit Frauenfeld, und als sie im Zimmer allein waren, gab sie mehrere Schüsse auf ihn ab.

Hilde war nicht geübt im Gebrauch von Schusswaffen, eine Kugel schlug neben Frauenfeld durch die Wand und verfehlte nur haarscharf seinen Bruder, der im Nebenzimmer schlief. Die Brüder wollten die Polizei rufen, um Hilde verhaften zu lassen. Doch Hildegard Margis bat einen in Berlin lebenden österreichischen Freund, Heinz Wittgenstein, um Hilfe, und dieser machte den Frauenfelds klar, dass deren »Karriere« beendet sei, wenn »der

Führer« darüber unterrichtet würde, dass sich einer von ihnen, ein verheirateter Mann, an einer jungen Frau vergangen hatte. »Die Frauenfelds beschlossen, den Mund zu halten, und Mutti bat mich, Hilde mit nach London zu nehmen. Wenige Wochen später marschierte Hitler in Österreich ein; Frauenfeld wurde dort zu einem der führenden Nazis. Und ich war eine meiner Pistolen los.« So die Bilanz von Hans, der von seiner Mutter telegraphisch aus London herbeigerufen worden war.

Im Lexikon des Dritten Reichs steht folgender Eintrag zu Frauenfeld: »Alfred Eduard Frauenfeld, geb. 1898 in Wien, gest. 1977 in Hamburg; österreich.-dt. Politiker, Maurer, Bankbeamter. Der schriftstellernde F. (›Dämmerung‹, Schauspiel 1925) trat 1928 der österreich. NSDAP bei, wurde nach deren Verbot am 4. 12. 33 verhaftet, konnte aber aus dem Anhaltelager Wöllersdorf nach München entkommen. 1935 wurde F. Geschäftsführer der Reichstheaterkammer und war seit 1942 in der dt. Zivilverwaltung im Reichskommissariat der Ukraine tätig. Für die dort begangenen Verbrechen der dt. Besatzungsmacht wurde F. im Jan. 47 in Wien in Abwesenheit zu 15 Jahren Haft verurteilt. Inzw. wurde er in Niedersachsen als ›Minderbelasteter‹ entnazifiziert, zog 1949 nach Hamburg, wo er die Niederlassung einer Baugesellschaft leitete.«[42]

Wenn sich ein Name eingeprägt hat, entwickeln wir einen geschärften Blick: Ich entdeckte in einem Antiquariat ein Buch von Frauenfeld. Das Buch befand sich in einer Ramschkiste, und ich habe einen Euro dafür bezahlt. Es hieß »Der Weg zur Bühne«, war zuerst 1940 erschienen und 1943 neu aufgelegt worden. Das Vorwort zur dritten Auflage verfasste Frauenfeld während seiner »Tätigkeit« in der Ukraine. Er schrieb, dass er mit Kriegsbeginn »den Soldatenrock übergezogen« habe. Doch nun müsse er »den Soldatenrock wieder auszuziehen, um einer neuen Berufung des Führers nach dem Osten Folge zu leisten, und ich weiß jetzt, daß dieses Buch mein Schwanengesang nach meiner jahrelangen Tätigkeit im Bereich der Reichskulturkammer geworden ist, denn ich werde nie mehr zu meiner alten Tätigkeit zurückkehren.« Bevor er sich seinen »neuen Tätigkeiten« im Osten zuwandte, wollte Frauenfeld ein Handbuch »deutscher Schauspielkunst« verfassen – und es ist aufschlussreich, was er darunter verstand. Selten habe ich eine derartig präzise Zusammenführung von Bühne und Politik gelesen.

Schon das zweite Vorwort zum Buch, verfasst von Ludwig Körner, Präsident der Reichstheaterkammer, macht unmissverständlich klar: Der Berufsstand der deutschen Bühnenschaffenden hat »eine theatralische und – über Goethes Wort hinausgehend – eine politische Sendung«. Deshalb sei auch allen in diesem Bereich »eine kulturelle Wehrpflicht auferlegt«. Es genüge nicht, dass »ein neuer Geist eingeimpft wurde. Er muß sich ausbreiten im ganzen Organismus.« Der deutsche Schauspieler müsse »sich als soldatischer, kämpferischer Staats- und Volksschauspieler bewähren«. Für diese Aufgabe prädestiniere ihn der Beruf selbst, denn der »Bühnenschaffende« sei »eines der wenigen Beispiele der Menschen, die wie Krieger und Seeleute mit dem ganzen Einsatz von Körper und Seele täglich um das ganze Leben streiten, geradewegs und unmittelbar«. Er stehe neben dem Soldaten, aber »sein Kämpfertum steigert sich demgegenüber noch, weil er *immer* im Ernst des Kriegszustands lebt«.[43]

Frauenfeld ging weiter als Körner. Er stellte dar, dass es mit einer säuberlich durchgeführten Rassenpolitik auch gelingen könne, die Diskrepanz zwischen Realität und Bühne aufzuheben: »Warum waren z. B. Prinz Eugen, Friedrich der Große oder Napoleon, gemessen an der Idealgestalt Paul Richters als Siegfried im Nibelungenfilm oder eines jugendlichen Bühnenhelden in einem Schillerschen Drama, gelinde gesagt, unschöne Zwerge?« Die Erklärung dafür liefern, so Frauenfeld, die »Erkenntnisse der Rassenlehre«: Die »Rassenmischung« habe zu einer »Überschichtung« höherwertigen Blutes durch minderwertiges geführt. Doch sei »unsere Phantasie noch immer befangen in den Vorstellungen der vergangenen Zeit, einer Rassenreinheit, in der zweifellos das, was wir Wunschbild nennen, entstand und mit der Wirklichkeit völlig übereinstimmte. [...] Ein Held sah eben aus wie ein Held.«[44] Das Spezifische der nationalsozialistischen Schauspiel-

kunst bestand also darin, einen neuen Schauspieler nicht nur aus-
zubilden, sondern auch zu züchten, so dass Phantasie und Wirklichkeit tatsächlich in eins fallen konnten.

Auf eine paradoxe Weise treffen diese Beschreibungen auch
auf die Handlungsweise von Hilde zu: Auch sie kämpfte mit
ihrem »ganzen Körper und Seele, geradewegs und unmittelbar«.
Das sollten besonders einige Jahre später auch ihre vatikanischen
Tagebücher zeigen. Ihr Gebrauch der Schusswaffe offenbart, dass
sie ihren Kampf durchaus mit »soldatischen Eigenschaften« verband. Schließlich auch bei ihr dieser seltsame Realitätsverlust,
wie er Frauenfelds Vorstellung von dem »Helden, der wie ein
Held aussieht« kennzeichnet. Hildes Realitätsverlust hätte für sie
extreme Konsequenzen haben können, aber das ließ sie nicht zu-
rückschrecken. Gewiss, die Zeit war aus den Fugen, und das mag
einer der Gründe für die Maßlosigkeit ihrer Handlung gewesen
sein. Zugleich erzählt Hildes Pistolengeschichte auch davon, dass
Frauen »die Geschichte« oft in einer ganz spezifischen Weise »am
eigenen Leib erfahren« und sich nur mit Verzweiflungstaten –
oder eben durch Krankheiten – dagegen zu wehren vermögen.
Vielleicht ist das der Grund, weshalb die meisten Frauen, denen
ich diese Geschichte erzählte, nicht nur Entsetzen, sondern auch
Respekt verspüren. In diesen Schüssen – wie in einigen späteren
Handlungen von Hilde – kam eine Bereitschaft zum Ausdruck,
sich gegen die aufgezwungenen Machtverhältnisse aufzulehnen.
Aber die Handlung erzählt auch von ihrer Sehnsucht, Wunsch
und Realität zusammenzuführen. Je mehr ich mich mit den verschiedenen Phasen in Hildes Leben beschäftigte, desto deutlicher
erschien es mir, dass sie keinen Unterschied zwischen ihrem Leben und einem Roman machte. Sie lebte den Roman selbst. Und
sie lebte im Roman, weil sie das Leben selbst – ihr Leben – so
prekär fand.

Nach der Frauenfeld-Affäre nahm Hans seine Schwester für
einige Zeit mit nach London. So wie er nach seinen missglückten
Einsätzen für den »Jung-Stahlhelm« für einige Monate in Ostpreußen untergetaucht war, schien es nun auch für Hilde ratsam,

für einige Zeit ins Ausland zu gehen. Hans erinnerte sich lebhaft an die Zeit mit seiner Schwester in London. Er machte sie mit seinen Freunden bekannt, und sie führte in London das fort, was sie auch schon in Berlin am liebsten tat: auf Partys gehen. Sie war ein gern gesehener Gast. Ihr Englisch, so erzählte Hans, sei zwar nicht besonders gut gewesen. Dennoch habe oft ein ganzer Schwarm von Männern um sie herumgestanden, während sie redete. Einer von ihnen bemerkte zu Hans, er verstehe kein Wort von dem, was sie sage: »but isn't she fascinating«. Sie beeindruckte, weil sie gut aussah (was sie wusste) und weil sie über besondere Fähigkeiten verfügte. Hans berichtete von einem Ereignis: Seine Schwester sei um eine Kostprobe ihrer telepathischen Begabung gebeten worden. Sie musste den Raum verlassen, während in ihrer Abwesenheit in der Brusttasche eines der Anwesenden ein Objekt versteckt wurde. Als sie wieder den Raum betrat, schaute sie sich um, alle schwiegen; dann ging sie zielsicher auf einen der Anwesenden zu und zog das versteckte Taschentuch aus seinem Jackett. Großer Jubel. Lange später fragte Hans einmal seine Schwester, ob sie noch über die Fähigkeit verfüge, Gedanken zu lesen. Sie bejahte das und fügte hinzu, dass diese Begabung ihr manchmal auch peinlich und unangenehm sei. Hilde bewahrte zeitlebens ihr Interesse an parapsychologischen Phänomenen. Es ist das Gegenstück zu den psychokartographischen Übungen ihres Vaters und seinen Überzeugungen, dass man den Geheimnissen des Genies durch Berechnung auf den Grund kommen könne.

ST. ROMAN DE CODIÈRES,
DEN 30. AUGUST 2006

Liebe Großmutter,
heute vor fünf Jahren starb Hilde. Sie wurde 87 Jahre alt: eigentlich reichlich Zeit, um viel zu erzählen. Das hat sie nicht getan. Aber sie hat ihren Körper erzählen lassen. Mit dieser Sprache kenne ich mich mittlerweile gut aus. Ich habe mich lange mit dieser seltsamen »Sprache« des Frauenkörpers be-

schäftigt, der nur über seine Symptome zu Worte kommt. Wahrscheinlich war Hilde der Grund für mein Interesse: Ich wollte endlich die Sprache meiner Mutter verstehen und »lesen« können. Ein eigenes Alphabet. Wahrscheinlich müssen viele Töchter noch ein zweites Mal lesen und schreiben lernen, wie ich auch. Dir wird es mit Deiner Mutter, die sich das Leben nahm, nicht anders gegangen sein. Aber es genügte mir nicht, diese Sprache zu verstehen. Um Hildes Erzählung entziffern zu können, musste ich auch wissen, welche »Geschichte« sich ihres Körpers bemächtigt hatte und auf welche Weise sie ihm eingeschrieben wurde.

Vielleicht findest Du es indiskret, dass ich so offen über die Liebesgeschichten meiner Mutter spreche. Aber ich glaube, es entgeht uns ein Teil »der Geschichte«, wenn wir nicht über diese Dinge sprechen. Frauen wie Hilde haben etwas zu erzählen – etwas, das zu »der Geschichte« gehört, die meistens in Zahlen und benennbaren Fakten festgehalten wird. Unsere Militärs würden sagen, Lebensgeschichten wie die von Hilde sind die »Kollateralschäden«. Aber diese Liebes- und Lebensgeschichten sind mehr als nur die Begleiterscheinungen der politischen Geschichte. Neulich habe ich gedacht, dass wir uns oft in die Menschen verlieben, von denen wir hoffen, dass sie am ehesten die Wunden zu heilen vermögen, die »die Geschichte« in uns geschlagen hat – entweder weil sie selbst diese Wunden in sich tragen, wie im Fall von Kurt Saalfeld, oder weil sie Verständnis für diese Wunden haben, wie Sigis. Jedenfalls haben die Liebesgeschichten viel zu tun mit »der Geschichte«.

Und noch eines: »Die Geschichte« wurde, bisher jedenfalls, meistens von den Vätern an ihre Söhne weitergegeben, so wie sie ihnen auch ihren Namen und oft ihre Berufe vererben. Bei den Frauen gelangte »die Geschichte« über die Psyche der Mütter in die nächste Generation und macht sich so in der Psyche der Töchter breit. Die Seele ist sehr viel aufnahmefähiger als ein dickes Buch – aber auch schwerer zu lesen. Bei den Erbschaften, die von Müttern zu Töchtern weitergegeben werden, geht es lautlos, versteckt und oft sprachlos her. Für diese Erinnerungskette hat unsere Geschichtsschreibung bisher keine Sprache entwickelt.

Ich weiß, dass es zwischen Dir und Hilde oft hoch hergegangen ist. Das hat mir Hilde selbst erzählt. Nachträglich kann ich ihre gelegentlichen, unberechenbaren und gewaltigen Entladungen als die Umkehrung der Gefühle von Hilf- und Machtlosigkeit lesen, die sie empfunden haben muss. Manchmal brach es einfach aus ihr heraus. Ihre Stimme, die ohnehin nicht leise war, steigerte sich dann zu einem riesigen Gewitter, und wir, ihre Kinder, wurden ganz still und zitterten. Später fragte ich einmal meine ältere Schwester: »Warum haben wir uns eigentlich nicht gewehrt; warum haben wir das über uns ergehen lassen, ohne zurückzubrüllen?« Sie antwortete: »Ich weiß genau, warum. Ich sagte mir, sie ist krank; es nützt nichts, sie muss sich erst beruhigen.« Ich selbst habe mich in diesen Situationen oft in mich zurückgezogen. Vielleicht habe ich deshalb zu schreiben begonnen.

Ich erzähle Dir eine Erinnerung: Ich war dreizehn oder vierzehn Jahre alt, mein Bruder und ich waren aus dem Internat für die Schulferien nach Hause gekommen. Es gab nicht genügend Platz im Haus. Mein Bruder schlief im Wohnzimmer, ich im Zimmer meiner Mutter. Plötzlich in der Nacht kam Hilde ins Zimmer gestürmt; sie war sichtlich erregt. Ich tat so, als schliefe ich. Durch die halb geschlossenen Augen sah ich, wie sie an ihren Toilettentisch ging und ein kleines Paket in die Manteltasche steckte. Kurz darauf hörte ich die Wohnungstür ins Schloss fallen. Mein Vater kam ins Zimmer, fragte mich, ob ich meine Mutter gesehen hätte. Sie ist weggegangen, sagte ich. Es war ein oder zwei Uhr morgens. Mein Vater alarmierte die Polizei. Mehrere Stunden später wurde sie gefunden, das Auto stand am Waldrand. Die Schlaftabletten hatten gerade erst angefangen, ihre Wirkung zu entwickeln. Sie hat es später wieder probiert. Wie oft, weiß ich nicht. Ihren letzten Suizidversuch unternahm sie zwei Jahre vor ihrem Tod. Sie lag zwölf Tage im Koma; trotz ihres hohen Alters ist sie wieder erwacht. Auch diese Suizidversuche waren Botschaften, bruchstückhafte Informationen, die ich wie die Tagebücher zu lesen lernte. Meistens werden solche Informationen als Hilferufe begriffen, zu Recht. Aber nachträglich kann man sie auch anders lesen: Je genauer ich die Botschaften meiner Mutter zu lesen lernte, desto deutlicher traten die Spuren »der Geschichte« zutage: Sie machte sich in ihren Gefühlen breit, aber kein Mensch hatte ihr beigebracht, damit umzugehen. So blieben ihr nur die Antidepressiva.

Dennoch, liebe Großmutter, es sind nicht nur die Wutanfälle, die mir aus der Kindheit in Erinnerung geblieben sind. Hilde war, wie Du weißt, sehr attraktiv; und auch später war sie eine Frau, die immer Aufsehen erregte. In Abendkleidern (sie hat ihre Rolle als Ehefrau eines Diplomaten sehr ernst genommen und perfekt erfüllt) erschien sie uns Kindern oft wie eine Diva. Bei dem Gespräch, das ich aufgezeichnet habe, sagte sie: »Ich habe schon früh gewusst, dass mein Aussehen mein einziges Kapital ist.« Schon als junge Frau habe sie sich klar gemacht, »dass ich es mir nicht leisten kann, aus Liebe zu heiraten. Ich war gut aussehend, aber ich hatte nichts gelernt, und ich musste zusehen, dass ich einen Mann heirate. Das war für mich wie eine Art Beruf.«

Als Kind setzte ich mich manchmal an Hildes Toilettentisch, wenn sie nicht da war. Ich liebte ihre Parfums: »Quadrille« von Balenciaga hieß eines von ihnen. Ich würde es heute noch unter allen Düften sofort erkennen. Klappte man den Toilettentisch auf, so öffnete sich auf der Unterseite der Tischplatte ein Spiegel, an dem sich Hilde täglich für »die Welt« herrichtete. Der Toilettentisch hatte einige Geheimfächer, und er enthielt alles, was zur Schönheit beitragen konnte: Haarbürsten, Bänder, Flacons, Puderdosen, Modeschmuck und vieles mehr. Einmal öffnete ich eine verschlossene Flasche und roch daran. Ich verspürte einen scharfen Stich im Hinterkopf. Es muss Kampfer gewesen sein. Das kannte ich nur aus Romanen. Mit Kampfer wurden Frauen, die ohnmächtig geworden waren, wieder zu sich gebracht. Bei meinen Schnüffeleien stieß ich auch auf eine Pistole. Sie lag im Geheimfach. Damals habe ich mir darüber nicht viel Gedanken gemacht. Vielleicht dachte ich, dass alle Mütter zwischen ihren Parfums und Lockenwicklern Schusswaffen herumliegen haben. Die Erforschung der Geheimnisse von Hildes Toilettentisch nahm ein jähes Ende, nachdem ich ertappt wurde. Mir war eine der Parfumflaschen entglitten, und der kostbare Geruch von »Quadrille« hing noch tagelang über dem ganzen Raum.

Als wir nach dem Tod von Hilde ihre Wohnung auflösten und den Schreibtisch ordneten, fanden wir neben Briefen von Sigis auch Liebesbriefe von einem anderen Mann und eine Korrespondenz mit Carl Jakob Burckhardt. Du wirst wissen, wer Burckhardt war: ein Schweizer Historiker, Diplomat und Essayist. Von 1937 bis 1939 war er Hoher Kommissar des Völkerbundes in Danzig. Vielleicht bist Du ihm damals sogar begegnet. Von 1944 bis 1948 war er Präsident des Internationalen Roten Kreuzes, 1954 erhielt er den Friedenspreis des deutschen Buchhandels. An seiner berühmten Biographie über Richelieu schrieb er mehr als dreißig Jahre – wirklich ein Lebenswerk. Aus Hildes Korrespondenz mit ihm spricht ein liebevolles – die Nähe suchendes, aber übergroße Intimität vermeidendes – Lehrer-Schülerinnen-Verhältnis besonderer Art. Er beklagt sich, dass er nicht dreißig Jahre jünger sei. Sie antwortet ihm, dass sie ihn noch einmal vor ihrer Abreise nach Amerika besuchen werde:»Ich verspreche Ihnen, der Besuch wird Sie nicht traurig machen, auch nicht im Bewusstsein, wie Sie einmal schrieben – vom Schatten der so rasch ablaufenden Zeit eingeholt zu werden. Es kann soviel Schönes zwischen Menschen geben, das bleibt. Was bedeutet dagegen die Leidenschaft eines Jüngeren, der selbst die Umarmung nur als Objekt seiner Gefallsucht betätigt. I am so fed up with it!« Ich glaube, Hilde hatte einige enttäuschende Liebeserlebnisse. Warum? Weil sie von diesen

Liebesbeziehungen etwas erwartete, worauf sich die wenigsten Männer einlassen wollten. Wie soll ich es nennen? Das Absolute? Die Korrespondenz mit Burckhardt stammte aus den 1960er Jahren, und ihre Antworten sind deshalb erhalten, weil sie – mit Bleistift – Entwürfe zu ihren eigenen Briefen schrieb. Sie hat es sehr genau genommen mit dieser Korrespondenz und wollte sicherlich, dass auch die anderen es so genau nehmen mit ihr. Aber ich bezweifle, dass das immer der Fall war.

Unter den von Hilde aufbewahrten Liebesbriefen fand sich auch die Korrespondenz mit einem anderen Mann, der ebenfalls beträchtlich älter war als sie. Die Briefe erzählen von einer Verabredung in Rio de Janeiro, die auch stattfand. Damals dachte sie daran, sich von Sigis zu trennen, hatte sogar Geld dafür beiseitegelegt. Aber sie hat die Pläne nie durchgeführt. Auch bei dieser Beziehung handelte es sich vermutlich um eine Art von Wiederauflage ihrer ersten »großen Liebe«, Kurt Saalfeld. All das behielt sie für sich bis zu ihrem Tod. Man hat den Eindruck, dass Hilde ihr Leben auf das Thema »Liebe« ausgerichtet hatte – wer tut das nicht? – und dass sich dahinter die Sehnsucht nach einer Sicherheit, nach einer Heilung der Wunden verbarg, die »die Geschichte« in ihr geschlagen hatte.

Im Schreibtisch von Hilde befanden sich auch Rechnungen großer Couturiers: Grès, Dior und andere. Warum hat sie diese Rechnungen aufgehoben? Neben den Liebesbriefen? Es muss ihr gut getan haben, diese »großen Namen« – als Kleidung – am eigenen Körper zu tragen oder getragen zu haben. Noch bis zuletzt bewahrte sie viele ihrer Abendkleider – es waren wirklich viele – auf. Auch dann, als schon längst nicht mehr daran zu denken war, dass sie an einem großen Diner oder an einem Ball teilnehmen würde, weil sie viel zu gebrechlich geworden war. Sie bewahrte diese Kleider und Modezeitschriften, in denen sie abgebildet war, so auf wie andere Menschen Trophäen ihrer sportlichen oder wissenschaftlichen Errungenschaften oder die Photos von wichtigen Begegnungen. Einige dieser Kleider hängen heute bei mir. Ich weiß nicht, was ich damit machen werde – sie passen nicht zu mir, und ich habe auch keine Gelegenheit, sie zu tragen. Aber ich bewahre sie wie eine Art von Photoalbum, das man geerbt hat und in dem Gesichter zu sehen sind, von denen man nicht mehr weiß, wer es war. Man würde es gerne wissen, um die »Geschichten« dieser Menschen auf den Photos »lesen« zu können.

Hilde und Sigis

1937 verbrachte Hilde einige Zeit in Paris. Zusammen mit ihrer Mutter besuchte sie das Grab ihres verstorbenen Vaters in Verdun und blieb dann einige Zeit in Frankreich. In Paris traf sie Sigis wieder, den sie aus Berlin kannte. Aus der Bekanntschaft wurde nun eine Liebschaft, die sich auch immer wieder – trotz Sigis' langen Auslandsaufenthalten – fortgesetzt haben muss. Bei unserem Gespräch erzählte sie mir: »Als die Geschichte mit Deinem Vater begann – das war in Paris, er sah gut aus, er war nicht bedeutend, aber er war sehr zärtlich, und ich war verliebt. Aber ich sagte mir, Verliebtheit ist ein Luxus, das kann ich mir nicht leisten. Ich muss eigentlich einen Mann heiraten, der älter ist als ich, wo ich dafür meine Jugend und meine Schönheit einbringe. Ich hielt mich nie für besonders intelligent. Ich dachte immer, ich brauche einen sehr intelligenten Mann. Ich dachte, Sigis, das geht eigentlich nicht. Das ist ein Luxus, den ich mir nicht leisten kann. – Ja, aber dann hat er insistiert. Und dann kam auch meine Mutter und sagte: ›Na ja, du wirst ja doch heiraten, dann schon lieber den.‹ Ich war verliebt, aber ich fand, Ehe ist eigentlich eine Berufssache. Einen Beruf hatte ich nicht, also musste ich über einen bedeutenden Mann existieren. Ich hatte immer gedacht, dass ich die Frau eines bedeutenden Mannes sein würde. Ich hatte oft begabte Freunde, aber selber ausführen und selbst was leisten, danach hatte ich gar nicht das Bedürfnis. Ich bin animierend in der Gegenwart von Männern, und sehr begabte Männer haben mich sehr gerne in ihrer Umgebung. Mir fällt etwas ein, ich kann auf der Couch liegen und Kaiserin von China sein. Ich kann mir 'was ausdenken, aber ausführen – nein. Oder nicht bis zum Schluss. Es gehört eine irre Disziplin dazu, und Disziplin fällt mir schwer. Das strengt mich an.« Seltsam, bemerkte meine ältere Schwester, der ich die Abschrift dieses Gesprächs zu lesen gab: »Unsere Mutter hat fünf Kinder großgezogen, einen großen Haushalt geführt – und trotzdem sah sie sich so defizitär.«

Kurz nach Hildes Aufenthalt in Paris erfolgte Sigis' Zwangsversetzung nach Addis Abeba. Hilde kehrte nach Berlin zurück. Ihr Ausweis »Deutscher Reichsbund für Leibesübungen« belegt, dass sie Mitglied im Tennisclub »Blau-Weiß« war, allerdings nur einen Beitrag für 1937 gezahlt hat, danach nicht mehr. Ein Freund von ihr aus der Zeit erzählte mir einmal, dass sie im Tennisclub Ärger bekam, weil sie sich geweigert hatte, den Arm zum Hitlergruß zu heben, und er eine Entschuldigung wegen Schulterverletzung für sie erfinden musste. Vielleicht beendete das ihre Mitgliedschaft. Vielleicht hatte man aber auch den »Ariernachweis« von ihr verlangt, und sie konnte ihn nicht erbringen. In demselben Ordner mit Dokumenten lag auch ein unausgefüllter Antrag auf Aufnahme in den Reichsluftschutzbund – Gruppe Reichshauptstadt. In dem Antrag muss der Antragsteller »ausdrücklich versichern«, dass er »deutscher Reichsangehöriger arischer Abstammung« und auch nicht mit einer Jüdin (einem Juden) verheiratet sei. Der Antragsteller soll angeben, ob er der NSDAP angehört, und ankreuzen, ob er die »Sirene« (die illustrierte Zeitschrift des R.L.B.) zu beziehen wünscht.

Von 1937 bis 1938 belegte Hilde Kurse in »Contempora«, einem vom Fritz August Breuhaus gegründeten Lehratelier für Neue Werkkunst. Breuhaus war ein sehr bekannter Architekt und Innendekorateur, der in Deutschland und der Schweiz viele Häuser gebaut und ausgestattet hat. Das Haus der Hildegard Margis in der Lyckallee hatte viele Stilelemente von seinen Entwürfen, aber ich finde keine Hinweise, dass es von ihm entworfen wurde. Zugleich arbeitete Hilde für eine Innendekorateurin, bei der sie einiges lernte. Von Einrichtung verstand Hilde ihr Leben lang viel: Sie richtete viele Wohnungen und Häuser ein, darunter auch die Residenzen von großen Botschaften. Ihre Fähigkeit zur Gestaltung des Umfelds hing eng mit der Bedeutung zusammen, die sie dem »Aussehen« beimaß. Sie gehörte zum »Kapital«, das sie ihrem Körper beimaß. Als ihre Arbeitgeberin Deutschland verließ – auch sie war Jüdin –, betreute Hilde weiterhin einige ihrer Kunden.

Im Frühjahr 1939 kam Sigis auf Heimaturlaub nach Berlin, wo er sich erneut mit Hilde traf. Bevor er auf dem Rückweg nach Äthiopien in Neapel ins Flugzeug stieg, rief er Hilde aus einer Telefonzelle an. Es war gerade Ostern, und Hans war für ein paar Tage nach Berlin gekommen. Es sollte sein letzter Besuch vor Kriegsausbruch sein. Hans erinnerte sich, dass sie beim Frühstück saßen, als das Telefon klingelte. Seine Schwester stand auf, um den Anruf entgegenzunehmen, und kam errötet und verwirrt an den Tisch zurück. »Sie sagte, es sei Sigis, der sie gebeten habe, ihn zu heiraten. Was sie geantwortet habe, fragte ich sie. Sie antwortete, dass Sigis ihr gesagt habe, sie solle sich mit ihrer Antwort Zeit lassen. Er würde sie in einigen Tagen aus Kairo anrufen.« Kurz danach flog Hans nach London zurück. Einige Tage später informierte ihn seine Mutter, dass seine Schwester eingewilligt habe. »Ich hatte das Gefühl, dass Mutti sehr froh war. Es bedeutete, dass beide Kinder aus Deutschland raus waren. Sie war fest überzeugt, dass der Krieg noch in diesem Jahr ausbrechen würde.«

Bevor Hilde nach Addis Abeba abreiste, erhielt sie einen Brief von ihrem künftigen Mann, in dem er sie über die dortigen Lebensverhältnisse aufklärte. Im Gebäude, in dem das deutsche Konsulat untergebracht sei, gebe es keine einzige gerade Wand, einige Türen ließen sich nicht öffnen. Der Konsul, sein Vorgesetzter, trage permanent ein Gewehr über der Schulter und verschwinde gelegentlich für mehrere Tage. Hilde ahnte, worauf sie sich einzustellen hatte. In seinen Erinnerungen erzählt Sigis: »Heiraten der Jungbeamten waren bis dato wenn nicht verboten, so doch – aus welchen Gründen immer – ungern gesehen; erst kurz zuvor war diese Regel gelockert worden; Meine Frage war daher auch für die Angesprochene eine Überraschung. Sie zögerte, die internationale Lage Anfang 1939 war kritisch, Addis Abeba war weit und wenig bekannt, wo liegt das überhaupt? Auch wisse sie nicht, ob sie sich in den Auswärtigen Dienst mit allen seinen Zigeunereien begeben solle. Schließlich gab sie aber doch ihr Jawort, und wir haben verabredet, daß sie so bald wie möglich per Schiff kommen solle. Das zog sich über den Sommer hin, dann brach der Krieg mit dem Einmarsch in Polen aus; da aber die Italiener zunächst nicht eintraten, konnten wir bewerkstelligen, daß sie mit einem italienischen Frachter noch durch den Suezkanal anreisen konnte – wobei mein inzwischen zum Konsul in Port Said ernannter britischer Jagdfreund hilfreich war.« Hilde war damals 24 und Sigis 28 Jahre alt.

Die Schiffsreise, die von Neapel nach Assab im Roten Meer führte, fand im April 1940 statt. Aber bevor sich Hilde auf den Weg nach Äthiopien machen konnte, musste sie noch einen Antrittsbesuch bei den künftigen Schwiegereltern auf ihrem Gut in Niederschlesien machen. Sigis hatte seinen Vater um die Genehmigung gebeten, Hilde zu heiraten. Wenige Jahre zuvor hatte ihm der Vater die Zustimmung verweigert. Warum? Die Frau war zwar die Tochter des Generaldirektors der Preußischen Staatlichen Museen, aber ohne Adelstitel! Natürlich hätte sich Sigis über das Einverständnis der Eltern hinwegsetzen können, aber ihm lag daran. Hildes Antrittsbesuch fand am 8. September 1939 statt: eine Woche nach dem Einfall Deutschlands in Polen. Magnus von Braun hatte an Hildegard Margis geschrieben:

»Hochverehrte gnädige Frau!
Unser Sohn Sigismund teilt uns seine Verlobung mit und bittet uns gleichzeitig, mit Ihnen und Ihrer Tochter unmittelbar in Verbindung zu treten. Für unsere beiden Familien sind die Entschlüsse unserer Kinder von grundlegender Bedeutung für jetzt und für eine weitere Zukunft. Wir können daher nur von beiden Seiten wünschen, dass diese Entschlüsse richtig waren

und dass beide auch nach Ablauf eines Menschenalters zu einander sagen können: Wir haben damals recht daran getan. In
dieser Hoffnung nehmen wir Hildegard in unserer Familie auf
und haben das feste Vertrauen zu unserem Sigismund, dass er
das Rechte getan hat.

Meine Frau und ich bitten Sie nun, möglichst bald, am besten
schon in den nächsten Tagen, uns mit Ihrer Tochter zu besuchen. Dieser Empfang der Braut unseres ältesten Sohnes in
seinem Elternhause wird freilich durch den tiefen Ernst der
Zeit in seiner Helligkeit gedämpft. Für Lachen und jubelnde
Fröhlichkeit ist die Zeit nicht angetan. Mein jüngster Sohn
verlässt uns morgen und wird, wie wir annehmen, in nicht
allzu langer Zeit in München einrücken müssen. Kleine, im
Grunde belanglose Nebensächlichkeiten, wie Benzinlosig-
keit, Kohlenmangel, Personalknappheit nimmt man ja gern
in Kauf und wir setzen gleiche Einstellung bei Ihnen voraus.
Aber vielleicht ist gerade der Ernst dieser Tage dazu angetan,
tiefere Wurzeln der Freundschaft und Liebe zu entwickeln, als
das in sturmlosen Zeiten der Fall wäre. Sie wissen aus eigener
Erfahrung, dass gemeinsam ertragenes Leid oft stärker verbindet, als gemeinsame Freuden.

Die Reiseroute hierher geht am besten Görlitzer Bahnhof
(oder Schöneweide) über Cottbus nach Hirschberg, von dort
weiter nach Lähn, wo Abholung mit Fuhrwerk erfolgt. Wir
sind von Berlin aus leicht telefonisch – Lähn am Riesengebir-
ge No. 212 – zu erreichen.

In der Hoffnung, Sie und Hildegard also in den nächsten Tagen hier zu sehen bin ich mit herzlichen Grüssen Ihr Ihnen
sehr ergebener ...

P. S. Bitte die Schreibmaschine mit meinem Schreibkrampf zu
entschuldigen!«

Magnus gab nur widerwillig sein Einverständnis, wie er mir
später erzählte. Aber er wollte seinen Sohn nicht noch einmal
enttäuschen. Außerdem war Krieg. Wusste man, was kommen

würde? Zu diesem Zeitpunkt konnte freilich niemand ausschließen, dass sich zumindest ein Teil der Zukunft von Hilde und Sigis auf einem ostelbischen Landgut abspielen würde. Sigis als ältestem Sohn wäre normalerweise das Gut zugefallen. Für ein solches Landleben war Hilde gar nicht vorbereitet. Das fand auch Hildegard Margis, die ihrer Tochter während des Besuchs ironische Blicke zuwarf. Magnus erzählte mir später, er habe, als er die beiden Frauen am Bahnhof abholte, nur die dünnen Stadtschuhe von Hilde zu sehen brauchen, um zu wissen, dass seine künftige Schwiegertochter auf dem Land nichts zu suchen hatte.

Nun sollte also auch Hilde Deutschland verlassen. Zwar musste Hilde durch Kriegsgebiet fahren, um zu ihrem Verlobten zu gelangen. Aber das schien sie nicht zu schrecken. Ich habe ein Photo von ihr in Erinnerung, das sie während dieser Schiffsreise zeigt: Sie liegt in einem Liegestuhl auf Deck, neben ihr mehrere junge Offiziere. Ich entdeckte es als Kind in ihrem Nachttisch – neben einem Brief, den Sigis ihr kurz vor ihrer Abreise geschrieben haben muss. In dem Brief warnt er sie davor, auf der Reise mit anderen Männern zu flirten. Er werde ihr das sofort anmerken. Nach dem Photo zu urteilen, war die Warnung nicht ganz unberechtigt. Die Tinte des Briefes war an einigen Stellen verwischt. Es müssen Tränen darauf gefallen sein – ich weiß nicht wann. Ende April 1940 kam Hilde in Assab an. Am 1. Mai fand die Trauung statt: in Addis Abeba. »An diesem Tage fand ohnehin im Generalkonsulat ein Empfang anläßlich des schon im Dritten Reich als Feiertag begangenen ›Tages der Arbeit‹ statt, was allerhand Heiterkeit hervorrief. Noch heute, mehr als ein halbes Jahrhundert später, wissen wir nicht, ob wir eigentlich wirklich legitim verheiratet sind, denn nach italienischem Recht müssen, wenn man die zweiwöchige Aufgebotszeit nicht innehalten will, Eide geschworen werden, unter anderem des Inhalts, ›man wisse, daß die Verlobten in der Vergangenheit keinen Mordversuch aneinander begangen haben‹; alle Eide waren Meineide, jedenfalls bezüglich des ›Wissens‹. Als der Podestà uns beide fragte, ob wir heiraten wollten, mußte ich meiner Braut, die kein Wort italienisch sprach, Zeichen geben, wann sie ›Si!‹ zu sagen hatte. Und der Missionar, der uns dann kirchlich getraut hat, war angeblich kein theologisch ausgebildeter Pastor, er habe sich, wurde gesagt, als Missionshilfsarbeiter höhere Weihen durch Zeugung von, ich glaube, neun Kindern erworben, soll also nicht eigentlich pastoral ermächtigt gewesen sein; ich sage ›soll‹, denn das haben wir nie nachprüfen können. Immerhin hat die Ehe seither gehalten und fünf gelungene Kinder produziert; halbe Sicherheiten sind eben oft besser als ganze.« Es hat Sigis bei den Behörden zeitlebens Schwierigkeiten bereitet, dass er – obgleich mit fünf Kindern gesegnet – weder einen Trauschein noch ein Stammbuch vorlegen konnte. Wiederholte Recherchen im Archiv des Auswärtigen Amtes und beim deutschen Konsulat von Äthiopien nach einer Eheschließungsurkunde blieben erfolglos. Entweder sind die Unterlagen verloren gegangen, oder sie sind nie ordentlich ausgestellt worden.

St. Roman de Codières,
den 8. September 2006

Liebe Großmutter,
nun war also auch Dein zweites Kind glücklich außer Landes und Reichweite der Nationalsozialisten. Hilde erzählte zwar, dass Du sie immer um Dich haben wolltest, aber als es um diesen Schritt ging, habest Du doch tatkräftig mitgeholfen. Ich nehme an, Du hast auch Hildes Reise nach Posen organisiert, damit sie die für die Eheschließung notwendige Geburtsurkunde einholte. Nach Hildes Ausreise gab es für Dich keinen Grund mehr, in Deutschland zu bleiben. Gewiss, das Ausreisen war mit Kriegsbeginn schwieriger geworden – aber es wäre Dir sicherlich trotzdem gelungen, das Land zu verlassen. Ich stelle noch einmal die Frage: Warum bist Du in Deutschland geblieben? Das bleibt mir tatsächlich ein Rätsel – zudem ja auch viele Deiner Freunde, darunter Franz Ullstein, spätestens 1939 das Land verlassen hatten. Wahrscheinlich dachtest Du, Dir würde nichts passieren. Und Deine Haus-

frauenartikel waren ja auch nicht politisch verfänglich. Ich verstehe, dass Du vor einer Existenz im Exil zurückgeschreckt bist. In New York hielt Elisabeth Ullstein ihren Vater und sich mit graphologischen Kenntnissen über Wasser! Nie hätte sie sich träumen lassen, dass sie von solchen Kompetenzen noch einmal ihren Lebensunterhalt bestreiten würde. Vielleicht wolltest Du aber auch, dass Deine Kinder – nach dem Krieg – wieder ein Zuhause in Berlin haben würden.

Obwohl die Zeit von Sigis und Hilde in Afrika vor meiner Geburt lag, kann ich sie mir doch lebhaft vorstellen. Es gab viele Objekte in unserem Haus, die aus dieser Zeit stammen: afrikanischer Silberschmuck, Teller, die mit Jagdszenen bemalt sind (Löwenjagd!), Buschmesser, ein riesiger und schwerer Doppel-Schlafsack, der Hilde und Sigis bei Safari-Ausflügen diente. (Ich habe ihn lange aufbewahrt und gelegentlich sogar genutzt, einmal verbrachten mein Mann und ich darin die Nacht auf der Hochebene des Larzac. Es war kalt; ich habe gefroren. Der Schlafsack war offenbar nicht für das europäische Klima gedacht.) Diese Objekte erzählten von einem Afrika, in dem sich Hilde und Sigis wohlfühlten. In den 1950ern führte Sigis uns Kindern seine Filme aus dieser Zeit vor. Der eine hatte für uns schon legendären Charakter, weil es nichts darauf zu sehen gab als eine Straße, die sich – vom fahrenden Auto aus gefilmt – unendlich lange durch Steppe und Berge windet. Wir stöhnten, wenn wieder die »lange Straße« drankam. Aber für Hilde und Sigis muss auf diesem Film einiges zu sehen gewesen sein, mit dem sie gute Erinnerungen verbanden.

Kriegsausbruch: Hans wird interniert

Was Hans während dieser Zeit widerfuhr, kostete ihn fast das Leben. Als das deutsche Generalkonsulat in London Hans im Jahre 1938 aufgefordert hatte, sich registrieren zu lassen, war er der Aufforderung nachgekommen, obgleich sein Pass noch drei Jahre gültig war. Da er Weihnachten in Deutschland zu verbringen hoffte, konnte er es sich nicht leisten, die Aufforderung zu missachten. Als jedoch am 28. August 1939 erneut eine Aufforderung an ihn erging, ignorierte er sie. Die deutsche Botschaft informierte ihn telegraphisch, dass für ihn ein Platz in einem Flugzeug reserviert worden sei und er sich zu einer bestimmten Uhrzeit am Croydon Airport einfinden solle. Am darauf folgenden Samstag marschierte Hitler in Polen ein. »As usual most of Germany's aggression took place on Saturday.« Hans erschien nicht zum Einberufungstermin und wurde bald danach – zusammen mit anderen in England lebenden Deutschen – in einem Lager interniert. Aufgrund seiner wiederholten Reisen nach Deutschland wurde er verdächtigt, als Spion nach England eingeschleust worden zu sein. Das Lager, in dem er interniert wurde, lag bei Seaton. Die meisten Insassen waren entweder Juden oder hatten als Gegner des Nationalsozialismus Deutschland verlassen. Einige von ihnen hatten in Spanien gegen Franco gekämpft. Die Jüngeren waren fast alle bereit, auf Seiten der Alliierten in den Krieg zu ziehen. In demselben Internierungslager gab es allerdings auch Häftlinge, die mit Hitler sympathisierten: kriegsgefangene Matrosen deutscher Frachter, die von den Engländern abgefangen worden waren. Es kam zu heftigen Auseinandersetzungen zwischen den beiden deutschen Gruppen, sodass die Engländer getrennte Lagerbereiche schaffen mussten. »Seltsamerweise war das Verhältnis etwa 50 zu 50. Das lag daran, dass sich in dem Lager auch die gesamte Belegschaft von zwei deutschen Handelsschiffen befand. Die meisten Neulinge, die immer wieder eintrafen, waren jedoch Hitler-Gegner, und dies auf sehr entschiedene Weise.« Jede Lagergruppe wählte ihren eigenen Sprecher. Im Fall der Nazi-Sympathisanten war es der Kapitän von einem der beiden aufgebrachten Handelsschiffe. Im Fall der Hitler-Gegner wurde Dr. Franz Eichenberg zum Sprecher ernannt.

Seaton war ursprünglich ein Holiday camp, wie man sie über ganz England fand, eingerichtet für Sommerbewohner. Die Internierten verbrachten ihre Zeit damit, Camouflage-Netze zu knüpfen; für die Arbeit erhielten sie einen Lohn. Damit konnte man Zigaretten kaufen. Als seine Gruppe später in ein anderes Lager verlegt wurde, ernannten die Engländer Hans zum Sprecher. Sie hatten Vertrauen zu ihm gefasst; außerdem sprach er gut Englisch. Als Beweis des Vertrauens durften er und ein Freund gelegentlich das Lager verlassen. »Die Auflage war freilich, dass wir nicht versuchen, mit irgendjemandem Kontakt aufzunehmen, weder direkt noch per Post.« Dieses zweite Lager befand sich in Lingfield und war ursprünglich eine Pferderennbahn, »ausgestattet mit grandstands, restaurants, community rooms und einer endlosen Anzahl von Ställen«. Die Schlafquartiere befanden sich auf den Haupttribünen. Für die »idiots who paid for the pleasure of being interned« gab es als Unterkunft die Logen auf den Tribünen. Diese Privilegierten durften auch Bedienstete haben und suchten sie unter den Stewards der Handelsschiffe aus. Es gab einige prominente Mitinsassen, darunter »Putzi« Hanfstaengl, von dem Hans schon in Deutschland gehört hatte. Ernst Hanfstaengl, Sohn eines Münchner Kunstdruckverlegers und einer Amerikanerin, war zeitweise in den USA aufgewachsen. Er war 1921, nach seiner Rückkehr aus den USA, sofort der NSDAP beigetreten und hatte seine Zuneigung zur Bewegung gezeigt, indem er Märsche für die SA-Kapellen schrieb. In den 1920er Jahren hatte er Hitler Kontakte zum Großbürgertum verschafft. Seine Ehefrau, Helene Hanfstaengl, hatte Hitler nach dessen fehlgeschlagenem Putschversuch von 1923 in ihrem Haus in Uffingen versteckt und ihn daran gehindert, sich vor seiner Festnahme durch die Polizei das Leben zu nehmen. Nach 1933 hatte Hanfstaengl als »Auslandspressechef« für die NSDAP gewirkt. Doch 1937 war er bei Hitler in Ungnade gefallen und hatte es vorgezogen, nach England zu gehen. »Putzi Hanfstaengl erzählte immer noch endlose Geschichten über seine Freundschaft mit dem ›Führer‹ und betete ihn offenbar immer noch an. Er war ein sehr guter Klavierspieler und unterhielt die Lagerinsassen oft mit Musik.«

Zu Weihnachten durften die Internierten Pakete aus Deutschland erhalten; für Hans gab es eines von seiner Mutter, mit Plätzchen und Glucose-Tabletten. »Ich weiß nicht, warum Glucose, denn wir verbrauchten nicht viel Energie. Aber es war ein Geschenk von zu Hause und deshalb von großem Wert.« Es wurden Briefe getauscht, aber sie waren zensiert – auf beiden Seiten der Front.

Unter den beiden Interniertengruppen herrschte Krieg. Der Sprecher der Nazi-Gruppe des Lagers teilte Hans mit, dass er auf der Liste der Verräter stehe und nach dem Krieg vor Gericht gestellt werden würde. Die Internierten erfuhren, dass sie nach Kanada verschifft werden sollten. Protest von den Nazis, Freude bei den anderen. »Natürlich gab es bei den Anti-Nazis eine große Erleichterung beim Gedanken, weit von Deutschland entfernt zu sein, falls Hitler vorhatte, in England einzufallen.« Ins Lager drangen nur geringe – und vermutlich zensierte – Nachrichten über die Kriegssituation. Am 30. Juni 1940 wurden alle Lagerinsassen nach Liverpool gebracht. Am Quai lag ein großes Schiff, »das offenbar in seinen besseren Tagen ein tourist cruiser gewesen war«. Das Schiff hieß »Arandora Star«. An Bord befand sich schon eine Reihe von Italienern sowie deutsche Insassen anderer Lager. Hans und einigen Kameraden wurden Kabinen im Vorderteil des Schiffs zugewiesen. Sie waren »ganz bequem mit zwei Betten und einem verschlossenen und barrikadierten Fenster«, je vier Leute in einer Kabine. »Franz hängte ein Photo an die Wand, wahrscheinlich von seiner Mutter, und bemerkte, dass es Zeit sei, das Schiff zu verlassen, wenn es im 90-Grad-Winkel zur Wand hängt.« Dann legte das Schiff ab. In derselben Nacht wurde es von einem deutschen Torpedo getroffen.

»Um etwa 6 Uhr früh ein Knall, wie eine Explosion«, erzählte Hans. »Die Lichter gingen aus. Das Schiff hatte Schlagseite. Ich weiß nicht, wer als erster aus der Kabine raus war. Ich glaube, es war Johnny, der kleinste von uns, er griff nach der Lebensrettungsweste. Großes Durcheinander, alle versuchten, auf das obere Deck zu gelangen, wo sich die Boote befanden. Einige schleppten ihr Gepäck mit. Viel Geschreie, aber nicht wirklich Panik. Auf dem obersten Deck sah es allerdings anders aus. Viele Italiener waren auf den Knien und beteten. Weit und breit kein Offizier, der Befehle erteilt oder Leute beruhigt hätte. Ich jagte zum unteren Deck und schaute über die Reling. Ein Boot war schon auf dem Weg nach unten, es war voll von Menschen, weitere hingen an den Seilen. Einige warfen Ringe und Flöße über Bord; manche trafen die Menschen im Wasser und zerschlugen ihre Schädel. Gelegentlich waren Pistolenschüsse zu hören. Ich beschloss, so schnell wie möglich zum Vorderdeck zu kommen, wo weniger Menschen zu sein schienen. Es war ganz klar, dass die Rettungsboote nicht alle Menschen fassen konnten, zudem nicht einmal sicher war, dass die Boote gegenüber der geneigten Seite überhaupt zu Wasser gelassen werden konnten. Das Vorderdeck schien Meilen vom Meeresspiegel entfernt. Nie würde ich dort hinabspringen können. Ich sah mich um und entdeckte ein Seil, das über der Reling hing. Wie der Blitz ergriff ich es und schwang mich über die Reling, nachdem ich gesehen hatte, dass eine ganze Reihe von leeren Flößen im Wasser davon trieb. Das Seil war aber nirgendwo befestigt. Mit einem lauten Überraschungsschrei sprang ich dem Meer entgegen. Kein eleganter Sprung. Ich schlug mit dem Hintern auf. Sobald ich wieder an die Wasseroberfläche kam, versuchte ich mich so schnell wie möglich vom Schiff zu entfernen und zu den Flößen zu schwimmen. Der Weg dorthin war endlos.

Das Schiff hielt sich über Wasser und bewegte sich noch in Fahrt vorwärts. Ich sah ein riesiges Loch an der Seite, aus dem Öl strömte. Menschen hingen an den Seilen der Boote und verhinderten, dass sie zu Wasser gelassen werden konnten. Das war wahrscheinlich der Grund für die Schüsse, die ich vorher gehört hatte. Ich gelangte zu einem Floß etwa zeitgleich mit einem deutschen Matrosen. Wir nahmen es in Besitz. Es bestand aus sechs Gallonenbüchsen, die von einem Holzrahmen zusammengehalten wurden. Ein Italiener schrie um Hilfe, und mein Kumpel bat mich, die Stellung zu halten, während er den Mann, der am Ende seiner Kräfte war, hochzog. Wir waren jetzt drei, mehr konnte das Floß nicht halten. Die See war ruhig. Manchmal gab es höhere Wellen, bei denen wir uns an das Floß klammern mussten.

Ich gab meine Lebensrettungsweste einem Mann, der zu einem entfernter gelegenen Floß schwamm. Ich war völlig nackt, aber von oben bis unten bedeckt mit schwarzem Öl. Keiner der anderen beiden Männer hatte viel Öl abgekommen, wahrscheinlich waren sie nicht an dem Loch vorbeigekommen. Überall um uns herum Trümmer. Gelegentlich trieb ein Körper vorbei, mit dem Gesicht nach oben, das Wasser schwappte in und aus dem Mund. Plötzlich erhob sich das Schiff; einige Sekunden lang konnten wir das ganze Deck sehen, übersät mit fallenden Menschen. Innerhalb von Sekunden verschwand die ›Arandora Star‹. Mit einem lauten Krachen brach das Vorderteil des Schiffes auseinander und spuckte einen meterhohen Strahl von Dampf oder Wasser aus. Für einige Minuten herrschte Totenstille. Offenbar hatte der Anblick sogar die Hilfeschreie erstickt.

Ohne das Schiff sah das Meer viel weiter aus. Entgegen der späteren Aussage des U-Boot-Kapitäns, die in einer deutschen Zeitung abgedruckt wurde, kam das U-Boot nicht an die Oberfläche. Wir sahen aber das Periskop in unserer Nähe, das mag jedoch auch Einbildung gewesen sein. Wir mussten nun warten und hofften, dass der Funker noch Zeit gehabt hatte, eine SOS zu schicken. Flöße trieben vorbei, an einem von ihnen in unserer Nähe hielten sich sechs Leute fest. Ich kannte sie alle, unter ihnen befand sich auch Erwin Frenkel. Eine der Kerosin-Dosen muss ein Leck gehabt haben, Erwin war beauftragt, seinen Daumen daraufzuhalten. Um die Stimmung zu entspannen, erzählte Erwin Witze und sprach dabei auch oft mit den Händen. So hörten wir alle paar Minuten einen lauten Schrei: ›Put your bloody thumb on the hole!‹. Das waren die einzigen Stimmen, die wir noch hörten. Die Hilfeschreie waren verstummt. Einige waren vielleicht von den Booten aufgenommen worden. Wir zählten acht. Aber die, die nicht aufgenommen worden waren, mussten mittlerweile ertrunken sein. Von denen, die wir auf dem Schiff gesehen hatten, als es unterging, konnte keiner überlebt haben.

Es war jetzt etwa 7 Uhr 30. Das Wasser war zum Glück nicht kalt, und die Ölschicht auf meiner Haut bot auch Schutz. Seltsamerweise hatte ich keine Angst. Es gab zuviel zu sehen. Als ich das nächste Mal den italienischen Seemann, der eine wasserfeste Uhr trug, fragte, wie spät es sei, war es neun Uhr. Ich war erstaunt, wie schnell die Zeit vergangen war, und fragte ihn, ob seine Uhr noch in Ordnung sei. Unser italienischer Freund war Kellner im Ritz and hatte seine Familie in London. Er lebte schon lange in England.«

Gegen elf Uhr morgens tauchte ein erstes Flugzeug auf, das über den im Wasser treibenden Menschen kreiste. Es warf einige Hilfsgüter ab, zu weit entfernt von dem kleinen Floß, auf dem sich Hans befand. Die Schiffbrüchigen wussten nun aber, dass sie auf Rettung hoffen konnten. Gegen 2 Uhr 30 nachmittags sichtete der Italiener ein Schiff. »Es sah winzig aus, und eigentlich konnten wir nur einige Masten am Horizont erkennen. Und dann kam das schönste Schiff, das ich je gesehen habe – in der Gestalt eines kanadischen Zerstörers mit dem Namen ›St. Laurence‹.« Das Schiff kreiste um die Menschen und hielt dann in sechs- bis siebenhundert Metern Entfernung. Inzwischen war es 15 Uhr 30. Die Leute in den Booten ruderten mit eigener Kraft bis zum Schiff; die auf den Flößen treibenden Menschen wurden von Motorbooten aufgesammelt. Hans und seine »Mitreisenden« auf dem Floß gehörten zu den Letzten, die das Schiff bestiegen. Der Zerstörer war gepackt voll mit Menschen, viele von ihnen lagen auf dem Deck, andere saßen oder standen in den Gängen. »In der Aufregung hatte ich ganz vergessen, dass ich splitternackt war, bis mich ein kanadischer Matrose aufforderte, ihm zu folgen. Er hatte etwa meine Größe und gab mir eine Seemannshose, was ein Witz war, weil ich so leicht seekrank werde. Aber es tat gut, und ich dankte ihm zutiefst. Er winkte ab und sagte nur ›it's nothing‹. Mir wurde klar, dass diese Hose das einzige war, das ich noch besaß.«

Hans bewegte sich über das Schiff, um zu sehen, wie viele seiner Bekannten überlebt hatten. Gegen fünf Uhr früh erreichte das Schiff den Hafen von Greenock. »Obgleich es so früh war, erwartete uns eine riesige Menge von Menschen, und zu unserer Überraschung überhäuften sie uns mit Keksen, Kuchen, Sandwichs, sogar Tomaten und Obst.« Mithilfe von Kernseife gelang es Hans, das Öl vom Körper abzuschrubben. Ein Geistlicher verteilte Kleidung und nahm Nachrichten für die Familien entgegen. Hans erhielt vom Pastor ein Flanellhemd. »Ich sprach ihn an und fragte ihn, ob er nicht einen Gedenkgottesdienst für die Freunde halten könne, die es nicht geschafft hatten. Er war überwältigt.« Eine halbe Stunde später waren alle im Duschraum versammelt.

Da fiel Hans auf, dass sein Freund Moschkowski fehlte. Moschkowski, mit dem er sich im Lager angefreundet hatte, war Redakteur bei der Berliner Zeitung »BZ am Mittag«, eine der führenden Ullstein-Zeitungen in Berlin. »Er war ein Experte in Geschichte und Ökonomie und hielt im Lager Vorträge nach der Art der griechischen Universität zur Zeit von Aristoteles und Platon.« Als sich Hans nach dem Verbleib von Moschkowski erkundigte, erfuhr er folgende Geschichte: »Anscheinend war es Mosch gelungen, ein kleines Floß zu erreichen. Als Franz Gerson und Goebel vorbeitrieben, lud er sie ein, das Floß mit ihm zu teilen, und sie nahmen das Angebot an. Das Floß war jedoch nicht groß genug für drei Leute. Über längere Zeit gelang es ihnen, sich festzuhalten, aber nach etwa zwei bis drei Stunden sagte Mosch zu den beiden Jungs: ›Kinder, ich hatte ein gutes Leben. Ich werde müde. Ich hoffe, ihr schafft es.‹ Mit diesen Worten ließ er los.« Viele Jahre später veröffentlichte Hans diese Geschichte und wurde von Verwandten seines Freundes Moschkowski angeschrieben. Als die Überlebenden Bilanz zogen, stellte sich heraus, dass mindestens 700 bis 800 Menschen ertrunken waren.

Die deutschen Zeitungen berichteten über den Untergang der »Arandora Star«. Wochenlang musste Hildegard Margis mit dem Gedanken leben, dass ihr Sohn zu den Opfern gehörte. Viel später erfuhr sie durch das Rote Kreuz, dass er überlebt hatte. Zu diesem Zeitpunkt war Hans schon wieder auf hoher See. Am Samstag nach der Landung in Greenock waren alle Überlebenden in einen Zug gesetzt worden: Nazis und Antinazis zusammen. Es war quer durch Schottland gegangen, fast bis Edinburgh. Schließlich waren sie in einem Ort namens Woodhouse

Lee angekommen, wo es außer einem kleinen Bahnhof nur ein mit Stacheldraht umgebenes Militärlager gab. Alle waren noch aufgewühlt von der Katastrophe, die sie durchlebt hatten. Nach vier Tagen bestiegen sie erneut einen Zug – dieses Mal ging es nach Liverpool. Dort erwartete sie wieder ein Schiff. Einige Überlebende der »Arandora Star« zogen es vor, in einem Lager in England zu bleiben, trotz des Risikos einer deutschen Invasion. Hans entschied sich, es erneut mit dem Schiff zu probieren. Dann erst wurden sie von den Nazis getrennt. »Wir wurden im untersten Deck untergebracht, ein Deck darüber die Italiener, die sich wiederum ein Deck unter den Nazis befanden.« Das zweite Schiff hieß »Dunera«. Außer den Überlebenden der »Arandora Star« beherbergte es noch 1600 Flüchtlinge, die direkt aus den Lagern kamen und Gepäck mit sich führten. Das Gepäck wurde ihnen abgenommen, jedes Wertobjekt konfisziert. Angeblich sollten sie ihr Eigentum am Ende der Reise zurückerhalten. Da es aber keine Buchführung über das abgegebene Eigentum gab, war von vornherein klar, dass es sich um Raub handelte. Vor den Augen der Flüchtlinge rissen die Matrosen die Koffer auf und warfen den Inhalt auf einen großen Haufen. »Unnötig zu sagen, dass niemand sein Eigentum wiedersah.«

Auf der »Dunera« gab es zu wenige Kabinen, um alle Menschen unterzubringen. So suchte sich jeder eine Stelle irgendwo in den Gängen oder auf dem Deck, wo es nachts sehr kalt wurde. »Sehr früh am Morgen kam ein Offizier die breite Treppe herunter, die zum nächsten Deck führte. Er bewegte sich leise zwischen den schlafenden Männern. Wo er Ringe oder Uhren sah, nahm er sie an sich. Von nun an wurde, sobald er oder andere Soldaten die Treppe herunterkamen, ein lautes ›Achtzehn‹ gerufen.« Bald war das Schiff auf hoher See, zusammen mit einem ganzen Konvoi anderer Schiffe, die die »Dunera« begleiteten. Die Flüchtlinge glaubten, es gehe nach Kanada. Doch nach zwei Tagen trennte sich die »Dunera« von den anderen Schiffen und nahm Kurs gen Süden. Die Passagiere nahmen an, dass das Schiff auf diesem Weg die viel befahrene Strecke in die Vereinigten Staaten zu umgehen versuchte. Am dritten Tag sahen sie fliegende Fische »and we suddenly realised that Canada was out«. So kam nun Südafrika oder Indien in Betracht. »Ein Oberschlauer schlug sogar St. Helena vor.« Niemand sagte ihnen, wohin sie gebracht wurden. Erneut eine Explosion, wieder hatte ein deutsches U-Boot ein Torpedo auf das Flüchtlingsschiff abgeschossen. Dieses Mal prallte das Geschoss jedoch ab, oder es explodierte, bevor es sein Ziel erreicht hatte.

Die hygienischen Zustände auf dem überfüllten Schiff waren katastrophal. Die Toilette funktionierte nicht, und zum Waschen gab es nur Meerwasser. Je unerträglicher die Zustände an Bord wurden, desto gespannter war die Stimmung zwischen den Flüchtlingen. Wegen trivialer Anlässe brachen Kämpfe aus. Am 25. Juli ging die »Dunera« im Hafen von Freetown vor Anker. Afrikaner in Einmann-Kanus bewegten sich rund ums Schiff. »Diese liebenswürdigen Typen zeigten auf uns und zogen dann ihren Finger quer über die Kehle, bevor sie erneut auf uns zeigten und dabei laut lachten. Es tat ihnen wahrscheinlich gut, weiße Menschen hinter Stacheldraht zu sehen.«

Um den 8. August 1940 landeten sie in Capetown, durften aber nicht an Land gehen. Es war nun klar, dass Australien das Ziel der Reise war. »Für mich war das in Ordnung. Ich wusste nicht viel über Australien, außer dass es Känguruhs gibt und dass es Weizen exportiert, dass die Hauptstadt Sydney hieß und es eine Geschichte über eine Brücke gab. But I could not remember what it was all about.« Nach acht Tagen in Capetown ging es weiter; sie gerieten in einen Sturm, hohe Wellen ließen die riesige »Dunera« tanzen. Der Sturm dauerte zwei Tage, dann legte sich die See. In diesem Moment sprang ein Flüchtling über Bord. Das Schiff stoppte, konnte ihn aber nicht ausmachen und fuhr weiter. »Der Druck und die Enttäuschung waren wahrscheinlich zuviel für den armen Kerl. Die Bedingungen der Flüchtlinge waren noch schlimmer als unsere. Sie hatten fast alles durch den Diebstahl der Soldaten verloren, und hinzu kam die Unsicherheit über die Zukunft. Viele von ihnen müssen in tiefe Depressionen verfallen sein.« Zwei Tage später näherten sie sich endlich ihrem Ziel, was sie daran merkten, dass zum ersten Mal Seife verteilt wurde. »Wahrscheinlich hatte der kommandierende Offizier Angst, dass sie uns sonst nicht an Land lassen.« Schon im ersten Hafen hatte die »Dunera« mit Inspektoren zu rechnen.

Sie erreichten Freemantle. »Es sah genauso aus, wie ich mir Australien vorgestellt hatte. Von unserem Aussichtspunkt am obersten Deck, umgeben von Stacheldraht, konnte ich Well-blechhütten sehen, kaum ein Mensch weit und breit, staubige Straßen, keine Maschinen, nur ein paar Palmen. Es gab einen Soldaten, der gegen ein Gatter gelehnt war, einen Schlapphut halb übers Gesicht gezogen, eine Zigarette im Mundwinkel, offenbar ganz entspannt. Plötzlich kam in einer Staubwolke ein Militärfahrzeug angefahren: vier Offiziere mit verdammt viel Rot und Gold auf ihren Jacken und Kappen. Der Soldat änderte seine Haltung nicht, er rührte keinen Muskel. Er blieb an den Zaun gelehnt, ein Arm über den Kopf verschränkt. Er ignorierte die Offiziere, und sie ignorierten ihn. In diesem Land kann ich leben, dachte ich.« Zu diesem Zeitpunkt beabsichtigte Hans noch, nach Deutschland zurückzukehren, wo seine Mutter nun als einziges Mitglied der Familie Margis zurückgeblieben war.

Berlin 1940: Hildegard Margis und Magnus von Braun

Im Haus in der Lyckallee gab es zu dieser Zeit häufig Besuch. Viele Gäste quartierten sich auch für länger ein. Das berichtete Gertrud Kubitschek, die Anfang 1939 von Hildegard Margis als Haushälterin eingestellt wurde. Gertrud Kubitschek sagte, sie sei hier im Gegensatz zu anderen Haushalten, in denen sie vorher gearbeitet hatte, gut behandelt worden. Auf Hilde war sie weniger gut zu sprechen. Sie sei egoistisch gewesen. Als die Butter rationiert wurde, habe sie verlangt, dass sie ihre Portion an Hilde abtrete. Hildegard Margis habe das unterbunden. Von Frau Kubitschek erfuhr ich zum ersten Mal von den Kleidungs-stücken, die im Dachgeschoss und im Keller des Hauses in der

Lyckallee hingen. Es seien Leute gekommen, um sich ein Stück auszusuchen und zu erwerben: offenbar die Textilien, die Hildegard Margis in der »Reichskristallnacht« retten half. Ich weiß nicht, ob es den Eigentümern gelang, Deutschland rechtzeitig zu verlassen, oder ob sie deportiert wurden. Frau Kubitschek wusste nicht einmal mehr ihren Namen.

Als Frau Kubitschek 1941 heiratete, musste sie – zu ihrem großen Bedauern – die Stelle bei meiner Großmutter aufgeben. Sie nahm es ihrem Mann noch immer übel, dass er sie dazu gezwungen hatte. Seine Frau habe das nicht nötig, in einem fremden Haushalt zu arbeiten, hatte er ihr geschrieben. Dabei war er weit weg – bei der Luftabwehr in Griechenland. Es war eine Ferntrauung gewesen. Damit sie die Heiratserlaubnis erhielt, musste ihr Hildegard Margis ein persönliches Führungszeugnis ausstellen: »Fräulein Gertrud Kubitschek, die Braut des Feldwebels Alfred Anlauf, ist ein höchst achtbarer, fleissiger, zuverlässiger Mensch, der sich hier in der ganzen Gegend des besten Rufes erfreut. Sie hat sich durch Fleiss und Sparsamkeit eine schöne Ausstattung beschaffen können und hat überdies eine ansehnliche Summe Bargeld gespart. Sie ist absolut staatstreu und entstammt einer ausgesprochen national denkenden Familie. Ich kann mich jederzeit für ihre Gesinnung verbürgen. Der Vater ist Kriegsinvalide aus dem Weltkrieg und bei der Eisenbahn beamtet. Die ganze Familie ist von einer aussergewöhnlichen Solidität.« Gertrud Kubitschek bewahrte dieses und einige andere Dokumente und Photos aus den Jahren in der Lyckallee bis zu ihrem Lebensende auf. Es seien die glücklichsten Jahre ihres Lebens gewesen, sagte sie.

Magnus und Emmy von Braun waren oft zu Besuch in der Lyckallee. Dabei kam es wiederholt zu politischen Auseinandersetzungen zwischen Magnus und Hildegard Margis. Frau Kubitschek wusste nicht, worum es ging. »Vermutlich um Politik«, meinte sie. An keiner Stelle gibt Magnus in seinen Memoiren zu erkennen, dass er die Zeit des Nationalsozialismus als Schreckensherrschaft erlebt hat. Gewiss, er ist nie der Partei beigetreten, aber er hatte – wie viele andere Deutsche – unter dem Nationalsozialismus wenig zu leiden. Dass sich die Angriffe der von seinem Sohn entwickelten V1 und V2 in erster Linie auf England richteten, erschien ihm, der schon vor dem Ersten Weltkrieg in England den Hauptfeind Deutschlands gesehen hatte, vielleicht sogar logisch und historisch nachvollziehbar, während Hildegard Margis gerade in England ein demokratisches Vorbild sah. Die Auseinandersetzungen wurden allmählich so heftig, dass Hildegard Margis es schließlich einrichtete, nicht zu Hause zu sein, wenn Magnus sich angemeldet hatte. Sie täuschte Geschäfte in der Stadt vor und bat Gertrud Kubitschek, die Gäste zu empfangen. Zwischen den beiden Frauen, Emmy von Braun und Hildegard Margis, bestand ein besseres Verhältnis. Emmy übernachtete gelegentlich sogar bei Hildegard, während ihr Mann nur zum Tee hereinschaute.

Diese politischen Konflikte zwischen meinen Großeltern entwickelten sich erst durch den Nationalsozialismus. Ursprünglich war die politische Orientierung von Hildegard Margis und Magnus von Braun gar nicht so unterschiedlich. Sie waren beide – wie die meisten Adligen, Bürgerlichen und Großbürgerlichen – deutschnational. Beide Familien waren befreundet mit Franz von Papen und dessen Frau. Magnus von Braun war von Papen ins letzte Kabinett der Weimarer Republik berufen worden. Als Papen 1934 – kurz nach der Ermordung Schleichers – unter Hausarrest gestellt wurde, kümmerte sich Hildegard Margis um seine Frau, die befürchtete, dass es ihr und ihrem Mann ähnlich ergehen könne wie den Schleichers. (Das war bekanntlich nicht der Fall: Papen ging als Gesandter 1934 nach Wien, von 1936 bis 1944 war er deutscher Botschafter in Ankara.)

ST. ROMAN DE CODIÈRES,
DEN 12. SEPTEMBER 2006

Liebe Großmutter,
Du bist nun die einzig Verbliebene in Berlin. Wann hast Du erfahren, dass Hans das Schiffsunglück überlebt hatte, und ab

wann wusstest Du, dass es ihn nach Australien verschlagen hatte? Von Hans weiß ich, dass das Rote Kreuz Nachrichten übermittelte, diese aber oft monatelang unterwegs waren.

Frau Kubitschek erzählte, dass Du nicht nur mit Magnus politisch aneinandergeraten bist, sondern auch mit seinem Sohn Wernher. Das erstaunt mich nicht – angesichts der tiefen Verstrickungen von Wernher in die NS-Kriegsmaschinerie. Ihr habt wahrscheinlich über den Sinn der »Wunderwaffe« gestritten. Vielleicht auch über ethische Fragen. Wernher hat sich gerne auf die christliche Religion berufen – in der NS-Zeit wie danach. Mike Neufeld interpretiert das Insistieren von Wernher auf christlichen Werten als Wirkung seiner »aristocratic origins«.[45] Zum Teil mag das zutreffen, vor allem wenn man sieht, dass sein Vater Preußen zu einer Art von Kirche erklärt hatte. Aber bei Wernher kommt noch eine Dimension hinzu, die ich als ethischen Gegensatz zu Dir empfinde. Ich will das an einem Aufsatz darzustellen versuchen, den er lange nach dem Krieg geschrieben hat. »Why I believe in Immortality« heißt er. Er erschien in mehreren US-Zeitschriften und gibt Wernhers Ansicht wieder: »Religion und Wissenschaft *sind* kompatibel.« Der Grund? Unser Überleben hänge mehr denn je »von der Unterwerfung unter ethische Prinzipien ab«, und um die Unterwerfung unter ethische Normen zu sichern, seien zwei Stimuli notwendig: Der eine »ist der Glaube ans Jüngste Gericht, der andere der Glaube an die Unsterblichkeit der Seele«. Nur der Glaube an Gott und an die Unsterblichkeit »gibt uns so die moralische Kraft und ethische Führung, deren wir für jede Handlung in unserem alltäglichen Leben bedürfen«. Anders als das Tier, das die Freiheit des Willens, die Neugier und die Freiheit des Zweifels nicht kenne, verfüge der Mensch auch über diese »geheimnisvolle kleine Nadel, die man Gewissen nennt«.

Im Nationalsozialismus hat sich die Kirche nicht als Bollwerk gegen die Diktatur erwiesen – und noch viel weniger gegen die antisemitischen Bilder vom Juden, die zum Teil direkt aus den christlichen Lehren übernommen wurden. Sie waren nur weltlicher, »wissenschaftlicher« aufbereitet. Gewiss, es gab Christen, die sich im Dritten Reich ethisch einwandfrei verhalten haben. Aber viele hielten das christliche Glaubensbekenntnis für durchaus kompatibel mit der NS-Politik. Auch hat das Ethos, das Wernher im Unsterblichkeitsgedanken verankert sieht, ihn nicht gehindert, seine wissenschaftliche und technische Arbeitskraft der NS-Kriegsmaschine – also dem Tod – zur Verfügung zu stellen.

Rückblickend scheint es mir bei dem Konflikt zwischen Euch auch um die Definition von Religion zu gehen. Du warst natürlich getauft, Du warst sicherlich gelegentlich in der Kirche. Aber Du hast nicht so recht *geglaubt* – auch nicht an die Unsterblichkeit –, davon bin ich überzeugt. Ich frage mich heute, ob es nicht gerade diese Ungläubigkeit war, die Dich nach anderen ethischen Prinzipien handeln ließ als Wernher.

Hilde und Sigis in Afrika

Als Hilde und Sigis am 1. Mai 1940 in Addis Abeba geheiratet hatten, befand sich Hans noch im Lager in England. Wenige Wochen später war er an Bord der »Arandora Star« gegangen. Alle drei befanden sich zu diesem Zeitpunkt im Ausland: Hans seit 1936, Sigis seit 1937 und Hilde seit 1940. Am 5. Mai 1941, ein Jahr nach Sigis' und Hildes Hochzeit, marschierten die Engländer in Äthiopien ein. Damit begann für Hilde und Sigis ein neuer Abschnitt in ihrem Leben, der zwar vom Krieg bestimmt war, sie aber auch vom Kriegsgeschehen fernhielt. Es gibt eine kleine Aufzeichnung von Emmy von Braun, die sie 1943 nach dem mündlichen Bericht von Hilde und Sigis anfertigte. Sie beginnt: »Als die Besetzung bevorstand, haben sie ihre Sachen in große Kisten zusammengepackt und im Generalkonsulat untergestellt. In der Zwischenzeit, nachdem die Italiener abmarschiert waren und bis die Engländer einmarschierten, ist zwar in einigen, besonders den von den Besitzern verlassenen Häusern geplündert worden, bei ihnen aber nicht, da die abessinischen boys sehr treu zu ihnen gehalten haben.«

Einige dieser Kisten sind viele Jahre später – nach Kriegsende – wohlbehalten bei Hilde und Sigis wieder angekommen. Ich habe mich gefragt, wie es möglich war, dass dieser Besitz nicht nur bewahrt, sondern auch in ihre Hände zurückgelangte. Im Bundesarchiv in Koblenz (wo sich der Nachlass meines Großvater befindet) fand sich jedoch eine Postkarte von 1947, in der Hilde ihre Schwiegereltern (die inzwischen bei Wernher in den USA lebten), bat, über das State Department in Washington die amerikanische Legation in Addis Abeba anzuweisen, ihre »Privateffekten« sicherzustellen und einem Treuhänder auszuliefern. So landeten denn später einige afrikanische »Reliquien« in der Wohnung meiner Eltern, darunter auch eine Schriftrolle mit Bildern, auf denen die Geschichte der Begegnung des Königs Salomon und der Königin von Saba erzählt wird. Die Darstellung hängt heute über meinem Schreibtisch in Berlin.

Nach dem Einmarsch der Engländer in Äthiopien wurde die gesamte Belegschaft der deutschen Gesandtschaft – insgesamt vierzehn Leute – interniert. Jeder durfte maximal dreißig Kilogramm Gepäck mitnehmen. »Wir fuhren, zunächst auf dem noch bis Diredaua fahrenden Zug der französischen Eisenbahn bis Addis-Djibouti, in einem notdürftig bestuhlten Viehwagen; die Abteilwagen waren in Djibouti bei Kriegseintritt der Italiener zurückgehalten worden, und die Eisenbahnbrücke bei Diredaua war gesprengt. Wir kamen von dort in LKWs zunächst bis Harar, einer älteren Königsstadt, dann in eine Oase namens Hargeisha, das lag schon in Britisch-Somaliland, und wurden überall in recht freundschaftlicher Weise von den Engländern und Südafrikanern betreut. Sie brachten uns Schnaps ins Lager, blieben auch für gemütliche Unterhaltungen über Nicht-Kriegsbezügliches und fragten den Generalkonsul und mich, ob wir nicht auf die Löwenjagd mitkommen wollten.« Während der Weiterfahrt im LKW bekam Hilde plötzlich heftige Schmerzen und hohes

Fieber. Bei der Ankunft in Aden war Hilde schwer krank. Die Ärzte diagnostizierten eine Blinddarmentzündung und wollten operieren; sie selbst meinte, es seien eher Gallenschmerzen. Als sie schon auf dem Operationstisch lag, machte Sigis den Arzt auf die gelbe Farbe seiner Frau aufmerksam. Es war eine Gelbsucht.

In Aden – laut Sigis »der der Hölle nächstverwandte Ort auf dieser Erde, jedenfalls im Juni-Juli« – lebten die vierzehn Internierten in einem kleinen Haus, das für zwei Personen eingerichtet war. Ein Zimmer für je zwei Parteien, in der Mitte ein Vorhang. Sie blieben dort acht Wochen. Die Hitze war unerträglich, »man konnte nur in Shorts auf dem Bett liegen«. In Aden erfuhren sie vom Beginn des Kriegs gegen die Sowjetunion. »Da Hitler in ›Mein Kampf‹ verkündet hatte, Deutschland müsse auf alle Fälle einen Zweifrontenkrieg vermeiden, glaubten wir zunächst fest an einen sowjetischen Angriff.« Schließlich fuhren sie mit einem Dampfer aus Aden fort, dann mit Autos via Mombasa nach Kenia, in die Nähe von Nairobi. Sie legten 1500 Kilometer zurück. Von nun an lebten sie in einer Art Camping-Hotel in Molo, 1800 Meter über dem Meeresspiegel. Hier sollten sie eineinhalb Jahre verbringen, bis Ende 1942. »Eigentlich war das Camp eine Wochenendbleibe für Ehe- und sonstige Paare (gängige Redensart in Kenia war: ›Are you married or are you from Kenya?‹).«

Das Auswärtige Amt beauftragte einen Vertreter des Roten Kreuzes, das Lager zu inspizieren (wie auch die Lebensbedingungen britischer Diplomaten in deutschen Kriegsgefangenenlagern untersucht wurden), und dieser legte einen ausführlichen Bericht vor: Das Lager sei zwar klein, 100 mal 100 Meter, aber die Internierungsbedingungen seien durchaus erträglich. Sie waren mit allem versorgt: Nahrung, »water in abundance«, auch die hygienischen Bedingungen waren gut. Sie konnten sogar die Tageszeitung lesen – »East African Standard« – und sich Bücher in einer mobilen englischen Bibliothek ausleihen. Am 23. Juli 1941 schickte das Auswärtige Amt in Berlin einen Brief an Magnus von Braun nach Oberwiesenthal mit folgendem Wortlaut: »Bezugnehmend auf unsere letzte telefonische Unterhaltung erlaube ich mir, sofern

Sie nicht bereits von anderer Seite davon Kenntnis erhalten haben, Sie davon zu benachrichtigen, daß Ihr Sohn mit seiner Gattin am 4. Juli in Nairobi eingetroffen ist. Sie werden von dort aus vermutlich nach Molo Kenia gebracht und dort interniert werden, bis ein Austausch zur Durchführung gelangt. Da das Klima in Molo wesentlich günstiger ist als in Aden, ist die Übersiedlung durchaus zu begrüßen. Gez. v. Thadden, Legationssekretär.«

Einen ähnlichen Brief erhielt auch Hildegard Margis. Die Kommunikation zwischen den Feindländern ging so weit, dass der Schweizer Konsul in Nairobi Sigis seine Beförderung zum Legationssekretär mitteilte. Die Beförderung hatte, wenn auch sonst keine Konsequenzen, so doch Rückwirkungen auf sein Gehalt, das während der Internierungszeit vom Deutschen Reich auf ein Schweizer Konto eingezahlt wurde. Es war nicht möglich, direkt zu kommunizieren. Nur mit Hans, der sich ebenfalls in der Obhut der Engländer befand, gab es einen Austausch über das Rote Kreuz. Ein Brief von Hilde an Hans ist erhalten. Er ist datiert vom 18. Januar 1942 und zeugt von dem liebevollen Ton, der zwischen den Geschwistern damals noch herrschte und später verloren ging: »Liebes Haenschen«, schreibt sie, »ich glaube, dass unsere Zeit bald gekommen ist, resp. der Leute, die so denken wie wir. Es draengt mich jetzt bald nach Hause zu kommen, um noch alles mitzuerleben. Manchmal denke ich, wir kommen schon selbst im Fruehling zu spaet. Was ich darum geben wuerde, jetzt unsere Leute zu hoeren. Von Mutti noch immer keine Nachricht. [...] Ich glaube, dass der Krieg bald zu Ende sein wird. Hast Du schon Plaene fuer die Nachkriegszeit oder hat unsere tuechtige Alte Dir schon Vorschlaege gemacht? 1000 Küsse ....«

Das waren fromme Wünsche: sowohl das baldige Ende des Kriegs als auch die Vorstellung, dass »unsere Leute« – statt der Nazis – bald in Deutschland den Ton angeben würden. Ende 1942 erhielten Hilde und Sigis einen Brief von Hans, in dem er ihnen mitteilte, er habe Antrag auf Aufnahme in die australische Armee gestellt und werde demnächst auf der Seite der Alliierten kämpfen. Die Nachricht war verschlüsselt. Mit dieser Möglichkeit mussten Hans, Sigis und Hilde schon gerechnet haben, als sich die drei zuletzt sprachen. Während ihrer Internierung hätten sie überlegt, so schrieb Sigis, »ob wir nicht selbst auf die eine oder andere Weise versuchen sollten, ganz aus dem Dienst auszuscheiden und zu den Engländern überzugehen – das unterblieb aber, um die eigene Familie zuhause nicht zu gefährden. Daß eine solche Gefahr bestand, lag auf der Hand. So haben wir die anderthalb Jahre in Kenia geduldig verbracht.«

In Kenia nahm sich der Krieg allerdings zivilisierter aus als in Europa. Der Kommandant in Molo war ein englischer Unteroffizier, seine Frau gelernte Krankenschwester, die bei Bedarf auch medizinisch eingriff. Während der eineinhalb Jahre in diesem Lager litten Hilde und Sigis an nichts außer an Langeweile. »Wir nutzten die Zeit für Lektüre – wir haben viel über Afrika und die Kolonisierungsgeschichte gelesen. Die freie Zeit nutzte ich zum Stricken; mehrere Kostüme für meine Frau sind das Ergebnis; eines mit Glockenrock, oben 80 Maschen anschlagen, unten 220 – sie hat es noch lange Jahre getragen.« Ich habe später noch einige dieser Kleidungsstücke gesehen, die mein Vater angefertigt hat. Sie waren keineswegs »mit heißer Nadel« gestrickt, sondern mit eleganten Mustern versehen, die ich selbst nie zustande gebracht hätte. In dieser Zeit dürfte es nur wenig deutsche Männer gegeben haben, die ihre Zeit mit Stricken verbringen konnten. Die Atmosphäre unter den Menschen auf engem Raum war allerdings gespannt. Doch Hilde und Sigis waren davon wenig betroffen: Weil bei ihnen ein Kind unterwegs war, nahm man es mit der Bewachung nicht so genau. Sie durften das Lager verlassen und Spaziergänge im Dschungel machen. Bei einer dieser Gelegenheiten begegnete ihnen eine große Schlange, die sich steil vor ihnen aufrichtete und von Sigis erlegt wurde. Mit einem Messer? Einem Stock? Ich erinnere mich an diese Begebenheit nur, weil uns die Geschichte als Kinder zutiefst beeindruckt hat.

Der Schweizer Konsul lieh ihnen Geld auf ihr in der Schweiz angesammeltes Gehalt, und davon kauften sie Stoff; eine Nähmaschine, an der sich Sigis ebenfalls verdient machte, wurde ihnen zur Verfügung gestellt. Zur Geburt ihres Kindes wurde Hilde von den Engländern mit dem Auto in ein fünf Kilometer entferntes Privatkrankenhaus gebracht. Die Engländer übernahmen die Kosten für die Geburt. Im September 1942 kam meine Schwester Carola in Nakuru, Kenia, zur Welt. Am 15. Oktober, einen Monat nach der Geburt, schickte das Auswärtige Amt den Großeltern Braun die Nachricht von der Geburt ihres ersten Enkelkindes: »Die Schweizerische Gesandtschaft in London hat der Deutschen Gesandtschaft in Bern mitgeteilt, daß Ihre Frau Schwiegertochter am 12. September d. Js. eine Tochter geboren hat und dass sich die Mutter und das Kind bei guter Gesundheit befinden.«

Dann kam es zum Austausch und zum Rücktransport. In seinen Memoiren vermerkte Sigis: »An sich ist es völkerrechtlich üblich, Angehörige diplomatischer und konsularischer Vertretungen im Kriegsfall sofort nach Hause zu schicken, aber 1939 hatte es beiderseits Verzögerungen bei der Heimbeförderung gegeben, und so wurde verhandelt: wenn Du mir meine Leute gibst, gebe ich Dir die Deinen zurück. Der Tauschhandel wurde rein arithmetisch durch Carolas Geburt erschwert – da mußte ein Engländer mehr ausgetauscht werden. Das hat eine Weile gedauert. Solche Verhandlungen gingen via Schweiz oder ein anderes neutrales Land.« Im November 1942 bestiegen Hilde und Sigis im britisch verwalteten Süden Somalias mit ihrem sieben Wochen alten Baby einen Truppentransporter, der völlig verdunkelt war. Auf diese Weise sollte eine Torpedierung durch die Japaner vermieden werden. Die meisten anderen Passagiere waren italienische Frauen und Kinder. Sie wussten nicht, ob es nach Norden oder nach Süden ging. Erst nach Verlassen des Hafens durften sie an Deck und konnten sich an den Sternen orientieren. Das Schiff fuhr Richtung Norden. Suez-Kanal, dachten sie. Doch in Berbera (gegenüber Aden) ging das Schiff vor Anker. Sie blieben dort mehrere Tage, während weitere Transporte mit italienischen Frauen und Kindern eintrafen. Dann wurden alle auf ein großes italienisches Rotkreuzschiff mit dem vielversprechenden Namen »Vulcania« umgeladen, das unter britischem Kommando wieder nach Süden fuhr. Für Sigis und Hilde verlief der Krieg, anders als für Hans, nach international geltenden Verträgen: »Während der zweimonatigen Fahrt haben wir kein anderes Schiff gesehen, denn mit Hilfe des alliierten ›Navy-Cert‹ konnte das britische Schiffskommando eine von niemandem sonst befahrene Route einschlagen; die Konvoys fuhren auf anderen Strecken.« An Bord befanden sich 2800 Menschen, es gab achtzehn Ärzte, mehrere Kinderpflegerinnen. Während der sechswöchigen Fahrt wurden acht Kinder geboren, für jedes wurde eine weiße Fahne am Mast gehisst. Auf ihrem Weg – um das Kap der Guten Hoffnung und durch die Straße von Gibraltar – durchquerten sie mehrere Zeit- und Klimazonen, was dazu führte, dass Hilde und das Baby eine schwere Lungenentzündung bekamen.

Wie Hans umsegelten sie Afrika auf einem Schiff, das mehrere tausend Menschen transportierte. Nur fuhren sie in entgegengesetzter Richtung: Hans passierte das Kap der Guten Hoffnung in Richtung Osten, Sigis und Hilde fuhren nach Westen. Die auf dem Schiff befindlichen Frauen hatten, wie Hilde mir später erzählte, »a hell of a time« mit der Besatzung. Es war eben anders als auf dem Schiff, mit dem Hans kurz vorher nach Australien gefahren war. Sogar eine Kapelle gab es, bestehend aus einigen britischen Matrosen. »Sie spielte verschiedene britische Militärmusiken und schottische Tänze; auch wir hörten uns das an. Plötzlich erklang das uns aus dem deutschen Radio bekannte ›Lilli Marleen‹. Ja, sagte der Kapellmeister, das werde an den britischen Fronten gerne und oft gespielt, es sei ein international beliebter Soldatenhit.« Das britische Kommando ging am 1. Januar 1943 in Gibraltar von Bord, das Schiff mit den Passagieren fuhr weiter, setzte die Süditaliener in Brindisi ab (von wo Sigis mit Berlin telefonierte). Gelegentlich wurden sie von britischen Flugzeugen überwacht: auf Steuerbord Sizilien, durch die Straße von Messina, »also zwischen Skylla und Charybdis«, um Kalabrien und Apulien herum. Schließlich trafen sie in Venedig ein. Dort lag leichter Schnee auf den Dächern. Sie hatten seit mehr als zwei Jahren keinen Schnee mehr gesehen. Als das Schiff in den Hafen einfuhr, läuteten alle Glocken der Stadt.

Die Menschen an Bord weinten. »Schnee und Kirchenglocken hatten wir jahrelang nicht erlebt. Niemals habe ich die Rückkehr nach Europa so deutlich als Heimkehr empfunden wie in diesem Augenblick im Canale Grande«, schrieb Sigis. In Triest, der letzten Station des Schiffes, wurden sie mit den anderen Deutschen von einem Emissär des Auswärtigen Amts in Diplomatenuniform in Empfang genommen. Am 8. Januar 1943 trafen sie in Berlin ein und wurden von ihren Eltern am Anhalter Bahnhof begrüßt. Das erste Wiedersehen seit vier Jahren. Hilde, Sigis und Carola quartierten sich in der Lyckallee bei Mutter Margis ein, wo Carola auch getauft wurde.

Hans in Australien

Für alle drei wurden die Reiserouten lebensbestimmend: Sigis und Hilde führte das Kriegsgeschehen zurück nach Europa, Hans verschlug es nach Australien. Um den 20. August 1940, nach einer Schiffsreise von 55 Tagen, gingen die Passagiere der »Dunera« in Freetown an Land: Australische Offiziere und Zivilisten untersuchten sie auf Krankheiten, nahmen ihre Fingerabdrücke. Von dort kamen sie zuerst nach Melbourne, wo Hans seine gerade erst gewonnenen Ansichten über Australien revidieren musste. »Ich sah eine Stadt mit Straßenbahn, dichtem Verkehr, Hochhäusern und einer urbanen Gestalt, wie ich sie von vielen europäischen Städten kannte. Ich war überrascht, vielleicht sogar enttäuscht, weil ich mich auf Abenteuer in Wildwestmanier eingestellt hatte.« Nazis (220 Leute), Italiener (200 Leute) und die Antinazi-Gruppe (115 Leute) wurden in einen Zug gesetzt, der sie landeinwärts brachte. »Wir saßen im Zug mit unseren Wächtern, die ihr Bajonett-Gewehr zwischen die Beine gestellt hatten. Alle Wächter waren ältere Männer, die im Ersten Weltkrieg als Soldaten gekämpft hatten. Freundliche Leute, großzügig und voller Geschichten über ihr Land. Sie rollten ihre Zigaretten selbst. Ich bat einen von ihnen, mir zu zeigen, wie man eine Zigarette rollt.

Er sagte: ›Halt mal das Gewehr!‹ Dann rollte er mir eine und schenkte sie mir.« Das war Hans' erste Begegnung mit der Lässigkeit des australischen Pioniergeistes.

Am Abend erhielten die neuen Australier »the first decent hot meal we had had in a long time« und erfuhren Genaueres über die Situation in Europa. »Die Nachrichten waren nicht gut. Wir wussten natürlich vom Debakel in Dünkirchen, aber ahnten nur, dass Frankreich mit Deutschland einen Waffenstillstand geschlossen hatte. Wir wussten nichts von den schweren Bombardements auf England und von den Verlusten der deutschen Luftwaffe. Aber offenbar hatte es keine deutsche Invasion in England gegeben.« Angesichts der Nachrichten aus Europa schlossen sich elf der Antinazis den Nazis an, die auf der anderen Seite des Zauns untergebracht waren. Hans wurde aufgefordert, ihnen zu folgen. »Ich sagte ihnen, dass der Krieg noch lange nicht vorbei sei. Sollte aber Deutschland gewinnen, so würde ich in Australien bleiben oder in die Staaten gehen oder nach Südamerika.« Einige Überläufer sollten später – als ihnen der Sieg Deutschlands nicht mehr so sicher erschien – zur Gruppe der Antinazis zurückkehren.

Das Lager in Rushworth war besser ausgestattet und komfortabler als alle, die Hans bis dahin gekannt hatte. Es gab Trennwände zwischen den Toiletten und Duschen, Türen, die sich öffnen und schließen ließen: ein Komfort, den sie lange nicht gekannt hatten. Das Lager verfügte auch über ein eigenes Lazarett, es war offenbar für die Armee errichtet worden. Nun befanden sich hier rund hundert Internierte, und diese schufen in kürzester Zeit eine eigene Sozialstruktur. Ein ehemaliger Metallarbeiter sammelte Metallreste und stellte daraus kleine Kaffeekannen her, die er verkaufte. Die »Künstler« der Gruppe fertigten Porträts der Wachen an und erhielten dafür Geld oder Zigaretten. Allerdings wurde Geld aus dem Lager verbannt und eine eigene Lagerwährung eingeführt. Jüdische Hilfsorganisationen und ein Flüchtlingskomitee lieferten Kleidung und Bücher. Einige Internierte hatten Verwandte in Australien. »Es dauerte nicht lange, bis im Lager eine kleine funktionierende Demokratie entstanden war, die ihren Sprecher wählte.« Die Küchenleitung wurde einem Internierten anvertraut, der früher Chef bei »Schmidt« gewesen war, einem deutschen Restaurant in der Nähe der Tottenham Court Road in London. Einer war zuständig für die Warmwasserversorgung, mehrere fürs Holzhacken. Zwei Ärzte (»real doctors«) übernahmen das Lazarett. Hans meldete sich zum Dienst als Krankenpfleger.

Kurz nachdem sich die Gruppe »demokratisch« eingerichtet hatte, wurden neue Insassen angekündigt, darunter auch Ehepaare und Familien mit Kindern. Sie wurden in einem angrenzenden, aber getrennten Lager untergebracht. Die Neuen hatten Gepäck dabei, viel Gepäck, Überseekoffer; offenbar waren sie unterwegs nicht ausgeraubt worden. »Es war ein sehr wichtiger Tag für uns. Seit einem Jahr hatten wir keine Frauen gesehen – oder nur aus der Entfernung. Schon am nächsten Tag konnte man fast alle Internierten auf unserer Seite am Zaun entlang spazieren sehen. Frisch rasiert, und Haare zurückgekämmt, saubere Hemden und ordentliche Hosen, soweit sie solche besaßen.« Wie sich herausstellte, hatten einige der verheirateten Frauen seit Längerem nicht mehr mit ihren Männern gelebt und waren in den vorigen Lagern neue Beziehungen eingegangen. Die Lagerleitung hielt sich jedoch streng an die Pässe beziehungsweise Heiratsurkunden.

Die unverheirateten Männer blieben unter sich – das führte dazu, dass Hans völlig neue sexuelle Erfahrungen machte. »Unter den Internierten aus Singapur befanden sich zwei oder drei jüngere Kerle, deren Eltern sich in dem Teil des Lagers befanden, das für verheiratete Paare vorgesehen war. Die Jungs wurden offenbar als Gefahr für die gleichaltrigen Mädchen und als Bedrohung des Lagerfriedens betrachtet und bei uns einquartiert. Einer der Jungs hatte Zuneigung zu mir gefasst und machte mir Avancen. Seltsamerweise war ich gar nicht empört oder abgestoßen. Im Gegenteil, ich war eher geschmeichelt, wusste nur nicht, wie ich mich verhalten sollte. Ossi war etwa 18 Jahre alt, ziemlich attraktiv, wenn auch etwas feminin, etwas kleiner als ich. Wir trafen uns mehrfach und wurden allmählich immer intimer. Er erzählte mir, dass er mit einem verheirateten Mann im anderen Lagerabschnitt eine

Affäre gehabt hatte; er sei froh gewesen, in unser Lager gekommen zu sein, weil er vor diesem Mann Angst hatte. Es brauchte einige Zeit, bevor ich meine Scheu überwand, aber schließlich wurden wir Liebhaber. Viele meiner Kameraden im Lager beneideten mich darum, eine Lösung für ein Problem gefunden zu haben, mit dem sich jeder von uns herumschlug. Natürlich gaben wir es nie zu und taten so, als seien wir einfach nur Freunde.« Dass Hans im Lager eine homosexuelle Beziehung eingegangen war – sie war nicht flüchtig, sondern zog sich über längere Zeit hin, bis Ossi in die Freiheit entlassen wurde –, hat er später zwar seiner Tochter, nicht aber seinem Sohn erzählt. Sein Sohn solle es erst erfahren, wenn er nach seinem Tod die Memoiren zu lesen bekomme, sagte er mir. Das mag mit der strengen Verurteilung der Homosexualität in der jüdischen Religion zusammenhängen. Hans war zwar nicht religiös, aber er wusste, dass sein Sohn es war.

Mit den Neuankömmlingen aus Singapur tauchte im Lager auch Geld auf. Es gab nun ein coffee house, in dem Getränke und Kuchen angeboten wurden. Da Kaffee – im Gegensatz zu Milch und Zucker – nur schwer erhältlich war, wurde dasselbe Kaffeemehl zwei oder gar dreimal aufgebrüht. Je öfter, desto billiger die Tasse. Von den Erträgen des coffee house und der ebenfalls neu entstandenen Kantine wurden die »community workers« bezahlt, die Leute, die in der Küche, im Lazarett oder für die Warmwasserherstellung arbeiteten. »Eigentlich eine ganz glückliche Gemeinschaft, außer dass wir uns hinter Stacheldraht befanden.« Mit den Leuten aus Singapur waren auch Bücher und Werkzeuge eingetroffen. Alle kamen nun an Bücher, Schreibutensilien und Papier heran. Es wurden Kurse eingerichtet, bei denen die Älteren den Jüngeren Unterricht erteilten. Das Lager nahm zunehmend die Züge eines »Ferienlagers« an; die Musiker organisierten Konzerte und Partys. »Ein Bläser beschloss, uns morgens mit seiner Trompete zu wecken und abends, bevor die Lichter ausgemacht wurden, ein Abendlied zu spielen.« Weihnachten gab es ein Konzert, zu dem auch die Offiziere und Soldaten eingeladen wurden. Die wichtigste Beschäftigung bestand jedoch darin, sich um die Freilassung zu bemühen, »indem man sich entweder für die Kampftruppen oder sonst einen Dienst meldete. Jeden Tag gingen Anträge raus, meistens nach England. Wenn man Glück hatte, erhielt man eine Eingangsbestätigung.«

Zwei Monate nach der Ankunft im Lager erreichte Hans zum ersten Mal ein Brief seiner Mutter. Als sie ihren Brief schrieb, hatte sie seine noch nicht erhalten. Von nun an gab es eine regelmäßige Korrespondenz, die sich allerdings auf ganz private Angelegenheiten beschränken musste. In den Briefen durfte nichts »Politisches« stehen. Die Briefe von Hildegard Margis an ihren Sohn waren an vielen Stellen geschwärzt, was vermutlich auch umgekehrt der Fall war: »Ich habe den Grund für diese Zensur nie begriffen. Die Briefe aus Europa waren Wochen unterwegs. Wir hätten ihnen höchstens mitteilen können, von wie vielen Soldaten wir bewacht wurden und deren Durchschnittsalter.«

Das erste Jahr in Australien ging zu Ende. Die Bilanz der neuen Lebensumstände war befriedigend. »Die Umstände waren unendlich besser als in England. Wir hatten ausreichend und gute Nahrung und ein Radio, in dem wir die Nachrichten verfolgen konnten. Diese waren aber leider nicht gut.« Obgleich die Kriegssituation für die Alliierten schlecht aussah, blieben die Bewerbungen der Anti-Nazis um Aufnahme in die britische Armee unberücksichtigt. Aus den Nachrichten erfuhr Hans, dass die Engländer Abessinien besetzt hatten. Bald danach erfuhr er aus einem Brief von seiner Schwester, dass sie und Sigis aus der englischen Gefangenschaft entlassen worden waren und sich in Berlin befanden.

ST. ROMAN DE CODIÈRES,
DEN 18. SEPTEMBER 2006

Liebe Großmutter,

seltsam, das zu denken: Es sind nun neunzig Jahre her, dass Du Hans zur Welt gebracht hast. Er war sportlich, immer guter Dinge, ausgeglichen – wohl eher das Gegenteil von seiner Schwester und in mancher Hinsicht auch von Dir. Dennoch hat Hans mit der größten Selbstverständlichkeit das Leben gelebt, das Du ihm vorgezeichnet hattest. Sicherlich nicht mit Absicht – aber wenn Du siehst, wie er sich in den englischen Gefangenenlagern verhielt, auf welche Seite der Deutschen er sich schlug, so kann man doch sehr deutlich das Vorbild wiedererkennen, das Du ihm warst. Es ist merkwürdig, dass Deine Erziehung bei Deinem Sohn so viel direkter angekommen ist als bei Deiner Tochter. Das mag unter anderem mit den Schwierigkeiten der Töchter zusammenhängen, sich von ihren Müttern abzugrenzen. Bei Hans spielte aber, glaube ich, auch eine Rolle, dass er so weit weg von Deutschland war. Wer Hitler war, hat er durch Dich begriffen – deshalb trat er aus der SA wieder aus. Aber was das genau bedeutet, das hat er wohl erst aus der Entfernung sehen und sich zu eigen machen können. Ich räume deshalb der Geschichte von Hans auch viel Platz ein in dieser »Stillen Post«, die eigentlich den Erfahrungen der Frauen gewidmet ist. Hans' Geschichte erzählt von einer ganz anderen Erbschaft als die Geschichte Deiner Tochter. Dennoch stehen beide in Deiner Nachfolge. Ich weiß nicht, vorausgesetzt Du hättest überlebt, ob Du je nach Australien gegangen, geschweige denn ausgewandert wärest. Ich bezweifle das. Wahrscheinlicher ist, dass Dein Sohn nach Deutschland zurückgekehrt wäre. Aber das Seltsame ist, dass er, obgleich er ins Ausland ging, eine große Nähe zu dem bewahrt hat, was Du ihm mitgegeben hast. Mir kommt es fast vor, als es sei es ihm leichter gefallen, im Ausland das Andenken an Dich zu bewahren – und er war ja nun wirklich am anderen Ende der Welt –, als wenn er nach dem Krieg zurückgekehrt wäre.

Hans kommt frei

1943 wurden die ersten Internierten aus dem Lager der Antinazis entlassen, darunter viele Freunde von Hans. Neunzig Prozent der Internierten in diesem Lager waren jüdische Flüchtlinge – darunter auch orthodoxe, für die eine eigene Küche eingerichtet wurde. Die anderen zehn Prozent waren Anti-Nazis aus politischer Überzeugung. Hans wurde gebeten, die Küchenleitung zu übernehmen, und er stellte fest, dass er über ein Kochtalent verfügte (das er schwerlich von seiner Mutter geerbt haben konnte). »Die Mahlzeiten wurden besser, so sehr, dass mich ein Typ, ein Mr. Levy, fragte, ob ich nicht nach dem Krieg in London ein Restaurant eröffnen möchte. Ich glaube allerdings, dass ihm das Essen nur deshalb so gut schmeckte, weil er solange so schreckliche Nahrung bekommen hatte, dass ihm unser Kantinenessen wie Gourmet-Mahlzeiten vorkam.« Tatsächlich sollte Hans aber später – in Australien – ein Restaurant eröffnen, zusammen mit seiner Frau Shirley. Es war einer von vielen Berufen, die er ausgeübt hat.

Hans wurde zum Sprecher seines Lagers gewählt. Er war der erste Nicht-Jude, der zum Sprecher der Anti-Nazi-Gruppe ernannt wurde. Im Lager gab es für Kirche und Synagoge nur einen Raum: Ein Teil der Messehütte war durch einen Vorhang vom Rest des Gebäudes abgetrennt worden. Am Samstag diente dieser Raum als Synagoge, am Sonntag als Kirche. Dasselbe galt für die Feiertage, Ostern, Weihnachten, Passah-Fest usw. »An den christlichen Feiertagen hingen Bilder von Jesus und Maria an der Wand. Diese wurden an den jüdischen Feiertagen unter Decken versteckt. Jeden Morgen fragte mich der diensthabende Offizier, welche Religion an dem Tag dran sei: Kirche oder Tempel. Wenn es ein Kirchentag war, legte er seinen Hut ab, aber er hatte auch gelernt, dass er in einem jüdischen Gotteshaus den Kopf bedeckt halten muss. Am Anfang gab es ein ziemliches Durcheinander, aber allmählich lernten wir es alle. Ich hatte zwar viele Juden kennengelernt, aber ich wusste nichts über die Religion.«

Anfang 1944 begann Hans' fünftes Jahr im Internierungslager. Er hatte erwartet, dass der Krieg sich hinziehen würde, aber nicht so lange. »Nun hatte sich aber das Blatt gewendet, und das Ende des Kriegs war nur noch eine Frage der Zeit. Alle erwarteten die Invasion der Alliierten Truppen in Frankreich, die Zuversicht stieg.« Viele der Internierten waren schon freigelassen worden, meldeten sich zur Armee, oder sie bewarben sich mit Erfolg auf eine Arbeitsstelle. Ossi, der Freund und Geliebte, war schon 1942 entlassen worden. Er lebte inzwischen mit seinen Eltern in Melbourne. Hans war der Einzige unter den Weggefährten aus England, der noch nicht entlassen worden war. Andere, die sich noch im Lager befanden, warteten auf ein Visum, um in die USA auszuwandern; oder sie wollten nach Palästina, und es fehlte ihnen noch das Geld für die Überfahrt. Hans wurde festgehalten, er galt als »unsicher«. Immerhin erhielt er Briefe aus Deutschland – nicht nur von seiner Mutter, auch von Jochen Stresemann (dem Sohn von Gustav Stresemann), mit dem er und Hilde befreundet waren. Papens schrieben ihm, und auch die Briefe und Sendungen von Sigis sorgten für Schwierigkeiten: Sigis stand im Dienst des deutschen Staates und war zudem Bruder des Erbauers der V 2, mit der die Nazis London und andere Städte bedrohten. Nach seiner Rückkehr aus der Gefangenschaft in Afrika hatte Sigis ihm Geld geschickt: hundert Pfund, »a small fortune«, wie Hans sagte.

Diese ganzen Kontakte sprachen nicht dafür, dass Hans ein Feind der Nationalsozialisten war, und das minderte seine Aussichten auf Entlassung. Allmählich verfiel er in eine Depression. Eigentlich hatte er – im Gegensatz zu seiner Schwester – keine Veranlagung dazu. Aber er entwickelte die typischen Symptome der Depression: Niedergeschlagenheit, Mutlosigkeit, Schlaflosigkeit. Er trat von seiner Funktion als Sprecher des Lagers zurück. Nachdem mehrere Monate so vergangen waren, wurde er zur Lagerleitung gerufen. »Als ich eintrat, saß da eine Gruppe von ca. fünf Offizieren, darunter auch der Lagerleiter. Es stellte sich heraus, dass ich vor einer Art von Tribunal stand und einem Verhör unterzogen werden sollte. Ein Oberst leitete das Verhör. Die Situation erinnerte mich an die früheren Verhöre im Internierungslager in England, nur war dies nicht ganz so intensiv, es war entspannter. Ich wurde nach meiner Mutter befragt, nach Frau Stresemann, Sigis und vor allem natürlich nach mir selbst. Soviel ich weiß, war ich der einzige Internierte, der dieser Art von Prüfung unterzogen wurde.« Als Hans den Raum wieder verließ, zwinkerte ihm der Lagerleiter zu. »It made me think, that I must have done alright.«

Am 8. Juli 1944 wurde Hans informiert, dass er das Lager verlassen konnte, seinem Antrag auf Aufnahme in die australische Armee sei stattgegeben worden. Zwei Tage später kehrte er dem letzten seiner vielen Lager den Rücken. Vorher schickte er noch einen codierten Brief an Hilde und Sigis, in dem er sie informierte, dass sich »Henry Jones« (der vereinbarte Deckname) nun tatsächlich der (feindlichen) Armee angeschlossen habe. Der Brief erreichte meine Eltern kurz nach ihrem Einzug in den Vatikan. Hans war mittlerweile 28 Jahre alt. Neun Jahre waren vergangen, seitdem er Berlin verlassen hatte. Davon hatte er fast fünf in Internierungslagern verbracht. Zwar landete er auch jetzt wieder in einem Lager, aber dieses Mal war er nicht interniert, sondern konnte sich frei bewegen. Ein Offizier begleitete ihn nach Melbourne, wo er eine australische Militäruniform erhielt. »Ich machte mir keine Illusionen darüber, was es bedeutete, Soldat zu sein. Der Krieg war fast vorbei, und ich konnte meinen Dienst nur in einer nicht-kämpfenden Einheit versehen. Aber ich nahm noch Teil an dieser letzten Phase eines Kriegs, von dem ich später erfuhr, dass er vierzig Millionen Menschen das Leben gekostet hatte.«

Zum ersten Mal seit fünf Jahren kaufte Hans sich eine Zeitung. »Ich verstand das meiste nicht, aber ich sah die Photos der verschiedenen Fronten.« Über den fehlgeschlagenen Attentatsversuch vom 20. Juli 1944 wurde in der australischen Presse ausführlich berichtet. So erfuhr Hans auch, dass in der Folge fünftausend Menschen ermordet wurden. »Wer in Deutschland die Zeitungen las, musste wissen, dass der Krieg verloren war. Aber den Deutschen wurde gesagt, dass die Reservetruppen die Feinde zurückdrängen würden und dass es eine geheime Waffe gebe, die England zerstören würde.« Er hörte von den V 2-Raketen, die auf London niedergingen, von den Bombenteppichen auf Hamburg,

Dresden und Berlin. Hans erfuhr, dass auch das Haus seiner Mutter getroffen worden war. Sie hatte ihn in einem Brief gefragt, ob sie das Haus veräußern solle. Er schrieb zurück, sie solle es behalten; nach dem Krieg wolle er dort wieder einziehen.

ST. ROMAN DE CODIÈRES,
DEN 20. SEPTEMBER 2006

Liebe Großmutter,

Anfang 2002 bin ich nach Melbourne geflogen, um Hans und seine Familie zu besuchen. Die meisten kannte ich schon, weil einzelne Familienmitglieder Hans auf seinen beiden Deutschlandreisen begleitet hatten. Es war mein erster Besuch in Australien. Eigentlich schien es unsinnig, für eine Woche diese weite Reise zu machen – dreißig Stunden Flug jede Strecke: Berlin – Wien – Dubai – Singapur – Melbourne. Aber nachträglich war ich froh, den Weg zurückgelegt zu haben.

Als ich um drei Uhr früh in Melbourne landete, stand die gesamte Familie am Flughafen, um mich in Empfang zu nehmen: Hans, sein Sohn John, seine Tochter Liane. John wurde 1947 geboren (er kam aus Shirleys erster Ehe, Hans hat ihn adoptiert). Er ist in der Computerbranche tätig und handelt nebenbei mit Immobilien. Liane, geboren 1958, ist eine leibliche Tochter von Hans, also Deine »echte« Enkelin und meine Cousine. Sie arbeitet als Psychologin an einer Klinik. Neu für mich war Judy, die Frau von John. Wir saßen zusammen, bis der Morgen zu grauen anfing, tranken Whisky und versuchten erste Annäherungen. Der Krieg lag fast sechzig Jahre zurück – und wir waren alle an unterschiedlichen Enden der Welt aufgewachsen, weil die NS-Zeit und der Krieg die Lebenswege Deiner Kinder auseinandergeführt hatten. Du wirst kaum glauben, wie viele Berufe Hans nach dem Krieg ausgeübt hat: Lastwagenfahrer, Farmer, Restaurantkoch, Besitzer einer Ziegelfabrik, Besitzer einer Papierfabrik und anderes mehr. Und bei allem war er, glaube ich, immer guter Laune.

1954 hat Hans Shirley, die er schon 1949 kennengelernt hatte, geheiratet. Shirley war gläubige Jüdin und wurde 1923 in Kanada geboren. 1929 emigrierte sie mit ihrer Familie nach Australien. In Melbourne habe ich zum ersten Mal erlebt, dass *meine* Familie den Sabbat feiert. Ich war schon oft zu Gast bei Freunden am Sabbat-Abend. Aber als Teil der Familie war das eine neue Erfahrung. Ich musste an den Empfang denken, den Hilde unseren australischen Verwandten bereitet hatte. Hans behielt die Kippa auf dem Kopf, bis das Tischgebet gesprochen war. Aber dann, schwupp, setzte er sie auch schon wieder ab.

Bei diesem Abendessen lernte ich auch Eva kennen, die Mutter von Judy und Schwiegermutter von John. Eva ist etwa 1920 geboren und sollte als Jüdin im Warschauer Ghetto interniert werden. Aber Freunde ihrer Eltern versteckten sie und ihre Schwester in ihrer Wohnung. So hat sie Genozid und Krieg überlebt, während fast alle Verwandten in den Konzentrationslagern ermordet wurden. Beide Schwestern haben nach dem Krieg in Australien eine neue Heimat gefunden. Evas Vater war Arzt, und sie erzählte mir, dass er – obgleich die Familie in Polen lebte – mit seinen Kindern nur Deutsch sprach. Wenn seine Frau vor einer Entbindung stand, schickte er sie nach Berlin, damit seine Kinder in Deutschland zur Welt kommen. Auch Eva ist in Berlin geboren. Sie redete mich auch gleich auf Deutsch an. Ich musste an Klara Beck denken, deren jüdische Familie ebenfalls Deutsch sprach. »Niemand aus unserer Familie in Posen sprach Polnisch«, bemerkte Hans einmal.

Melbourne hat einen seltsamen Eindruck auf mich gemacht. Die ordentlichen Straßen mit ihren Einfamilien- oder Doppelhäusern könnten Vororte von London sein. John und Judy haben mich durch die eleganten Villenviertel von Melbourne gefahren – John kannte genau den Wert jeder einzelnen Immobilie. In diesem Viertel sind alle Stile vertreten, die Du Dir denken kannst: Tudor Style, Palladio Villa, spanisch-maurisch, neo-gothic, colonial style – eine Art von Versandkatalog der europäischen Architektur. Kein Haus ist älter als vierzig oder fünfzig Jahre, aber sie kommen daher, als hätten sie eine uralte Geschichte. Auch das umgebende Land erinnert an Europa: Die Immigranten haben Eichen und Zypressen gepflanzt, die nun zum Teil schon sehr alt sind. Und schon gar die Weinberge in der Nähe von Melbourne – sie wirken sehr europäisch. Aber es gab auch etwas, das ganz anders war als bei uns: die mall, ein riesiges Einkaufszentrum mit Boutiquen und Restaurants, Imbissbuden und Spielhöllen. In der mall von Melbourne, die am Fluss Yarra liegt, drängte sich eine Unmenge von Leuten. Auf dem Land habe ich kaum Menschen gesehen, viel weniger als in den ländlichen Gegenden Europas. Hier jedoch kam man kaum durch. In einer Eingangshalle wurde Chinese New Year begangen: mit einem überdimensionalen rosa-türkisen Drachen, der alle dreißig Minuten mit dem Kopf wackelte und Dampf aus den Nüstern stieß. Ich glaube, diese mall soll die »Welt draußen« vergessen machen. So fühlt man sich ganz zu Hause in der Zivilisation. Ob Du auch hier das Loblied des Fortschritts angestimmt hättest?

Rom 1943/44: Hilde und Sigis

Als Sigis nach der Ankunft in Berlin im Auswärtigen Amt vorstellig geworden war, hatte man ihm eröffnet, so sein wörtlicher Bericht, dass »man meinem Wunsch, dem Vaterland in Stalingrad zu dienen, auf längere Zeit nicht im Wege stehen wolle; aber da ich italienisch spräche, möge ich für zwei Monate dem Auswärtigen Amt den Gefallen tun, eine Vakanz an der Botschaft beim Heiligen Stuhl auszufüllen – mit Versetzung«. Das Wort »Versetzung« implizierte, dass er, trotz des zeitlich befristeten Aufenthaltes, Frau und Kind mitnehmen durfte. Er zögerte nicht lange, dem Auswärtigen Amt diesen »Gefallen« zu tun, und schon am 3. Februar, knapp vier Wochen nach seiner Ankunft in Berlin, telegraphierte der deutsche Botschafter beim Heiligen Stuhl dem Auswärtigen

Amt in Berlin, dass der neue Legationssekretär in Rom einge-troffen sei und seinen Dienst angetreten habe. Hilde und Carola folgten bald nach. Wenige Wochen später erkrankte Sigis an einer doppelseitigen Lungenentzündung – dieselbe Krankheit, die sich Hilde und Carola auf dem Schiff zugezogen hatten. (Die Anfäl-ligkeit für solche Infekte ist hoch, wenn man im Winter nach fünf Jahren Tropen und einem Leben in 2000 Meter Höhe nach Europa zurückkehrt: In der Höhe ändert sich die Zusammenset-zung der roten und weißen Blutkörperchen.) Sigis dachte nur, »jetzt gehen mir die zwei Monate Rom noch durch die Lappen«. Aber der Militärarzt erklärte ihm, dass er wegen seines Blutbildes militäruntauglich sei, und stellte ihn für sechs Monate zurück, bis Mitte September 1943.

Sigis hatte es dieser Krankheit zu verdanken, dass er nicht mehr nach Deutschland an die Front geschickt werden konnte. Kurz bevor die sechs Monate Karenz um waren, wurde Musso-lini verhaftet und Marschall Badoglio zum Ministerpräsidenten ernannt. Am 3. September wurde ein heimlicher Waffenstill-stand geschlossen, der zunächst nur von den Alliierten durch Radio Algier bekannt gegeben wurde. »Ich besinne mich noch an ein dringendes Telegramm des Auswärtigen Amtes, am 8. September morgens des Inhaltes etwa: ›Radio Algier meldet seit einigen Minuten, Italien habe Waffenstillstand mit den Alliierten geschlossen; hier ist darüber nichts bekannt; erbitte Drahtbe-richt‹. Der deutsche Botschafter suchte sofort Badoglio auf, der die Nachricht dementierte. Erst gegen Mittag gab er es zu; die ›weiße‹ Botschaft zog sich nach Norden zurück, die ›schwarze‹ blieb die einzige deutsche Vertretung im südlichen Italien.« Da jedes Land in Rom zwei diplomatische Vertretungen hat – eine bei der italienischen Regierung, die andere beim Heiligen Stuhl – unterscheidet man zwischen der »weißen Botschaft« (Italien) und der »schwarzen Botschaft« (Vatikan). Dem entspricht auch die Unterscheidung zwischen dem »weißen« und dem »schwarzen« diplomatischen Korps – ein Begriff, der in den vatikanischen Ta-gebüchern von Hilde wiederholt auftaucht.

Nach dem Waffenstillstand zwischen Italien und den Alliierten landeten englische und amerikanische Truppen in Süditalien. Deutschland schickte Truppenverstärkung und vor allem SS-Verbände nach Rom, und diese begannen nun mit einer systematischen Verfolgung von Juden und Widerstandskämpfern. War Italien bisher ein Verbündeter der Deutschen, so wurde es nun zu einem von Deutschen besetzten Land. Herbert Kappler, der als Polizeiattaché der deutschen Botschaft in Rom angehörte, stand in direktem Funkkontakt mit dem Leiter des Reichssicherheitshauptamtes Ernst Kaltenbrunner und Himmler in Berlin. Himmler forderte ihn auf, mit der Deportation von Juden aus Rom nun ernst zu machen. Kappler zögerte, weil die italienische Bevölkerung diese Aktionen nicht unterstützte und sogar sabotierte. Kaltenbrunner schickte erneut einen Befehl an Kappler, der von den Britischen Truppen abgefangen wurde (und nur deshalb erhalten geblieben ist). Laut diesem Befehl sollte Kappler nicht länger mit den Deportationen warten, sonst bestünde die Gefahr, dass Juden evakuiert oder in den Häusern von befreundeten Familien versteckt würden.[46] Tatsächlich trug die Verfolgung der Juden erheblich zu wachsenden Ressentiments in der italienischen Bevölkerung gegen die deutschen Besatzer bei, vor allem in Rom. Am 16. Oktober verhafteten die in Rom befindlichen SS-Leute rund 1250 Menschen. Ernst von Weizsäcker, Botschafter beim Heiligen Stuhl, gab dem Vatikan eine Vorwarnung – und der Vatikan intervenierte bei den deutschen Behörden: zugunsten der Konvertiten! Rund 250 Menschen wurden am folgenden Tag wieder freigelassen: die Nicht-Juden, die »aus Versehen« verhaftet worden waren, und die in »Mischehen« lebenden Juden. Am 18. Oktober wurden alle anderen aus Rom per Zug nach Auschwitz deportiert. Die meisten wurden bei der Ankunft vergast, nur fünfzehn von ihnen sollten den Krieg überleben.

Dies war die Situation, in der sich Rom im Herbst 1943 befand. Sigis war inzwischen genesen. Am 30. Oktober traf bei der »schwarzen« Botschaft ein Telegramm ein, dass er vom Auswärtigen Amt zur sofortigen Einberufung freigegeben und auf

Kriegstauglichkeit zu untersuchen sei. Sein Vorgesetzter Weizsäcker schrieb zurück, »dass die Aufgaben, die dieser Botschaft durch die Besetzung Roms durch deutsche Truppen zugefallen sind, ohne Herrn von Braun nicht zu bewältigen« seien. Seinem Antrag wurde stattgegeben: bis März 1944. Ernst von Weizsäcker war selbst erst seit Juni 1943 in Rom. Vorher war er Staatssekretär im Auswärtigen Amt in Berlin gewesen, eine Funktion, für die er später im Wilhelmstraßen-Prozess vor Gericht stehen und verurteilt werden sollte.

Sigis berichtet: »Rom war in den Kriegsjahren voll von Leuten aller gesellschaftlichen und politischen Schichten, großenteils aus den Provinzen. Alle glaubten, allein die Tatsache, daß der Papst dort residierte, werde eine Bombardierung der Stadt Rom verhindern. Da waren Antifaschisten und Faschisten der verschiedensten Färbungen, und sie tauschten Gerüchte, Fragen und Nachrichten untereinander aus, die offenbar überall in Italien kursierten; viele dieser Gerüchte und Gereden kamen auch zu uns.« Solange die deutschen Truppen noch in Rom waren, war es eine der Aufgaben von Sigis, »zu verhindern, daß deutsche Einheiten die in der Stadt verstreut liegenden, aber laut Lateranvertrag zum Vatikanstaat gehörenden Gebäudekomplexe durchsuchten oder gar besetzten. Die Gebäude erhielten von uns Bescheinigungen, anzubringen an allen Eingängen, aus denen die Zugehörigkeit dieses Instituts zum Vatikanstaat deutlich sichtbar hervorging. Diese Bescheinigungen trugen zumeist meine Unterschrift.«

Sigis machte es sich zur Aufgabe, alle zerstreut in Rom liegenden vatikanischen Gebäudekomplexe zu besuchen und sich den darin amtierenden Geistlichen – einige waren Kurienkardinäle – als Botschaftsangehöriger vorzustellen. Er bot ihnen seine Unterstützung an, für den Fall, daß eine Intervention bei den deutschen Militärs erforderlich werden sollte. »Die in diesen, eine Art Immunität genießenden Gebäudekomplexen Wohnenden oder Beschäftigten erhielten außerdem persönliche Ausweise, die ihre Zugehörigkeit zu vatikanischen Einrichtungen bestätigten. Uns war dabei klar, daß der Vatikan in seinen Klöstern und Gebäuden auch zahlreiche Menschen aufnahm, die Gefahr liefen, verhaftet zu werden, eben auch viele Juden. Auch diese Ausweise trugen meine Unterschrift; nachträglich haben wir erfahren, daß sie auf dem schwarzen Markt einen hohen Wert hatten. Jedenfalls haben wir auf diese Weise viele Gefährdete vor Verhaftung schützen können.«

Tatsächlich enthalten Sigis' Akten aus der Vatikanzeit viele Dankesbriefe, die er nach dem Ende des Kriegs erhielt, in dem sich Klöster und kirchliche Einrichtungen – darunter viele, die Juden und Widerstandskämpfer während der deutschen Besatzungszeit versteckt hatten – für seine Unterstützung bedanken. »Besonders 1943 nach der Besetzung Roms hat er vielen Personen und auch dem Unterzeichneten persoenlich indirekt gute Informationen zukommen lassen, wodurch ich als Leiter der antinazistischen Vereinigung Roms in der Lage war, viele Menschen vor der Verhaftung oder vor Schlimmerem zu schuetzen,« schrieb Dr. Willi Nix, Leiter des Zentralbüros für Deutsche in Italien. Sigis erhielt in dieser Zeit auch wiederholt Anrufe von Italienern, die nichts mit der Kirche zu tun hatten und ihn um Hilfe bei der Befreiung von verhafteten Verwandten baten. Nicht immer, aber gelegentlich konnte er helfen. Viele Jahre später begegnete Sigis einem italienischen Diplomaten in Paris, der ihm sagte, dass er ihm sein Leben verdanke. Er hatte seine Entlassung aus einem Gefängnis bewirkt, kurz bevor er nach Deutschland transportiert werden sollte. Sigis selbst hat über diese Dinge nie gesprochen. Ich habe das Ausmaß dieser Aktionen erst aus den Akten erkennen können, die er hinterlassen hat. Es waren Aktionen, die alles andere als unriskant waren. Hätten die deutschen Behörden davon erfahren, wäre er zweifellos verhaftet worden.

Nach dem Waffenstillstand zwischen Badoglio und den Alliierten verlagerte sich ein Teil des europäischen Kriegsgeschehens auf italienischen Boden. War Italien bisher weitgehend vom Kriegsgeschehen verschont geblieben, so wurde es nun zum Schlachtfeld. »Wir verfolgten die Heeresberichte mit Fähnchen auf der

Landkarte.« Dabei war die Frage, auf welcher Seite Italien stand, nicht einmal für die Italiener geklärt. Der König Vittorio Emanuele III. von Savoyen und die Regierung Badoglio hielten sich an die Alliierten, während andere sich weiter Mussolinis »Repubblica Sociale Italiana« zugehörig fühlten. Auf beiden Seiten kämpften Partisanen, die mit Waffen versorgt wurden. »Wie vollständig das Chaos war, hörten wir von italienischen Freunden, die uns im Vatikan besuchen kamen. An vielen Orten hätten Offiziere und dann selbstverständlich auch die Mannschaften ihre Uniformen weggeworfen und seien zu Fuß oder wie auch immer möglich in ihre Heimatorte geflohen; an anderen Orten seien sowohl Offiziere als auch Mannschaften bündnistreu geblieben und hätten mit den Deutschen gemeinsame Sache gemacht. Niemand wußte, wie die Waffenstillstandsverhandlungen geführt worden waren noch was sie beinhalteten. Niemand hatte folglich Weisung. Man fragte sich, was mit den italienischen Truppen im Balkan, immerhin etwa dreißig Divisionen, und in Norditalien geschehe. Würden sie von den Deutschen interniert oder kämpften sie an deren Seite weiter? Wenn ich heute an diese Wochen zurückdenke, ist mir deutlich in Erinnerung, daß ich niemals ein so vollständiges Durcheinander erlebt habe. Eine Reihe italienischer Städte wurde bombardiert. Überall gab es Tote und Verletzte in der Zivilbevölkerung; Kinderquartiere wurden auf dem Lande eingerichtet, die italienischen Rundfunksendungen brachten Nachrichten von Menschenschlangen vor den – viel zu raren – Luftschutzbunkern, die mit Maschinengewehren dahingerafft worden waren. Die Telefonleitungen zwischen den Städten waren unterbrochen, nur wenige konnten erfahren, wie es den Verwandten in Mailand, Turin, Verona, Bologna, Neapel, Palermo und anderen Städten ergangen war; die alliierten Rundfunkstationen wetteiferten mit der Behauptung, daß man eigentlich nicht Italien meine, sondern nur die Deutschen. Unsere Truppen kämpften noch geraume Zeit im Rückzug vor übermächtigen Feindestruppen, von so manchem Hügel unter Partisanenbeschuß, ein Vetter von mir, der uns zuvor mehrfach besucht hatte, ist dabei gefallen.«

Liebe Großmutter,

es gibt ein Photo von Dir und meinen Eltern in Rom: Ihr sitzt auf einer Terrasse. Das muss im Sommer 1943 gewesen sein. Du warst zu Besuch gekommen, bliebst offenbar auch einige Zeit. Es gibt auch Bilder von Dir am Strand – mit Hilde und dem Baby. Auf dem Photo sehen Sigis und Hilde so jung aus, dass ich es kaum fassen kann. Du schaust ernst, fast streng, in die Kamera, wie Du überhaupt auf den wenigen Photos, die ich von Dir kenne, selten lächelst und auch nur selten in die Kamera schaust. Als sei Dir das Photographiertwerden (oder der Photograph) ganz egal. Da ist Hilde anders. Sie schaut meistens in die Kamera. Man spürt, dass sie es gerne hat. (Übrigens im Gegensatz zu mir. Ich glaube, das ist einer der Gründe, weshalb ich Filmemacherin geworden bin: Damit ich immer hinter der Kamera stehen kann.) Auf beiden Bildern in Rom fütterst Du gerade das Enkelkind, Dein erstes Enkelkind und das einzige, das Du kennengelernt und in den Armen gehalten hast. Aus einer Unterschrift unter dem Bild schließe ich, dass sich die Wohnung auf der Via Filippo Civinini befand. Ich habe nachgeschaut – das ist eine Straße auf dem Monte Parioli, wo viele wohlhabende Römer wohnen. Sigis und Hilde ging es gut. Hilde erzählte mir allerdings später, Du seiest während Deines Aufenthaltes in Rom nicht glücklich gewesen. Sie meinte, es hätte Dich gestört, dass Dich niemand kannte. Sie erzählte mir auch, dass Du während dieses Aufenthaltes Zwietracht zwischen ihr und Sigis zu säen versuchtest, indem Du Sigis von Saalfeld erzähltest. Vielleicht schaut er deshalb auf dem Photo neben Dir so steif in die Kamera.

Entschuldige, wenn ich so insistiere, aber die Frage treibt mich einfach um: Warum hast Du diese Gelegenheit nicht genutzt, um Dich abzusetzen? Warum bist Du nach Berlin zurückgefahren? Das erste Mal bot sich Dir die Möglichkeit, als Du Hans in London besuchtest. Gut, da wolltest Du Deine

Tochter nicht alleine in Deutschland lassen. Dann war auch Hilde nach Abessinien abgereist. Nichts hielt Dich mehr in Deutschland. Jedenfalls keine Familie. Du musst gewusst haben, dass Du als alleinstehende »Halbjüdin« gefährdet warst. Hier bot sich erneut eine Gelegenheit, Dich abzusetzen. Warum hast Du sie nicht ergriffen? Es war Juni oder Juli 1943. Die Deutschen hatten Italien noch nicht besetzt. Es kann nicht schwierig gewesen sein, das Land zu verlassen, jedenfalls leichter als aus Deutschland auszureisen. Du hättest in die Schweiz gehen können. Ich weiß, Du hattest kein Geld. Aber das hatten andere auch nicht – und sie haben es irgendwie geschafft. Wolltest Du Deinem Schwiegersohn nicht schaden? Er war doch selber froh, nicht in Deutschland zu sein, und hätte Dir sicherlich geholfen. Vielleicht dachtest Du, dass der Albtraum bald ein Ende haben würde. Oder hattest Du Dich entschlossen, etwas gegen die Nazis zu unternehmen? Wie auch immer: Du bist nach Berlin zurückgekehrt.

Verhaftung und Tod von Hildegard Margis

Über das Leben von Hildegard Margis nach diesem Besuch in Rom und ihrer Rückkehr nach Berlin habe ich kaum Informationen. In den späten 1930er Jahren verzeichnete das Berliner Einwohnermeldeamt erstaunlich viele Bewohner für das Haus in der Lyckallee 28. Es muss viele Menschen gegeben haben, die bei meiner Großmutter unterkamen. Vielleicht galt das auch für die Zeit nach dem Beginn der Deportationen von Juden; darüber wird sich aber nichts in den Karteien des Einwohnermeldeamtes finden. Es gibt nur ganz wenige Dokumente über Hildegard Margis in diesen Jahren – und diese wenigen bringen sie in Verbindung mit der Bewegung »Freies Deutschland«, die von der »illegalen KPD« ins Leben gerufen wurde. Es handelte sich also um eine kommunistisch initiierte Widerstandsgruppe. Das schien mir zunächst erstaunlich, denn so aktiv und energisch der Lebensweg der Hildegard Margis bis dahin auch gewesen war, er prädestinierte sie nicht zu einer Zusammenarbeit mit Kommunisten. Sie war schon vor 1933 eine überzeugte Gegnerin des Nationalsozialismus gewesen, und sie hatte – nicht nur am 9. November 1938 – jüdischen Freunden auf beherzte Weise geholfen. Aber ebenso ablehnend wie dem Nationalsozialismus stand sie auch dem Kommunismus gegenüber. Doch als ich aus dem 1998 erschienenen Buch der Historikerin Ursel Hochmuth »Illegale KPD und Bewegung ›Freies Deutschland‹ in Berlin und Brandenburg«[47] Näheres über die »illegale KPD« erfuhr, schien es nicht mehr ganz so unwahrscheinlich, dass sie sich dieser Gruppe angeschlossen hat.

Zunächst stolperte ich über den Begriff der »Illegalität«, weil im Nazi-Deutschland alle Kommunisten außerhalb des Gesetzes standen. Aber der Name bezog sich auf eine kommunistische Widerstandsgruppe, die unabhängig von der im Moskauer Exil lebenden »offiziellen« KPD tätig war. Viele Akten und Dokumente zur Bewegung »Freies Deutschland« wurden erst nach 1989 und mit der Öffnung der DDR-Archive zugänglich. Bis dahin waren diese Akten über einen kommunistischen Widerstand, der *nicht* von der KPD in Moskau dirigiert wurde, schwer oder gar nicht zugänglich. Diese in Deutschland verbliebene »illegale KPD« war bereit, nicht nur mit Sozialdemokraten, sondern auch mit den Anti-Nazis der Zentrumsparteien und der DVP gemeinsam zu wirken. Ein Abschnitt in Hochmuths Buch ist auch meiner Großmutter gewidmet.

Besonders die »illegale KPD« hatte es schwer, sich dem kollektiven Gedächtnis Deutschlands einzuschreiben, weil sie zwischen allen Stühlen saß. Sie entsprach nicht den Ansprüchen an das kollektive Gedächtnis, die sich in den beiden Teilen Deutschlands herausgebildet hatten: In der Bundesrepublik wurden nach dem KPD-Verbot von 1956 Kommunisten aus der öffentlichen Ehrung des Widerstands ausgeschlossen; vier Jahre zuvor war ein bundesdeutsches Gesetz erlassen worden, durch das ihnen sogar der Anspruch auf Wiedergutmachung verwehrt wurde, entgegen den vertragsrechtlichen Verpflichtungen gegenüber den Alliierten und der Jewish Claims Conference.

Auch in der DDR gab es neben dem öffentlichen Gedenken an den »offiziellen« antifaschistischen Widerstand wenig Raum für die Bewegung »Freies Deutschland«, in der Kommunisten nicht nur mit Sozialdemokraten des Kreisauer Kreises, sondern auch mit den Attentätern des 20. Juli, mit Konservativen, Deutschnationalen, Mitgliedern der Zentrumsparteien zusammengearbeitet hatten. Rückblickend mag dies schwer nachzuvollziehen sein, aber es war tatsächlich ein historisches Ereignis, das am 22. Juni 1944 stattfand – ein Ereignis, dessen in der offiziellen KPD-Geschichtsschreibung entweder nicht gedacht wurde, oder es wurde zum Vorläufer der 1946 vollzogenen Zwangsvereinigung von KPD und SPD zur SED stilisiert. Im Sprechzimmer des Berliner Arztes Dr. Rudolf Schmid trafen sich an diesem Tag erstmals seit langer Zeit Vertreter der beiden deutschen politischen Arbeiterbewegungen, Sozialdemokraten und Kommunisten.[48] In die Vorbereitung des Treffens waren durch Vorgespräche außer den Sozialdemokraten auch andere Angehörige des Kreisauer Kreises einbezogen worden, darunter Helmuth James Graf von Moltke und Peter Graf Yorck von Wartenburg, die zunächst von der Notwendigkeit einer Kooperation mit den Kommunisten überzeugt werden mussten. Auch Mitglieder des bürgerlichen bzw. des militärischen Widerstandes wurden eingeweiht. Diese hatten ihre antikommunistischen Befürchtungen ebenso zu überwinden wie die Kommunisten ihre Widerstände gegen die Bürgerlichen.

An diesem Treffen im Juni nahm von kommunistischer Seite auch Franz Jacob teil, dem Hildegard Margis im November 1943 – das war einige Monate nach ihrer Rückkehr aus Rom – im Hause ihrer Freunde Rudolf und Madeleine (Lena) Pechel[49] begegnet war. Pechel, Herausgeber der »Deutschen Rundschau«, war zu dieser Zeit im KZ Sachsenhausen inhaftiert. Lena Pechel brachte Jacob mit Hitler-Gegnern aus dem Bürgertum zusammen und stellte für diese Treffen ihre Wohnung zur Verfügung. Jacob, der unter dem Decknamen »Martin« im Untergrund lebte, war einer der Hauptorganisatoren des Nationalkomitees »Freies Deutschland«, dem, wie Hochmuth später rekonstruiert hat, allein in Berlin und Brandenburg etwa 500 Mitglieder angehörten. Es war kein straff organisiertes Netzwerk – das war zu dieser Zeit kaum mehr möglich. Unter den Mitgliedern befand sich ein Verräter, Ernst Rambow, der mit der Gestapo kollaborierte und sie über das Treffen vom 22. Juni informierte. Die Gestapo begann, die folgenden Treffen zu beobachten. Nach dem gescheiterten Stauffenberg-Attentat – im Juli, August und September 1944 – schlug sie zu. Das Reichssicherheitshauptamt verhaftete 260 der Beteiligten. (Diese Verhaftungen fanden parallel zur Aktion »Gewitter« statt, bei der die Gestapo nach lange vorher angelegten Karteien mehrere tausend frühere Gewerkschaftsführer, Stadtverordnete, Reichstags- und Landtagsabgeordnete aller Parteien in »Schutzhaft« nahm und in die Konzentrationslager deportierte.) In 71 Prozessen gegen Mitglieder der Bewegung »Freies Deutschland« wurden 60 Todesurteile gefällt, andere endeten mit langjährigen Haftstrafen. Die Juden unter den Beteiligten wurden gar nicht erst vor Gericht gestellt, sondern sofort in Konzentrationslager deportiert. Insgesamt zählten mehr als neunzig Männer und Frauen der Bewegung »Freies Deutschland« zu den Opfern des Nationalsozialismus.

Am 4. Juli wurde Jacob verhaftet und am 5. September zum Tode verurteilt. Am 18. September 1944 wurde er hingerichtet. Am Tag seiner Hinrichtung wurde Hildegard Margis verhaftet. Ein Verwandter von Frau Kubitschek, der als Polizist in Charlottenburg stationiert war, so erzählte sie, war dabei, als meine Großmutter ins Gefängnis gebracht wurde. Sie sei sehr »gefasst« gewesen, berichtete der Verwandte. Eine seltsame Formulierung, dachte ich, als sie das sagte. Der junge Polizist war wahrscheinlich beruhigt, dass sie keine Szene machte, und interpretierte dies als ein Zeichen von Würde! Das Charlottenburger Polizeigefängnis, in dem sie zunächst verhört wurde, hatte einst zu ihrem Ressort als Bezirksverordnete gehört. Später kam Hildegard Margis ins

Frauengefängnis in der Barnimstraße. In demselben Gefängnis befand sich schon Lena Pechel.

Die Verbindung von bürgerlichem, sozialdemokratischem und kommunistischem Widerstand, die sich in der Bewegung »Freies Deutschland« wiederfand, lässt es durchaus glaubwürdig erscheinen, dass sich Hildegard Margis dieser Bewegung anschloss und mit ihren fast sechzig Jahren darin aktiv war. Der Nationalsozialismus wird meistens als Sache der Männer angesehen – und ein Gutteil des Widerstands auch. In dieser Gruppe jedoch gab es viele Frauen. Ich habe mich gefragt, woran das wohl liegen mag. Vielleicht weil diese Widerstandsgruppe so heterogen war. Die Tatsache, dass es Leute aus den unterschiedlichsten politischen Richtungen gab, machte diese Gruppe anscheinend offener für Frauen. Vielleicht ist dies aber auch einer der Gründe, weshalb diese Widerstandsgruppe so lange einfach »vergessen« wurde.

Hochmuth hat 425 Kurzbiographien über die Mitglieder der Bewegung »Freies Deutschland« zusammengetragen. Ihr Buch enthält im Abschnitt über Hildegard Margis eine Reihe von biographischen Angaben sowie den auch im Vernehmungsprotokoll enthaltenen Hinweis, dass sie am 22. November 1943 Franz Jacob im Haus von Lena Pechel kennengelernt habe. Es ist interessant, die auf Zeugenberichten basierenden Aussagen in Hochmuths Buch mit dem Vernehmungsprotokoll der Gestapo zu vergleichen. Das Protokoll wurde drei Tage nach der Verhaftung von Hildegard Margis angefertigt und von ihr unterschrieben.

Den Zeugenberichten zufolge lud Hildegard Margis Jacob zum »Meinungsaustausch« ein. Bei dieser Gelegenheit habe er für die Ziele der Bewegung »Freies Deutschland« geworben und sie ihm ihrerseits ihre »oppositionellen Vorstellungen« dargelegt. Weiter habe sie über die Konstruktion der V-Waffe durch Wernher von Braun, Bruder ihres Schwiegersohnes, gesprochen und die Verbindung zu ihren Freunden Jesco und Rosemarie von Puttkamer hergestellt. Auf dem Gut der Puttkamers in Pommern kam Hildegard für einige Zeit unter, nachdem ihr Haus in der Lyckallee von einer Bombe getroffen worden war. Als Puttkamer wegen Kollaboration beim Attentat vom 20. Juli 1944 verhaftet wurde, kehrte sie nach Berlin zurück und wohnte bei ihrem Freund Hans Lohmeyer, dem ehemaligen Oberbürgermeister von Königsberg, der von den Nazis abgesetzt worden war und in den letzten Jahren eng mit dem bürgerlichen Widerstandskämpfer Carl Friedrich Goerdeler zusammengearbeitet hatte. Hildegard Margis traf nun erneut bei Lena Pechel mit Jacob zusammen. Kurz darauf wurde er verhaftet. Hochmuth zitiert einen Nachruf von Rudolf Pechel, der 1946 in der »Deutschen Rundschau« veröffentlicht wurde und in dem neben Franz Jacob und Anton Saefkow auch ihrer gedacht wird: »Hildegard Margis, diese Frau von großen geistigen Gaben und einer durchdringenden Menschenkenntnis, deren aktive Energie so viele Pläne mit ihrem Rat begleitete und deren großes und tapferes Herz, das freilich der Qual der Haft körperlich nicht gewachsen war, ihr in unserem Kreis den Namen ›Mutti Margis‹ verlieh.« Hildegard Margis war eine der ältesten Mitglieder der Bewegung. Nur rund zwanzig der über vierhundert Personen waren in ihrem Alter.

Eine andere Zeugenaussage in Hochmuths Buch geht auf die Aktivitäten selbst ein. Sie stammt von Grete Schöneck, die aus der Arbeiterbewegung kommend eng mit Jacob zusammenarbeitete und am 12. August 1944 verhaftet wurde. Bei der Verhaftung versuchte Schöneck, sich mit Zyankali das Leben zu nehmen, und kam ins Krankenhaus Wittenau. Kaum genesen, gelang ihr mit Hilfe eines Arztes die Flucht. Bis Kriegsende lebte Schöneck im Untergrund und trat nach Kriegsende in die KPD ein. Als eine der wenigen Überlebenden wurde Grete Schöneck zu einer wichtigen Zeugin der Bewegung »Freies Deutschland«. 1946 sagte sie über Hildegard Margis aus: »Sie war, nach dem, was Martin [alias Franz Jacob] mir sagte, äußerst intelligent und klug, besonders in politischen und diplomatischen Dingen. Sie war eine glühende Nazihasserin und begeisterte Anhängerin des NK [Nationalkomitee ›Freies Deutschland‹]. Sie brachte uns viele Verbindungen, unter anderem bekam Martin von ihr konkrete Unterlagen über die Herstellung der neuen Waffe, den Namen des Erfinders und die Herstellungsorte. Diese Nachricht wurde sofort Arvid Lundgren [dem Fahrer der schwedischen Botschaft, der an der Bewegung beteiligt war] mitgeteilt, der gleich nach Stockholm fuhr und dort die Mitteilung überbrachte.«[50]

In den Vernehmungsprotokollen der Gestapo werden ganz ähnliche Fakten erwähnt. Sie klingen jedoch ganz anders, aus nahe liegenden Gründen: Um sich zu verteidigen, versuchte Hildegard Margis (die als Beruf »Verlagsberaterin« angab) die Fakten in ein anderes Licht zu rücken. Sie bestritt zwar nicht, Lena Pechel zu kennen – »wir standen in losem Kontakt zueinander«, gab sie zu Protokoll, »da ich schlecht zu Fuß bin, hat sich Frau Pechel in der letzten Zeit hin und wieder meiner angenommen und einige Besorgungen für mich erledigt«. Sie leugnete auch nicht, »Martin« bei Lena Pechel begegnet zu sein. Doch habe man eine eher harmlose Konversation geführt: »Wir haben uns an dem betreffenden Abend in keiner Weise über politische Sachen unterhalten, sondern sprachen nur von dem furchtbaren Angriff.« (Bei dem Bombenangriff auf Berlin in der Nacht vom 22. auf den 23. November 1943 wurden 5000 Häuser zerstört, die Gedächtniskirche wie die – bis dahin durch ein Wunder erhaltene – Synagoge auf der Oranienburger Straße gingen in Flammen auf. Es war die Nacht, in der auch das Haus auf der Lyckallee getroffen wurde.) »Martin« habe dafür gesorgt, dass Reparaturen an ihrem Haus durchgeführt wurden. Als Hildegard Margis von Frau Pechel erfahren habe, dass »Martin« Kommunist sei, habe sie das »nicht geglaubt, weil er einen guten Eindruck machte und auch intelligent war«. Kurz darauf sei auch Frau Pechel ausgebombt worden und habe ihr mitgeteilt, dass sie ein Ausweichquartier bei Kommunisten gefunden habe. Sie, Hildegard Margis, habe Frau Pechel »daraufhin sehr gewarnt«.

Von den Gesprächen mit »Martin« berichtet das Protokoll, er sei für Enteignung und Verstaatlichung der Güter eingetreten. Weil sie aber anderer Ansicht sei, habe sie ihm vorgeschlagen, ihre Freunde, die Puttkamers, in Pommern zu besuchen: »Es wäre für ihn doch gewiss ganz interessant und lehrreich, sich einmal mit meinen Freunden in Pommern zu unterhalten.« Überhaupt, so gibt sie weiter zu Protokoll, »war ich mit den Ansichten und Absichten des ›Martin‹ durchaus nicht einverstanden und habe ihm auch widersprochen, weil ich nicht von einem für uns verlorenen Kriegsende überzeugt bin«. Auch ansonsten distanzierte sie sich deutlich von »Martin« und seinen Ansichten: »Es ist mir klar, dass derjenige, der gegen den Nationalsozialismus arbeitet, auch gegen das Deutsche Reich arbeitet. Solche Menschen sind natürlich Hochverräter.« Wenn sie »Martin« dennoch nicht angezeigt habe, so deshalb, weil sie ihn für einen »Schwärmer« hielt, »den man politisch nicht ernst nehmen könne«. So habe sie sich auch ihren Freunden gegenüber geäußert. »Obwohl der ›Martin‹ intelligent schien, so habe ich doch nicht geglaubt, dass seine politische Betätigung für die Kommunisten eine akute Gefahr für den Staat darstellt.« Am Ende wiederholte sie noch einmal diese Aussage: »Zusammenfassend betone ich, dass ich zwar erkannt habe, dass ›Martin‹ in einem mir der Grösse und dem Umfang nach unbekannten Personenkreis sich kommunistisch, d. h. hochverräterisch betätigt. Ich hielt diesen Kreis und insbesondere die Person des ›Martin‹ für so ungefährlich, dass ich schon aus diesem Grunde von der Erstattung einer Anzeige absah.«

Während der Vernehmung wurde sie auch gefragt, ob sie Informationen über die V-Waffen weitergegeben habe, worauf sie antwortete: »Im Familienkreis wird kaum über die Angelegenheit gesprochen. Ich weiss aber, dass der Führer dem Bruder meines Schwiegersohnes die Ernennung zum Professor persönlich ausgesprochen hat. Vom Schwiegervater meiner Tochter […] habe ich lediglich einmal andeutungsweise gehört, dass ganz tolle Sachen für die Kriegführung in Vorbereitung sind, die sowohl der Luftwaffe als auch dem Heer wie auch der Marine dienen werden. Um was es sich dabei handelt, kann ich natürlich nicht sagen. Ich habe auch nicht näher danach gefragt. Grundsätzlich habe ich aber durch meine Unterhaltung mit Herrn von Braun eine feste Siegeszuversicht bekommen.«

Es scheint mir nicht sehr wahrscheinlich, dass Hildegard Margis relevante Informationen über die Konstruktion der »Wunderwaffe« weiterzugeben hatte. Wernher besuchte seine Eltern in Oberwiesenthal drei- bis viermal im Jahr, und es ist durchaus denkbar, dass er ihnen von den Fortschritten der A 4 (die Goebbels in »Vergeltungswaffe« umbenannt hatte) erzählte. Mag sein, dass Hildegard Margis von Magnus von Braun etwas über die – an sich unter höchster Geheimhaltungsstufe stehenden – Produktionsstätten in Peenemünde und im Harz erfuhr. Jedenfalls verließ sie von einem bestimmten Zeitpunkt an nicht mehr die Wohnung, wenn Magnus von Braun sich angekündigt hatte, und ließ sich auf Gespräche mit ihm ein. Vielleicht verfolgte sie tatsächlich die Absicht, Informationen über die »Wunderwaffe« zu erhalten. Aber viel mehr als Andeutungen, die sie sicherlich aufmerksam registrierte, kann sie kaum in Erfahrung gebracht haben. Vor allem aber können diese Informationen für die Alliierten nicht von dem großen Wert gewesen sein, den Gretel Schöneck andeutet. Dass auf einer Landspitze von Usedom an einem neuen Flugkörper gebaut wurde, war den Alliierten längst bekannt: Am 18. August 1943 hatte deshalb ein englischer Luftangriff auf Peenemünde stattgefunden, bei dem (wegen eines Markierungsfehlers auf der Karte) weder die Konstruktionsstätten noch die Wohnsiedlung der Wissenschaftler getroffen wurden, sondern das Lager der Zwangsarbeiter. Mehrere hundert Menschen kamen dabei ums Leben. Nach diesem Luftangriff gingen die Produktionsstätten der »Wunderwaffe« in den Untergrund – es entstand in den Bergwerksstollen des Harz das berüchtigte »Mittelwerk« mit dem Lager »Dora«, in dem Zwangsarbeiter unter schwersten Bedingungen arbeiteten und etwa zwanzigtausend Menschen ums Leben kamen.

Am 30. September 1944 – nur zwölf Tage nach ihrer Verhaftung – starb Hildegard Margis im Frauengefängnis in Berlin, Barnimstraße. Es hieß, an Herzversagen. Sie war 57 Jahre alt. Der Prozess gegen sie hatte noch nicht begonnen. Laut Aussage von Lena Pechel wurde sie nicht gefoltert. Aber sie war schon lange herzkrank, und die Haft wird ihren Gesundheitszustand nicht verbessert haben. Hans Lohmeyer sorgte für eine Bestattung auf dem Waldfriedhof Heerstraße in Charlottenburg. Gegen Lena Pechel wurde das Todesurteil verhängt, später jedoch in eine zehnjährige Zuchthausstrafe umgewandelt. Im Gegensatz zu meiner Großmutter überlebte sie den Krieg und den Nationalsozialismus. Sie starb 1991 in der Schweiz. Hildegard Margis hat den Zusammenbruch des nationalsozialistischen Regimes nicht mehr erleben dürfen. Aber sie hat auch nicht mehr das Ausmaß der Verbrechen erfahren, die dieses Regime im Namen ihres geliebten Deutschland begangen hat.

ST. ROMAN DE CODIÈRES,
DEN 30. SEPTEMBER 2006

Liebe Großmutter,
heute ist Dein Todestag. Er liegt 62 Jahre zurück. Dein alter Freund Hans Lohmeyer hat sich nicht nur um Deine Bestattung gekümmert, er hat auch Deinen Nachlass geordnet. Irgendwann später haben Hilde und Sigis für einen Grabstein gesorgt. Das muss lange nach dem Krieg gewesen sein. Vielleicht als sie Ende der 1950er Jahre Dein Haus verkauften. Oder das, was davon übrig geblieben war. Vielleicht war es auch bei ihrem ersten gemeinsamen Besuch in Berlin im September 1951. Da schickten sie eine Postkarte an Sigis' Eltern in die USA. Auf der einen Seite ist das Schildhorn im Grunewald zu sehen, das so nah bei Deinem alten Haus liegt, und auf die Rückseite schrieben sie: »Liebe Eltern, es ist so vieles unverändert, dass man in alten Zeiten zu leben glaubt, und sehr vieles einfach nicht mehr vorhanden. Wir sind beide begeistert und genießen Berlin in vollen Zügen.« Hilde fügte noch hinzu: »Man wird sehr optimistisch, wenn man hier ist. Es gibt nur eine Hauptstadt in Deutschland – Berlin.«
Jedenfalls habe ich neulich Dein Grab besucht. Dieser Waldfriedhof an der Heerstraße ist einer der schönsten Friedhöfe

von Berlin und liegt ganz nah bei Deinem alten Haus. Das Olympiastadion nebenan stört etwas, mit der dazugehörigen S-Bahn-Station. Man sieht der Architektur den Faschismus an, da ist nichts zu machen. Aber wenn man den Friedhof betritt, dieses schöne Hügelgelände und den See vor sich sieht, vergisst man sie. Ich habe Dich erst nicht gefunden. Dein Grabstein war ganz mit Efeu überwachsen. Als ich Dich entdeckte, legte ich den Stein mit Deinem Namen wieder frei. Auf der Suche nach Dir stieß ich auf Helene Lange, Gertrud Bäumer und Thea von Harbou. Ob Du Dir diese Gesellschaft ausgesucht hättest? Aber wenn man tot ist, hat man nicht mehr die Wahl. Jedenfalls ging es, was die Religion betrifft, ziemlich durcheinander auf dem Friedhof. Das hätte Dir wahrscheinlich gefallen. Und gefallen hätte Dir sicher auch, dass Dein alter Freund Franz Ullstein auf demselben Friedhof bestattet wurde.

Da, wo ich in Berlin wohne, schaue ich auch auf einen Friedhof: den Jüdischen Friedhof an der Schönhauser Allee. Mir gefiel die Wohnung, und der Blick auf diesen ruhigen Ort mit seinen großen alten Bäumen war wie ein Geschenk dazu. Der Friedhof wurde von den Nazis verwüstet, aber die Bäume haben alles überstanden und geben den Toten wieder ihre Würde. Seltsam, dass ich Dir von Deinem Grab erzähle und von meinem Blick auf einen jüdischen Friedhof. Ich weiß nicht, ob Du den Prenzlauer Berg je besucht hast. Als ich Hilde und Sigis vor vielen Jahren erzählte, dass ich hier eine Wohnung beziehe, sagten sie beide wie aus einem Munde »Da bin ich noch nie gewesen«. Sie sind beide in Berlin aufgewachsen, aber weiter östlich als bis Unter den Linden haben sie es nie geschafft! Ich vermute, dass es Dir ähnlich ging. Für Dich kam nur Charlottenburg, Westend und Grunewald in Frage – und dort befindet sich jetzt auch Dein Grab.

Mitte Oktober teilte das Rote Kreuz Hans mit, dass seine Mutter gestorben sei. »Keine Details. Ich ging natürlich davon aus, dass sie bei einem der Luftangriffe auf Berlin gestorben war, wusste es aber nicht. Die Nachricht warf mich um. Ich konnte an dem Tag nicht zur Arbeit gehen, lag nur auf meinem Bett. Es ging mir elend, aber ich konnte nicht weinen. Erst mehrere Jahre später wurde mir klar, dass sich nun alles geändert hatte. Es gab keine Bindungen mehr nach Hause, und das, was ich jetzt besaß, war alles, was ich hatte.«

Hans begann sich nun für diesen Kontinent, auf den ihn die Geschichte verschlagen hatte, intensiver zu interessieren. Auf dem Güterbahnhof, wo er eingesetzt wurde, arbeitete er mit zwei australischen Soldaten, die ihm viel über das Leben auf dem neuen Kontinent erzählten, ebenso wie sie ihn über sein Leben in Europa ausfragten. Abends traf er Freunde, manchmal auch Ossi. Sie aßen zusammen: bei der Heilsarmee oder beim Young Jewish Men's Club. »Mir fiel auf, dass ich mich zwar nie als jüdisch empfunden hatte, es mir nun aber selbstverständlich erschien, zu ihren Feierlichkeiten zu gehen. Natürlich hatte man mir schon Jahre zuvor im Lager gesagt, dass ich nach jüdischem Gesetz Jude sei. Wenn die Großmutter und die Mutter Jüdinnen sind, dann sind es auch deren Kinder. Das galt für die weibliche Linie. Wenn ein Mann eine Nicht-Jüdin heiratet, so sind seine Kinder nicht jüdisch, auch wenn er es bleibt. Ich habe mich oft nach dem Sinn dieses Gesetzes gefragt, das von der Inquisition in Spanien ebenso wie von Hitler immer wieder zitiert wurde: ›Einmal ein Jude, immer ein Jude‹. In Wirklichkeit war ich zu einem absoluten und überzeugten Atheisten geworden.«

Im Januar 1945 wurde Ostpreußen von den Russen eingeschlossen, kurz danach erreichte die Rote Armee die Oder. »Zur gleichen Zeit wurden die ersten Photos von der Befreiung der Konzentrationslager veröffentlicht. Uns war einfach nur schlecht beim Anblick dieser Hunderte von Skeletten. Wir wussten, dass es die

Konzentrationslager gab, aber wir haben uns diesen Horror nicht vorstellen können. Ich habe tiefe Scham darüber empfunden, Deutscher zu sein und zugleich Wut, dass ich in die Situation versetzt worden war, so zu empfinden. Viele der anderen Deutschen gaben, wenn gefragt, vor, Holländer, Polen oder etwas anderes zu sein – solange sie nur nicht sagen mussten, dass sie DEUTSCHE sind.«

Um Ostern 1945 war es klar, dass der Krieg nur noch wenige Tage dauern konnte. Am 7. Mai verkündete General Jodl die bedingungslose Kapitulation der deutschen Wehrmacht, am nächsten Tag wurde die Urkunde unterschrieben. Es war das ersehnte Ende des Kriegs – zumindest in Europa. »Ich hatte morgens keine Nachrichten gehört, und bei uns war es natürlich schon der 9. Mai. Aber plötzlich fingen die Lokomotiven auf dem Bahnhof an, die Gleise auf und ab zu fahren und mit ihren Sirenen zu heulen. Ich erfuhr, dass der Krieg in Europa zu Ende war. Ein enormes Glücksgefühl – und zugleich die tiefe Trauer, dass meine Mutter diesen Tag nicht mehr erlebt hat.« Wenige Tage später erhielt Hans einen Brief von Sigis, in dem ihm dieser die Umstände des Todes von Hildegard Margis mitteilte. Erst jetzt erfuhr Hans, dass sie verhaftet worden und im Gefängnis gestorben war. »Lange Zeit habe ich mich mit dem kindischen Gedanken getragen, allein deshalb nach Deutschland zurückzukehren, damit ich ihren Tod rächen kann.« Die Nachrichten, die nun aus Europa eintrafen, waren so schockierend, dass man »bei den Wochenschauen den Blick abwenden musste. Nun habe sogar ich gezögert zu sagen, ich sei Deutscher. Ich hasste das Gefühl, einem Volk anzugehören, das so etwas anderen Menschen angetan hatte. Das Gefühl hat sich noch lange gehalten, jahrelang.«

Der Krieg im Pazifik war noch nicht vorbei. Aber auch hier ging er seinem Ende entgegen. Die Amerikaner eroberten Okinawa und bauten einen Luftwaffenstützpunkt, von dem aus sie Luftangriffe auf Japan fliegen konnten. »Am 6. August hieß es, dass über Hiroshima eine große Bombe abgeworfen worden sei. Erst später erfuhren wir, dass es sich um eine Atombombe handelte. Das sagte uns damals nicht viel. Zwei Tage später die zweite Bombe auf Nagasaki. Die amerikanischen Truppen besetzten Tokio; am 14. war der Krieg mit Japan beendet. Einige japanische Truppen in entfernten Orten Asiens haben zwei Monate gebraucht, bevor sie es glauben wollten. Wir sahen Wochenschaubilder vom Abwurf der Bombe und erfuhren später, dass 160 000 Menschen getötet und viele, viele mehr verletzt worden waren.«

Die Soldaten wussten, dass sie bald entlassen würden und nach Hause zurückkehren konnten. Bei Hans dauerte es noch bis 1946, bevor er den Militärdienst quittieren durfte. Und es gab auch kein »nach Hause«, in das er zurückkehren konnte. Er schuf sich eine neue Heimat in Australien. Schon bald nach Kriegsende nahm er die australische Staatsbürgerschaft an. Das Jahresende 1945 wurde mit einem großen Fest begangen, zu dem auch die »local army girls« eingeladen waren. »Zum ersten Mal seit endloser Zeit hielt ich ein Mädchen in meinen Armen und tanzte mit ihr. AND I LIKED IT. Jitterbug war noch nicht sehr verbreitet, es war eher die altmodische Art, bei der man das Mädchen fest umschlungen hält. Ein wunderbares Gefühl.« Das Mädchen, mit dem sich Hans an diesem Abend amüsierte, war zwanzig Jahre alt und, wie er schreibt, »quite pretty«. Er wusste ihren Namen nicht mehr, sah sie auch nie wieder. Aber als er sie zum Abschied küsste, dankte er ihr »für eine sehr wichtige Nacht. Sie konnte nicht wissen, warum. So endete mein erstes Jahr als ein freier Mann.«

Mit dem Jahr 1945 enden auch die Memoiren von Hans. Die Emigration, zu der er 1936 als Neunzehnjähriger aufgebrochen war, war von einem ersten Kuss begleitet worden. Sie endete fast zehn Jahre später wieder mit einem Kuss. Seltsam, wie sich Sex und Geschichte zueinander verhalten. Da war Hans keine Ausnahme: Es heißt, dass am Tag der Befreiung von Paris im Jahre 1944 alle, die irgendeinen Partner fanden, Liebe gemacht haben.

Liebe Großmutter,

Hans starb am 25. Oktober 2002 – ein Jahr nach Hilde und wenige Monate, nachdem ich ihn noch einmal in Melbourne besucht habe. Carola fuhr zur Trauerfeier. Als sie zurückkam, erzählte sie, dass es bei der Trauerfeier für Hans sehr feierlich zuging. Der Rabbi habe eine tief berührende Trauerrede gehalten, und nach der Anzahl der Trauergäste zu urteilen, sei Hans in der Gemeinde sehr beliebt gewesen. Allerdings seien die Meinungen über die Zeremonie auseinandergegangen: Einigen Gemeindemitgliedern war die Feier zu reformiert, den anderen zu orthodox. Ein würdiger Abschied für Hans, finde ich. Er hätte ihm gefallen. Und Dir auch.

Hans ist 86 Jahre alt geworden. Aber die vielen Jahre, die auf das Kriegsende folgten, hat er nicht mehr festgehalten. Es war ihm nicht mehr wichtig. Außerdem bewegte er sich dann in Zeiten, die seine Kinder selbst erlebt haben. Bei Kriegsende hatte er mit der Vergangenheit abgeschlossen. In Europa hingegen fingen Hilde und Emmy plötzlich an, Tagebuch zu führen.

TEIL II

KRIEGSENDE UND NACHKRIEG

Die Transkription der Tagebücher von Hilde war eine mühselige Arbeit, denn sie hatte eine schwer entzifferbare Handschrift. Es kam mir vor wie eine zusätzliche Verschlüsselung meiner »Stillen Post«, deren Botschaften ohnehin schon schwer zu lesen sind. Der erste Band der Tagebücher ist ausführlicher, enthält aber keine täglichen Einträge. Ab 1946 begann Hilde, ein stichwortartiges Tagebuch mit täglichen Einträgen zu führen. Manchmal habe ich mich gefragt, ob sich diese harte Arbeit (anders lässt sich die Entzifferung nicht nennen) wirklich lohnte, bis ich gegen Ende des zweiten Tagebuchs auf eine Liebesgeschichte stieß, die die ganze Zeit im Vatikan in ein anderes Licht rückte. In den Vatikanischen Bibliotheken und Museen lagern viele Geheimnisse der katholischen Kirche, die eines Tages vielleicht gelüftet werden. Neben diesen »kanonischen Geheimnissen« des vatikanischen Gedächtnisses gibt es aber auch andere, nicht-kanonisierbare Erinnerungen, die nur als »Stille Post« bewahrt bleiben können. Sie sind – nicht weniger als etwa die Geschichte des Dogmas von der Unbefleckten Empfängnis – Teil der ehrwürdigen Geschichte dieses Ortes.

Auch Emmy von Braun, die Mutter meines Vaters, begann gegen Ende des Kriegs – sie und Magnus befanden sich auf ihrem Gut in Niederschlesien – ein Tagebuch zu führen. Es beginnt wenige Tage vor der deutschen Kapitulation und berichtet Tag für Tag von der Vertreibung meiner Großeltern aus Schlesien. Da sich die Tagebücher von Hilde und das Tagebuch von Emmy von Braun teilweise über einen identischen Zeitraum erstrecken (das Tagebuch von Hilde beginnt früher und endet zwei Jahre später), werde ich die beiden Frauen »ihre Geschichten« parallel zueinander erzählen lassen. Ich beginne mit den Aufzeichnungen von Hilde, die fast ein Jahr früher einsetzen. Ergänzt wird ihre Geschichte gelegentlich durch die Erinnerungen von Sigis sowie durch (unveröffentlichte) Teile der Memoiren von Albrecht von Kessel, der sich mit meinen Eltern an der deutschen Botschaft am Heiligen Stuhl befand.

Rom 1944: Hildes vatikanisches Tagebuch

Der erste Band des Tagebuchs von Hilde beginnt mit einem Eintrag von Sigis am 27. Juni 1944. Das ist der Tag meiner Geburt. Die Tatsache, dass das Tagebuch mit meiner Geburt beginnt, hängt nicht mit der Bedeutung des Ereignisses zusammen, sondern damit, dass zu diesem Zeitpunkt das Leben von Hilde und Sigis ein wenig zur Ruhe kam. Nach der kurzen Zeit in Abessinien hatten sie fast zwei Jahre im Gefangenenlager in Kenia verbracht, sie hatten die wochenlange Rückreise auf dem Schiff hinter sich, dann, nach dem kurzen Aufenthalt in Berlin, waren sie nach Rom gekommen, wo sie nun seit mehr als einem Jahr lebten. Im September 1943 hatten Badoglio und die Alliierten den Waffenstillstand unterschrieben; in demselben Monat hatten Sigis und Hilde ihr zweites Kind gezeugt. Die Geburt dieses Kindes fand fast zeitgleich mit dem Einmarsch der Alliierten in Rom statt.

Kurz vorher – am 16. Mai 1944 – war noch einmal ein Telegramm aus Berlin eingegangen, das Sigis' Einberufung verfügte und seine sofortige Entsendung nach Berlin forderte. Auf dieses Telegramm hat offenbar niemand mehr reagiert. Die Alliierten standen vor den Toren von Rom; am 4. Juni 1944 wurde die »Ewige Stadt« kampflos übergeben. Deutschland war noch weit davon entfernt zu kapitulieren, aber in Italien hatten sich die Machtverhältnisse schon verändert. Die in Italien ansässigen Deutschen wurden von den

Alliierten in Gefangenenlagern interniert: ein Schicksal, das auch Sigis, Hilde und ihren beiden Kindern – Carola und dem Neugeborenen – drohte, wenn nicht der Papst die Tore des Vatikans für die Diplomaten am Heiligen Stuhl geöffnet hätte. Während der neun Monate, die Italien unter deutscher Besatzung stand, waren die Angehörigen der alliierten Botschaften – Engländer, Franzosen, Amerikaner und andere – Gäste des Papstes in der Heiligen Stadt gewesen. Nun fand ein Austausch statt: Die »Achsenmächte« – Japaner, Finnen und vor allem die Deutschen – zogen ein, die anderen zogen aus. Hilde und Sigis erlebten den Rest des Krieges in einem »goldenen Käfig«, den sie ohne das Einverständnis der Alliierten nicht verlassen durften. In Wahrheit musste dieser Ort jedoch beiden, die sich nun dem unmittelbaren Kriegsgeschehen in Berlin – und Sigis dem Einsatz an der Ostfront – entzogen wussten, als hochwillkommener Zufluchtsort erscheinen.

Sigis' Einzug in das luxuriöse »Gefängnis« des Vatikans – Hilde und die Kinder folgten etwas später – fand fast zeitgleich mit der Entlassung von Hans aus dem australischen Lager nach fünf Jahren Internierung statt. In beiden Fällen eine fast reine Männergesellschaft. Frauen wurden im Vatikan nur ausnahmsweise geduldet. Der Ort wurde zwar nicht von Soldaten in militärischen Kampfanzügen bewacht, aber über ihn herrschten nicht minder strenge rot und schwarz gekleidete Verfechter des rechten Glaubens. Hilde und Sigis wussten es zu diesem Zeitpunkt noch nicht, aber sie sollten hier einige Jahre verbringen.

Der erste Eintrag in den vatikanischen Tagebüchern ist von Sigis, der die Niederkunft und die ersten Stunden nach der Geburt beschreibt. Dann geht es weiter mit Einträgen von Hilde, in denen sich die »großen Ereignisse« draußen in den alltäglichen Ereignissen des Familienlebens spiegeln. Der Umstand, in einem Priesterstaat zu leben (zudem als Protestanten), die Absurdität einer Situation, in der man die anderen hier lebenden Familien (mithin auch deren Kinder) in »Feinddiplomaten« und »Achsenfamilien« einordnet (ganz selbstverständliche Formulierungen im Tagebuch), die immer wieder aufkommenden Zukunftsängste, die christlich gefärbten Überlegungen zur Zukunft Europas, dies zusammen mit dem unbeschwerten Leben, das wir als Kinder im Vatikan führen konnten, während im restlichen Europa noch der Krieg tobte, macht die Eigenart dieser Tagebücher aus, die auch von den »Gesetzen« erzählen, die an diesem besonderen Ort herrschen.

In normalen Zeiten umfasst der Vatikan rund dreihundert Einwohner. Etwa zehn Mal so viele Angestellte gehen täglich aus und ein: ein winziger Staat – nicht einmal einen halben Quadratkilometer groß –, der aber über ein weltweites Glaubensimperium herrscht und dem, wie die Tagebücher zeigen, ebendeshalb zu Kriegsende eine wichtige Rolle zukam. Die spezielle Atmosphäre dieses Ortes zeigte sich auch an einem Sonderheft, das ich im Schreibtisch meiner Mutter fand. Die Kurie hatte es zum Gedächtnis an die letzten Kriegsjahre, in denen der Vatikan »Sondergäste« beherbergte, herausgegeben. In dem großen, mit vielen Photos versehenen Heft der Zeitschrift »Ecclesia«, das in begrenzter Auflage erschien, wurden die Diplomaten unterschiedlicher Länder vorgestellt: von Belgien, Brasilien über China, Polen, Ungarn, die USA bis Venezuela. Die Aufsätze sind auf Französisch, Deutsch, Italienisch, Englisch geschrieben. Auf der ersten Seite prangt das farbige Porträt von Papst Pius XII.; die letzten Seiten sind angefüllt mit ganzseitigen Anzeigen vatikanischer und italienischer Banken und Versicherungsgesellschaften. Das Heft erschien schon im Oktober 1945, und obgleich die verschiedenen Diplomaten zu unterschiedlichen Zeiten im Vatikan Zuflucht gefunden hatten – ich erinnere an Hildes feine Unterscheidung zwischen den »Feinddiplomaten« und den »Achsenfamilien« –, lächeln sie mich alle friedlich nebeneinander von den Seiten dieses Heftes an und berichten von ihrer guten Zeit im Vatikan. Keine sechs Monate nach dem blutigsten Krieg, den die Menschheit je erlebt hatte, bildeten diese Nationen schon eine große Familie unter dem Dach von Sankt Peter. So erscheint der Vatikan – und das ist zweifellos der Zweck dieses aufwändigen Unternehmens auf Hochglanzpapier – wie eine kosmopolitische und über den

Nationalkonflikten stehende Instanz. Einige Diplomaten steuerten zu der Sondernummer von »Ecclesia« eigene Artikel bei, darunter auch Hilde, die das Leben der Familie im Vatikan, den sie »Unseren Berg« nannte, beschrieb.

Hilde entband in der Diakonissenklinik, und als protestantischer Orden befanden sich die Diakonissen außerhalb der Mauern des Vatikans. Sigis musste über den Vatikan einen Antrag bei den Alliierten stellen, seine Frau in die Klinik begleiten zu dürfen. Der Antrag wurde mit einer telegraphischen Erlaubnis beantwortet, die freilich einen Tag nach der Entbindung eintraf. Die Genehmigung war mit der Auflage verbunden, dass sich Hilde bei der Niederkunft beeilen möge: »... que la Baronne von Braun se dépêchasse«. Es war eben Krieg, danach hatte sich nicht nur das Sterben, sondern auch die Geburt zu richten. Aber man hielt die alten Höflichkeitsformen aufrecht, und Französisch war noch immer die lingua franca der Diplomatie. Außerdem gehörten Geburtsvorgänge verständlicherweise nicht zu den alltäglichen Vorkommnissen und Reglements des Vatikans bzw. der Alliierten Militärverwaltung. Sigis und Hilde sollten die Erfahrungen des Vatikans in dieser Hinsicht eineinhalb Jahre später um noch eine Variante erweitern, als mein Bruder Christoph im Dezember 1945 *in* der Heiligen Stadt selbst geboren wurde: und dies als Sohn protestantischer Eltern.

Mit seiner gut lesbaren Schrift notierte Sigis: »27. 6. 1944, um 0 Uhr eine Zankpatience gelegt. Nicht mehr erinnerlich, wer gewonnen hat. Um 2 Uhr erklärt Gattin, es sei so weit; um halb 3 sind Pakete gepackt. Das Auto startete nicht, oder erst nach Mucken. Um halb 4 in der Klinik. Um halb 5 erscheint der Arzt. Zwei andere Wöchnerinnen kommen aus fernen Stadtteilen zu Fuß an, erklären lächelnd, die ›doloretti‹ hätten begonnen, legen sich ins Bett und kriegen nach 2 Stunden ihr Kind. Wir warten.«

Um 11.05 Uhr wurde schließlich das Kind geboren; die lange Verzögerung bei der Niederkunft wertete der Vater als ein Zeichen, dass man sich heute »überlegen müsse, in eine solche Welt zu kommen«. Aber wie sollte es heißen? »Es ist schwer, nachdem nun einmal ein Wesen da ist, einen Namen für es auszudenken. Schwester Else, die Oberin, bringt Sarah in Anregung. Schwester Luise, die Geburtshelferin und die anderen alle sind dagegen; trotzdem bleibt er ihr einige Zeit lang anhaften.

Es wird eine deutsch-römische Kommission zu Namensvorschlägen gebildet.

28. 6. kommt Carola [sie ist inzwischen fast zwei Jahre alt] zu Besuch. Sie nennt sie ›Pupi‹ und findet sie sehr interessant.

1. 7. Die Namensbildungskommission bringt vieles in Vorschlag. Auf autoritativem Wege wird *Christina* gewählt.«

St. Roman de Codières,
den 5. Oktober 2006

Liebe Großmutter,

findest Du es nicht bemerkenswert, dass eine protestantische Oberin im Juni 1944 auf die Idee kommt, einem neugeborenen Kind deutscher Eltern den Namen Sarah zu geben? Sie muss gewusst haben, dass die Nationalsozialisten allen jüdischen Frauen den Namen Sarah zwangsverliehen. Im Juni 1944 waren viele Menschen in Deutschland und im Ausland über die Vernichtungslager unterrichtet; im Vatikan wie in den protestantischen kirchlichen Einrichtungen wusste man, was sich hinter dem Begriff der »Endlösung« verbarg. Es ist deshalb sehr wahrscheinlich, dass auch die Oberin des Diakonissen-Ordens über Informationen verfügte. Vielleicht war es für sie eine Art von Sühnehandlung. Oder, wer weiß, vielleicht waren Juden in Rom sogar von den Diakonissen versteckt worden. Dann hätte sie darüber erst sprechen können, nachdem die Alliierten die SS aus Rom vertrieben hatten. Vielleicht war dies ihre Art, über die vorangegangenen Jahre zu sprechen.

Meine Familie entschied sich für das Alternativprogramm: einen christlichen Namen, der wohl der Mehrheit der Anwesenden in der Heiligen Stadt angemessen schien. Mit dem Namen Christoph für meinen Bruder haben meine Eltern dem Heiligen Vater eineinhalb Jahre später noch einmal ihre Reverenz erwiesen. Als Protestanten standen sie im Vatikan permanent unter dem Verdacht des Heidentums. Das konnte ich Hildes Tagebuch entnehmen. Aber eigentlich ist Christoph nach einem Vorfahren aus dem 16: Jahrhundert benannt: dem Urheber des Mottos auf dem Familienwappen »Tout par l'amour, rien par la force« – Alles mit Liebe, nichts mit Gewalt.

Liebe Großmutter, nun bin ich geboren und kann endlich mitreden. Drei Monate, von Juni bis September 1944, liegen zwischen Deinem Tod und meiner Geburt. Als zweiten Vornamen gab man mir Deinen Namen und den meiner Mutter: Hildegard. Sicherlich wird Dich die Nachricht von der Geburt Deiner zweiten Enkelin – schon wieder ein Mädchen! – erreicht haben. Du hast Dir Sorgen um den Verbleib Deiner Kinder nach dem Einmarsch der Alliierten in Rom gemacht. Das schließe ich aus einem kurzen Schreiben: Das Auswärtige Amt teilte Dir mit, »dass die Mitglieder der Botschaft in der Nacht von Sonnabend zum Sonntag in den Vatikanstaat übergesiedelt« sind. Deine »Frau Tochter« lasse Dir ausdrücklich bestellen, Du bräuchtest Dir keine Sorgen zu machen. Zu diesem Zeitpunkt wirst Du jedoch andere Sorgen gehabt haben. Fünf Tage vor meiner Geburt hatte das Treffen der Kommunisten und Sozialdemokraten in der Wohnung des Berliner Arztes stattgefunden. Bald danach begann die Gestapo Euch zu beobachten. Franz Jacob wurde am 4. Juli verhaftet, eine Woche nach Beginn des vatikanischen Tagebuchs. Ich vermute, dass Du von diesem Tag an mit der eigenen Verhaftung gerechnet hast.

Einzug in den Vatikan

Am 6. Juli beginnen Hildes Tagebucheinträge. Als Erstes notierte sie, dass die Familie wegen des Neugeborenen sofort in den Vatikan einziehen durfte. Zunächst waren nur die direkten Botschaftsangehörigen aufgenommen worden. Nun durften also auch Hilde und die Kinder einziehen. Carola (nicht ganz zwei Jahre) freute sich, dass sie nun im »kann« den Pappi wiedersehen würde. (Zum »Vati*kann*« reichte es noch nicht.) Der erste Besuch in der Heiligen Stadt zeigte, dass der Vatikan mit dem Monte Parioli konkurrieren konnte. Auch dort erwartete die Familie eine schöne Wohnung. Vor dem Umzug in das heilige Umfeld musste das Neugeborene aber noch getauft werden. Hildes Eintrag: »16. 7. 1944: Die Nachrichten von der russischen Front sind so, dass man wirklich nicht weiss, ob man jemals wieder nach Hause zurückkommen kann und zumindest nicht so bald, als dass mit der Taufe gewartet werden kann. Ein Radio habe ich in dem Haus nicht und Zeitungen werden immer vergessen zu kaufen. Römische Gerüchte, die mir viele Besucher ins Haus tragen, erzählen von russischen Absichten auf Berlin und andere davon, dass die Amerikaner nächstes Jahr gegen die Russen zu Felde ziehen werden.«

Hilde und Sigis wollten mit der Taufe warten, bis die Großeltern dabei sein konnten. Aber die Nachrichten von der Front ließen diese Aussicht in weite Ferne rücken. Also fand die Zeremonie ohne den Rest der Familie statt: in der Villa Bonaparte, der deutschen Botschaft in Rom. Es gab vier Taufpaten: Marianne von Weizsäcker (die Ehefrau des deutschen Botschafters am Heiligen Stuhl), Albrecht von Kessel (ebenfalls deutscher Diplomat am Heiligen Stuhl; er hielt die Taufrede), meine Großmutter Hildegard Margis und Wernher. Nur zwei von ihnen waren anwesend: Für Hildegard Margis war es zu diesem Zeitpunkt kaum mehr möglich, von Berlin nach Rom zu reisen. Selbst wenn sie die Ausreisegenehmigung erhalten hätte, wäre sie bei ihrer Ankunft in Italien sofort in eines der Gefangenenlager gekommen, in dem sich die Deutschen befanden. Wernher wiederum war in Peenemünde und Mitteldeutschland mit der Entwicklung der V 2 beschäftigt: Am 13. Juni 1944, eine Woche nach der Landung der Alliierten in der Normandie, war die erste V 1 auf London abgeschossen worden. Ab September 1944 sollten im Zwangsarbeitslager Mittelbau-Dora monatlich sechs- bis siebenhundert V 2-Raketen produziert werden.

Die Taufe war angesetzt auf den 20. Juli 1944. Albrecht von Kessel hat den Tag in einem unpublizierten Teil seiner Memoiren festgehalten: »So tolerant und großzügig sich der Vatikan uns evangelischen Christen gegenüber verhielt, die Erteilung des Sakraments der Taufe durch einen protestantischen Geistlichen auf dem Gebiet der Vatikanstadt zuzulassen, war zuviel verlangt und wurde von unserer Seite auch nicht erwartet. Doch verschaffte man uns die Erlaubnis, die Taufe in der Villa Bonaparte, unserer Botschaft, vorzunehmen. Von amerikanischen Jeeps geleitet fuhr unsere kleine Gruppe zur Botschaft, wo ich nicht ohne Wehmut den nicht großen, aber mit schönsten Bäumen bestandenen Park und die Fresken mit ägyptischen Motiven und Landschaften wiedersah, mit denen Napoleon einen kleinen Salon seiner lebenslustigen und hübschen Schwester Pauline Borghese hatte ausmalen lassen. Pastor Dahlgrün, seit Jahren evangelischer Gemeindepfarrer in Rom und von den Alliierten ungeschoren gelassen, erwartete uns und taufte das kleine Mädchen. Zu meiner Freude hatten mich Brauns als Paten ausersehen und es lag mir daher ob, die Taufrede zu halten.« Zu den Teilnehmern an der Feier gehörten der Archäologe Ludwig Curtius, der von 1928 bis 1937 das Deutsche Archäologische Institut in Rom geleitet hatte, und die Oberin des Diakonissenheims. Im roten Saal war unter dem Gemälde »Heilige Familie« von Perugino ein Altar errichtet worden. Hilde notierte später in ihr Tagebuch: »Während der Predigt zeigt die zweijährige Carola auf das Kruzifix und nennt den Erlöser ›Puppi‹, während der Täufling laut schreit.«

Kessels Taufrede ist ebenfalls erhalten und gibt etwas vom »deutschen« Geist dieser kleinen Gemeinde im Vatikan wieder: »Christina ist in eine schwere Zeit hineingeboren. Das Schicksal unserer Armeen im Osten, Westen und Süden greift uns stündlich ans Herz. Die Existenz von jedem einzelnen von uns und von unserem gesamten Volk erscheint aufs äußerste bedroht. Es hat keinen Zweck, sich rosigen Träumen hinzugeben. Es ist die Zeit, tapfer zu sein und sich zu besinnen. Sich zu besinnen auf das, was unvergänglich ist, was uns nicht genommen werden kann. Da ist unsere deutsche Geschichte mit ihren entsetzlichen Fehlschlägen, aber auch mit Tagen goldenen Gelingens – eine Kette von mehr als tausend Jahren, die nie gerissen ist und nicht reißen wird. Da ist unsere an Reichtümern schwere Sprache, die Sprache Luthers und Goethes, und die deutsche Musik, der alle Völker des Abendlandes, mögen sie auch noch so verfeindet untereinander sein, mit Entzücken lauschen. Und schließlich unsere gemütvolle Liebe zur Heimat, nach der wir immer Sehnsucht haben; nach der herben Süße unseres Frühlings, der schweren Fülle des Sommers, dem bunten Glanz unseres Herbstes und der weihnachtlichen Stille unseres Winters. Alle diese Dinge, die ich hier aufgezählt habe, erhält Christina als unverlierbares Gut, weil sie von deutschen Eltern geboren ist, und ich glaube, das kleine Mädchen kann stolz über so viele Gaben sein, die sie auf ihrem Lebensweg begleiten werden. Wir Erwachsenen aber wollen uns nicht aufs gute Wünschen beschränken, sondern in der Stille arbeiten und kämpfen, damit die deutschen Kinder eine bessere Zukunft haben.«

In der Rede spiegelt sich deutlich das Deutschlandbild der Attentäter des 20. Juli wider, denen Albrecht von Kessel angehörte: Angst um die deutsche Armee, aber kein Wort der Scham angesichts der Verbrechen der Deutschen vor und während des Kriegs. Das hätte mindestens ebenso zu den von ihm angesprochenen »deutschen Erbschaften« gehört, die alle in dieser Zeit Geborenen – ob sie es wollten oder nicht – antraten. Dazu ein idealisiertes Bild der »deutschen Kultur« und der deutschen »Heimat«. Kessel verstand sich als Teil des Widerstands, er war schon lange eingeweiht in die Vorbereitungen zum Stauffenberg-Attentat. Die meisten Attentäter waren enge Freunde von ihm. Während der ganzen Zeremonie müssen seine Gedanken in Deutschland gewesen sein. Aber es war eine andere Form von Widerstand als die der Bewegung »Freies Deutschland«. Franz Jacob oder Hildegard Margis (so patriotisch sie sich verstand) rechneten früh mit der Niederlage Deutschlands – sie wollten nur, dass der Krieg und das NS-Regime ein Ende fanden. Kessel hatte die Vorstellung, Deutschland könne aus dem Dritten Reich ohne Schuld und Scham hervorgehen.[51]

In die Vatikanstadt zurückgekehrt, so schreibt Kessel in seinen Memoiren, stellten alle, wie jeden Abend, ihr Radio an, um die neuesten Nachrichten zu hören. So erfuhren sie, dass an demselben Tag ein Attentat auf Hitler gescheitert war. Auf Kessel wirkte diese Nachricht »wie ein Erdbeben«. Das ist mehr als verständlich. Weniger nachvollziehbar ist seine Argumentation: »Ich hatte es immer für möglich, ja wahrscheinlich gehalten, daß die meisten von uns, die wir uns an den Vorbereitungen eines Umsturzes beteiligten, früher oder später über die Klinge springen würden. Aber ich war von der Voraussetzung ausgegangen, daß das diesmal so wohl vorbereitete Attentat gelingen und Hitler aus dem Weg geräumt sein werde, ehe wir den Versuch machten, die Hauptschuldigen zu beseitigen und die Ehre unseres Volkes durch unseren Opfergang von den schlimmsten Flecken reinzuwaschen. Wenn möglich, wollten wir ein Regime errichten, an dessen Rechtlichkeit kein Zweifel bestehen konnte. Was immer unsere Gegner in Ost und West geäußert haben mochten, mit einem solchen Regime würden sie, das war, wenn ich den Ausdruck gebrauchen darf, meine überzeugte Hoffnung, vielleicht nicht offiziell verhandeln, so doch sprechen. [...] Von all dem blieb nach diesem katastrophalen Fehlschlag nichts mehr übrig. Die hoffnungslose militärische Lage würde sich zur totalen Niederlage entwickeln und mit dem absurden Kriegsziel, der bedingungslosen Kapitulation, enden, Fast noch schlimmer war die Tatsache, daß es nun unmöglich war, die uns beherrschenden Verbrecher *in eigener Regie* zur Rechenschaft zu ziehen. Damit war, als die gegnerischen Truppen bei ihrem Einmarsch das Ausmaß der Greueltaten unseres Regimes entdeckten, der These von der Kollektivschuld der Deutschen Tor und Tür aufgetan, eine These, die im Unbewussten nicht nur vieler Ausländer heute noch weiterwirkt.«

Kessel kommt in seinen Memoiren wiederholt darauf zurück, dass es keine »deutsche Kollektivschuld« geben könne. Mich hat es immer gewundert, wie schwer sich viele Menschen dieser Generation – auch solche, die wie er erklärte Gegner des Nationalsozialismus waren – mit der Frage der Kollektivschuld taten. Natürlich handelt es sich um eine kollektive Erbschaft, die diese Generation, wie alle nach ihr geborenen Deutschen, angetreten haben. Man kann nicht Goethe und die deutsche Musik, »der alle Völker des Abendlandes verzückt lauschen«, annehmen, aber diesen Teil des »deutschen Erbes« ausschlagen. Erbschaften sind unteilbar.

Zwei Tage nach der Taufe, am 22. Juli 1944, erfolgte der Umzug der Familie in den Vatikan: Sigis, Hilde und ihren beiden Kindern wurde eine provisorische Wohnung im Palazzo della Canonica zugewiesen. Die neue Wohnung befand sich direkt neben dem Petersdom mit einem herrlichen Blick über die Vatikanischen Gärten. »Der Palazzo ist durch einen Gang mit St. Peter verbunden. Unmittelbar unter uns hören wir den Krach der Messejungen, die sich dort umziehen. Es ist ein alter hoher Palazzo aus dem 18. Jahrhundert mit dicken Mauern, in dem eigentlich nur Monsignori wohnen, und zwar die Domherren von St. Peter. In unserer Wohnung wohnte der verstorbene Georg von Bayern. Gelegentlich kommen noch Gasrechnungen auf den Namen Wittelsbach. Vielleicht ist es politisch unklug, dass ich ablehne, sie zu bezahlen. Ein Königshaus hätte dann immerhin eine Schuld von Lire 16.50 bei uns zu begleichen.«

Wir Kinder lebten von nun an in den Vatikanischen Gärten – nicht dass ich mich an dieses erste Jahr erinnern könnte. Wohl aber erinnert sich meine ältere Schwester. Hildes Tagebücher erzählen, dass Carola viele Freundschaften schloss und jedem – ob Messejunge, Diener oder Geistlicher – ihr »bon giorno« entgegenschmetterte. »Besondere Neigung hat sie zu den äthiopischen Priestern, vor denen die anderen Kinder ängstlich davon laufen. Im Übrigen schliesst sie sich ausgesprochen den Kindern der Feind-Diplomaten an, die zu meinem Leidwesen immer noch hier sind und unsere Wohnungen besetzt halten, weil die Lebensbedingungen in der Stadt [damit meint Hilde das Rom jenseits der Mauern des Vatikan] weiterhin denkbar ungünstig sind: ohne Elektrizität, Gas, wenig Wasser, wenig zu essen. Von den Achsenkindern hält sie sich dagegen fern. Im Übrigen planscht sie in den zahlreichen Teichen und Wasserbecken, wahrscheinlich zur Missbilligung gewisser Geistlicher, die schon ihre und der anderen Kinder luftige Kleidung stirnrunzelnd betrachten. Von der Sorte gibt es glücklicherweise wenige. Die meisten sind reizend mit den Kindern, und unser protestantisches Carlinchen kommt oft mit Heiligenbildchen nach Hause. Schlimmer ist es wahrscheinlich, dass wir Erwachsenen, trotz ausdrücklichem, mit Anschlag verkündetem Verbot, ohne Strümpfe herumlaufen. Nachdem die Strümpfe unterdessen auf Lire 800–1100 das Paar gestiegen sind, sehen wir, schon abgesehen von der Hitze, keine andre Möglichkeit. Es wird alles von den alliierten Soldaten aufgekauft, die nicht nur sämtliche Hotels der Stadt bevölkern, sondern auch so hohes Geld beziehen, dass ein einfacher Soldat auf genau die gleichen Bezüge kommt wie ein deutscher Offizier. Die Scheusslichkeiten, die auf dem ›Ricordi‹-Markt [Souvenirmärkten] verkauft werden, sind geradezu sagenhaft und die Preise dafür ebenso. Da Rom als Vergnügungs- und Erholungszentrum gedacht ist – ›jeder alliierte Soldat einmal in Rom‹ –, wimmelt es trotz fortschreitender Front immer noch vor Militär in den Strassen. Die moralischen Zustände haben einen Tiefpunkt erreicht, der kaum übertroffen werden kann. Anständige Familien fangen an, ihre Sachen zu verkaufen, weil die Geldknappheit die Lebensnotwendigkeiten übersteigt.«

Liebe Großmutter,

wie Du siehst, hat Hilde sofort nach dem Einzug begonnen, ihre neuen Eindrücke festzuhalten. Sie muss geahnt haben, wie viel schwieriger Deine Lage war, oder die von Magnus und Emmy von Braun in Schlesien. Sie spricht in ihren Tagebüchern kaum darüber – als wolle sie das, was gleichzeitig in Deutschland geschieht, aus ihrer kleinen Welt fernhalten. Die Rote Armee rückte immer näher auf Berlin zu, das wussten Hilde und Sigis. Ich habe sehr viel später erst begriffen, wie ungewöhnlich und wie privilegiert die Umstände waren, unter denen Hilde und Sigis mit ihren Kindern diese letzten Kriegsjahre und die Nachkriegszeit erleben durften. Wir lebten hier in Sicherheit – ich habe mich vermutlich nie wieder so »sicher« gefühlt wie in diesen fünf Jahren im Vatikan, den ersten fünf Jahren meines Lebens. Ich hätte damals gar nicht gewusst, was das Wort »sicher« bedeutet. Das habe ich erst Jahre später zu verstehen begonnen, als wir nach Deutschland zogen und es diese Geborgenheit nicht mehr gab. Dass es ein »goldener Käfig« war und dass die Eltern keinen Schritt vor die Tore des Vatikans setzen durften, ohne verhaftet zu werden, das wussten wir Kinder nicht. Aber was bedeutet das schon! Verglichen mit den Bedrohungen, denen Du und viele andere in Deutschland ausgesetzt waren: vonseiten der Nationalsozialisten, die bis zuletzt ihr Todeswerk betrieben haben.

»Feinddiplomaten« und »Achsenfamilien«

Trotz (oder wegen) ihrer Isolation beobachteten Sigis, Hilde und die anderen im Vatikan aufmerksam die Veränderungen »draußen«. Aber sie waren abgeschirmt, empfanden sich nur als Beobachter. Manchmal durchbrach das Leben »draußen« aber doch die Barriere zu dieser kleinen geschlossenen Welt.

»22. 8. 1944. Giovanna kommt mit den Kindern aus den Gärten. Es herrscht brütende Mittagshitze, alle Menschen sind schon zu Hause. Ein vatikanischer Gendarm lässt die beiden nicht passieren. Ein großes Auto fährt vorbei, ein dicker Mann darin und eine noch dickere Cigarre. Er winkt Carola zu, und sie schickt ihm ihr übliches strahlendes ›Ciao‹ zurück. Churchill. Die ganze Reihe der Gendarmen lacht, und die Geschichte wird im ganzen Vatikan wiedererzählt. Carola scheint ihrem Geburtsland überhaupt Sympathien entgegenzubringen. Wenn sie dem englischen Sekretär auf der Treppe begegnet, grüsst sie ihn entgegen ihrer Gewohnheit auf Deutsch, und er gibt ihr ein vergnügt schmunzelndes ›Guten Morgen‹ entgegen. Allmählich grüsst sich alles, auch die Feindländer, wenn man sich auf diesem engen Raum begegnet. Kein Mensch kann diesen Zustand ja auch ernst nehmen.

Christina hatte bisher an repräsentativen Pflichten, Kardinal Montini zu empfangen. Er kam mich in der Klinik besuchen und das Baby ansehen. Es ist schwer vorzustellen, dass ein eventuell zukünftiger Papst da in meinem kleinen Zimmerchen auf der Couch sass und mir von seinen Nöten erzählt, insofern als gerade ein deutscher Kriegsgefangener sich in den Vatikan geflüchtet hatte, wo doch der Raum dort ohnehin schon so beschränkt sei.«

Am 1. September 1944 erfolgte der Umzug der Familie in die endgültige Wohnung. Sie befand sich im Palazzo Tribunale, der in Friedenszeiten den vatikanischen Richtern als Wohnsitz dient. Inzwischen hatten die »Feinddiplomaten« den Vatikan verlassen und für die »Achsenfamilien« Platz gemacht. Hilde notierte mit Zufriedenheit, dass es sich um eine »ganz moderne Wohnung, die unseren Anforderungen völlig genügt«, handelt. Hilde und Sigis richteten sich mit allem ein, was sie unter die Finger bekommen konnten: Möbel aus den Räumen der beiden Botschaften, der deutschen Akademie (es würde mich nicht wundern, wenn das eine oder andere Stück später bei meinen Eltern verblieb). Dazu auch ein paar Anschaffungen der letzten Monate.

Der Palazzo Tribunale war umgeben von Gärten, und von der Loggia aus schaute man auf die Apsis-Front von St. Peter. »Ende September zieht der letzte Feind-Diplomat aus dem Palazzo, und die Wohnungen werden von Achsen-Diplomaten übernommen. Unterdessen sind aber die Finnen und die Rumänen feindlich geworden. Wir kümmern uns jedoch nicht darum, sind besonders mit den Finnen befreundet. In der Völkergemeinde der Kinder, die hier eine herrliche Zeit verbringen, wird nur italienisch gesprochen. Auch Carola bringt kein deutsches Wort über die Lippen, wenn sie auch alles versteht. Auf Italienisch macht sie sich jetzt recht gut verständlich.«

Wenige Tage später, am 4. Oktober 1944, folgte der wortkarge Eintrag: »Muttis Tod erfahren am 2. 10. in Berlin.« Nur dieser eine Satz, zudem mit einem falschen Datum für den Todestag (Hildegard Margis war am 30. September gestorben). Dass sie verhaftet worden war, wussten Hilde und Sigis vielleicht; aber sie kannten nicht den Grund. Sie werden ihn geahnt haben, denn die Einstellung und die Aktivitäten von Hildegard Margis konnten ihrer Tochter, die noch bis Anfang 1940 in Berlin lebte, kaum verborgen geblieben sein. Ich glaube, Hilde wollte nichts damit zu tun haben, und die Ehe mit Sigis bot ihr die Möglichkeit, sich zu distanzieren, in einer »anderen Welt« zu leben als ihre Mutter. Es gab die alten Machtkonflikte zwischen Mutter und Tochter, die beim Besuch von Hildegard Margis in Rom im Sommer 1943 wieder aufgelebt waren. Aber es gab auch eine unterschiedliche Einstellung zum Leben. Der Besuch – das letzte Mal, dass Mutter und Tochter sich sahen – hatte mit einem Zerwürfnis geendet: Die Tochter hatte sich jede Einmischung in ihre Ehe verbeten – verständlicherweise. Damit war zwischen Mutter und Tochter eine scharfe Grenze gezogen, und diese Grenze wurde, ohne dass sie es wussten, auch zu einer politischen Grenze: zwischen der Tochter, die im Vatikan in Sicherheit lebte, und der Mutter, die sich in Berlin einer Widerstandsgruppe anschloss. Die Begegnung von Hildegard Margis und Franz Jacob fand einige Monate nach ihrem Besuch in Rom statt.

Liebe Großmutter,

mich hat Hildes wortkarger Eintrag zu Deinem Tod sehr beschäftigt. Obwohl Sprachlosigkeit natürlich auch ein Zeichen dafür sein kann, dass etwas zu nahe geht, als dass man darüber sprechen könnte. Ich vermute fast, dass dies bei Hilde der Fall war. Dass Ihr Euch nach Eurer letzten Begegnung im Streit getrennt habt, wird auch ihr nahe gegangen sein. Danach gab es keine Möglichkeit der Versöhnung mehr. Wärest Du zu einer Zeit verhaftet worden, als die Gestapo noch in Rom war, wäre auch sie gefährdet gewesen. Vielleicht hat sie auch daran denken müssen. Nun lebte sie hinter hohen Mauern, in Sicherheit. Aber Hilde und Sigis begannen auch schon, über die Nachkriegszeit nachzudenken. Musste sie sich nicht zumindest die Möglichkeit ausmalen, dass der Widerstand gegen das Dritte Reich nach dem Krieg in Deutschland keine gute Presse haben würde? Wenn sie so dachte, hatte sie gar nicht mal unrecht. Die Geschichte des Widerstands wurde später nur in sehr dosierten Portionen erzählt – es hing davon ab, zu welchem Teil Deutschlands Du gehörtest.

Natürlich interpretiere ich Hildes Wortkargheit über Deinen Tod aus meinem Wissen über das, was danach kam. Ganz gewiss hätte sie ihre Ängste nie so formulieren können, wie ich es tue. Aber es ist schon auffallend, dass Hilde nie Genaueres über Deine Aktivitäten im Dritten Reich wissen wollte – oder sich die Fakten zurechtgelegt hat. Nach dem Krieg gab es noch viele Zeugen, die ihr Näheres hätten erzählen können – und einige, wie Hans Lohmeyer, taten es auch. Ich glaube, es war ihr aber unangenehm, zugeben zu müssen, dass ihre Mutter im Gefängnis gestorben ist. Und der Gedanke, dass Du mit Kommunisten kollaboriert hast, muss ihr geradezu unerträglich gewesen sein. »Das mit dem Widerstand war alles nur ein Irrtum«, sagte sie mir einmal, als ich sie nach Dir fragte. Ich habe Hildes Aussagen erst später als Symptom der politischen Stimmung im westlichen Nachkriegsdeutschland lesen können.

Die Verdrängung ist die sicherste Form, eine Erinnerung zu bewahren, hat mal jemand gesagt. Das galt, glaube ich, auch für Deine Tochter. Durch ihr Schweigen hat sie seltsamerweise dafür gesorgt, dass Du nicht vergessen wirst. Es mag mit der zeitlichen Nähe der beiden Ereignisse – Dein Tod und meine Geburt – zusammenhängen, dass Hilde mir die Erinnerung an Dich übertragen hat. Ich habe vor einigen Jahren alte Notizen gefunden, in denen ich so etwas Ähnliches vermerkte: »Mammi«, so stand da ungefähr, »hat die unerledigten Konflikte mit ihrer Mutter einfach an mich weitergegeben.« Wie kam ich auf diese Idee? Intuitionen kann man nicht beweisen – man folgt ihnen oder verwirft sie, wie die Botschaften, die über die »Stille Post« bei uns ankommen. Jedenfalls ist es bemerkenswert, wie die Einträge im Tagebuch von Hilde über mich von diesem Zeitpunkt an zunehmend hervorheben, wie »schwierig« und störrisch dieses Kind sei. An einer Stelle vergleicht sie das Baby sogar ausdrücklich mit einer »kleinen Großmutter«.

Ich habe vor vielen Jahren, als ich in Paris lebte, eine Psychoanalyse gemacht. Du denkst natürlich sofort an Deinen guten Paul. Die Psychoanalyse ist aber etwas anderes als seine Kartographie der Seele. Mit der Psychoanalyse lässt Du Dich auf das Unberechenbare ein – und oft weiß man gar nicht, wie sie »funktioniert« (wenn sie funktioniert). Die Sprache ist das einzige unverzichtbare Instrument der Psychoanalyse: nicht nur die Worte, auch die Auslassungen, das Schweigen, die Versprecher und all das, was sonst noch beim Sprechen passiert. In der Hinsicht ähnelt die Psychoanalyse der »Stillen Post«. Eine Psychoanalyse dauert ziemlich lange, das muss man wissen, bevor man sich darauf einlässt. Aber es gab einen Grund für meine Entscheidung: Ich war dabei, einen Psychiater und Psychoanalytiker zu heiraten (mit dem ich auch heute noch verheiratet bin), und ich wollte dem »Geheimwissen«, das ich allen Psychoanalytikern unterstellte, nicht wehrlos ausgeliefert sein. Der eigentliche Grund für die Analyse – und, wer weiß, vielleicht auch für die Wahl eines Psychoanalytikers zum Lebensgefährten – war aber, so glaube ich heute, älter. Es ging mir um diese Leitzordner, die die »Stille Post« von Hilde bei mir deponiert hatte.

Meine Analytikerin, Marianne Strauss, war Französin, kam aber ursprünglich aus Berlin. Was ich vor der Analyse nicht wusste: Sie war derselbe Jahrgang wie Deine Tochter und war als »Halbjüdin« vor den Nazis aus Deutschland geflohen. Wie meine naive Vorstellung von der Allwissenheit des Psychoanalytikers zeigt, hatte ich von der Analyse falsche Vorstellungen. Ich dachte, es gehe um die Aufarbeitung der Kindheit, um die Beziehung zu den Eltern. Tatsächlich war davon aber gar nicht viel die Rede – nur indirekt. Die Analyse hat meinen Blick auf »die Welt« in mancher Hinsicht verändert. Nicht nur dass man sich selbst beobachten lernt; ich begann auch, Politik und Geschichte mit anderen Augen zu »lesen«. Während dieser Lehrjahre habe ich begonnen, zu begreifen und zu akzeptieren, dass es so etwas wie die »Stille Post« gibt: diese Botschaften, von denen wir nicht wissen, wer sie losgeschickt hat. Bis dahin hatte ich mich von Hildes »Auftrag« überfordert gefühlt. Danach schien es mir nicht mehr so schwer, diese Erbschaft anzutreten – und sie brachte mir schließlich auch die Begegnung mit Dir. Hilde litt unter der Last der Botschaften, die sie nicht sagen konnte – deshalb war sie so wortkarg bei Deinem Tod; und deshalb die vielen Schlafmittel und Antidepressiva, die sie ihr Leben lang nahm. So blieb es mir überlassen, Dich zum Sprechen zu bringen.

Deutsche Enklave im Vatikan

Wochen vergingen zwischen Hildes letztem Eintrag und dem nächsten in ihrem vatikanischen Tagebuch. Im November 1944 notierte sie. »Wir haben viele Gäste. Interessant ist ein junger russischer Priester, der Sigis russische Stunden gibt. Er sieht aus wie Alioscha Karamasoff, hat gewisse Verbindungen zu der hiesigen sowjetischen Botschaft. Er verzweifelt an der ablehnenden Haltung des Vatikans gegen Russland und seiner eindeutigen Stellungnahme im Fall Polen. Andererseits gibt er aber zu, dass für die Kirche in Russland nicht die geringsten Zukunftsaussichten bestehen.«

Während dieser Jahre im Vatikan stieß auch Anna zur Familie. Sie wurde von Hilde und Sigis engagiert – offenbar war der Vatikan in dieser Hinsicht großzügig – und wohnte mit uns in der Wohnung im Palazzo Tribunale. Anna kam aus Südtirol und war katholisch. Als Kind war ich der festen Überzeugung, dass der Unterschied zwischen Katholiken und Protestanten darin bestand, dass die Katholiken schwarze und die Protestanten blaue Augen haben. Das konnte man ja sehen: Anna hatte schwarze Augen und ging sonntags zur Messe. Meine Eltern hatten blaue Augen und blieben der Messe fern.

Anna blieb bei Hilde und Sigis noch lange nach der Zeit im Vatikan. Sie ging mit nach Deutschland und folgte meinen Eltern auf ihren verschiedenen Stationen ins Ausland. Bis zu ihrem Tod im Jahre 1969. Da waren meine Eltern gerade auf Posten in Paris. Anna war etwa fünfzig Jahre alt, als sie starb: Eines Morgens erschien sie nicht zum Frühstück. Man klopfte an ihre Tür. Sie war in der Nacht einfach dahingeschieden. Herzversagen. Keine Krankheit war vorausgegangen, wohl aber eine große Trauer. Das entdeckte ich, als ich nach ihrem Tod ihren – nicht sehr großen – Nachlass ordnete. Die Wertsachen schickten wir zu ihrer Familie nach Bozen. Ihre Tagebücher – oder Notizhefte – habe ich zurückbehalten und bewahre sie bis heute. Diese Tagebücher haben mich tief berührt, ich saß weinend über ihnen, weil Anna in Terminkalendern, die ansonsten kaum Einträge enthielten, an manchen Tagen nur vermerkt hatte: »ich bin so allein« oder »ich fühle mich so einsam«. Das war zu einer Zeit, als auch meine jüngsten Schwestern das Haus verlassen hatten und in anderen Städten wohnten. Anna lebte weiterhin bei Sigis und Hilde, wurde auch als Teil der Familie behandelt. Aber meine Eltern waren fast jeden Abend unterwegs. Anna fühlte sich überflüssig. Durch die vielen Ortsveränderungen meiner Eltern hatte sie kaum Freunde außerhalb meiner Familie. Deshalb, so dachte ich, hat ihr Herz also »versagt«.

Auch Annas Lebensgeschichte erzählt von der Besonderheit dieses Lebens im Vatikan. In ihren Unterlagen entdeckte ich, dass es einen Mann im Leben von Anna gab, und diesen Mann hatte sie im Vatikan kennengelernt. Es muss einer von den deutschen Soldaten gewesen sein, die in die Heilige Stadt geflüchtet waren und dort um Asyl baten und es auch erhielten. Hilde erwähnt diese Flüchtlinge oft in ihren Tagebüchern. Sie bildeten einen Teil der kleinen deutschen Kolonie, die der Krieg an diesem Ort zusammenführte. Er und Anna verabredeten, sich nach dem Krieg wiederzusehen – eine inoffizielle Art von Verlobung. Als Anna 1949 mit meiner Familie nach Deutschland ging, holte sie bei einer Suchstelle Erkundigungen ein und machte ihn ausfindig. Sie kontaktierte ihn – und erfuhr, dass er inzwischen geheiratet hatte. In ihren Unterlagen befindet sich ein Brief von ihm, in dem er sie anfleht, ihn zu verstehen: Er sei nach Deutschland zurückgekehrt und ohne ein Dach über dem Kopf gewesen. Da habe er eine Witwe mit eigenem Haus kennengelernt, die ihn aufgenommen habe. Ihm wäre damals keine andere Wahl geblieben, aber nun sei er glücklich, sie, Anna, wiedergefunden zu haben. Ich glaube, Anna hat ihm auf diesen Brief nicht geantwortet. Es war schon sein zweiter Brief, auf den ersten hatte er auch keine Antwort erhalten. Vielleicht war ihr als Katholikin der Gedanke, einen geschiedenen Mann zu heiraten, unerträglich.

Am 6. November 1944 notierte Hilde in ihr Tagebuch: »Totenmesse für die verstorbenen Kardinäle des Jahres in der Sixtina. Carola bewundert ihre Mammi im schwarzen langen Zeremonienkleid und Schleier. Mit ausgestrecktem Finger zeigt sie ›bellina, carina‹. Diese Feiern haben mit ihrem Pomp etwas Eigenartiges, gar nichts Religiöses. Während der langen Litaneien geniesse ich die Decken- und Wandgemälde. Im Übrigen schwatze ich mit Frau Stenius und der schwedischen Gesandtin. Die Reihen der Diplomaten haben sich sehr gelichtet. Wir sind nur noch die halbe Botschaft. Keine Franzosen, keine Ungarn, wenig Spanier. Der neue englische Sekretär soll eine Frau haben, die eine berühmte Krebsforscherin ist. Wir rätseln über zwei Neuerscheinungen auf den Bänken der jungen Diplomatenfrauen. Die Südamerikanerinnen müssen ihre neue Freiheit in der Stadt anscheinend so geniessen, dass sie allesamt keine Zeit mehr haben, zu den Litaneien zu kommen. Es ist seltsam, früher mussten wir so durch die Reihen der Eingeschlossenen Spiessruten laufen, wie es für uns jetzt ein Ereignis ist, mit der Aussenwelt offiziell in Berührung zu kommen. Die Finnen und die Rumänen dürfen zwar unterdessen schon wieder hinaus. Sie ziehen aber die Geborgenheit unserer kleinen Stadt vor. Abgesehen von dem Mangel an Elektrizität und Kohle, der allgemein herrscht, ist die Unsicherheit in Rom derartig gross geworden, dass uns neuerdings Gäste aus der Stadt nicht mehr abends besuchen. Sie fürchten den Heimweg in der Dunkelheit.

Die beiden Bürodiener [in der kleinen Botschaft] heissen Romolo und Agostino und sind beide typische Vertreter der römischen Schieberwelt. Carola ist mit ihnen natürlich eng befreundet. In dem schönsten Teil der Vatikanischen Gärten sind antike Ausgrabungen aufgestellt. Carola grüsst eine der dortigen Kaisergestalten mit tiefer Verbeugung: ›Bon giorno, Romolo!‹ – ›Ma questo non é Romolo!‹ – ›Allora Agostino!‹

Unsere ganze Liebe ist ein kürzlich hier eingeschmuggelter Kriegsgefangener. ›Schorsch‹ ist wirklich ein ganz reizender Junge, spielt herrlich mit den beiden Kindern, gibt der Mammi französischen Unterricht, da er Elsässer ist. Er ist aus russischer Kriegsgefangenschaft entflohen und hat sich auf abenteuerliche und höchst intelligente Weise bis hierher durchgeschlagen. Die Eindrücke, die er aus dem von Russen besetzten Rumänien mitbringt, entsprechen all unseren Befürchtungen und dem Grauen von dieser herannahenden Welt.«

Bei »Schorsch« handelte es sich um Georg Hüssler, der später zum Generalsekretär der Welt-Caritas werden sollte. Hilde und Sigis blieben zeitlebens mit ihm befreundet. Hüssler, der eigentlich Medizinstudent und Soldat war, gelang es, sich in den Vatikan zu flüchten. Sigis war ihm dabei behilflich: »An einem Tage im November 1944 rief die Schweizergarde bei mir an, auf der Peterstreppe stehe ein ärmlich aussehender junger Deutscher, der bitte, mit der deutschen Botschaft Verbindung zu bekommen. Ich sehe den jungen Mann noch vor mir, wie er verhungert und zerrissen sagte, er stamme aus dem Elsaß, sei dort zur Wehrmacht eingezogen worden und in Rumänien in sowjetische Gefangenschaft geraten. Dort habe er erklärt, daß er als Elsässer eigentlich Franzose sei, und gebeten, ihn nach Frankreich zu entlassen. Dann hätten die Engländer eine ganze Anzahl Elsäßer in Bukarest auf ein Flugzeug gesetzt und nach Süditalien ausgeflogen; von dort sei er an die französische Dienststelle in Neapel weiterbefördert worden, habe sich von dort aber abgesetzt, er sei ja doch eigentlich Deutscher und erhoffe Asyl in der Vatikanstadt. Ich habe ihn dann, an der Wache im Petersdom vorbei, mit- und bei uns aufgenommen und Herrn von Weizsäcker über den Vorgang unterrichtet. Dieser sagte sofort zu, das Notwendige zu veranlassen, das Staatssekretariat S. Heiligkeit habe sich bereits bei ihm über diese Widerrechtlichkeit eines seiner Untergebenen beschwert.«

Georg Hüssler blieb nicht nur bis Kriegsende im Vatikan – er wurde auch katholischer Geistlicher. Hilde kommt in späteren Einträgen auf diese und andere »Einwerbungen« des Vatikans zurück. Die Heilige Stadt nahm geflohene Kriegsgefangene beider Seiten auf. Bis zur Übergabe der Stadt Rom an die Alliierten im Juni 1944 war dort eine Reihe von englischen und amerikanischen Kriegsgefangenen untergekommen. Im Campo Santo Teutonico wohnte ein irischer Pater namens O'Flaherty, der zusammen mit einem Angehörigen der britischen Gesandtschaft namens Montgomery die Einschleusung durch die vatikanischen Wachen zuwege brachte. Als diese 16 oder 17 Briten nach dem 5. Juni 1944 die Vatikanstadt verließen, tauchten sofort deutsche Kriegsgefangene auf, die nun ihrerseits einzeln oder in Gruppen im Vatikan um Asyl baten. Sie wurden in denselben Räumen untergebracht, wo bis dahin die englischen Kriegsgefangenen gewohnt hatten. In der Regel, so Sigis, wurden die deutschen Kriegsgefangenen von den Alliierten in Lagern interniert und als Insassen dieser Lager »in eine Uniform gesteckt, auf der auf beiden Knien und auf dem Rücken ein schwarzer Kreis eingenäht war. Alle Italiener wußten, daß deren Träger aus einem der Lager für ›recalcitrants‹ – also Unbelehrbare – geflohen waren und sofort dem alliierten Kommando zu melden seien. Aber in Italien wird dem Opfer oder dem Unterlegenen überall Unterschlupf gewährt, und mehrere Entflohene haben uns geschildert, wie sie in der Eisenbahn oder auf der Straße von Unbekannten sofort auf die Nähe Alliierter aufmerksam gemacht und versteckt wurden. Und das, obwohl Kriegszustand mit Deutschland herrschte.«

Bald nach »Schorsch« traf ein weiterer geflohener Kriegsgefangener, Werner Küppers, im Vatikan ein, der es laut Hildes Aufzeichnungen »allerdings insofern leichter hatte, sich hier hereinzustehlen, als er dem Geistlichenstand angehört und in Rom vor dem Krieg mehrere Jahre dem Collegium Germanicum angehörte. Dafür ist er aus dem besonders bewachten Verhörlager in Cine-Citta entflohen, in das man ihn gebracht hatte, weil er schon einmal aus einem Gefangenenlager entwichen war. Hier ist er nicht wie die anderen beiden bei der Gendarmerie untergebracht, sondern erhöht mit der immerhin seltenen Mischung Sonderführer-Priester die momentan schon reichlich merkwürdige Besetzung im Campo Santo Teutonico. In den ehrwürdigen Mauern des alten Priesterkollegs wohnen nämlich nicht nur Geistliche wie Jedin und Marx, die ihren wissenschaftlichen Studien nachgehen. Es gibt auch Priester wie Wüstenberg, die ein elegantes Society-Life führen, andere, allerdings nicht deutscher Nationalität, die sich in der Zeit unserer Besatzung damit beschäftigten, Antifaschisten und andere unliebsame Persönlichkeiten vor den Klauen der SS zu verstecken. Jetzt verstecken sie angeblich wieder andere, die der alliierten Polizei nicht in die Hände fallen möchten.

Das Komischste ist aber eine Gruppe der Zivilen, bestehend aus Männlein und Weiblein, von denen einige Konvertiten unseren Priestern Furcht einflössen, weil man nie weiss, ob sie in ihrem Übereifer selbst die Geistlichkeit mit ihren Bekehrungsversuchen ungeschoren lassen. Es gehören dazu einige desertierte Sonderführer, die sich bei unserem Abzug versteckt hielten und jetzt, nachdem die Gefahr vorbei ist, heftig antinazistisch betätigen. Sie glauben, durch diese unerhört kühne Leistung einen führenden Posten im künftigen Deutschland erworben zu haben. Harmlos ist dagegen der B… [Name unlesbar], ein ebenfalls zurückgebliebener Journalist der Katholischen Presse mit seiner Frau, der kein Gespräch beenden kann, ohne auf die ›Wasserburg seines Cousins‹ zu sprechen zu kommen. Im Übrigen ist ausgerechnet im deutschen Campo Santo eine lebhafte Anfahrt alliierter Militärwagen, und eigentlich trifft sich dort alles.«

Der Campo santo teutonico lag zwar innerhalb der Mauern des Vatikans und erhielt von diesem auch einen Teil seiner lebensnotwendigen Versorgung, formell gehörte er jedoch zur Stadt Rom und unterstand der italienischen Quästur. Diese Zwitterstellung begünstigte offenbar die bunte Besetzung des Kollegs. »Der Rektor mischt sich im Übrigen in nichts hinein und sucht an Langweiligkeit seinesgleichen. Es wird von ihm behauptet, sein Tagewerk bestehe darin zu kontrollieren, ob seine zahlreichen nummerierten Soutanen auch auf ihren dazugehörigen nummerierten Kleiderbügeln im Schrank hängen. Die Spottlust der Priester untereinander ist überhaupt herzerfrischend. Uns Protestanten gegenüber sind sie allerdings sicher offener, besonders wenn man sie allein hat.«

Wie schon im Internierungslager in Kenia war auch im Vatikan die Langeweile die größte Alltagssorge: Man spielte Schach, man spielte Bridge. Außerdem versuchten Sigis und Albrecht von Kessel, das seit der Schulzeit vergessene Latein wieder aufzufrischen. Und dann gab es noch Sigis' Bemühungen, Russisch zu lernen. Der Russisch-Unterricht implizierte zugleich den Erwerb einer genaueren Kenntnis der Kirchengeschichte, wie Sigis in seinen Erinnerungen berichtet: »Im Vatikan gab es ein Collegium Russicum, entstanden bereits im Mittelalter, als sich die orthodoxe von der katholischen Kirche im großen Schisma des Orients trennte. Die Spaltung erfolgte damals theologisch um das ›Iota‹ in der Frage, ob Christus gottgleich oder gottähnlich ist – auf Griechisch homo-ousios oder homoi-ousios (homos = gleich, ousios = seiend, homoios = ähnlich). In Wirklichkeit aber hatte es sich um die Unabhängigkeit der von Byzanz regierten Ostkirche von Rom gehandelt. Aus dieser Zeit existierte das katholische Collegium Russicum, dessen Priester ebenso wenig zu tun hatten wie ich. Einer von ihnen gab mir russischen Unterricht, und etwas davon ist auch noch übrig geblieben. Immerhin half es später bei meiner Tätigkeit am Nürnberger Kriegsgericht und zu radebrechenden Unterhaltungen mit sowjetischen Diplomaten in New York.«

Haupttherapie gegen die Langeweile war das Lesen. Oft lasen alle in der kleinen deutschen Kolonie dieselben Bücher, damit sie sich darüber unterhalten konnten. Vor allem für Geschichte interessierten sie sich, besonders – wie könnte es an diesem Ort anders sein? – für die Geschichte der Religionen und der Kirchen. Die Auseinandersetzung mit der Geschichte wurde für sie zu einem Mittel, sich die Zukunft – nach dem Krieg, den Neubeginn Deutschlands, die künftige Weltordnung – auszumalen. Man wühlte in der Vergangenheit der Kirche – und meinte doch eigentlich die Gegenwart. Am 6. November 1944 notierte Hilde: »Sigis rückte mit Gregorovius, den wir allabendlich lesen, und anderen Kenntnissen dem alten Monsignore Marx zuleibe, der hier seit 18 Jahren unentgeltlich in den vatikanischen Archiven arbeitet und immer noch Schätze unbekannter Dokumente aus allen Jahrhunderten, vom 7./8. angefangen, ans Tageslicht befördert. Er gab dann auch ungern die Fälschung von ›Konstantinischen‹ und anderen Schenkungs-Urkunden zu. Ein anderer Historiker, ein kroatischer Geistlicher, der im Moment auch hier in den Archiven arbeitet, ist uns gegenüber noch objektiver und vertritt nur wissenschaftliche Ansichten.«

Immer wieder wurde die Gegenüberstellung von Protestantismus und Katholizismus thematisiert. Für manche Würdenträger des Vatikans war der Protestantismus nicht weit vom Atheismus entfernt. »Als ich Brini aus dem Staatssekretariat mitteilte, dass das neu geborene Baby ›Christina‹ heisst, rief er ganz erstaunt aus: ›Aber das ist ja ein christlicher Name!‹ Im Allgemeinen muss man aber zugeben, dass fast alle Priester im Moment eine gewaltige Hochachtung für den Protestantismus haben, besonders vor der Haltung des deutschen. Es existiert für sie nur der christliche Gesichtspunkt und eine Antwort wie die von Brini ist völlig einmalig und italienisch. Aus derselben Clique vertrat auch einmal ein junger Geistlicher, der auf die immer heftiger werdende Kritik daran, dass die Kurie des gesamten Vatikanbetriebs zu italienisch besetzt sei, angesprochen war, die Ansicht, Italien sei die einzige Nation, die übernational denken könne und sich nicht von chauvinistischen Erwägungen beeinflussen lasse! Und das, nachdem es für einen jungen Geistlichen im Moment schon beinahe genügt, Römer zu sein, um im Staatssekretariat Karriere zu machen, nachdem ein beliebiger Herr Pacelli Fürst geworden ist und als Neffe des Papstes im zivilen Sektor der vatikanischen Verwaltung den höchsten Rang bekleidet. Jemand, der sich auf eine der hiesigen führenden Persönlichkeiten beziehen kann, ist sicher, dass ihm kein Gesuch abgeschlagen wird, das zu seinem persönlichen Vorteil gereicht. Nepotismus im alten Stil, nur die Lebensweise ist etwas puritanischer geworden.«

Die Verärgerung über den »italienischen Nepotismus« im Vatikan ging bei Hilde und Sigis mit dem erniedrigenden Gefühl einher, zu den »Verlierern« zu gehören. In ihren Tagebüchern verglich Hilde oft die Zeit, die sie nun erlebte, mit den neun Monaten der deutschen Besatzung in Rom, »in denen sich Sigis nicht retten konnte vor den Wünschen der Kardinäle für die Verwandten und Freunde«. Darunter gab es auch eine Kardinalsnichte, die darum bat, »ein ganzes deutsches Lazarett zu verlegen, weil sie schon vier Kinder in diesem Hospital bekommen habe und es doch so nett wäre, auch das fünfte dort zu bekommen«. Sigis habe damals auch Schadenersatzansprüche zu behandeln gehabt,

»weil deutsche Soldaten im Kampfgebiet über einen Weinkeller geraten sind oder ein Castell von Militär beschlagnahmt wurde«. Hilde behauptet aber mit Sicherheit zu wissen, dass »die Zerstörung und Plünderung auf dem Lande erst nach dem Abzug der deutschen Truppen geschahen – und zwar durch die Bevölkerung und marodierende Truppen, soweit alliierte Bomben nicht schon das ihre getan hatten«.

Der Vatikan musste feststellen, dass anders als die deutschen Besatzer die Alliierten nicht viel von der Tradition der »favori« hielten und bei ihnen die vatikanische Identitätskarte wenig galt. »Tausende solcher Karten mussten früher von unserer Botschaft gegengezeichnet werden und wurden von unseren Militärs hoch respektiert. Dafür wurde ich einmal auf einem Tee begrüßt, ›Ach Sie sind die Baronin Braun, wissen Sie, dass die Unterschrift Ihres Mannes jetzt auf L. 5000 steht?‹ Mit diesen Karten bestand ein schwunghafter Handel. Zum Schluss wurden sie samt Unterschrift sogar gefälscht und englische Spione bedienten sich ihrer.«

Nach dem Einmarsch der Alliierten zirkulierten in Rom keine gefälschten Ausweise mehr, dafür aber gefälschte Geldscheine. Hildes Tagebücher erzählen davon, dass die Allied Military Currency in Italien eine »nicht mehr erfassbare Anzahl gefälschter Banknoten« enthielt. »Es sind so ausgezeichnete Nachahmungen, dass sie eigentlich nur in einer staatlichen Münze hergestellt worden sein können; man tippt auf eine russische. Das würde auch die unerschöpflichen Fonds der kommunistischen Propaganda erklären. Im Vatikan verlief neulich die Werbeaktion der katholisch-demokratischen Partei zu 100 % erfolglos, und als man diesem Phänomen nachging, stellte sich heraus, dass sämtliche vatikanischen Arbeiter schon der kommunistischen oder der sozialistischen Partei angehörten, weil diese ihnen Lebensmittel für einen Bruchteil des gesetzlichen Preises verkauft hatten. Dabei investiert der Vatikan immer unendliche Summen und Kraftanstrengungen in karitative Hilfe und ist nach den Alliierten die einzige Instanz, die versucht, das Elend zu steuern. Auf den

Schultern der Alliierten liegt ja schon ohnedies die Verwaltung und die Versorgung dieses völlig zusammengebrochenen Staates, und es ist ja doch wesentlich schwieriger, das ganze Volk zu erziehen als gelegentlich Mitglieder der kommunistischen Partei zu ködern.«

St. Roman de Codières,
den 9. Oktober 2006

Liebe Großmutter,

an solchen Einträgen merkt man, wie viele »Fakten«, die Hilde in ihrem Tagebuch festhielt, wohl nur auf Vermutungen, Gerüchten oder Wunschbildern beruhten. Aber diese Wunschbilder reflektieren die Stimmungen, die Hilde und Sigis umgaben. Und sie erzählen ein wenig von dem Durcheinander, das im Sommer 1944 in Rom herrschte: Man spürte, dass sich ein Machtkampf zwischen den Kommunisten und den »anderen« anbahnte. Aber was genau diese »anderen« repräsentierten – die Amerikaner? den Vatikan? die bürgerliche Gesellschaft? –, das war irgendwie unklar, und niemand wusste, wie der Machtkampf ausgehen würde. Die Tagebücher zeigen übrigens auch, wie verbreitet die Vorstellung einer neuen »christlichen Weltordnung« gegen Ende des Zweiten Weltkriegs gewesen ist. Hast Du Dir 1944 über solche Fragen Gedanken gemacht? Mit einer christlichen Weltordnung hattest Du, so vermute ich, wenig im Sinn. Aber wie hast Du Dir dann die »neue Weltordnung« nach dem Krieg vorgestellt? Gewiss anders als vor dem Nationalsozialismus, als Du deutschnational warst. Viele Menschen Deiner Generation müssen die Welt nach diesen zwölf Jahren völlig neu gesehen haben. Bestimmt hättest Du nicht mehr angeboten, auf den Knien nach Doorn zu rutschen, um den Kaiser zurückzuholen. Dir wird inzwischen schon eher eine parlamentarische Demokratie vorgeschwebt haben. Aber was für eine? Ihr hattet noch nicht viele gute Erfahrungen mit der Demokratie. Die Unerfahrenheit mit der

Demokratie während der Weimarer Republik hat Euch Hitler eingebracht. Wenn Du überlebt hättest, worauf hättest Du in dieser Welt Wert gelegt? Wahrscheinlich hättest Du Dir ein Vorbild an den USA genommen. Vielleicht auch an England, Deinem Wahlland für Hans. An Auswanderung wirst Du nicht gedacht haben – sonst wärest Du schon vor den Nazis geflohen. Also wärest Du in Deutschland geblieben, vielleicht sogar in Berlin. Auch im eingesperrten Berlin? Wahrscheinlich ja. Du hättest Dein Haus in der Lyckallee wieder aufgebaut. Und dann? Dann hättest Du wahrscheinlich begonnen, auf die Kommunisten zu schimpfen. Die Roten so nah vor Deiner Tür – und dann auch noch mit vielen Panzern! Dabei hast Du Leute wie Franz Jacob kennen und schätzen gelernt. Wer weiß, vielleicht hätte auch er dem Kommunismus den Rücken gekehrt. Jedenfalls später. Du wärest also froh gewesen, dass die Nazis weg sind, und Du hättest vermutlich Dein Radio auf Rias Berlin eingestellt. Und sonst? Ganz sicher wärest Du noch aktiv gewesen – aber nicht unbedingt im Hausfrauenverband. Die Frauen nach 1945 hatten andere Sorgen. Wahrscheinlich hättest Du wieder Kontakt zu Ethel Rose Taylor aufgenommen. Oder sie zu Dir. Dann hätte sie Dir wieder fünf Dollar geschickt … Aber nein, die Geschichte wiederholt sich nicht.

Vielleicht wirst Du denken, Hildes Zukunftsvisionen von einer neuen christlichen Weltordnung waren ein Produkt der Heiligen Stadt, in der sie lebten. Ich bin aber ganz ähnlichen Gedanken auch in den Tagebüchern von Emmy von Braun begegnet, die sich in Schlesien befand und sich dort ebenfalls über eine neue Weltordnung Gedanken machte. Der Vatikan, die Kirchen überhaupt, müssen überall in Europa als Einrichtungen begriffen worden sein, mit denen sich eine neue – vor allem nicht-kommunistische! – Weltordnung aufbauen ließ. Wenn die Geschichte versagt, dann greift man auf die Religion zurück, so erkläre ich mir das. Ihr – Du, Jacob und die anderen, mit denen Du über die Zukunft sprachst – habt wahrscheinlich nicht so gedacht. Für Dich war die Kirche, glaube ich, eher eine Formalität, die zur guten Erziehung gehörte, mehr nicht. Keine Einrichtung, die über die politischen Verhältnisse entscheiden soll.

Weihnachten 1944 im Vatikan

»24. 12. 1944. Um Mitternacht gingen wir alle, auch die Mädchen, zur Messe nach St. Peter. Angeblich ist es seit Karl dem Grossen das erste Mal, dass der Papst die Weihnachtsmesse in St. Peter celebriert, früher geschah das in Santa Maria Maggiore, und während des Kriegs fanden nur die kleinen Messen in der Mathilden-Kapelle des Vatikans statt. Es war auch das erste Mal seit Kriegsbeginn, dass die Kuppel wieder beleuchtet war und aus den Fenstern der Basilika die Lichtfülle des festlich erleuchteten Inneren brach. Auch schon am Abend vorher hatte der Papst den langjährigen Bann der Abgeschiedenheit durchbrochen und hatte als Privat-Mann einem Mozart-Konzert zu Wohltätigkeitszwecken in der Sala della Benedictione beigewohnt. Teils durch die Art der Musik, teils durch seine eigene gewollt distanzablehnende Haltung war schon dort eine Atmosphäre von Allegria entstanden, als ob es keinen Krieg mehr auf der Welt gäbe und alle Parteien sich friedlich geeint hätten. Er sass etwas abseits und erhöht, aber doch eigentlich mitten zwischen den Zuhörern, liess sich die Künstler hinterher vorstellen, und leutselige Haltung wie die jedes beliebigen Staatschefs wechselte ab mit Benediktion. Es war eigentlich mit Ausnahme der wirklich sehr schönen Aufführung einer Mozart-Messe ein fröhlicher Rummel, und unter dem den Papst umstürmenden Publikum beim Hinausgehen wartete ich eigentlich auf einen amerikanischen Interviewer, der sich seine Diät aufschreibt und wissen wollte, ob er Ponds-Creme gebraucht.

Noch viel turbulenter sollte sich jetzt die Mitternachtsmesse gestalten. Schon seit dem Abend rollten die anfahrenden Teilnehmer mit reservierten Plätzen ins abgeschlossene Teil des Vatikans. Er waren viel zu viele Karten ausgegeben worden für die Apsis. Der eigentliche Kirchenraum war für alle offen, weil man in letzter Minute mit Recht gefürchtet hatte, dass mit den Eintrittsbilletts für die Christmette in ganz Rom ein lebhafter Handel getrieben würde. Andererseits war dadurch aber die Organisation ungeheuer erschwert. Die Menschenmassen stauten sich auf dem Petersplatz, die geschlossenen Tore der Vatikansstadt wurden gestürmt. Zwischen einer Gruppe italienischer Militärs und der Schweizer Garde kam es zu regelrechten Raufereien, weil man einem grossen Teil des alliierten Offizierskorps Karten für den Apsis-Eingang gewährt hatte, der sonst nur dem Patriziat und dem diplomatischen Korps zusteht, abgesehen von einigen Gästen und den wenigen Einwohnern der Vatikanstadt. Die Empörung darüber kam laut zum Ausdruck, umso mehr als die Römer ja heute noch immer den Papst als ihren ureigensten Besitz betrachten.

Auf dem grossen Platz unter unseren Fenstern stauten sich tatsächlich die Militär-Autos. Von dem ungewohnten Gesumme und Getreibe lagen beide Kinder hellwach in ihrem Bettchen. ›Machina‹ staunte Carola mit grossen Augen. In der Gewissheit unserer gewohnten Plätze glaubten wir, es genügt, eine Stunde vor Beginn der Messe aufzukreuzen. Das Bild, das sich uns bot, war reif für eine Filmaufführung in Hollywood. Die Fülle der blitzenden Autos, der hell erleuchtete Eingang, in den sich elegante Leute, Diplomaten im Frack, ihre Damen in Pelzen und Schleier, Offiziere mit ihren mehr oder weniger Damen und Dämchen, Priester, Zivilisten, alles drückte, schubste, zerrte sich. Auf den geröteten Gesichtern lag noch das Behagen des weihnachtlichen Festmahls mit der gehörigen Menge Alkohol. Mit Gebrauch unserer beiden Fäuste erreichten wir endlich unsere Bänke, von denen erst einige Unberechtigte vertrieben werden mussten. Das gesamte diplomatische Korps war diesmal versammelt, auch viele Vertreter vom weissen Korps. Die Engländer haben jetzt tatsächlich einen Militär-Attaché beim Heiligen Stuhl. Wir hatten bisher den englischen Offizier, der in unseren Sekretärsreihen Platz nahm, nur aus Witz so genannt. Hinter uns, zwischen den Bankreihen, stauten sich die Massen, Weizsäckers nach uns erzwangen nur den Durchbruch mit Hilfe eines Schweizer Gardisten und dessen Lanze. Es wurde auch geschwatzt, mit dem Finger gezeigt, Glückwünsche gewechselt, getuschelt. Wir paar Deutschen standen während der ganzen Ceremonie von mehr als zwei Stunden im regen Blickfeld des Interesses und des Kommentars. Die Armeechöre verschiedener Nationen, in der Kirche verteilt, konnten sich mit ihren heimatlichen Weihnachtschorälen in diesem Stimmenwirrwarr und Gesumme nicht durchsetzen.

Das Erscheinen des Papstes kündigte sich zunächst einmal durch noch mehr Krach an. Die Offiziere der Schweizer Garde mussten die Military Police zur Hilfe nehmen, weil das alliierte Militär gar nicht daran dachte, ihren Aufforderungen Folge zu leisten und den Mittelgang für den Einzug des Papstes freizumachen und mit verschränkten Armen ungerührt stehenblieb, wo es war. Andererseits wollte man es aber auch nicht auf eine gewalttätige Auseinandersetzung in der Kirche ankommen lassen, wovor die stämmigen Schweizer Gardisten sich allerdings nicht gescheut hätten. Unter dem grossen Bernini-Baldachin am Hauptaltar begann jetzt die Messe, an die sich soviel Erwartungen geknüpft hatten für die Grösse eines Augenblickes, der über die Jahrhunderte hinweg an der gleichen Stelle und in der gleichen Art sich wiederholen sollte. Wer aber glaubt, dass der Beginn der heiligen Handlung den Trubel gedämpft hätte, der irrt sich. Der einzige Ruhige und Unerschütterliche war eigentlich nur der Papst. Selbst der Würdenträger und Diakone um ihn herum hatte sich eine gewisse Nervosität ermächtigt. Den Höhepunkt fand der Trubel bei der Austeilung der Kommunion für das diplomatische Korps, bei dem ich meinem Schöpfer dankte, dass wir protestantisch sind und gemütlich auf unseren Bänken sitzen bleiben konnten, plaudernd mit unserem Nachbarn beschäftigt, während sich die anderen ihren Weg hin und zurück durch die nachdrängenden Massen bahnen mussten, die nun alle der Kommunion teilhaftig werden wollten. »Lascia me passare. Me sento male«, wurde der allgemeine Tumult noch durch gelegentliche hysterische Aufschreie übertönt. Und mitten hinein tönte der Chor der Schweizer Garde ›Stille Nacht. Heilige Nacht. Alles schläft, einsam wacht‹. Wohl kaum. Nächstes Jahr bleibe ich Heilig Abend zu Hause bei meinen Büchern.«

Aus Hildes Beschreibung wird deutlich, wie stark der Vatikan zu einem Ort geworden war, auf den sich die Sehnsüchte nach einem Ende des Krieges richteten. Die hohen Feiertage mit ihren prunkvollen Inszenierungen hatten immer großen Zulauf im Vatikan, aber gegen Kriegsende nahm der noch zu. Die Menschen sahen im Vatikan den Ort, von dem das Leben nach dem Tod ausgehen würde – das ist nicht transzendent gemeint, sondern ganz wortwörtlich: das Leben nach dem Krieg.

Der Silvesterabend offenbarte allerdings, dass der Krieg auch in Rom noch nicht zu einem Ende gekommen war. Um das neue Jahr zu begehen, traf sich die »deutsche Kolonie« des Vatikans – die Botschaftsmitglieder, die untergeschlüpften deutschen Gefangenen sowie einige deutsche Geistliche vom Campo Santo – zunächst bei Weizsäckers, anschließend bei Hilde und Sigis. Es kam zu einer Auseinandersetzung, weil einige der Anwesenden »partout im Radio die Hitler-Rede hören wollten«, andere nicht. Wie dieses Problem gelöst wurde, sagt uns Hilde nicht. Aber bemerkenswert ist die Tatsache, dass es an der Botschaft überhaupt Menschen gab, die noch der Nazipropaganda zugewandt waren. Eine seltsame kleine Gemeinschaft hatte sich da in der Heiligen Stadt zusammengefunden. Nach einigen Kommentaren von Hilde kann man zwischen den Zeilen des Tagebuchs herauslesen, dass sie eigentlich nicht viel verband, außer dem Schicksal, Deutsche im Vatikan zu sein. Sie hatten bis dahin ihr »Deutsch-Sein« sehr unterschiedlich ausgelebt. Am meisten hatte sich Ernst von Weizsäcker mit den Nazis eingelassen. Andere unter ihnen – etwa Hubert Jedin, der in Hildes Tagebuch noch eine wichtige Rolle spielen wird – waren vor den Nazis geflohen. Wieder andere waren als Soldaten entweder desertiert oder aus einem Gefangenenlager geflohen.

Die größte Gruppe bildeten natürlich die deutschen Geistlichen, die es in den Vatikan verschlagen hatte. Nun gehörten sie einer Schicksalsgemeinschaft an, deren Gemeinsamkeit darin bestand, dass ihr Land dabei war, den Krieg zu verlieren. Wenn ich die Tagebücher von Hilde richtig lese, so einte sie weniger die Erleichterung darüber, dass der Krieg bald vorbei und das Regime der Nazis bald am Ende sein würde, als das Gefühl der Erniedrigung. Es war die Scham des Verlierers.

Kurz vorher war, so eine Tagebuchnotiz, »ein inhaltsschwerer Brief von Hans« eingetroffen. Vermutlich handelt es sich um einen Brief, in dem er seiner Schwester mitteilte, dass er in die australische Armee aufgenommen worden war und nun – nach dem Tod von Hildegard Margis – überlege, in Australien zu bleiben. Hilde fügte diesem Eintrag den geheimnisvollen Satz hinzu: »Vielleicht beginnt jetzt die Schicksalsfügung, auf die ich eigentlich seit Monaten gewartet habe.« Was sie damit meint, ist nicht klar. Aber ich vermute, dass es um die Frage geht, ob sie und Sigis selber Deutschland den Rücken kehren sollten. Darüber hatten sie schon während ihrer Zeit im Internierungslager nachgedacht.

Nun, im Vatikan erwogen sie erneut eine Emigration. Nach Australien? In die USA? Nach Afrika? Der Gedanke taucht in den Tagebüchern wiederholt auf, und er sollte noch nach Kriegsende in den Briefen von Sigis an seine Eltern eine Rolle spielen. Nach Deutschland zog sie zu diesem Zeitpunkt nichts, wenn Sigis auch der Gedanke an seine Eltern in Niederschlesien mit Sorge erfüllte. Der Gedanke ans Ausland war dem jungen Paar nicht fremd. Ihre Ehe hatte im Ausland begonnen, und von den viereinhalb Jahren, die sie verheiratet waren, hatten Hilde und Sigis nur wenige Tage in Deutschland verbracht. Ein Bruder in Australien: Warum nicht nach Australien gehen, dort neu anfangen? In Rom rechnete man mit dem baldigen Zusammenbruch des deutschen Staates, und die Vorstellung eines »völligen Neuanfangs« in einer anderen Welt muss für Hilde und Sigis sehr anziehend gewesen sein. Dass sich ihr Interesse ausgerechnet auf Australien richtete, hing mit den Berichten von Hans zusammen, der ihnen nun, da er das Internierungslager verlassen hatte, in seinen Briefen viel über das Leben auf dem fernen Kontinent zu berichten wusste. Beim Gedanken der Auswanderung unterschieden sich Sigis und Hilde von den meisten Mitgliedern dieser kleinen »deutschen Kolonie« im Vatikan. Vor der Fremde hatten sie keine Angst – sie hatten Angst vor dem Nachkriegsdeutschland –, und wer weiß, ob Hilde später so schwere Depressionen entwickelt hätte, wenn sie tatsächlich Hans gefolgt wären. Mit ihrem Bruder unterhielt Hilde zu diesem Zeitpunkt noch eine intensive Korrespondenz. Nach den vatikanischen Tagebüchern zu urteilen, waren fast wöchentlich Briefe unterwegs. Wenige Jahre später schrieben sie sich höchstens einmal im Jahr. Da hatten sich die Geschwister schon auseinandergelebt.

Als das Jahr 1945 anbrach, tobte »draußen« noch der Krieg, aber »drinnen« spielte man Bridge. Auch dabei hatte man sich freilich an die Regeln der Heiligen Stadt zu halten. Darauf achtete der Kardinal persönlich. »Zum Wochenende hatten wir uns Nora eingeladen, die ja alltags zu beschäftigt ist, als dass sie bei uns vorbeikommen könnte. Mitten in unser Bridge hinein störte uns alle der Anruf von Montini persönlich, der uns untersagte, unseren Besuch über Nacht zu beherbergen, und ihr sogar ein Auto zur Verfügung stellte, weil es bei der römischen Unsicherheit unmöglich ist, abends allein auf die Strasse zu gehen. Was für moralische oder sonstige Vorstellungen die verkrampften Gehirne hier bewegten, unseren Bridgepartner wegzuholen, ehe er sein Haupt bei uns zur Ruhe legen konnte, weiss der Himmel.«

Februar 1945: Auf die Städte in Deutschland fielen Bomben, aber im Vatikan ging das Leben weiter – nach den Gesetzen der Heiligen Stadt. »Carola und Sigis werden katholisch bearbeitet. Christina und ich fliehen in Opposition. Sigis quält sich durch katholische Lektüre, bloss weil er einmal den Leichtsinn besass, einem Priester zuzugeben, dass Friedrich der Grosse an allem schuld sei. Seither findet der den Acker vorbereitet für die Missi-

1 Hildegard Beck, um 1910.

2 Hildegard Margis, geb. Beck, Mitte der 1930er Jahre an ihrem Schreibtisch in Berlin.

3 Joseph und Clara Beck mit ihren vier Töchtern. Links, im weißen Kleid, die jüngste: Hildegard.

4 Hildegard und Paul Margis (rechts im Bild) nach ihrer Eheschließung, 1913.

5 Paul Margis nach seiner Einberufung zum Militärdienst, 1915.

6 Hochzeitsanzeige Emmy von Quistorp und Magnus von Braun, 1910.

7 Magnus von Braun (Mitte) wird zum ersten Reichspressechef ernannt, 1917.

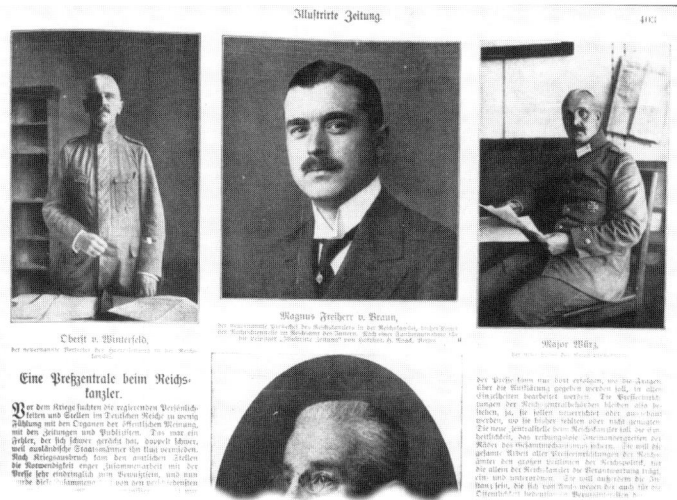

8 Die drei Söhne von Braun, v. l. n. r.: Sigismund, Wernher, Magnus.

9 Hilde und Hans, die Kinder von Hildegard Margis, um 1928.

10 Norderney 1931, v.l.n.r.: Kurt Ullstein (der Bruder von Elisabeth), Hans, Hilde, Hildegard Margis, Elisabeth Saalfeld, geb. Ullstein, Kurt Saalfeld.

11 Hilde Margis im Garten des Hauses ihrer Mutter an der Lyckallee, um 1931.

12 Emmy von Braun und ihr ältester Sohn Sigismund vor seiner Abreise in die USA, 1934.

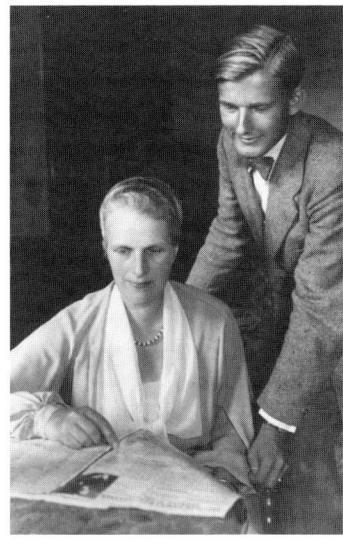

13 Hans Margis in SA-Uniform, etwa 1933.

14 Kurz vor der Abreise nach England, Ende 1935.

15 1945 in Australien.

16 Hilde Margis, um 1933.

17 »Die Politikerinnen Katharina von Kardorff und Ada Schmidt-Beil mit zwei weiteren Damen«, Berlin 1930, fotografiert von Erich Salomon.

18 Silberhochzeit Emmy und Magnus von Braun in Oberwiesenthal, 1935.
Stehend v. l. n. r.: Sigismund, Magnus, Wernher.

19 Das Gut von Magnus und Emmy von Braun in Oberwiesenthal, Kreis
Löwenberg, Schlesien.

20 Sigismund von Braun
während einer Wehrübung,
Schloss Blankenburg im
Harz, 1936.

21 Sigismund von Braun in
Äthiopien, 1939.

22 Hilde Margis in Berlin,
1939.

23 Vatikan 1944, v. l. n. r.: Sigismund von Braun, Ernst von Weizsäcker, Albrecht von Kessel.

24 Akkreditierung Ernst von Weizsäckers (5. v. r.) als Botschafter am Heiligen Stuhl, Juni 1943. 3. v. l. Sigismund von Braun.

25 Hilde von Braun in Italien, um 1947.

26 Hildegard Margis, Sigismund und Hilde von Braun, Tochter Carola, Rom 1943.

27 Blick aus der Wohnung von Sigismund und Hilde von Braun in die Vatikanischen Gärten.

28 Die Kinder der »Achsenfamilien« in den Gärten des Vatikans.

29 Hilde mit ihren drei Kindern Christina, Christoph und Carola (v. l. n. r.), Sommer 1946 im Vatikan.

30 Ausflug zur Via Appia antica: Carola mit vatikanischen Freunden der Familie, Sommer 1943.

Berlin, am 21.September 1944.

Verhandelt:

Im Polizeigefängnis Charlottenburg vorgeführt erscheint
Witwe Hildegard **M a r g i s** geb. Beck,
am 31.5.1887 in Posen geboren,
wohnh. Berlin-Charlottenburg 9, Lyckallee 28,
und erklärt:

Ich bin als jüngstes von 4 Kindern meiner Eltern ehelich
geboren. Mein Vater der Gymnasialprofessor Dr. Josef Beck,
meine Mutter war Klara geb. Brück. Ende 1913 habe ich den
Studienrat Paul Margis geheiratet. Mein Mann ist 1918 als
Leutnant in Frankreich gefallen. Aus meiner Ehe sind 2 Kinder
hervorgegangen. Meine Tochter ist jetzt 29 Jahre alt und mit
dem Legationssekretär an der Deutschen Botschaft beim Vatikan
Sigesmund von Braun verheiratet und lebt in der Vatikanstadt.
Mein jetzt 28-jähriger Sohn ist techn.Kaufmann und befindet
sich in Australien in einem Internierungslager.

Ich lebe von meiner Pension und einer Hinterbliebenen-
rente.Das Haus Lyckallee ist mein Eigentum. Es ist durch Feind-
einwirkung stark beschädigt, jedoch bald wieder bewohnbar.

Ich weiss, dass meine Vernehmung wegen meiner Beziehung
zu Frau P e c h e l   und einen gewissen "M a r t i n"   erfolgt. Ich bin bereit, die volle Wahrheit zu sagen.

Auf Grund geschäftlicher Beziehungen habe ich Herrn
Dr. P e c h e l   und dadurch auch dessen Ehefrau vor einigen
Jahren kennengelernt. Wir standen in losem Kontakt zu einander.

Da ich schlecht zu Fuss bin, hat sich Frau P e c h e l
in der letzten Zeit hin und wider meiner angenommen und einige
Besorgungen für mich erledigt. Am 22.11.1943 lud mich Frau
P e c h e l   telefonisch zum Abendessen ein. Ich habe die
Einladung auch angenommen und bin in die Wohnung der Frau P.
gegangen. Frau P e c h e l   war anwesend. Ausserdem waren
noch 2 Herren dort. Einer nannte sich "M a r t i n". Bei dem
anderen Manne handelte es sich um den Untermieter der Frau
P e c h e l . Ich bemerke hierbei, dass die Zusammenkunft in
der Wohnung der Frau P. am Hohenzollerndamm stattfand. Nach
knapp einer Viertelstunde ertönten die Sirenen. Wir mussten in
den Luftschutzkeller. Berlin erlebte den ersten schweren
Terrorangriff, wobei auch mein Haus nahezu ausgebombt worden
ist. Nach der Entwarnung begleiteten Frau P e c h e l   und

---

31 Protokoll der Vernehmung von Hildegard Margis im Polizeigefängnis
Charlottenburg am 21. September 1944.

32 Hildegard Margis, um 1938.

33 Sigismund von
Braun, Nürnberg
1947.

34 Hilde und Sigismund von Braun mit ihren drei Kindern im Vatikan, 1948.

onssamen, und bei Sigis häufen sich die Bücher. Carola wird von unteren Instanzen bearbeitet, wie Giovanna und Gilda, Kessels Mädchen, und das zeigt erstaunliche Erfolge. Wo es eine Möglichkeit zum Knien gibt, tut sie dies und fordert die Umstehenden intensiv auf, dasselbe zu tun. Gleichzeitig bewegt sie dabei murmelnd ihre Lippen, wie sie es bei den Grossen beobachtet hat und erhebt die Hände zum Gebet. Manchmal betet sie auch laut ›Madonna mi fa bona‹. Und neulich tönte es plötzlich in St. Peter während der Stille der Wandlung auf Deutsch ›Lieber Gott, ich bin klein‹. Sie schlägt geschäftig das Kreuz und murmelt: ›Padre, Figliolo, Padre Figliolo‹. Ihr Italienisch ist jetzt absolut fliessend und sehr klar. Sie macht den Grossen an Gebärden und Ausdrücken alles nach und bevorzugt natürlich die vulgärsten Vorbilder. Die Liebenswürdigkeit dieses Volkes verfehlt auch nicht bei ihr ihren Eindruck und vermischt sich mit dem ihr eigenen persönlichen Charme.«

Wir Kinder bekamen von den Sorgen und Ängsten der Erwachsenen nur wenig zu spüren. »Messe« und »Prozession« gehörten zu unseren Lieblingsbeschäftigungen. Das spielten wir unermüdlich in den Gärten des Vatikans – gelegentlich zur Verlegenheit unserer Eltern. Wir ahmten den Singsang und den Ton der katholischen Gottesdienste nach. Carola, die im Winter 1944/45 zweieinhalb Jahre alt war, bekam zu Weihnachten ein hölzernes Dreirad geschenkt, das sie ebenfalls »christianisierte«. »Sie versteht es zwar noch nicht zu fahren, klettert aber voll Vergnügen immerzu hinauf und hinunter. Aus Bicicletta, Bicchiesa ist schließlich der Namen ›Chiesa‹ für das Rad entstanden. Es gibt aber doch etliche Leute, die mich erstaunt anschauen, wenn Carola sagt: ›Andiamo chiesa!‹ und damit Rad fahren meint.«

Der Vatikan hat sich meiner Kindheitserinnerung als eine Art von »Paradies« eingeprägt. Viele andere Menschen, die in demselben Jahr geboren wurden wie ich, haben schreckliche Erinnerungen an die Jahre des unmittelbaren Kriegsendes und der ersten Nachkriegsjahre. Bei mir sind Gerüche zurückgeblieben wie der Duft von Mimosen – ein Geruch, der unweigerlich eine

Sehnsucht auslöst, für die ich keine Worte habe. Nachdem wir –
meine Mutter und die Kinder – 1949 von Rom nach Deutschland zogen, begegnete ich über viele Jahre keinem Mimosenge-
ruch mehr. Ich weiß nicht, wie alt ich war – vielleicht 18 oder
19 Jahre –, als ich plötzlich in einem Blumenladen von diesem
besonderen Duft wieder überwältigt wurde und nicht wusste,
woher die intensiven und sprachlosen Gefühle kamen, die er in
mir auslöste. Sehr viel später erst kam mir die Erklärung, dass
sich dieser Duft mit den Erinnerungen an die Vatikanischen Gärten im Rom meiner ersten Lebensjahre verbinden muss. Dasselbe
gilt für den Geruch und die Geräusche in großen Kirchen: als
flüstere es in allen Ecken, als seien die Stimmen von Menschen,
die längst woanders sind, hier gefangen geblieben. Wir wohnten
direkt neben dem Petersdom – die Geräusche der großen Messen,
die Vorbereitungen der Messdiener klangen in unsere Wohnung
hinüber.

Im März 1945 setzte der römische Frühling ein. Für die im
Vatikan Internierten verwandelte sich damit der »Schutz«, den
sie bisher genossen hatten, in ein Gefühl des Eingeschlossenseins.
»Frühling und die vorauszusehende Gefangenenpsychose macht
sich doch allmählich in gewissen Konflikten bemerkbar. Wir
stehen etwas ausserhalb, weil für eine Familie das Eingeschlossensein weniger harte Konsequenzen bedeutet. Ausserdem haben wir
in unserer ersten Gefangenschaft das Rezept intensiver Beschäftigung ausprobiert. Sigis fährt neben seiner nicht gerade übermäs-
sigen dienstlichen Beanspruchung mit seinen russischen Studien
fort und bringt es jetzt immerhin zu einer gewissen Konversation.
Ausserdem widmet uns Fräulein Dr. Speier, Mitarbeiterin in den
vatikanischen Museen, regelmässig einmal wöchentlich einen ar-
chäologischen Nachmittag. Küppers gibt uns einmal wöchentlich
einen Einblick in die griechische Philosophie, aber dieser junge
Mann ist doch zu lebhaft mit seinem eigenen komplizierten Dasein im Moment beschäftigt, als dass er grosse pädagogische Neigungen aufzubringen vermag. Die französischen Stunden laufen
weiter, und ausserdem bemühe ich mich jetzt um ein paar schrift-

stellerische Versuche. Mit grossem Genuss lese ich im Moment die ›Römischen Briefe‹ von Schlözer. Schade, dass ich die nicht geschrieben habe. Die römische Atmosphäre ist doch über alle Seiten und Ereignisse hinweg immer noch dieselbe, und besser kann man es nicht ausdrücken.«

Hilde und Sigis hatten mit ihren kleinen Kindern viel zu tun und litten weniger als die anderen unter dem Eingeschlossensein. Die meisten waren, mit Ausnahme der Weizsäckers, unverheiratet: die einen waren Geistliche, die anderen lebten als Kriegsgefangene ohne Familien im Vatikan. Bei Hilde und Sigis wuchs das Bedürfnis, wieder einen echten »Freundeskreis« um sich zu haben. Sie spürten den »Verlust des alten Lebens mit dem Kreis der Freunde und Nächsten« und begannen, »sich auf ein neues Leben vorzubereiten«. Weder das Internierungslager noch die Zwischenstation in Rom waren der richtige Ort gewesen, um bleibende Freundschaften zu schließen. Nun, da das Ende des Kriegs bevorstand, zog Hilde Bilanz und stellte fest, dass es darum im Vatikan auch nicht viel besser bestellt war als an den vorhergehenden Orten. In einem ihrer Tagebucheinträge vom März 1945 ließ sie alle Menschen ihrer »Kolonie« Revue passieren, um zu sehen, ob sich darunter geeignete Kandidaten für eine Freundschaft finden ließen. Zunächst wurden alle Italiener verworfen – und zwar pauschal: »Ich will dabei gar kein Werturteil fällen, stelle nur fest, dass man sich gegenseitig eben nichts zu geben hat, ohne die wirklich sehr liebenswerten Eigenschaften dieses Volkes zu verleugnen, besonders des Volkes der unteren Stände.« Die meisten Kollegen des diplomatischen Korps wurden als »zu langweilig« abgetan. Von dem kleinen Personenkreis der eigenen Botschaft kamen Weizsäckers als Vorgesetzte für eine Freundschaft nicht in Frage; sie galten als »zu hoch« – und wie ich aus späteren Briefen von Hilde schließe, begegneten sie der jungen Frau, aus welchen Gründen auch immer, mit Herablassung. Kessel kam auch nicht in Frage. Seine Homosexualität bereitete ihr weniger Probleme als sein Hochmut gegenüber Sigis. Andere Deutsche im Vatikan waren entweder Wissenschaftler oder Geistliche: »Von Deutschen gibt es ausser Curtius, der in seiner überwältigenden Vielseitigkeit, seiner temperamentvollen Menschlichkeit einen Höhepunkt jedes Freundeskreises bedeutet, nur noch Priester. Für uns ein sehr neuartiger und gefährlicher Versuch. Gefährlich nicht deshalb, weil ich befürchte, dabei in die Klauen einer katholischen Mission zu geraten. In Rom vergeht einem ja die Lust dazu. Viel eher befürchte ich, dass intensive und weitgehende Bemühungen Enttäuschungen mit sich bringen zu einem Zeitpunkt, an dem man selbst sich schon sehr freundschaftlich verbunden fühlt.«

Hilde konstatierte einerseits, dass sich mit den Geistlichen »Welten öffnen, von denen wir bisher keine Ahnung hatten«, dass die zölibatär lebenden Männer andererseits aber auch Gefahr für sie bargen. Meistens heißt es, dass die Frauen für katholische Geistliche eine Gefährdung darstellen. Bei Hilde war es andersherum: »Die eigenen Erfahrungen, die man doch als Massstab zu neuen Beziehungen anlegt, treffen hier einfach nicht zu.« Und weil sie nicht zutrafen, wusste man nicht, wie man mit diesen Männern – und das waren sie doch! – umgehen sollte. Diese Passagen des Tagebuchs lassen die Dramen vorausahnen, die sich für Hilde im Vatikan später tatsächlich abspielen werden. Sie schreibt von der Freundschaft mit den Geistlichen, dass es erschütternd sei, »wenn man glaubt, der beseligenden Erfüllung einer Freundschaft nahe zu sein, um dann plötzlich in letzter Minute eine unüberwindliche Barriere zu entdecken, die die Erfüllung verhindert. Ich bin mir eigentlich ganz sicher, hier eines Tages auf Barrieren zu stossen, und trotzdem reizt mich der Versuch.« Die Vorausahnung sollte sich später auf schmerzliche Weise bewahrheiten.

Hilde befand sich in der Hochburg des männlichen Zölibats der Westkirche. Nur der Berg Athos hätte »unseren Berg« in dieser Hinsicht ausstechen können. Aber sie brachte sich und ihr Begehren in einer Weise ein, die an ihrem Begriff von »Freundschaft« keinen Zweifel ließ. Sie sagte es nicht – oder wagte es nicht einmal zu denken –, aber sie hatte sich vorgenommen, dem Vatikan zu zeigen, was eine Frau ist, und ihre Verführungskunst an diesem Ort, und gerade hier, zu beweisen: »Da wäre zunächst Jedin, Historiker, Weltgeistlicher, Mitte 40 und von so reiner, gütiger Menschlichkeit, Grosszügigkeit und unabhängigem Denken, dass er mir nicht wie der Prototyp eines Priesters erscheint – oder vielleicht eines ganz vollkommenen. Jedenfalls finde ich meine schon seit Monaten währenden Bemühungen um ihn sehr lohnend. Warten wir ab, ob er nicht eines Tages genug hat. Ausserdem hat er Humor, schon als solche eine unschätzbare Eigenschaft. Weiterhin käme aus dem Campo Santo Küppers in Frage [Werner Küppers war vorher schon erwähnt worden als ein Soldat, dem es als Theologen leicht gelang, im Vatikan Unterschlupf zu finden]. Er findet aber nicht Sigis' Billigung, weil er seine nicht gerade kirchlichen Neigungen zu mir schlecht versteckt, wie Sigis findet. Mit der Zeit wird sich das ja wohl geben, und man muss dem Armen die Kriegsjahre und ein Sonderführer-Dasein zu gute halten; es bedarf einer gewissen Frist, um zum heiligen Lebenswandel normalen Priestertums zurückzukehren. Schlimmer finde ich eine gewisse Proletigkeit, die seine grosse geistige Veranlagung gelegentlich verdunkelt. Vielleicht ist es das, was Mutti in Hotels immer veranlasst hat, Zimmer neben Rheinländern abzulehnen: ›Die wären zu laut!‹ Im Übrigen ist er noch jung genug, um erzogen zu werden. Genau mein Alter. Er ist schon deshalb interessant, weil er einen gewissen Lucifer-Komplex verkörpert und es noch gar nicht abzusehen ist, wofür sich der gefallene Engel entscheidet. Durch seine philosophischen Interessen und jahrelangen Studien gewinnt das Ganze bei ihm ein Niveau, von dem man vieles lernen kann. Ausserdem ist er ein netter Kerl und eine ausgesprochen erfreuliche Erscheinung. Bei Obolenskij [Pater Prinz Sergej Obolenskij ist Mitglied im Collegium Russicum] wird die Barriere schon sichtbar, bevor es richtig angefangen hat: ›Sie kennen die *rr*ussische Seele nicht!‹ Aber immerhin ist es reizvoll, eine vorsichtige Art von Versuch aufrechtzuerhalten. Er ist doch sehr geistvoll, grosszügig und unabhängig im Denken wie Jedin und ein wirklicher Grandseigneur, trotz Nerventick im Gesicht und ewig zerrissener

Hemden. Aber: die *rr*ussische Seele!« Es folgen weitere Namen, allesamt Geistliche, darunter auch ein Jesuit, der Archäologe ist: »Ende 30, sieht sehr männlich und sportlich aus und hat eine so natürliche Art sich zu geben, wie ich es so von Priestern im allgemeinen nicht gewohnt bin. Ich kann nur schlichtweg feststellen, dass er mir gefällt.«

ST. ROMAN DE CODIÈRES,
DEN 10. OKTOBER 2006

Liebe Großmutter,

das erste Weihnachten nach Deinem Tod. Hilde verliert kein Wort darüber. Ihr Schweigen über Deinen Tod ist laut. Man hat den Eindruck, dass sie sich jedes Nachdenken darüber verbietet, davon abzulenken versucht und nach Möglichkeiten Ausschau hält, ein neues Leben zu beginnen, neue Freunde zu finden. Es war nie Hildes Stärke, über Trauer oder Gefühle nachzudenken – deshalb konnten die Gefühle so leicht von ihr Besitz ergreifen. Dein Tod muss tiefe Gefühle in ihr ausgelöst, um nicht zu sagen, ihr den Boden unter den Füßen weggerissen haben, so eng wie Eure Beziehung war. Aber es gab niemanden, der mit ihr darüber gesprochen hat. Auch nicht Sigis, dem – so menschlich zugewandt er sein konnte – das Reden über psychische Vorgänge fremd war. Hilde hat ihre Gefühle einfach tief in ihrem Herzen verschlossen – und von dort kamen sie dann explosionsartig und oft ohne erkennbaren Zusammenhang – an die Oberfläche. Wie bei den Gewittern, von denen ich am Anfang erzählte.

Einigen der Menschen, die Hilde in ihrer Liste von potentiellen Freunden aufführt, bin ich viele Jahre später begegnet, darunter auch Werner Küppers. Er hat, wie Hilde vorausahnte, später tatsächlich den klerikalen Stand verlassen und geheiratet. Als ich ihn – auf Schloss Elmau – Mitte der 1960er Jahre kennenlernte, lebte er in La Spezia und leitete die dortige Mercedes-Vertretung. 1967 bereiste ich mit einer Freundin sechs Wochen lang Italien, und wir wohnten auch bei ihm und seiner italienischen Frau.

Diese Italienreise – ich war 21 Jahre alt – war ein Versuch, an die Kindheit im Vatikan anzuschließen. Ich wollte »mein Italien« wiederfinden, was natürlich nicht gelang. Dafür habe ich ein neues entdeckt. Dennoch hat mich überrascht, wie schnell ich mich in der italienischen Sprache wieder zurechtfand. Es war meine erste Sprache gewesen – meine »Muttersprache«. Meine Geschwister und ich sprachen, solange wir im Vatikan lebten, nur italienisch untereinander und mit den Eltern. Wir verstanden deutsch, aber die italienische Sprache war unser Zuhause. Als wir 1949 Italien verließen und nach Deutschland zogen, verloren wir diese Heimat. Meine beiden Geschwister und ich haben von einem Tag auf den nächsten aufgehört, italienisch zu sprechen. Wir haben die Sprache verweigert, in der wir aufgewachsen waren. Man hatte uns aus dem Paradies vertrieben – also vertrieben wir die Paradiessprache aus unserem Körper. Ich weiß, wie viele Schriftsteller, die vor den Nazis fliehen mussten, unter dem Verlust ihrer Sprache zu leiden hatten. Es muss schrecklich sein, wenn die Worte, mit denen Du tagaus tagein mit der Welt und mit Dir selbst verkehrt hast, von den anderen nicht mehr gehört werden. Bei uns war es anders. Wir haben einfach unsere Sprache verloren, wie man ein Auge verliert oder einen Teil des Gehörs. Es hat viele Jahre gebraucht, bevor mir das Deutsche so selbstverständlich an den Körper gewachsen war wie damals das Italienische. Eigentlich ist das bis heute nicht der Fall. Ich mache manchmal Fehler im Deutschen. Wie ein Ausländer, der akzentfrei spricht, dem man aber an kleinen Fehlern doch anmerkt, dass er kein wirklicher »Muttersprachler« ist. Die deutsche Sprache hat sich lange Zeit gelassen, bevor sie mich aufgenommen hat – und ich habe es ihr nicht einfach gemacht. Ich habe viele Jahre im Ausland gelebt, bin in England zur Schule gegangen, habe in den USA studiert und gearbeitet, in Paris geheiratet und meine Kinder bekommen. Vor Deutschland habe ich mich gedrückt – viele, viele Jahre. Und dann, als ich – mit fast vierzig Jahren! – doch in Deutschland gelandet bin, begannen wir uns vorsichtig aneinander heranzutasten, die deutsche Sprache und ich. Auch das ist ein Teil der »Stillen Post« zwischen Dir und mir: Indem ich Deinen Faden aufgreife, freunde ich mich auch mit meiner zweiten Muttersprache an.

Frühjahr 1945 im Vatikan

Beim Lesen von Hildes Tagebuch vergisst man gelegentlich, dass »da draußen« noch immer Krieg ist. Die Außenwelt ist ausgeschlossen und taucht höchstens als Schatten auf, den die Politik des Vatikans in das Leben dieser kleinen deutschen Kolonie wirft. »18. März 1945. Grosse Rede des Heiligen Vaters von der Loggia von St. Peter. Der Platz gerammelt voll, aber nicht so, dass nicht immer noch Platz für einen gläubigen Christen wäre. Man vermeidet eher die Superlative, auch darin ein Unterschied zu Hitler. Strahlender Sonnenschein und ein herrlicher Blick auf die Berge. Das diplomatische Korps, das Patriziat und die Vatikanbürger bezogen die reservierte Terrasse über den Kolonnaden, streng untereinander getrennt. Voriges Jahr waren wir hier die grossen Leute, und alles riss sich darum, einen zu hofieren. Heute steht man abseits; ausser den ganz wenigen Neutralen hat alles Angst, sich in der Öffentlichkeit mit uns zu unterhalten. Man wird angestarrt wie ein Floh, auf den man schon hundertmal geschlagen hat und der immer noch am Leben ist.«

Ähnliche Erfahrungen machten Hilde und Sigis auch bei den wenigen Gelegenheiten, zu denen sie den Vatikan verlassen durften. Zu Ostern und Weihnachten wurden Ausfahrten genehmigt, damit sie an den Gottesdiensten in einer protestantischen Kirche teilnehmen konnten. Für diese »Ausflüge« stellten die Alliierten sogar Fahrzeuge zur Verfügung. Die Angehörigen der deutschen Botschaft wurden in Autos mit verhängten Fenstern durch die Stadt zur Kirche gefahren. Eine Militäreskorte auf Jeeps beglei-

tete den Konvoi. Jeder Kontakt mit den Passanten auf der Straße war verboten. In Situationen wie dieser gestand sich Hilde
ein, dass das Leben auf der Siegerseite, während der deutschen
Besatzungszeit in Rom von September 1943 bis Juni 1944, doch
schöner gewesen war. »Im Unterbewusstsein entdeckt man dabei,
dass es eben doch ein ganz angenehmes Gefühl gewesen war, sich
während der berühmten neun Monate als Herren zu empfinden.
Besonders der Vatikan-Botschaft haftete der Nimbus an, dass sie
die Menschen aus SS- und Kappler-Klauen befreien können. Ein
frommer Wunsch. Sigis war wohl der einzige, der gelegentlich
einmal einen Vorstoss wagte, allerdings nur, wenn es vatikanisch
begründet war und der Fall eklatant unschuldig. Im Ganzen bestand für die Mitglieder unserer kleinen Behörde die behagliche
Situation, an der Macht teilzuhaben, ohne gefürchtet zu sein,
und ich bin soweit ehrlich, diesen Zustand weidlich genossen zu
haben. Umso mehr empfinde ich natürlich jetzt den Unterschied,
nachdem es ja dieselben Strassen sind, durch die man fährt, auf
denen dieselben Leute vorbeigehen. Sigis ist immer zu bescheiden gewesen, als dass der heutige Unterschied einen wesentlichen
Eindruck auf ihn machen könnte, aber Spass hat er an diesen
Ausfahrten auch nicht. Ihn bedrückt jetzt vor allem immer die
Sorge um die Eltern in Schlesien, von denen wir das letzte Telegramm als unzustellbar zurückbekamen, und selbst die Kinder
und meine Albernheiten vermögen ihn kaum auf andere Gedanken zu bringen.«

Solche Einträge sprechen Bände. Offenbar hatte Sigis seine
Frau nicht über den ganzen Umfang seiner Aktionen zum Schutz
von Klöstern und anderen Einrichtungen, die Juden und Widerstandskämpfer aufgenommen hatten, unterrichtet. Da die Aktionen nicht nur für ihn, sondern auch für die Familie riskant waren,
war es besser, dass er ihr darüber wenig erzählte. Und was meint
Hilde mit »eklatant unschuldig«? Dass die, denen Sigis half, nicht
Juden waren? Oder nicht zum Widerstand gehörten? Offenbar
hatte sie sogar jetzt noch Angst, dass diese Aktionen der Familie
schaden könnten, während auf Sigis die neue Situation keinen

»wesentlichen Eindruck« macht. Aus einem späteren Brief von Hilde an Sigis geht hervor, dass sie ihn während dieser neun Monate deutscher Besatzungszeit nur mit der Drohung, dass sie mit ihrer Tochter nach Deutschland abreisen werde (!), dazu bringen konnte, Geld nicht regulär, sondern auf dem Schwarzmarkt zu wechseln. Es gab bei Sigis eine tiefe Staats- oder Rechtsgläubigkeit, die es ihm später erschwerte, uns, seinen Kindern, Genaueres über diese Zeit im Vatikan zu berichten, in der er gegen »das Gesetz« – eines Unrechtsstaates! – verstoßen hatte. Für ihn repräsentierten die Nationalsozialisten eine Schreckensherrschaft. Aber er hielt am Staat fest. Dass die Nazis den Staat selbst in eine mörderische Maschine verwandelt hatten, war ein Gedanke, den er, glaube ich, nicht formulieren konnte. Mir ist bewusst, dass es viel leichter ist, eine totalitäre Struktur nachträglich zu begreifen. Dennoch gab es in dieser Zeit Menschen – darunter auch Hildegard Margis –, die sie durchschauten und sich ihnen, um den Preis ihres Lebens, widersetzten.

Es ist unbestreitbar, dass die Mitglieder der Botschaft am Heiligen Stuhl mehr ausrichten konnten als andere Deutsche in Rom. Deshalb galten mehrere von ihnen als »unsicher«, vor allem auch Sigis. Der Einberufungsbefehl vom Mai 1944 hing vielleicht auch mit einer Denunziation zusammen. Die SS hatte, solange Rom noch unter deutscher Besatzung war, zur Kontrolle der deutschen Diplomaten zwei Beobachter an die Botschaft entsandt. Einer von ihnen hieß Ludwig Wemmer und stammte, laut Aufzeichnungen von Sigis, aus der Parteikanzlei Bormanns. Er war dort für Kirchenfragen und damit auch, laut Aussage von Sigis, für »kirchenfeindliche Tätigkeiten« zuständig. Seine Entsendung nach Rom sollte einerseits der Überwachung der Botschaftsangehörigen dienen; andererseits trug er, wie Hilde und Sigis vermuteten, aber auch dazu bei, dass in Rom noch kurz vor dem Einmarsch der Alliierten viele Juden verhaftet und deportiert wurden. Hilde erinnerte sich in ihrem Tagebuch an andere Seiten von Wemmer: »Der Gesandte Wemmer, nur zwei Jahre älter als Sigis, fand ein so ausgiebiges Vergnügen an Schiebungen mit Schweizer Franken, Bildern und überhaupt, auch an Frauen, Alkohol und Festen, dass er für dienstliche Betätigung nicht mehr viel Zeit fand. Und wir haben uns gehütet, ihn eines Besseren zu belehren. Besser konnte die Parteileitung in München freie Devisen gar nicht aus dem Fenster werfen als mit der Berufung dieses Herrn auf seinen Posten zu unserer Beobachtung. Immerhin verdanken wir es ihm, dass die Devisen-Vorräte, die damals von der Botschaft für das gesamte Personal angeschafft wurden, heute durch ihren Umtausch zu den damaligen normalen Preisen unsere Lebenskosten erheblich senken. Frau Wemmer war die gefährliche. Ihr Erscheinen hier traf ziemlich genau mit dem Ende der nationalsozialistischen Herrlichkeit in Rom zusammen, und jetzt grollen beide in Taormina und warten auf den Austausch. Es ist aber anzunehmen, dass, wenn dieser überhaupt noch vor Kriegsende einsetzen sollte, zuhause kein Platz für solche Art von Leuten mehr ist. Sie werden wahrscheinlich selbst sich schon darüber im Klaren sein und vielleicht Pläne machen, in einem neutralen Ausland hängen bleiben zu können. Die genügenden Mittel dazu muss er sich eigentlich zugelegt haben.«

In Taormina befand sich ein provisorisches Internierungslager, in dem in Italien lebende Deutsche – darunter auch die SS-Leute, die in Italien verblieben waren – von den Alliierten inhaftiert wurden. Wemmer und der andere aus Berlin entsandte »Beobachter«, Elling, waren dort gelandet. Elling war ein Angehöriger des Sicherheitsdienstes und ursprünglich Priester. Er taucht ebenfalls in Hildes Tagebüchern auf.

»Der andere Beobachter, Elling, kam direkt aus dem Reichssicherungs-Hauptamt, entpuppte sich aber als ausgesprochen anständiger Mensch, der sich weigerte, belastende Denunziation gegen uns vorzunehmen und geriet deshalb mit der hiesigen Kappler-Behörde in Konflikt. Auch dieser wurde durch den Juni-Einmarsch betroffen, und auch er sitzt in Taormina. Es ist aber zu hoffen, dass er auf die Weise wenigstens am Leben bleibt, der einzige Fall des Reichssicherungs-Hauptamtes, für den es mich aufrichtig freut. Es wurde extra für ihn und seine Tätigkeit an der Botschaft der neue Titel ›Wissenschaftlicher Mitarbeiter‹ geschaffen, weil die SS die übliche Bezeichnung des Auswärtigen Amtes für Fachreferenten, nämlich ›wissenschaftlicher Hilfsarbeiter‹ für ein Mitglied ihrer Elite-Behörde zu subaltern fand. Er selbst hatte übrigens an dieser Titel-Aktion keinerlei Anteil. Da er wie viele verkrachte Existenzen nach Medizin, Philosophie, Naturwissenschaften und natürlich allen nationalsozialistischen Studien auch Theologie betrieben hatte, funktionierte er hier als Kirchen-Sachverständiger. Dass er uns allen tatsächlich Vorgänge der Liturgie mit geschichtlichem Hintergrund öfters anschaulich erklären konnte, ist ja bei unserer völligen Ignoranz auf diesem Gebiet nicht weiter erstaunlich; er stellte aber manchmal selbst Priester mit seinen Kenntnissen in den Schatten, allerdings keine Kapazitäten. Im Übrigen gab er sich wirklich alle Mühe, die gelegentlichen Vorstösse bei den SS-Behörden hier zur Rettung Unschuldiger zu unterstützen.«

Ostern 1945 fand im Vatikan eine der großen Inszenierungen statt, an die sich Hilde allmählich gewöhnt hatte. Sigis und Hilde wechselten sich mit Kessel ab, um an den vielen Feiern der Karwoche in der Sixtina teilzunehmen. »Wir waren voriges Jahr zu der festlichen Gestaltung des Gründonnerstags, die Herren mit Orden, die Kapelle geschmückt. Dieses Jahr gingen wir Karfreitag wie im Jahr 43 noch zu Bergens Zeiten. [Botschafter von Bergen war der Vorgänger von Weizsäcker bei der deutschen Botschaft am Heiligen Stuhl.] Es trägt dann alles ein Trauergepräge. Nachdem Sigis von seinem katholischen Bearbeiter Dr. Schneider dessen deutsche Version des Textes geschenkt bekommen hat, konnte ich dem Wortlaut des Ritus doch ganz folgen, der ja teilweise sehr eindrucksvoll ist. Warum ich mir aber ausführlich jüdische Schlachtverordnungen vorsingen lassen muss, bloss damit irgendwelche Prophezeiungen aus dem Alten Testament für den Heiland in Erfüllung gehen, kann ich nicht recht einsehen.«

Liebe Großmutter,

Hilde hat sich nie viel mit dem Verhältnis von Christentum und Judentum beschäftigt, was ihr nicht vorzuwerfen ist. Dasselbe galt aber offenbar auch für viele Menschen, die sie während dieser Jahre im Vatikan umgaben. Findest Du nicht, dass einer der Geistlichen ihr hätte erklären können, dass das Aufgreifen von Motiven aus der Hebräischen Bibel zu Ostern eine alte Tradition ist und der »Christianisierung« des Alten Testaments dient? Eigentlich war es in diesen Jahren, und gerade im Vatikan, kaum möglich, sich nicht über das Verhältnis der Christen zur jüdischen Religion Gedanken zu machen. Aber offenbar machte man weiter, wie in den Jahrhunderten zuvor. Hildes Beschreibung der Zeremonie reflektiert ganz gut die Einstellung des Vatikans in dieser Zeit: Er half zwar Juden, der SS zu entkommen. Aber zugleich hielt er an den alten Grundsätzen der christlichen Theologie fest: Wir, die Christen, sind das eigentlich »erwählte Volk«. Siehst Du, das ist es, was mich heute immer wieder beschäftigt: Man würde denken, dass der Völkermord an den Juden ein so tiefer Einschnitt war, dass es nie wieder, weder in der Kirche noch in der Politik, zu einer antijüdischen Haltung kommen kann. Dennoch gibt es sie. Und dennoch redete Hilde von »Judenmädchen«.

Sowohl in der Kirche als auch in der Politik gab es nach 1945 viele, die nachdenklich geworden sind und eine neue Form gefordert haben, die christlichen Lehren zu denken. »Es muss möglich sein, ein Christentum zu denken, das sich nicht nur *gegen* das Judentum definiert«, hat mir einmal ein evangelischer Theologe gesagt. Und er fügte hinzu: »Aber ich muss zugeben, dass hat es bisher noch nie gegeben.« An sich sind alle Religionen lernfähig, und auch die christliche hat sich doch immer wieder verändert. Aber hier in Rom 1945 war noch nichts davon zu spüren. Ich denke, es hätte Dich gefreut, dass schon wenige Jahre nach dem Krieg durch einen Beschluss der

Völkergemeinschaft ein jüdischer Staat gegründet wurde. Er sollte Juden davor schützen, noch einmal der Willkür anderer Völker ausgeliefert zu sein. Es war ein historischer Einschnitt. Aber heute, sechzig Jahre danach, wird schon wieder von vielen Mitgliedern der Völkergemeinschaft das Existenzrecht dieses Staates bestritten. Auch deshalb suche ich nach Deinen Spuren: Irgendwie muss es doch möglich sein, der Verfallszeit der Erinnerung entgegenzuwirken.

Ich halte es nicht für einen Zufall, dass es mich nach Berlin verschlagen hat. Irgendetwas hat sich in dieser Stadt erhalten, das an Dich anknüpft – sowohl an die Jahre Deiner Erfolge als auch an die Deiner Verfolgung. Als ich vor einigen Jahren in Tel Aviv war, bin ich einer Künstlerin, Yael Katz Ben Shalom, begegnet, die mir von ihrer Begegnung mit Berlin erzählte. Für sie sei Berlin »like an open grave«. Sie beschrieb die Große Hamburger Straße mit dem alten Friedhof, von dessen Grabsteinen die Nazis nichts übrig gelassen haben. Nur der Gedenkstein für Moses Mendelssohn und eine Tafel, auf der der vielen von hier deportierten Juden gedacht wird, erinnern noch daran, dass dieser Ort einst ein »jüdischer Ort« war. Neben dem alten zerstörten Friedhof liegt das restaurierte jüdische Gymnasium. In der Nähe, auf der Oranienburger Straße, befindet sich die halb restaurierte und halb als Ruine erhaltene große alte Synagoge. »Alles liegt nebeneinander«, sagte Yael, »ist tot und zugleich in der Gegenwart.« Es sei, so fügte sie hinzu, »als habe die Zeit ›keinen Sinn‹, als sei die Zeit ausgelöscht«. In dieser Straße befindet sich aber auch das Werk eines französischen Künstlers, Christian Boltanski. Es heißt »The missing house«. Boltanski wurde im September 1944, dem Monat Deiner Verhaftung, in einem kleinen Dorf in Westfrankreich geboren. Die Mutter war Christin, der Vater Jude, er wurde wie Du als »Halb-Jude« geboren. Frankreich war damals noch von den Deutschen besetzt, Boltanskis Vater musste sich verstecken. Später hat der Sohn versucht, seine Kindheit – die Jahre von 1944 bis 1950 – zu rekonstruieren, und stellte fest, dass er kaum mehr Spuren fand. Eine »verlorene« Kindheit, eine »verschüttete« Identität. Da »erfand« er eine Biographie, indem er sich auf Spurensuche ins kollektive Gedächtnis begab. In seinen Arbeiten verknüpft er so »die Geschichte« mit »falschen« Erinnerungen, die dennoch echt sind. Sein Werk »The missing house« in der Großen Hamburger Straße besteht aus der Leerstelle, die eine Bombe kurz vor Kriegsende hinterlassen hat. An den fensterlosen Brandmauern der Nachbarhäuser brachte Boltanski weiße Metallplatten an, auf denen die Namen und Berufe der Bewohner des »fehlenden« Hauses sowie das Datum ihres Ein- und Auszugs stehen. Es waren fast ausnahmslos jüdische Familien. In diesem Fall hat Boltanski nicht mit »erfundenen« Biographien gearbeitet. Aber in vielen seiner anderen Arbeiten markiert er gerade dadurch, dass die Menschen, an die erinnert wird, namenlos bleiben, die unvorstellbar große Lücke, die in Berlin nach der Ermordung der Juden klafft. Ich empfinde Boltanskis Arbeiten als eine Art von »Stiller Post«: Er widersetzt sich der Verfallzeit der Erinnerungen. Manchmal sucht er sie in der Wirklichkeit, manchmal aber auch in den Leerstellen, für die es keine Sprache gibt – so wie ich nach Spuren von Dir in den Auslassungen meiner Mutter gesucht habe.

Yael Katz (die inzwischen in Berlin eine Galerie, ›Artneuland‹, eröffnet hat) fragte mich nach »meinem Berlin«. Ich erzählte ihr, dass mir Berlin – lange bevor ich es kannte, geschweige denn dort lebte – schon durch die sehnsuchtsvollen Erinnerungen meiner Eltern vertraut war. Berlin war für mich »besetzt«, sagte ich ihr, mit der Zeit der 1920er und frühen 30er Jahre. Das hätte ich mir nicht so ausgesucht, vielmehr hätten sich mir die Erinnerungen meiner Eltern in dieser Weise eingeschrieben, so dass ich schon als Kind mit Berlin Erwartungen verband, die sich nicht mit eigenen Erfahrungen erklären ließen. Wie kann man Nostalgie gegenüber einer historischen Zeit empfinden, die man nicht gekannt hat? Die Sehnsüchte von Sigis, Hilde und Hans an das Berlin vor der NS-Zeit müssen eine unauslöschliche Spur in mir hinterlassen haben, und diese Spur bildet einen Teil der »Stillen Post«, die sie mir vererbt haben. (Leider haben sie vergessen, mir auch mitzuteilen, wie lang und dunkel der Berliner Winter ist.)

Eine ähnliche Sehnsucht beobachte ich auch bei den Nachfahren von Überlebenden des Holocaust. An meiner Universität tauchen seit einigen Jahren junge Wissenschaftler und Wissenschaftlerinnen auf, deren Großeltern in Berlin gelebt haben und als Juden vor den Nazis geflohen sind. Sie haben Forschungsprojekte, die sie in die Zeit der Weimarer Republik führen: Neben den unaussprechlichen Erinnerungen an ihre Angst und neben den vielen Toten, die sich mit diesem Ort verbinden, müssen diese Großeltern ihren Enkeln auch andere Erinnerungen an ihr Berlin vererbt haben, die diese jungen Wissenschaftler und Wissenschaftlerinnen dazu bewegen, das »Leben« in Berlin zu ihrem Forschungsfeld zu machen. Vielleicht gibt es nicht nur den Verfall der Erinnerung, sondern auch das Weiterleben einer Erinnerung, die man für immer verschüttet glaubte. Sollen wir dieses Weiterleben der »Stillen Post« zuschreiben?

Emmys schlesisches Tagebuch

Emmy von Brauns Tagebuchnotizen beginnen am 16. April 1945, also wenige Tage nach dem obigen Tagebucheintrag von Hilde, und enden ein gutes Jahr später, am 26. Juli 1946. Beide Tagebücher, das von Hilde im Vatikan und das von Emmy von Braun in Niederschlesien, erstrecken sich also über denselben Zeitraum und beschreiben die letzten Kriegstage und die Monate danach. Als Emmy ihr Tagebuch zu führen begann, war meine andere Großmutter seit einem halben Jahr tot, Hans war neun Monate zuvor aus dem Internierungslager entlassen und in die australische Armee aufgenommen worden, und Hilde und Sigis lebten nun schon seit fast einem Jahr hinter den schützenden Mauern des Vatikans. Auch Magnus und Emmy von Braun in Niederschlesien lebten abgetrennt vom Rest der Welt, und dieser Zustand sollte andauern, bis die Einigung der Alliierten über die Zukunft Schlesiens in die Wirklichkeit umgesetzt wurde. Der Prozess zog sich über mehr als ein Jahr hin – eine Zeit, die denen, die sie erlebten, viel länger erschien, so wechselhaft und unberechenbar waren die Ereignisse. Niedergeschlagenheit und Hoffnung lösten sich ab – das schafft eine andere Zeitwahrnehmung als in Epochen, wo man weiß (oder zu wissen meint), in welchen Bahnen sich das Leben in den nächsten Monaten und Jahren bewegen wird.

Hilde und Emmy befanden sich an zwei weit voneinander entfernt liegenden Orten Europas. Unterschiedlicher kann das Erlebnis vom »Ende« und »Neubeginn« kaum gewesen sein. Gemeinsam war ihnen, dass sie eingeschlossen waren und, im Gegensatz zu den meisten Frauen dieser Zeit, die Ehemänner an ihrer Seite hatten. Doch gerade die Form des Eingeschlossenseins offenbart auch die Gegensätze ihrer Situationen. Hilde hatte eigentlich nichts zu verlieren. Meine Eltern besaßen nicht viel. Aber sie waren in Sicherheit. Emmy und Magnus hatten alles zu verlieren – vor allem ihr Gut –, und sie waren zugleich in einer Situation, die alles andere als Sicherheit und Geborgenheit ausstrahlte.

Obwohl ich das Gut meiner Großeltern nicht gekannt habe (das Haus steht noch, aber ich zögere, es aufzusuchen), kann ich verstehen, was es für Magnus und Emmy von Braun bedeutet haben muss, Oberwiesenthal zu verlieren. Das Gut war nicht groß: 120 Hektar, eher klein für ostelbische Verhältnisse. Da aber die Betriebskosten, so schreibt Sigis, niedrig waren, trug es sich gut: »Es lag in einer lieblich hügeligen Landschaft in den Bober-Katzbach-Bergen, hatte wenig Acker, dafür aber viel gut eingekoppelte Weide, und wir nahmen von den umliegenden Dörfern im Frühjahr Jungvieh ›in Pension‹, das zahlte soviel Pfennig pro

Kilo Auftriebsgewicht und Tag und den Fleischpreis des Zunahmegewichts im Herbst. Man mußte nur die Koppelzäune instand halten und für den Winter Heu mähen.« Nach Bildern zu urteilen wohnten Magnus und Emmy in einem einfachen Gutshaus.

Für die Vertreibung Deutscher aus Schlesien und Ostpreußen hatte ich mich, bis ich an diesem Buch zu arbeiten begann, nie interessiert, auch nicht abstrakt; und dies obwohl – oder weil – mein Großvater immer wieder davon gesprochen hat. In seinen Memoiren nennt er die Vertreibung »die schlimmste Zeit meines Lebens«. Dass ich mich mit der Vertreibung nicht beschäftigen wollte, hing einerseits mit dem revanchistischen Ton der Vertriebenenverbände zusammen, andererseits aber auch mit einer seltsamen Rechnung, die von vielen Vertriebenen aufgemacht wurde. Auch von meinem Großvater. In seinen Memoiren beschreibt er ausführlich – über fünfzig Seiten – den Verlust seiner »Heimat«. Doch für die Beraubung, Vertreibung und Ermordung der Juden findet er kaum einen Satz – und wenn, dann wird gerechnet und die Tatsachen werden verdreht. So etwa an dieser Stelle: »Die Judengreuel Hitlers wird kein Mensch mit einem Funken Ehrgefühl und Menschlichkeit je verteidigen können. Aber daß die schlimmsten Judenverfolgungen in unmittelbarem Zusammenhang standen mit der vorhergehenden Zerstörung deutscher Städte und alter Kulturstätten, darf wohl als sicher gelten.«[52] Es ist die einzige Stelle in seinen Memoiren, wo Magnus den Genozid überhaupt erwähnt. Seine Memoiren erschienen 1956 und sind den Heimatvertriebenen gewidmet. Eigentlich könnte man doch davon ausgehen, dass er zehn Jahre nach Kriegsende wusste, dass die Bombardements nichts mit der Judenverfolgung zu tun hatten. Wenn überhaupt, so war es eher umgekehrt: Die Nachrichten von dem Völkermord erhöhten die Notwendigkeit eines raschen Kriegsendes. Auch damit hatten die Bombardements deutscher Städte zu tun.

Wegen dieser Art von Geschichtsverfälschung hat es viele Jahre gebraucht, bevor ich mich dem Thema der Vertreibung zuwenden konnte – obgleich meine Familie davon zentral betroffen war. Doch beim Lesen des Tagebuchs von Emmy ist mir klar geworden, was für ein Leid hier tatsächlich erfahren wurde – so unbestreitbar es bleibt, dass die, denen das Leid widerfuhr, auch an seiner Entstehung Anteil hatten. Bei der Lektüre empfand ich an manchen Stellen sogar eine gewisse Bewunderung dafür, dass zwischen den zweifellos revanchistischen Passagen des Tagebuchs und abfälligen Bemerkungen über Polen und Russen gelegentlich auch Bemerkungen über die vorangegangenen Gräueltaten der Deutschen in Polen und Russland auftauchen. Nur werden sie als Gräuel vermerkt, die »die anderen« – die SS und andere NS-Organisationen – begangen haben. Ich habe mich der unangenehmen Erkenntnis stellen müssen, dass zu meinen Familienerbschaften auch diese »Geschichte« gehört. Allerdings handelt es sich bei der Geschichte der Vertreibung nicht um eine »Stille Post«. Es waren keine geheimen, verschlüsselten Erinnerungen, die an mich und meine Generation weitergegeben wurden. Diese Erinnerungen wurden lautstark verkündet. Beispielhaft dafür die Memoiren meines Großvaters. Ich weiß nicht genau, warum das Tagebuch meiner Großmutter über die Vertreibung ausgerechnet bei mir gelandet ist. Aber ich werte es als Zeichen, dass ich mich auch dieser Erbschaft zu stellen habe.

Das Tagebuch umfasst in seiner transkribierten Form 210 eng beschriebene Seiten. Diese Transkription hat nachträglich stattgefunden. Emmy von Braun wird schwerlich in diesen turbulenten Zeiten mit einer Schreibmaschine Tagebuch geführt haben. Dass es sich ursprünglich um eine handgeschriebene Fassung handelt, geht aus einem der letzten Einträge hervor, in dem sie beschreibt, wie sie mit ihren Habseligkeiten, darunter dem Tagebuch, bei der Ausreise durch die polnische Kontrolle kommt: »Sogar ein Paket mit Akten, Familienpapieren, meinem Tagebuch wurde aufgemacht und genau durchgesehen. Um das Tagebuch hatte ich große Angst, da es immerhin recht unfreundliche Urteile über die Polen enthielt, die wohl unangenehme Folgen haben konnten, wenn sie es gelesen hätten. Sie erkannten es zwar sofort als Tagebuch, es war aber zum Glück so unleserlich geschrieben, dass sie es wohl nicht lesen konnten und mir mit lässiger Gebärde wieder zuwarfen.«

Emmy war sich beim Schreiben ihres Tagebuchs bewusst, dass sie sich an einer historischen Bruchstelle befand. Das war der Grund für dieses Tagebuch, das drei Wochen vor der Kapitulation beginnt. Aber sie wusste nicht, welche Folgen der Bruch haben würde. Das macht das Bewegende dieser Aufzeichnungen aus: dass sie nicht aus dem Wissen danach niedergelegt wurden. Bis zuletzt hofften meine Großeltern auf eine Wendung des Schicksals, das heißt, auf den Verbleib auf ihrem Gut. Im ersten Teil des Tagebuchs machen die Berichte über die landwirtschaftliche Tätigkeit einen Gutteil der Einträge aus: Die Russen waren da, aber man machte zunächst so weiter wie bisher.

Andererseits mag dieses Tagebuch für Emmy auch eine Art von psychischem Selbstschutz dargestellt haben. Es verschaffte ihr einen distanzierten Blick auf das, was mit ihnen geschah. Sie wollte »die Geschichte« festhalten, während sie sich ereignete: nicht nur für sich, auch für die anderen. Ein Jahr nach Beginn des Tagebuchs, am 26. März 1946, notierte sie: »Mir ist heute Nacht eine Überschrift für das Tagebuch eingefallen: ›Jo era intra color che son sospesi‹ (Dante, Divina Commedia).« Der Titel bedeutet wörtlich übersetzt: »Ich war unter denen, die in der Schwebe sind.« Mit denen, »die in der Schwebe sind«, bezeichnete Dante die Menschen, die sich in einem »unsicheren Zustand« zwischen den Welten befinden: Sie wurden geboren, bevor es das Christentum gab. Dafür können sie nicht bestraft, aber sie können auch nicht erlöst werden.

Wenn man einem Tagebuch einen Titel zu geben beabsichtigt – und dann auch noch einen derartig bedeutungsschweren –, beabsichtigt man die Veröffentlichung. Dazu sollte es auch kommen, aber anders als geplant: Magnus übernahm lange Passagen aus dem Tagebuch seiner Frau und machte daraus einen Teil *seiner* Memoiren. Er schrieb die Aufzeichnungen gelegentlich auch um, damit sie besser zu seiner Sicht der Geschichte passten:

In seinen Memoiren wird Magnus zum »Ich« dieses Tagebuchs, und zugleich korrigiert er es aus der Perspektive eines »Danach«. Da es sich um eine Transkription handgeschriebener Tagebücher handelt, kann ich natürlich nicht ausschließen, dass auch schon beim Transkribieren (das Emmy selbst vorgenommen hat) Änderungen stattfanden. Doch ist das nicht sehr wahrscheinlich, denn ich fand zwischen den Seiten der Transkription einen Zettel mit Sigis' Handschrift, auf dem er einige Vorschläge für Auslassungen bzw. Ergänzungen machte. Diese Notizen waren vermutlich Hinweise an seinen Vater, bevor dieser Teile des Tagebuchs unter seinem Namen publizierte. Alle Hinweise von Sigis zielen auf eine nachträgliche Verbesserung im Sinne von »political correctness« ab. Zum Beispiel sollen gar zu abfällige Bemerkungen über »die Polen« oder »Polacken« gestrichen werden. Da ich die Stellen, auf die sich die Korrekturen beziehen, allesamt (und in unveränderter Form) gefunden habe, kann ich davon ausgehen, dass es sich bei der Transkription, die ich in den Händen halte, nicht um eine »gereinigte« Fassung handelt. Auch wenn es mir manchmal in den Fingern zuckte, meinerseits Stellen zu verändern, habe ich das nicht getan, wohl aber musste ich eine Auswahl treffen. Der Umfang des Tagebuchs ist zu groß. Auch wiederholt sich vieles – wie oft bei einem Tagebuch, bei dem man vorher nicht wissen kann, dass sich dieselben Ereignisse am nächsten Tag und dann noch an vielen Tagen wiederholen werden.

Ebendiese Unvorhersehbarkeit des nächsten Tages macht dieses Tagebuch – ähnlich dem vatikanischen Tagebuch von Hilde – aber auch zu einem wertvollen Zeugnis, um die Erfahrungen und Erlebnisse *in* der Zeit nachzuempfinden, statt sie aus einem Blickwinkel des a posteriori zu berichten. Offensichtliche Tippfehler beim Abschreiben, fehlende Kommata habe ich meistens ersetzt. Aber wenn Emmy von Braun das Wort »kaputt« durchgängig mit nur einem »t« schreibt (kaput) und dem Tee ein zusätzliches »h« verpasst (Thee), so habe ich diese Orthographie beibehalten. Überhaupt, das sei hier nebenbei bemerkt, habe ich bei der Transkription dieses und des anderen Tagebuchs sowie der Memoiren immer wieder feststellen müssen, wie oft sich in den letzten sechzig Jahren die deutsche Rechtschreibung verändert hat.

Lange bevor Emmy ihr Tagebuch zu führen begann, hatte Magnus schon angefangen, seine Erinnerungen zu verfassen. Das Manuskript wurde noch vor der eigentlichen Vertreibung aus Schlesien durch einen »Kurier« in den Westen gebracht. Manuskripte waren damals Wertobjekte, sie waren einmalig, unwiederholbar. Wie ich aus Andeutungen im Tagebuch der Emmy schließe, wurden auf diesem Weg auch andere Wertsachen aus dem Sperrgebiet geschmuggelt. Es gab offenbar einen regen (durch Schmiergelder an die Wachposten beförderten) Verkehr über die eigentlich hermetisch abgeschlossene Grenze an der Oder. Das Manuskript von Magnus wurde im Westen vergraben, und die Rekonstruktion der Ausgrabungsstelle brachte Sigis im Sommer 1948 die Verhaftung durch den CIA und einige Tage im Gefängnis von Oberursel ein. Aber dazu später.

Mai 1945: Kriegsende in Schlesien

Ostern 1945. Zu der Zeit, wo Hilde und Sigis die prunkvolle vatikanische Karwoche erlebten, kam es bei Emmy und Magnus in Niederschlesien zu den ersten Einquartierungen in Gutshaus und Dorf: Zunächst waren es Deutsche, die SS, dann kamen gefangene Italiener, Polen, Russen. (27. April 1945: »Sie klauen ebenso wie die estnische SS was sie kriegen.«) Dazwischen tauchten immer wieder kurze Berichte über die Bestellung der Felder und des Gartens auf, ein Fohlen wurde geboren; eine Kuh, Schafe verschwinden. Bei fast jedem Eintrag wurde das Wetter registriert, woran man die Landwirte erkennen kann. Emmy und Magnus wussten, dass der Krieg in den nächsten Tagen zu Ende gehen würde. Aber was danach kommen würde, stand in den Sternen. Ich gebe von den Tagebüchern nur einige exemplarische Auszüge wieder; an manchen Stellen fasse ich die Ereignisse zusammen, andere zitiere ich wortwörtlich.

In der Nacht vom 1. Mai 1945 kam die Nachricht von Hitlers Tod. »Erwartet hat man ihn längst. Wie er gestorben ist, erfährt man wohl erst später. Hier Arbeit wie gewöhnlich, keinerlei Maifeiern.« Am nächsten Tag hielt Major Keibel bei strömendem Regen eine Ansprache an die Soldaten: »Alles wartet ab. Von irgendeiner Trauer ist nichts zu spüren.« Am 5. Mai erließ der Kreisleiter, der auch den Volkssturm aufgelöst hatte, eigenmächtig einen Treckbefehl. »Große Aufregung und allgemeine Wut.« Am darauf folgenden Tag wurde der Befehl von der Wehrmacht widerrufen und Kreisleiter Häsler eingesperrt. »Abends um 11 Uhr neuer, diesmal militärischer Treckbefehl! Wir warten ab. Ein Teil der Matzdorfer Flüchtlinge fährt ab.« Wieder einen Tag später verlangte die SS die Räumung von Wiesenthal. »Wir packen! Die bedingungslose Kapitulation ist schon in Rheims unterschrieben, trotzdem und obgleich die Partei aufgelöst ist, muß getreckt werden. Wer sich widersetzt, dem wird mit Erschießen gedroht. Die SS sprengt überall.« Am 8. Mai treckten sie zu dem nahe gelegenen Dorf Matzdorf, von wo sie weiter nach Westen ziehen sollten. »Weshalb? Die Russen sind ringsherum, in Mauer sind schon die ersten 5 Mann gesichtet worden. Es herrscht dort große Erregung, sie haben aber niemandem etwas getan. Abends um 12 Uhr soll Waffenruhe eintreten. Trotzdem knallt es noch die ganze Nacht, da die wahnsinnig gewordene SS überall sprengt: Eisenbahnbrücke, Mauer-Tschischdorf, Lähner Tunnel und Boberbrücke, die Hankemühle, die Kleppelmühle, das alte Landheim, die große Möbelfabrik. Liebecks Gasthaus ist auch abgebrannt.«

Die Stimmung war hochgespannt. Man rechnete mit einem plötzlichen Erscheinen der Roten Armee. Das führte manchmal auch zu komischen Situationen: »Intermezzo: In der Nacht vom 8. zum 9. 5. in Matzdorf ging Magnus nachts mit Kerze auf einen stillen Ort. Flüchtlinge sahen den Lichtschein und alarmierten das ganze Haus: Die Russen kommen. Alles stand auf und zog sich um 4 Uhr früh an und wartete vor der Tür. Kein Russe erschien, nur die Nachtigallen sangen. Die Erklärung kam erst später. Magnus behauptet, er sei auch noch für den Kanonendonner verantwortlich gemacht worden. Das Ganze nennt man ein Latrinengerücht.« Der Ton, den Emmy in den ersten Wochen ihres Tagebuchs anschlug, war heiter. Ihnen drohte zwar der Treck, aber sie waren zuversichtlich und konnten sich nicht wirklich vorstellen, dass sie ihr Gut verlassen mussten. Tatsächlich kamen schon am 9. Mai alle am Vortag fortgetreckten Leute, Einheimische und Flüchtlinge, wieder zurück. Ebenso erging es auch den Trecks der Nachbardörfer. »Alle mit weißen Fähnchen und Armbinden. Morgen früh wollen wir auch zurück. In Matzdorf ist bisher noch kein Russe zu sehen, dagegen kommen auf der großen Straße durch Lähn, Mauer usw. schon viele durch. Die Knallerei hört langsam auf, man hört nur noch einzelne Sprengungen. Die SS hat auch das Elektrizitätswerk Mauer so weit beschädigt, daß wir ohne Strom sitzen. Man hat also auch keinerlei Radios mehr.«

Mai 1945: Kriegsende im Vatikan

Im Vatikan bekam man dagegen kaum etwas vom Ende des Kriegs mit: Es war ein Tag wie alle anderen. Hilde notierte Anfang Mai 1945 in ihr Tagebuch: »Hitlers Tod. Waffenstillstand. All das berührt die Kinderwelt hier im Vatikan wenig. Und auch die Großen beginnen sich erst langsam über die Konsequenzen klar zu werden, nämlich die Tatsache, dass diese Ereignisse zu spät gekommen sind. Es ist fürchterlich heiss. Die Kinder baden in den Miniatur-Teichen und Bächen des Gartens. Carola erzählt lange Geschichten, die alle mit ›c'era una volta‹ anfangen und von kleinen Mädchen handeln, die Carola von Braun heissen, und von Wölfen, die keine Zucchini essen. St. Pietro und das Pferd Matelotti spielen dann auch eine Rolle und der Campo Santo mit der Schwester Polutina, die Biscotti schenkt, wird nicht vergessen. Die Geschichten sind inhaltlich etwas schwer zu verfolgen. Wenn die Aufmerksamkeit des Zuhörers aber erlahmt, schlägt die Rednerin fassungslos die Hände zusammen und fragt mit ernstem Gesichtsausdruck: ›Erlaub mal!?‹« Der nächste Eintrag in Hildes Tagebuch erfolgt erst zwei Monate später.

Emmys Tagebuch:
Rückkehr vom ersten Treck

Am 10. Mai, Himmelfahrt, kehrten Emmy und Magnus in ihr Gutshaus zurück. »Wie wird es werden! Die wenigen Russen, denen wir begegnen, lassen den Treck glatt passieren. Langer Umweg wegen gesprengter Brücken, junge Polen mit roten Armbinden und Gewehren, zum Teil nicht älter als 15 Jahre, schießen in die Luft, erschweren Weiterzug.« Zu Hause angekommen, fanden sie das Gutshaus geplündert vor: Polen hatten sich dort niedergelassen. Doch nun rückten russische Armeeeinheiten in Wiesenthal ein. Auf Befehl der Russen mussten die Polen das Gut verlassen. »Sie haben soviel Gepäck, daß man direkt sieht wie sie geplündert haben. Die Bauern müssen ihre Pferde zum Abfahren bereitstellen. Uns holt eine Bande frecher Lümmels einfach die junge Stute von der Koppel und spannt sie vor Hilberts Wagen. Für unseren Polen Marczisz bleibt auf diese Weise kein Pferd. Er fährt daher mit den Bengels mit und erreicht auf diese Weise die Rückgabe der Pferde. Wir schenken ihm darauf eins, und er haut mit der ganzen Familie ab. Alle schwimmen in Tränen. Immer wieder sagen sie: ›Chef gut!‹ Seit die Polen weg sind, hat die verfluchte ewige Knallerei etwas aufgehört. Wir fangen wieder an, in der Bäumelkoppel Kartoffeln zu legen. Es ist sehr warm, Äpfel und Flieder blühen.«

Liebe Großmutter,

ich muss hier kurz meinen Bericht unterbrechen. Emmy erwähnt »unseren Polen« Marczisz. Sie sagt es nicht ausdrücklich, aber ich ging schon beim Lesen des Tagebuchs davon aus, dass es sich um eine Familie von Zwangsarbeitern handelte. Kürzlich schickte mir mein Bruder eine Anfrage des Internationalen Suchdienstes, der um Bestätigung der Angaben von mehreren Mitgliedern der Familie Marczisz bat. Sie hatten angegeben, von 1940 bis 1945 auf dem Gut von Magnus und Emmy gearbeitet zu haben. Mein Bruder schrieb zurück, dass sowohl der Großvater als auch der Vater nicht mehr am Leben seien, und er sich deshalb nicht in der Lage sehe, eine Aussage zu treffen. Sicherheitshalber leitete er aber doch den Brief an mich weiter. Ich konnte meinerseits dem Internationalen Suchdienst melden, dass der Name in der Tat im Tagebuch von Emmy auftaucht. Auf der Grundlage der Memoiren meines Großvaters hätte sich dieser Nachweis allerdings nicht erbringen lassen. Magnus erwähnt zwar eine polnische Familie, die »außer einigen Säcken und Kleidern als einziges Hab und Gut ein sorgfältig eingepacktes Madonnenbild« mitbrachte, aber nennt sie »wegen ihres unaussprechlichen Namens«: die Matjes. Emmy war genauer, und so wurde ihr Tagebuch nicht nur zu einer Stütze für meine »Stille Post«, sondern konnte auch dazu beitragen, polnische Wiedergutmachungsansprüche zu beglaubigen. Zwei Lehren ziehe ich daraus: Erstens, das Gedächtnis ist doch nicht ganz so kurzlebig, wie ich befürchte. Zweitens, traue keinen Memoiren.

Schlesien 1945: Die Russen kommen

Am 12. Mai 1945 rückten russische Einheiten an, russische Offiziere gingen wortlos durch die Zimmer des Gutshauses und kündigten an, dass sie sich am nächsten Tag einquartieren würden. »Im Gebirge haben die Russen ein Wehrmachtslebensmittellager geschnappt und Lebensmittel an die Zivilbevölkerung, besonders an die Treckleute, verschenkt. Sie verfolgen anscheinend das Prinzip, sich bei der Zivilbevölkerung beliebt zu machen. Da wir ohne Licht, Wasser, Zeitung, Post und Telefon sind, natürlich auch kein Radio hören können, sind wir völlig abgeschnitten von der Welt. Die Russen erzählen, Göring sei gefangen genommen. Sie glauben fest, daß Hitler noch lebt, was wir für ganz unwahrscheinlich halten. Göbbels [sic!] sei tot, wo die anderen Bonzen steckten, sei unbestimmt. Die fliehende SS sollen alle noch geschnappt worden sein und sollen die zerstörten Brücken usw. wieder aufbauen. Hier herrscht z. Zt. völlige Ruhe. Alles arbeitet mit Hochdruck, damit die Bestellung schnellstens fertig wird. Es ist sehr heiß, alles duftet nach Flieder. Wir legen fleißig Kartoffeln.« Die Schilderung von Einquartierungen, politischen Nachrichten und landwirtschaftlichen Tätigkeiten geht nahtlos ineinander über. In Oberwiesenthal wurde die Rote Armee in diesen ersten Tagen nach der Kapitulation zu einem Teil des Alltags, und die Hauptsorge war nicht, was klauen die Russen, sondern bekommen sie die Kartoffeln so rechtzeitig in die Erde, dass man im Winter versorgt ist.

Am 14. Mai erfolgte die angekündigte Einquartierung der Russen. Bis zu diesem Zeitpunkt durften Emmy und Magnus noch ihr Schlafzimmer behalten. Nun mussten sie das Haus komplett räumen. »Ein russischer Soldat redete Magnus zu unserer Überraschung gleich auf deutsch mit ›Herr Baron‹ an. Auf unsere erstaunte Frage zeigte er uns eine Postkarte mit Namensaufdruck und erklärte, er sei Volksdeutscher. Die Offiziere wollen alle wissen, was Magnus früher gewesen sei. Einer hat ihm schon gedroht, er würde den ›alten Minister‹ auspeitschen. Ihm wurde aber bedeutet ›Hindenburg‹, worauf er davon abließ. Beim Politisieren schimpfen die Offiziere am meisten auf Ribbentrop, der sein Wort gebrochen habe. Sie fragen immer wieder, ob Hitler nicht doch noch am Leben sei.«

Emmy und Magnus kamen ins Gespräch mit den Russen, sie erfuhren einiges über die Schicksale der anderen Seite. »Der volksdeutsche Ukrainer, ein kluger Kerl, kommt oft erzählen. Er hat erst in der polnischen, dann deutschen, dann russischen Armee gedient, hat Mutter in Kiew, deutsche Frau in Hannover, weiß von beiden nichts. Er sagte traurig: ›Soviel erleben ist schwer.‹ Er erklärte, Kommissare gäbe es in Rußland nicht mehr. Die Komintern sei längst aufgelöst, die Internationale würde nicht mehr gesungen. Aus den besetzten Gebieten seien viele junge Leute abtransportiert, aber nicht, wie es immer heißt, nach Sibirien, sondern in die Ukraine, das Donez-Becken. Sie bekommen dort gut zu essen, müssen 9 Stunden arbeiten. Abends bekommen wir einen Haufen Bücher vom Pfarrer und vom Lehrer, die auf Befehl des Obersten aufgeräumt und in unserer Bibliothek untergestellt werden sollen. Unser Freund fragt nach ›Mein Kampf‹ und riß sich vorn das Bild von Hitler heraus!«

Es gab Übergriffe von Soldaten, vor allem am Rande des Dorfes, wo die Frauen nicht immer vor nächtlichen Überfällen sicher waren. Im Allgemeinen versuchten die russischen Besatzer jedoch mit der örtlichen Bevölkerung in Frieden zu leben. Dafür sorgten die Offiziere. Überhaupt ist an Emmys Einträgen auffallend, dass »die Russen« sehr viel besser wegkommen als »die Polen«. Aber das hing auch mit der Tatsache zusammen, dass sich die Russen in Niederschlesien im Verlauf der folgenden Monate immer weniger einmischten und das Schicksal des Landstrichs den Polen überließen, die ihrerseits »Fakten« zu schaffen versuchten. Zunächst hatten freilich die russischen Offiziere das Kommando. »Ein historischer Tag für Wiesenthal, Appell von ca. 800 Mann. Feldpolizei greift durch gegen einen Vergewaltiger. Dennoch kommen alleinstehende Frauen in die Häuser der anderen zum Übernachten.« Dann folgten im Tagebuch weitere Beobachtungen über die russische Armee: »Es ist im Ganzen – von einigen viehischen Typen abgesehen – ein nicht unsympathischer Menschenschlag. Sie sind unerhört reinlich. Überall auf dem Feld haben sie sich Badeeinrichtungen hergestellt, die ebenso wie die

Sauna in Lewalds Waschküche, ständig benutzt werden. [Lewalds sind Nachbarn und bewohnen das Gutshaus im Nachbardorf Unter-Wiesenthal.] Heute Abend um 7 Uhr ist eine Versammlung zwecks Wahl eines Bürgermeisters und zweier Beisitzer. Also keineswegs Führerstaat, sondern ganz demokratisch! Gewählt ist Merkel wieder als Bürgermeister, Hilbert und Schumann (früher Kommunist) als Beisitzer.«

Eine Woche nach der Kapitulation fanden weitere Einquartierungen statt. Es gab Plünderungen. Auf den Feldern befanden sich Minenfelder, die einige Bauern auf eigene Faust zu räumen versuchten. Manche kamen dabei ums Leben oder wurden schwer verletzt. Emmy notierte – nicht ohne Genugtuung –, dass die Polen, die in ihrem Gutshaus geplündert hatten, schon wenige Orte weiter von Russen angehalten und ihrerseits um ihr Beutegut erleichtert wurden. »Sie plündern natürlich auch schon wieder unten im Dorf. Es wird immer schöner! Besonders trifft es den Kommunisten Schumann, der wohl kuriert sein wird.«

Dieser Satz »es wird immer schöner« taucht in den folgenden Monaten noch sehr oft auf. Er wird in diesem Tagebuch zu einer Art von Refrain, ein wenig wie der Satz von Hans in seinen Erinnerungen an Emigration und Kriegszeit: »I never saw any of them again.« Emmy und Magnus wussten nicht, was ihnen noch alles bevorstand. So erlebt man die Aufs und Abs, die Momente der Hoffnungen und der Hoffnungslosigkeit mit ihnen. Das Tagebuch sagt an dieser Stelle nichts darüber, aber tatsächlich waren zu diesem Zeitpunkt viele andere Landbesitzer und Dorfbewohner schon in den Westen geflohen. Emmy und Magnus wollten ausharren. Sie befürchteten, enteignet zu werden, sobald sie das Gut verließen. Auch ihre engsten Freunde und Nachbarn, Lewalds, die im Nachbardorf »das Schloss« bewohnten, hatten beschlossen zu bleiben. Da Hans Joachim Lewald »Halb-Jude« war, hoffte die Familie auf eine Sonderbehandlung bei den Besatzern. Die Hoffnung war trügerisch.

Liebe Großmutter,

ich muss noch einmal kurz den Bericht unterbrechen. Über Lewalds gibt es im Nachlass von Magnus einen ganzen Ordner. Einerseits gab es die Frau von Hans Joachim Lewald, Ulle Lewald, die sehr oft und als enge Leidensgefährtin in Emmys Tagebuch genannt wird. Nach der Aussiedlung der Deutschen blieb sie zunächst in Polen, wurde aber später auch enteignet und ging in den Westen. Dort machte sie Wiedergutmachungsansprüche geltend: Ihr Mann hatte eine »Judenabgabe« entrichten müssen, deren Rückgabe sie forderte. Magnus beglaubigte ihren Anspruch. Dasselbe galt für den Bruder von Hans Joachim, Willy Lewald, der irgendwann, vielleicht sogar schon vor dem Krieg, nach Guatemala ausgewandert war. Willy Lewald hatte Jura studiert, ihm war jedoch 1933 eröffnet worden, dass ihm wegen seiner jüdischen Abstammung der Zugang zum Staatsdienst versperrt sei. Eigentlich hatte er beabsichtigt, wie Sigis ins Auswärtige Amt zu gehen. Magnus beglaubigte die Angaben. Doch die Argumente, mit denen er seine Eidesstattliche Erklärung untermauerte, sind bemerkenswert. Einerseits bestätigte Magnus die Aussage Lewalds über den geplanten, aber verhinderten Staatsdienst. Andererseits unterstrich er seine Argumentation aber mit dem Zusatz, dass die Lewalds »nur blutsmässig jüdischer Abstammung« seien. Ihre Vorfahren seien »seit mehr als einem Jahrhundert christlich getauft«. Der Zusatz war völlig überflüssig für den Sachverhalt. Aber er beinhaltete unterschwellig, dass in den Augen meines Großvaters Willy Lewald, wären seine Vorfahren nicht getauft gewesen, weniger berechtigte Ansprüche auf Wiedergutmachung hatte. Die Erklärung von Magnus stammt aus dem Jahr 1955, und sie zeigt Dir, wie tief die Vorurteile gegen Juden noch immer waren. Kein Wunder, dass Hilde ihre/Deine jüdische Abstammung einfach »vergaß«.

Nachrichtensperre

Die Tagebucheintragungen von Emmy erzählen von einem verzweifelten Hunger nach Nachrichten. Treck-Rückkehrer brachten gelegentlich neue Meldungen. Im Großen und Ganzen waren die Menschen in Niederschlesien jedoch völlig abgeschnitten von der Außenwelt und auf Gerüchte angewiesen. »Von den durchkommenden Trecks hört man die wildesten Gerüchte: England und Amerika sollen an Rußland den Krieg erklärt haben und dazu auch die Türkei gezwungen haben. Tito soll Triest nicht räumen wollen. Die Tschechei hat die Annexion von Schlesien abgelehnt wegen drohendem Übergewicht des Deutschtums. In Österreich solle eine neue Doppelmonarchie kommen, zu der Schlesien gehören würde (wir haben ja gar keine Grenze mit Österreich). Paulus und Hess sollen die deutsche Regierung übernommen haben. Es ist ein merkwürdiger Zustand, ganz auf solche Gerüchte angewiesen zu sein, da man weder Post noch Zeitungen noch Radio hat.«

Am 30. Mai 1945 berichtet das Tagebuch: »In Lähn ist ein Jude zum Kommandanten ernannt worden, dessen Frau die Deutschen totgeschlagen haben.« Die Neuigkeit wird nicht weiter kommentiert, aber es ist offensichtlich, dass Emmy von diesem neuen Kommandanten Racheaktionen befürchtete. Einen Tag später heißt es: »Heute sind wir schon 3 Wochen hier. Man fragt sich immer, ob es eigentlich schlimmer oder weniger schlimm ist, als man sich vorgestellt hat. Totgeschlagen wurde jedenfalls hier noch niemand, womit man immerhin halb und halb gerechnet hatte. Aber daß man nicht auf seinen Hof darf und nicht in seinem Haus wohnen, ist hart. Von den Möbeln und besonders den Betten und der Wäsche wird man wohl so gut wie nichts mehr wiedersehen. Damit rechnen wir fest.«

Einen Tag später erschien im Dorf der »erste Wiesenthaler, der offiziell von den Amerikanern entlassen worden ist«. Am Gut zogen täglich neue Trecks vorbei, »meist kleine Handwagen, mit denen sie oft bis weit hinter Breslau wollen. Es herrscht eine nette

Volksgemeinschaft. Das gemeinsame Unglück hat dabei mehr erreicht als das ganze 3. Reich.« Anfang Juni erfuhren sie, dass die russische Besatzung bald durch eine polnische abgelöst werden sollte. »Ein Mann aus Landshut erzählt, daß Plakate angeschlagen seien, wonach unsere ganze Gegend überhaupt polnisch würde. In Hirschberg ist die russische Fahne abgenommen und die polnische gehißt. Uns scheint das alles wie der Versuch, die Alliiertenkonferenz vor vollendete Tatsache zu stellen. Es ist ja offenbar das letzte Wort noch nicht gesprochen. Wir fürchten, daß die polnische Besatzung weniger diszipliniert sein wird als die russische, bei der es – abgesehen von den Plündereien von Wäsche und Betten und den Angriffen auf Frauen und Mädchen – immerhin noch leidlich zugeht. Schlimm sind hier eigentlich nur die abgelegenen Häuser dran, wie die Würfelhäuser. Dort geht es freilich jede Nacht wüst zu. Die Mädchen schlafen immer hier, aber die Russen – es sind wohl z. T. auswärtige – treten die Türen ein, greifen die alten Frauen und Männer an, stehlen ihnen Sahne, Butter u. dgl. Wenn der Kommandeur eine Patrouille hinschickt, verstecken sich die Kerls im Wald oder im Getreide und kommen nachher wieder. Die armen Menschen dort kennen keine ruhige Nacht.«

Emmy und Magnus von Braun selbst wurden gut behandelt, sie erhielten vom Küchenchef des russischen Kommandanten, im Tausch gegen Butter und Sahne, russischen Tee, eine Kostbarkeit. »Er ist ein grusinischer Jude namens Sascha Danielow und ist an sich ein freundlicher Mann, der zwar nicht deutsch kann, sich aber sonst bemüht, höflich und entgegenkommend zu sein. Bei den Hofkindern heißt er Zuckeronkel und ist allgemein beliebt. Es ist ein verrückter Zustand.« Über den russischen Oberkommandanten zogen Emmy und Magnus Erkundigungen über das Gut in Neucken, Preußisch Eylau ein, auf dem Magnus aufgewachsen war. Es gehörte ursprünglich seinem älteren Bruder, der jedoch im Krieg fiel. So war das Gut auf den nächsten männlichen Erben, meinen Großvater, übergegangen. Das Gutshaus wurde, wie viele andere Gutshäuser in Ostpreußen, nach dem

Krieg zerstört. Anhand einer Karte erklärte der Kommandant die dortige Situation. »Davon, jetzt nach Ostpreußen zu fahren, riet er dringend ab. Der Südosten von Ostpreußen sei von den Polen, die Küstengegend von den Russen besetzt. Es scheinen offenbar noch völlig ungeklärte Verhältnisse zu herrschen, besonders in Bezug auf die künftigen Grenzen. Als Magnus den Gedanken polnischer Besetzung mit einer Handbewegung ablehnte, lachten die anwesenden 6 oder 8 Offiziere mit lautem Beifall.«

Am 8. Juni 1945 trägt Emmy in ihrem Tagebuch ein: »Mittag um 1 Uhr deutscher Zeit [Offenbar gab es unterschiedliche Zeitrechnungen: eine deutsche und eine russische] war in Schwarzloses Scheune russisches Kino. Es wurde sehr gewünscht, daß die ganze Bevölkerung daran teilnimmt, sonst müßten wieder am nächsten Sonntag 100 Mann Gemeindearbeit machen. So war es ziemlich besetzt. Ein kitschiges Kriegsstück, Niveau von vor 30 Jahren.« Wenige Tage später erfuhren sie, dass »entgegen allen Erwartungen« die russischen Soldaten – mit Ausnahme des Stabes – abrücken sollten. Emmy und Magnus von Braun würden in ihr Haus zurückkehren können. »Große Aufregung. Trotz der Freude hat man Angst. Gegen drei Uhr marschiert die Infanterie ab, es folgen die ganzen Wagen und die Artillerie. Die Bureaux [sic!] des Stabes ziehen ins Schloß drüben, wo sie noch bis zum 18. bleiben. Auf unserem Hof herrscht ungewohnte Stille. Wir fangen gleich nachmittags an, allerhand zusammenzusuchen und zu organisieren: Spaten, Schaufeln, Mistgabeln, Ketten, Fett, Öl, Räder. Vor allem Pferdegeschirre, von denen viel zurückgeblieben ist. Zum Glück finden sich auch die meisten vermißten Maschinenteile wieder. Gegen sechs Uhr brachte mir ein russischer Soldat den Schlüssel zum Haus (den falschen) als Andeutung, daß das Haus nunmehr frei sei. Mit ziemlichem Herzklopfen ging ich erst einmal allein durch. Der Gesamteindruck im ersten Moment war: Von Möbeln so gut wie nichts gestohlen. Dagegen so gut wie alle Wäsche, Kleider, Anzüge, Uhren (auch die kaputten).« Alles war umgeräumt. Die Zimmer wurden »besenrein« übergeben, »dagegen sieht es auf dem Boden in allen Räumen einfach unbeschreiblich aus. Man watet bis über die Knie in Papier, Wäsche, Lumpen, Glas, Büchern, Federbettresten, Perserteppichen, Sirupdosen, Federn, Glasscherben von zerschlagenen Bildern, Silber etc. Dazwischen als Nachttöpfe benutzte Vasen, alte Urnen, Flaschenkühler etc. Es herrscht ein unbeschreiblicher Gestank.« Emmy verglich jedoch die eigene Situation mit denen der Bombenflüchtlinge, die alles verloren hatten, und kommt zu dem Schluss: »Wir selbst könnten immerhin noch eine einigermaßen anständige Wohnung zusammenstellen, wenn auch an Gardinen, Tischdecken, Lampen und dem kleinen bric-à-brac, der die Wohnung hübsch gemacht hatte, das meiste anscheinend fehlt.«

Zu dieser Zeit kam man nur noch zu Fuß in die Nachbarorte. Die Pferde waren entweder schon gestohlen worden, oder falls man noch Pferde hatte, musste man befürchten, sie unterwegs an Wegelagerer zu verlieren. Also liefen Emmy und Magnus zu Fuß nach Lähn – eine Strecke von rund zehn Kilometern, die sie vorher immer in der Kutsche oder auf dem Pferderücken zurückgelegt hatten. In Lähn wurde an diesem Tag gerade ein großes Bild von Stalin an der Außenwand des Rathauses angebracht. Sie zogen Erkundigungen bei verschiedenen Menschen ein, die wie sie nur von Gerüchten lebten, und erfuhren vom Spediteur Fliegner, dass die in seinem Lager befindlichen Möbel von Hildegard Margis »anscheinend noch einigermaßen intakt« sind. Ihr Tod lag mittlerweile neun Monate zurück. Bei diesem Besuch in Lähn begegneten Emmy und Magnus auch einer Frau Hain, geb. v. Dennewitz, deren Schicksal sie in Staunen versetzte. Emmy notiert in ihr Tagebuch: »Ihr Mann (Fliegerhauptmann) wurde erschossen, ihr Vater wegen Beteiligung am 20. Juli gehenkt, ihre sämtlichen Brüder erschossen, ihre zwei kleinen Kinder verschleppt, sie selbst war 1 Jahr in Auschwitz im KZ-Lager, von wo sie grauenhafte Schilderungen machte. Sie hatten dort Nummern, keine Namen. Sie behauptet, dort mit einer Gräfin Lehndorff aus Preyl zusammengesessen zu haben. Einmal hätte sie in einer einzigen Woche dreimal 25 Peitschenhiebe bekommen, ein

Arzt hätte stets dabeigestanden und den Puls kontrolliert. Sie gehörte wegen ihres Vaters zum Block der politischen Schwerverbrecher, die zum Tode verurteilt waren, man habe aber ›keine Zeit‹ mehr gehabt. Bei ihrer Entlassung wog sie nur 75 Pfund. Sie war noch völlig mit den Nerven durcheinander und, wie sie selbst sagt, schon leicht proletarisiert. Zu arbeiten braucht sie hier nicht, sie solle sich nur erholen. Manches an ihren Aussagen erschien uns etwas unglaubwürdig. Jedenfalls hinderte ihr Zustand sie nicht, gelegentlich heftig mit den Russen zu pussieren. In Lähn müssen sonst alle, auch die in gehobenen Stellungen, arbeiten.«

ST. ROMAN DE CODIÈRES,
DEN 16. OKTOBER 2006

Liebe Großmutter,

ich habe diesen Tagebucheintrag mit dem Text verglichen, den Magnus in seinen Memoiren daraus gemacht hat. Seine Begegnung mit Frau Hain wird zunächst, wie alle Einträge von Emmy, auf sein »ich« übertragen. Darüber hinaus schmückt er aber auch noch die Ereignisse in seinem Sinne aus:

»In Lähn erschien Frau Hain, geborene von Dennewitz: ihr Mann als Flieger gefallen, ihr Vater wegen Beteiligung am 20. Juli erschossen, ihre sämtlichen Brüder erschossen, zwei Kinder verschleppt. Hat ein Jahr in Auschwitz gesessen, Prügel erhalten. Zu ihrer Exekution habe nur die Zeit gefehlt. Ihr Schicksal hinderte sie nicht, sehr intim mit den Russen zu sein. Sie war mit ihren Nerven durcheinander, wahrscheinlich im Dienst der russischen Spionage, sehr attraktiv. Mit diesen Mitteln haben die Russen immer gearbeitet. Ich glaube ihr kein Wort.«[53]

Du merkst schon dem Eintrag von Emmy an, wie groß die Widerstände waren, sich mit der Wirklichkeit der Konzentrationslager und des Völkermords auseinanderzusetzen. Aber Magnus geht weiter, er verleugnet die Realität der Vernichtungslager einfach: »Ich glaube ihr kein Wort.« Emmys Eintrag stammt aus dem Jahr 1945; sie kannten noch nicht die Bilder der KZs, die sogar Hans in Australien schon gesehen hatte. Magnus' Memoiren erschienen 1955, als sich in Deutschland kein Mensch mehr dem Wissen über Auschwitz entziehen konnte. Und derselbe Abschnitt erschien unverändert auch in der neu bearbeiteten Fassung von 1965. Magnus macht aus Frau Hain sogar eine »Spionin« und »Landesverräterin« – und um das glaubwürdig erscheinen zu lassen, wird sie noch sexuell aufgemöbelt: »sehr attraktiv«.

Ich frage mich, liebe Großmutter, wie Du auf diese Passage in Magnus' Memoiren reagiert hättest. Der Nationalsozialismus hat Eure beiden unterschiedlichen politischen Einstellungen deutlich zutage gefördert. Hätte nicht auch dieser Rückblick auf die NS-Zeit die Kluft zwischen Euch vergrößert? Oder hättest Du Dich, wie viele andere auch, nach dem Krieg daran gewöhnt, dass man die Verbrechen des Dritten Reichs einfach nicht glauben wollte? Mag sein, dass Du Dich einfach nur danach gesehnt hättest, in Frieden leben zu können – und deshalb auf eine Diskussion mit Magnus verzichtet hättest. So ging es vielen nach dem Krieg, und wir, die Nachgeborenen, die weder die Verbrechen noch den Krieg am eigenen Leibe zu spüren bekamen, können Euch das nur schwerlich vorwerfen. Aber es ist eben eines, ob man nur schweigt, um in Frieden leben zu können, oder ob man, wie Magnus, aus Opfern die »eigentlichen Täter« macht.

Übrigens zeigt das Beispiel der Memoiren von Magnus ganz gut, wie es kommt, dass die »Frauengeschichte« immer wieder zum Verschwinden gebracht wird. Einerseits werden die Erfahrungen der Frau Hain als »unglaubwürdig« eingestuft; andererseits bringt Magnus aber auch die Notizen und Erinnerungen seiner eigenen Frau zum Verschwinden. Dieses »Verschwinden« der »weiblichen Erinnerung« gilt eigentlich, auf unterschiedliche Weise, für alle Frauen meiner »Stillen Post«. Dass ich solche Mühsal hatte, Spuren Deines Lebens und Deiner Arbeit auszugraben, hängt auch mit dem Thema Deiner Verlagsarbeiten zusammen: die Hausfrau. Es gibt wohl kaum ein anderes Gebiet, auf dem man mit solcher Sicherheit darauf rechnen kann, dass es aus den Annalen der Geschichtsschreibung gelöscht wird. Dabei betreffen die Fragen, die Du behandelt hast, das Leben von weitaus mehr Menschen als etwa die Bezwingung des Mount Everest. Auch Deine anderen Leistungen verschwanden im Reißwolf, und nicht einmal die Familie hat sich ihrer angenommen, mit Ausnahme von Hans, dem ich viel von Deiner »Stillen Post« zu verdanken habe. Bei Emmy war es anders: Ihre Erinnerungen verschwanden in den Memoiren ihres Mannes – und darin sah Magnus auch ihren Sinn: Nach ihrem Tod im Jahre 1959 schrieb er einen Nachruf, in dem er Emmys »Uneigennützigkeit und ihre selbstlos dienende Liebe« hervorhob und diese Eigenschaften als »echte Weiblichkeit« bezeichnete. Hilde wiederum brachte einen Gutteil ihres Lebens in »Geheimnissen« unter. »Was ich in meinem Leben gelogen habe!«, sagte sie mir einmal. Ihr »echtes Leben« spielte sich zum Teil im Verborgenen ab. Sie sagte es in einem erleichterten Ton, so als sei es eine Befreiung, wenigstens vom Lügen sprechen zu können. Ich wünsche mir, dass ich mit diesen paar Seiten Eurer »Stillen Post« Gehör verschaffen kann: Deinen Verdiensten, Emmys eigenem Tagebuch und Hildes Geheimnissen.

Hildes Tagebuch: Sommer 1945 im Vatikan

Auch im Vatikan war man abgeschieden vom Rest der Welt. Aber diese Abgeschiedenheit bedeutete, dass man sicher war vor all dem, was sich außerhalb abspielte. Draußen wurde die Weltkarte neu gezeichnet, und das bedeutete für viele Menschen – auch für Emmy und Magnus in Schlesien – eine tief greifende und schmerzliche Veränderung ihres Lebens. In Rom, der Ewigen Stadt, blieb dagegen mehr oder minder alles beim Alten.

Der Krieg war vorbei, aber Sigis und Hilde drängte es nicht nach Deutschland zurück. Allerdings mehrten sich die Anzeichen, dass die Familie nicht mehr lange mit einem Verbleib im Vatikan rechnen durfte. Im Juli 1945 notierte Hilde: »Bisher hat sich unser Leben kaum von der Kriegszeit unterschieden. Wir leben hier weiter eingeschlossen, sehen viel deutsche Priester, die sich, je schlechtere Nachrichten von Aussen eintreffen, desto mehr zur Botschaft hingezogen fühlen: aus einem einfachen Solidaritätsgefühl heraus, das alle Deutschen im Augenblick empfinden und das stärker ist als die politischen Differenzen und Konfessionsunterschiede. Wir verfolgen Radio- und Zeitungsnachrichten und werden dabei nicht vergnügter. Allerdings verlangen die Alliierten, dass wir uns, als Rechtsnachfolger der deutschen Regierung, ihnen zu stellen haben, damit sie uns mit der Gruppe der anderen deutschen Diplomaten aus Italien in Salso Maggiore internieren können. Unsere Leute aus Taormina sind vor einiger Zeit auch schon dazu gesteckt worden – mit Ausnahme des Ehepaars Wemmer, das nach Hause fahren durfte, um auf dem väterlichen Schloss zu wohnen! Ein Bild der Konfusion, die anscheinend auch in Deutschland herrscht: Dass man Partei-Bonzen laufen lässt und gediente Beamte einsteckt. Wir haben natürlich abgelehnt, uns internieren zu lassen. Der Vatikan hat uns dabei beigestanden, und bisher haben wir nichts weiter in der Angelegenheit gehört.«

Kessel berichtet in einem unpublizierten Teil seiner Memoiren, dass der Vatikan auf Druck der Alliierten dennoch einen Vorstoß unternahm, die verbleibenden Mitglieder der deutschen Botschaft im Vatikan – das sind vornehmlich Weizsäckers, Kessel, Hilde und Sigis – aus der Heiligen Stadt zu entlassen. Die Erinnerungen von Kessel an diese Ereignisse offenbaren die damaligen politischen Konstellationen innerhalb des Vatikans. Im Sommer 1945 hatte der Kardinal Montini (später Papst Paul VI.) an Weizsäcker ein Schreiben gerichtet. »Darin stand mit dürren Worten«, erinnert sich Kessel, »die Alliierten verlangen, dass wir die Vatikanstadt verliessen. Das Staatssekretariat forderte uns auf, uns entsprechend zu verhalten. Nachdem wir beide das Schreiben gelesen hatten, fragte Weizsäcker, *wann* wir wohl abreisen könnten. Ich erwiderte, es gelte erst mal die Frage, *ob* wir überhaupt abreisen und uns dergestalt dem Ansinnen des Staatssekretariats beugen sollten. Als Weizsäcker meinte, ihm liege es nicht, als ungebetener Gast in der Vatikanstadt zu bleiben, sekundierte mich Braun und erklärte, wir seien keine Gäste. Man habe uns Asyl gewährt, und es sei internationaler Brauch, dies einmal erteilte Privileg erst aufzuheben, wenn dem Asylsuchenden von der Gegenseite freies Geleit und Schutz vor Verfolgungen gewährleistet würde. […] Am Schluss unserer ruhig geführten Diskussion machte ich den Vorschlag, den Prälaten Kaas um Rat zu fragen, was ich gerne übernehmen wolle. Mein Vorschlag fand die Zustimmung der beiden anderen. […] Jetzt also machte ich mich zu ihm auf, trug ihm unser Dilemma vor und schloss mit folgender Erklärung: Bei aller Hochachtung vor Weizsäckers Haltung könne ich sie mir nicht zu eigen machen. Man werfe uns Deutschen immer vor, wir seien zu blindem Gehorsam geneigt und willig wie die Schafe. Auf mich treffe diese Charakteristik nicht zu, und ich neigte eher zur Rebellion. Ich fühlte mich nicht als Kriegsverbrecher und wollte auch nicht als solcher behandelt werden. Wenn man mir keine Garantien in dieser Hinsicht gäbe, würde ich die Vatikanstadt nicht freiwillig verlassen; Braun denke ähnlich. Schon während meines Berichts merkte ich, dass die Sympathien von Kaas auf meiner Seite waren, und als ich mit einer ungewöhnlich scharfen Erklärung schloss, nickte er immer wieder zustimmend, erklärte aber nur, er werde die Angelegenheit ›an höchster Stelle‹, also beim Papst persönlich zur Sprache bringen. Am nächsten Tag liess er uns wissen, wir sollten das Schreiben von Montini als ›nicht existent‹ betrachten. Da sich der gleiche Vorgang im ersten Halbjahr 1946 mit dem gleichen Resultat wiederholte, war ich über das mangelnde Wohlwollen von Montini gegenüber meiner Person nicht überrascht.«

Liebe Großmutter,

vielleicht wäre Dir, anders als Kessel, der Gedanke einer Kollektivschuld gar nicht fremd erschienen. Die Mitglieder des 20. Juli empfanden sich als Garanten einer Erneuerung Deutschlands, und ihr Deutschlandbild beruhte weitgehend auf den Traditionen der Aristokratie. Dein Hintergrund war deutschnational. Aber der latente – und manchmal auch ganz offene – Antisemitismus eines Teils dieses Adels war Dir fremd. Ich begegne ihm noch heute – nicht nur unter alten, auch unter jungen Menschen, und natürlich nicht nur beim Adel. Antijüdische Sprüche sind in Mode – ich glaube, viele versuchen damit zu beweisen, dass sie »dazugehören«. Der heutige Antisemitismus ist viel versteckter als der, den Du erlebt hast. Er kommt oft als »Witz« daher, das macht den Umgang so schwer. Als unsere Tochter Anna sechs oder sieben Jahre alt war, kam sie eines Tages aus der Schule und fragte uns, was ein »Jude« sei. Wir erklärten es ihr und nannten einige Freunde, die sie gut kannte. Das sind Juden?, fragte sie ganz erstaunt. Ihre Schulkameraden hatten sich gegenseitig als »Juden« beschimpft. Wie konnte dann ein normaler Mensch Jude sein?

Es gibt heute allerdings auch viele Menschen, die gerne jüdisch wären. Man kann eine Art von Neid aufs Jüdisch-Sein beobachten (vielleicht hat es den auch immer schon gegeben). Vor allem unter den Intellektuellen ist dieser Neid verbreitet. Wovon nährt er sich? Er mag mit der jüdischen Religion zusammenhängen, die eine vielschichtige Mischung von Ritual, demütiger Gläubigkeit und intellektueller Herausforderung darstellt. Aber das ist nicht der einzige Grund. Ich denke, dass der Neid auf das Jüdisch-Sein auch mit den Fähigkeiten zu tun hat, die Juden entwickeln mussten, zwischen zwei Kulturen zu leben: der jüdischen Kultur und der Kultur ihrer Staatsbürgerschaft. Viele Intellektuelle sehnen sich nach einer solchen Welt des »Dazwischen«, der Uneindeutigkeit. Aber nur wenige sind fähig oder bereit, in einer solchen Situation zu leben.

Schwanger im Vatikan

Die Aufforderungen, den Vatikan zu verlassen, wiederholten sich später noch mehrfach. Hilde machte es dem Vatikan nicht einfach. Sie war inzwischen wieder schwanger, und das erschwerte dem Heiligen Stuhl die Entscheidung, die Familie den Alliierten zu überantworten. Wenn aber Hilde und Sigis bleiben durften, so hieß das auch für die anderen: Verlängerung der Karenzzeit im Vatikan. Im Herbst 1945 notierte Hilde in ihr Tagebuch: »Vom Santo Padre erzählt Carola mir auch im gleichen Atemzug mit Schlange und Ratten, die sie im Garten gesehen hat. Anscheinend ist der Heilige Vater für sie irgend ein interessantes Tier im Garten, das geschaffen wurde, um kleine Kinder zu bestimmten Vormittagsstunden und in der Nähe eines gewissen Pavillons, in dem er jetzt während der Sommermonate einige Stunden zu lesen pflegt, dazu zu bringen, sich leise zu unterhalten. Im Übrigen erklärt sie mir neulich beim Mittagessen, der Heilige Vater möge auch keine Zucchini essen.«

Dennoch war es klar, dass sich der Aufenthalt im Vatikan nicht ewig hinziehen konnte. Im September 1945 hieß es erneut, dass die Angehörigen der deutschen Botschaft den Vatikan zu verlassen hätten und nach Deutschland zurückgeschickt würden. Der Termin lag schon fest, wurde aber erneut abgesagt. Für die hochschwangere Hilde lockerten sich die strengen Reglementierungen. Sie machte ihre ersten vorsichtigen Schritte außerhalb der Mauern der Heiligen Stadt. »Nachdem der festgesetzte Abreisetermin vom 3. September ereignislos verlaufen ist, atmen wir wieder auf. Die Reisevorbereitungen sind nun alle getroffen und auch alle Freunde noch zum letzten Mal eingeladen. Bald werden wir wieder neu anfangen. Ich gehe jetzt gelegentlich vor die Tore des Vatikans. Spazieren gehen müsste ich jetzt viel, wenn nur die

Gärten nicht so langweilig geworden wären. Ausserdem sparen die Mädchen doch viel Zeit, wenn ich ihnen die Besorgungen abnehme. Keine Menschenseele hat sich bisher um mein Ausgehen gekümmert. Ausserdem glaube ich, dass der schon erhebliche Bauch, den ich jetzt vor mir hertrage, mich vor einer Verhaftung schützen wird. Fassungslos stehe ich da draussen vor den gefüllten Läden und Märkten. Würste, Schinken, Käse sieht man aufgestapelt, ganz zu schweigen von Stoffen und Schuhen. Die Preise sind allerdings märchenhaft. In der Konditorei wird das schönste Eis mit Schlagsahne serviert. Für Italien bezeichnend ist aber wieder einmal, dass der Verkauf von Gebäck zwar verboten ist. Man erhält aber überall kleine Papierpakete mit dem köstlichsten Inhalt. Das gilt dann als mitgebrachte Pakete.«

Emmys Tagebuch: Der zweite Treck

Während Hilde in Rom schon die ersten Wohltaten der Nachkriegszeit zu sehen (wenn auch nicht zu schmecken) bekam, erlebten Magnus und Emmy in Schlesien, dass es »immer noch schlimmer« werden konnte. In den Tagebucheinträgen ist nun auch manchmal von »Polacken« die Rede. Vorher hatte Emmy den Begriff nie verwendet, auch gewiss nicht im Alltag. Das neue Vokabular vermittelt etwas von dem Stimmungswandel. Zugleich erzählt das Tagebuch, wie sich die Neuordnung Europas aus der Perspektive Niederschlesiens anfühlte.

Im Juni 1945 zog Emmy Bilanz: einen Rückblick auf die Wochen seit Kriegsende. Sie nahm an, dass alles bald vorbei sein würde, und konstatierte, dass »in der ganzen Zeit hier immerhin kein Mensch umgebracht und kein Haus zerstört worden« ist. Auch hatten die russischen Soldaten Minen gesprengt, Minensperren beseitigt, »die größeren Höfe einer allerdings etwas gewaltsamen Entrümpelung unterzogen und sie aufgeräumt, Licht, Wasser und Kraft [Strom] in Ordnung gebracht. Auf der Minusseite stehen dagegen zunächst eine nicht leicht zahlenmäßig nachzuweisende, aber sicher recht hohe Zahl von Vergewaltigungen und Versuchen dazu, Diebstahl an Pferden, ein großer Holzverbrauch, besonders fertiger Bretter.« Emmys Bilanz vermerkte weiter Schäden in den Feldern, auch in den Getreidefeldern, durch die Gräben gezogen worden waren. »Dazu kommen Plündereien in einem Maßstabe, wie man ihn sich doch nicht hat träumen lassen. Besonders die Pg. und die kleinen Leute haben z. T. wirklich nichts mehr außer den Bettgestellen und den aufgebrochenen leeren Schränken. Immer wieder halten die Russen dem entgegen, daß die deutschen Soldaten, besonders die SS in Rußland ganz anders gehaust haben. Den Einwand, daß damals Krieg und jetzt Frieden sei, hören sie meist nur mit Achselzucken an.«

Zu diesem Zeitpunkt kam Emmy noch zu dem Schluss, »daß es wohl richtig gewesen ist, nicht weiter weg zu ziehen. Wir und Lewalds sind im ganzen Kreise Löwenberg fast die einzigen größeren Besitzer gewesen, die – abgesehen von der kurzen Zeit in Matzdorf – immer hier waren.« Mit der kurzen Zeit in Matzdorf meinte sie den ersten, von der SS erzwungenen Treck, von dem sie nach wenigen Tagen auf ihr Gut zurückgekehrt waren. Nur der Tatsache, dass sie das Gut nicht verließen, sei es zu verdanken, dass Vieh und Möbel weitgehend noch da waren, während man die anderen Gutshäuser schon völlig leergeräumt hatte. »Wenn es also nicht noch schlimmer kommt, haben wir wohl richtig gehandelt und durch diese grauenhafte Zeit, die wir durchgemacht haben, in Wiesenthal den Kindern eine Heimat und uns selbst die Möglichkeit zur Weiterarbeit erhalten.« Diese Hoffnung erfuhr Nahrung durch das Gerücht, dass Amerikaner in der Nähe seien und die Russen zu verdrängen suchten.

Am 20. Juni 1945 erfuhren sie jedoch, dass die Russen wiederkommen würden. »Es kämen wieder 500 Mann ins Dorf!!!. Zeit unbestimmt, evtl. 3 Monate!!! Das russische Heer sei aufgehalten. Das sieht stark nach Differenzen in der Entente aus.« Kurz darauf wurde die Nachricht widerrufen. »Was nun wird, weiß also kein Mensch. 3 Monate dieses Leben hält man glaub ich nicht mehr aus, es ist einfach zum wahnsinnig werden. Keine Nacht

schlafen, arbeiten lohnt nicht – wozu ist man noch am Leben.«
In einem »Moskauer Sender« wurde verkündet, dass »Schlesien
bis zur Neiße und auch Ostpreußen polnisch werden soll. Ich
kann das immer noch nicht glauben, sie wollen bloß ihre Freunde vor vollendete Tatsachen stellen. Polen kann soviel Land und
besonders soviel Fremdstämmige ja unmöglich verdauen. Wenn
sie sich bloß endlich einig würden. Man ist ja als Deutscher völlig Spielball in den Händen der Alliierten. Hier hofft alles auf die
Amerikaner, die geradewegs als die Befreier von dem russischen
Joch angesehen werden. Soweit sind wir gekommen.«

Ende Juni tauchte ein früherer Arbeiter auf dem Gut der Lewalds auf; er wollte wieder bei ihnen arbeiten. Er war von einem
anderen Hof fortgetreckt, fühlte sich bei ihnen aber sicherer. »Begründung: Kaufmann in Hermsdorf und das ganze Dorf dürften
bleiben, weil Kaufmann Jude sei. So würde er – Lewald – auch
bleiben dürfen.« Emmy und Magnus von Braun hingegen befürchteten, dass sie zu den Ersten gehören würden, deren Güter
enteignet würden. Sie wollten versuchen, so lange wie möglich
durchzuhalten. »Spätabends: Alle unsere Hoffnungen auf Hier-
bleiben scheinen sich doch als völlig falsch zu erweisen. Nachdem
morgens ja schon die Schauermär umging, Lähn und Süssenbach müßten völlig räumen, und zwar nicht durch die Russen,
sondern durch die Polen angeordnet. Wir wollten es erst nicht
glauben, die Nachrichten bestätigten sich aber bald. Von Wiesenthal war zunächst nicht die Rede, es hing aber auch über uns das
Damoklesschwert eines plötzlichen Befehls. Abends gegen 8 Uhr
kam er. In einer halben Stunde sollte das ganze Dorf raus, natürlich viel zu wenig Zeit, um vernünftig disponieren zu können.
Pferde durften angeblich nicht mitgenommen werden, Ochsen
nur bedingt. Wir spannten also die Ochsen vor den Ackerwagen,
luden drei alte Frauen und eine Menge kleiner Kinder drauf und
hingen hintendran einen zweirädrigen Karren mit dem Gepäck,
soweit es auf dem ersten Wagen nicht Platz hatte. Nur die beiden
Familien Kirsch, die auf ihren Arbeitskarten ›Pole‹ stehen haben,
wollen nach langer Überlegung bleiben. Ebenso der stellvertre-

tende neue Schweizer Gerber, der Schweizer Staatsangehöriger ist und behauptet, ›ihm können sie nichts tun!‹ Lewald hat als Mischling die Erlaubnis bekommen, mit seiner ganzen Familie, auch den Schwiegereltern, hier zu bleiben, ebenso 5 Männer und 20 Frauen des Betriebs. Wir bekamen keine Erlaubnis. Gegen halb zehn Uhr abends war glücklich alles bereit, und da sich die Polen sehr rabiat benahmen und im Oberdorf schon schossen, fuhren wir wieder mal ab. Zum dritten Mal und bei weitem am traurigsten, da man diesmal wenig Hoffnung hatte, Wiesenthal jemals wieder zu sehen.«

Am nächsten Morgen (26. Juni 1945) zog der über tausend Menschen umfassende Treck weiter. »Wir hatten die ganze Zeit das Gefühl, das zwischen Russen und Polen eine starke Spannung herrschte. Die Russen wollten uns gar nicht herausjagen, nur die Polen verlangten es.« In Löwenberg angekommen, erfuhren Emmy und Magnus, dass die Polen ganz Schlesien räumen wollten und mit dem Kreis Löwenberg anzufangen gedachten. »Dann tauchte plötzlich die Nachricht auf, Stalin hätte nachts um 12 erklärt, die ganze Evakuierung müsse aufhören. Also ziemlich offener Streitfall zwischen Polen und Russen (denen aber anscheinend die Amerikaner die Stange halten).« Einen Tag später hörten sie, dass es in Görlitz ein Lager von 500 000 Menschen gab, die dort festhingen, weil sie einerseits von den amerikanischen Truppen nach Schlesien zurückgeschickt, andererseits von den Polen dort aber nicht wieder hereingelassen wurden. Auf ihrem eigenen Treck, der sich über mehrere Tage hinzog, kamen ihnen russische Truppen entgegen. Von diesen erfuhren sie, dass das Ganze ein »Irrtum« sei. Man werde ihn schnellstens berichtigen. Aber die Polen trieben den Treck weiter voran. Da kam ihnen plötzlich ein anderer Treck entgegen, Er bewegte sich in die Gegenrichtung. Zunächst dachten sie, es seien Polen, die in den geräumten Dörfern angesiedelt werden sollten. »Als sie näher kamen, sahen wir aber, es sind biedere deutsche Bauerngesichter, und gleich die ersten rufen uns entgegen: ›mir sein Siebeneichener, mir machen heme‹.« Die Siebeneichener erzählten ihnen, es genüge ein Schein vom polnischen Kommandanten, dann könne man umkehren. Kurz danach erhielt auch der Treck aus Oberwiesenthal die Genehmigung umzukehren. Der russische Kommandant erklärte »die Aussiedlung für beendet«.

Zwei Tage nach ihrer Rückkehr ins Dorf zog Emmy in ihrem Tagebuch wieder einmal Bilanz. Dieses Mal ging es ihr aber nicht um die Ereignisse, sondern um das Verhalten von Menschen in solchen existenziellen Situationen:

»Rückblickend ist es nicht uninteressant, über die Psychologie eines solchen Trecks nachzudenken. Ein grauenhaftes Gefühl, vor dem völligen Nichts zu stehen, solange man damit rechnen mußte, seine hiesige Heimat, das letzte, das einem vielleicht noch geblieben ist, nicht wiederzusehen. Neucken, Schlachtensee und Pension sind wohl sowieso futsch. Da es alle Teilnehmer gleich trifft, entsteht ein durchaus natürliches Zusammengehörigkeitsgefühl. Aber merkwürdig, trotzdem [sic!] man immer wieder hört und auch selbst denkt, wie schön es wäre, durch den Tod von diesem furchtbaren Leiden erlöst zu werden, steckt doch wohl in allen noch ein starker Lebenswillen. Das sieht man daran, wie die Menschen reagieren, sobald die Gerüchte auftauchen, man dürfe zurück, wie sie sich an das leiseste Fünkchen Hoffnung klammern und sich daran aufrichten. Unerhört stark ist die Liebe zur Scholle. Immer wieder hört man: Lieber zu Hause in Ruinen wohnen, als die Heimat ganz verlassen. Anscheinend ist beim einfachen Bauern die Liebe zur Scholle weit stärker als die Liebe zum großen Vaterland.

Das Treckleben verwischt auf der anderen Seite völlig die Begriffe von Mein und Dein. Sobald die Leute auch nur einen Funken von Hoffnung haben, zurückzukehren – schon erwacht der Wunsch, für das ihnen Verlorene Ersatz zu schaffen. Sie klauen sich aus den verlassenen Wohnungen in z. T. recht schamloser Weise Matratzen, Betten, Kleidung, Wäsche, Kochgeschirr usw. Kaum ist ein Dorf erreicht, so stürzen sie wie die Aasgeier in die Häuser und kommen schwer beladen wieder heraus. Die Wagen werden immer voller. In den Gärten werden Beeren und Gemüse gestohlen, und es ist ein wahres Wettrennen, wer zuerst da ist. Unsereins hat natürlich für solche Exzesse doch noch viel eingebaute Hemmungen. Ich selbst habe aber auch zwei Teller, zwei Tassen und einen auf dem Hof liegenden Kochtopf regelrecht geklaut. Außerdem natürlich überall Kartoffeln, die ja unsere tägliche Nahrung waren und Brennmaterial. Merkwürdig, wie schnell man die für solch ein Zigeunerleben notwendigen Kenntnisse erwirbt. Wenn ich die ersten Tage noch Mühe hatte, ein richtiges Feuer draußen in Gang zu kriegen, so hatte man es zuletzt im Nu raus.

Interessant ist es, was manche Leute im Gepäck mitnehmen! So sah ich eine alte Frau, die als einziges auf dem Rücken einen Korb mit einer Klucke und Küken trug. Es war aber ein trauriger Anblick, wenn große wohlhabende Bauern wie Merkel, Feige Willy u. a. mit einem kleinen Handwagen ihr ganzes Besitztum schoben! Das Durcheinander von verschiedenen Beförderungsmitteln ist grotesk: Es gibt alles, vom Ackerwagen, Leiterwagen, Kinderwagen, bis zu Puppenwagen, Schubkarren, Kisten mit zwei Rädern. Am schwersten hat man beim Treck natürlich seelisch gelitten. Daß tausend Menschen wie eine Herde Vieh von zwei polnischen Treibern gehetzt werden, ist für gebildete Menschen doch schwer erträglich. Die Polen fuhren wie die Schäferhunde immer an dem langen Treck hin und her in einem offenen Wagen. Versuchte einer auszubrechen, so schossen sie hinter ihm her. Natürlich wäre es trotzdem möglich gewesen, aber nur unter Aufgabe des ganzen Gepäcks.«

Die Unterschiede zwischen der Situation von Emmy und Magnus und der von Hilde und Sigis, die mit ihren Kindern in der Sicherheit des Vatikans lebten, können kaum extremer sein. Trotz der seelischen Belastung gelang es Emmy jedoch, in ihrem Tagebuch einen distanzierten – fast forschenden – Blick auf die Ereignisse und menschliches Verhalten zu werfen.

Gelegentlich siegte auch bei Emmy und Magnus wieder die

Zuversicht. »Ein herrlicher ruhiger Tag. Mein Nervenklaps ist infolgedessen vollkommen überwunden, sogar Gerüchte, daß wir am Dienstag wieder rausmüssen, nimmt man bei besserer Nervenverfassung nicht mehr ernst.« Dennoch begann sie zu ahnen, »daß uns noch Schreckliches bevorsteht. Nach einem Radiobericht heißt es, daß für Schlesien das Nationalitätenprinzip Gültigkeit haben solle. Edlinger erzählte von seinem Rückweg aus Oberschlesien, daß zwischen Neiße und Hirschberg alles reindeutsch sei, deutsche Eisenbahnbeamten usw., so daß er aus allen Wolken gefallen sei, als er zwischen Hirschberg und hier solch chaotische Zustände vorgefunden hätte. Oberschlesien wird ja wohl sicher polnisch werden, aber dieses rein deutsche Land muß doch deutsch bleiben. Es wäre sonst für uns hier das Ende. Bei dem Haß der Polen, den man immer und überall zu spüren bekommt.«

Um von den Sorgen abzulenken, versuchten Emmy und Magnus, eine gewisse Normalität zu leben. Man wendete sich wieder den landwirtschaftlichen Aufgaben zu. Die Scheunen, in denen die russischen Soldaten ihre Pferde untergestellt hatten, bekamen ihre eigentliche Bestimmung zurück. »Wir hoffen, dort die Wintergerste einzufahren. Zwar kam während der Arbeit ein Rundschreiben, Raps und Gerste hätten bis auf Abruf in Puppen auf den Feldern zu stehen, widrigenfalls Strafe, Sibirien. Wir ließen uns aber nicht stören, da diese Order wohl überholt ist. Der polnische Landrat in Löwenberg erklärt den russischen Major, der so etwas verfügt, für einen Krebsschaden, der beseitigt werden müsse. Dieses ewige Gegeneinander von Russen und Polen mag für den Unbeteiligten komisch sein, für uns, die wir so between the devil and the deep see [sic!] sitzen, ist es weniger erfreulich.« Inzwischen fuhren die Polen selbst Patrouille, ein erstes Anzeichen dafür, dass sie hier bald die Hoheit übernehmen würden. »Man ist also soweit, daß man sich ruhig und beschützt fühlt, wenn Polen nachts auf der Straße schießen.«

Tagelang blieb der Strom weg. Als er sich wieder einstellte, konnte Emmy ein lang ersehntes heißes Bad nehmen. »Sonst hat man auch keine Freuden mehr.« Nach einigen Tagen Ruhe, in denen sie glaubten, »über den Berg zu sein«, kamen neue Schreckensnachrichten. »Morgens war ich noch im Wald, wo es schön und still war. Mittags erschien ein russisch-mongolischer Hauptmann, der für 100 Mann Quartier verlangte. Es ist eine Kommission, die das Getreide abernten und mitnehmen will. Dazu muß auch die Gemeinde mitarbeiten. Nach einiger Mühe gelang es wenigstens, die Mannschaften auf den noch eingerichteten Schüttboden abzuwimmeln. Im Haus 5 Offiziere, die sehr anspruchsvoll Bettwäsche und Betten verlangen, die wir doch selbst nicht mehr haben. Sie haben wieder das ganze Haus durcheinandergebracht und geplündert. Angeblich sollen diese russischen Übergriffe gegen alle Vereinbarungen sein, wir wollen versuchen, uns an die interalliierte Kommission in Hirschberg zu wenden. Der polnische Kommandant in Lähn behauptet, nichts machen zu können. Wir mußten also wieder zum ich weiß nicht wievielsten Mal das Haus innerhalb von 30 Minuten räumen. Eine Schar von Mädels mußte reinmachen, Betten beziehen usw.«

Aus dem englischen Rundfunk erfuhren sie, daß nördlich der Glatzer Neiße alles deutsch bleiben soll. »Das ist unser einziger Trost, an dem man sich immer wieder aufrichtet. Sonst ist man total erledigt, und ich habe schon wieder Heulzustände bekommen. Dazu jeden Tag Regen und Gewitter.« Zu diesem Zeitpunkt konnten sie noch Radio hören. Später war es verboten, die Geräte wurden beschlagnahmt. Aber die Nachrichten über die Zukunft Schlesiens änderten sich von Tag zu Tag. Dann ließen die Russen tatsächlich die Ernte einfahren: Roggen und Weizen, später die Rüben. »Gnade der Bevölkerung im Winter. Wir können im besten Fall von Kartoffeln leben. Und vielleicht von braunen Bohnen und Erbsen.«

Am 11. Juli 1945 hieß es erneut, dass alle Einwohner die Häuser zu verlassen hätten. Treck mit unbekanntem Ziel. »Der Mongole erklärte auf Anfrage, er wolle die Arbeiter unter Schutz haben *vor den Polen*. In 5–6 Tagen kämen die Polen, dann müßten wir sowieso *alle* hier raus, mit 30 Kg. Gepäck. Es hätte also keinen

Sinn soviel Gepäck mitzunehmen. Bisher wird das Leben von einem Tag zum anderen unerträglicher. Wenn unsere Jungens ahnten, was wir hier durchmachen! Man ist eben ein Spielball zwischen Russen und Polen und völlig machtlos. Man hätte wohl doch besser getan, am 4. März kampflos das Feld zu räumen. War all diese Quälerei denn ganz zwecklos?« Tatsächlich sollte es noch mehr als ein Jahr dauern, bevor sie tatsächlich Schlesien verließen. In diesen zwölf Monaten wurde das Leben der Menschen in diesem Landstrich immer schwieriger. »Lewald hat mit einem russischen Major gesprochen, der sagte, bis 20. sei alles [zum] Plündern, Getreideabfahren usw. freigegeben. Er empfahl Selbsthilfe, Widerstand, das Vieh wieder zurückzustehlen u. dgl. Im Treckfall soll man in der Nähe bleiben, nur die Dummen müssen in die Lager. Ob das Land hier deutsch bleibe, sei noch nicht entschieden, er nähme es aber an. Frau von Klitzing-Langenau soll angeblich wieder in ihrem kleinen Haus wohnen. Hirschfeld in Falkenhayn hat sich auf furchtbare Weise vergiftet: er selbst tot, die Frau liegt im Sterben, die Kinder haben das Gift ausgespuckt und sind am Leben. Auch Hanna Reitschens Vater hat sich das Leben genommen, ebenso viele andere.«

BERLIN,
DEN 22. OKTOBER 2006

Liebe Großmutter,

Du weißt sicher noch, wer Hanna Reitsch war? Sie kam in Hirschberg, in der Nähe von Wiesenthal zur Welt und war als erster weiblicher Flugkapitän eine bekannte Frau in ihrer Zeit – mutig dazu. Eine große Hitlerverehrerin, sagt man. Frauen wie sie und Leni Riefenstahl bringen mein Weltbild durcheinander. Es wäre so viel einfacher, wenn Frauen, die an Hitler glauben wollten, nicht schön oder nicht mutig oder nicht so gute Filmemacherinnen gewesen wären. Waren sie aber. Hanna Reitsch, die zur Luftwaffe ging und Militärmaschinen erprobte, arbeitete eng mit Werner an der Entwicklung der V1 zusammen. Schade, dass man den Menschen nicht ansehen kann, wie es um ihren politischen Verstand bestellt ist. Wenn ich mir Dein Photo anschaue, dann hätte ich Dir Dein Engagement für die Hausfrauen auch nicht abgenommen. Eher schon die Frauenrechtlerin der 1920er Jahre – aber eben nicht mit Kochbuch (zugegeben, die Rezepte waren geklaut).

Ich habe Hanna Reitsch übrigens noch in den 1950er Jahren kennengelernt – auf einer Veranstaltung in Frankfurt/Main. Es muss 1959 gewesen sein, als Wernher anlässlich des 50. Jahrestages der ersten Internationalen Luftfahrtausstellung eine Festansprache in der Frankfurter Paulskirche hielt. Meine Geschwister und ich durften dabei sein, aber verstanden haben wir nicht viel. Ich erinnere mich, wie man mir Hanna Reitsch zeigte und sagte, sie sei eine berühmte Frau. Natürlich habe ich sie gebührend bewundert. Alle bewunderten sie: eine Frau, die sich ans Steuer von Flugzeugen gesetzt und sogar Bomber gesteuert hatte! Das war was! Ich kam mir sehr langweilig vor, weil ich noch nicht auf die Idee gekommen war, fliegen zu lernen. Dass die V 1 später Bomben transportierte, erwähnte niemand. Auf dieser Veranstaltung waren vermutlich viele alte Mitarbeiter aus Peenemünde – ein strahlendes Wiedersehen.

Wernher kam in seiner Rede erneut auf sein religiöses Thema zu sprechen. Der »unendliche Sternenhimmel« dort draußen sei eine stete Mahnung an die Menschen, »daß es eine Kraft gibt, die größer ist als der Antriebsschub ihrer Raketenschiffe; daß es einen Weltgeist gibt, der größer ist als der kalte Verstand ihrer elektronischen Rechenmaschinen; daß es eine überweltliche Macht gibt, die größer ist als die Macht ihrer eigenen Nation.« Dieses Insistieren auf der Religion und der Ewigkeit ist wie ein immer wiederkehrender Refrain bei ihm. Er meinte es sicherlich ernst.

Kürzlich bin ich in Peenemünde gewesen. Da spürt man die Endlichkeit. Es gibt dort eine Gedenkstätte. Sie war zunächst der Technikgeschichte und ihren Helden gewidmet. Dann gab es eine politische Krise, und nun wird auch der vielen Opfer von

Peenemünde gedacht: der Opfer der Raketenabwürfe und der Zwangsarbeiter, die in den Lagern umkamen. Außerdem wird in der Gedenkstätte die Vergänglichkeit ausgestellt – unbeabsichtigt. Die Abschussrampen, Prüfstände und technischen Anlagen sind von Gestrüpp überwachsen, oder sie sind in den Tümpeln verschwunden, die die Bombenkrater hinterlassen haben. Die Umgebung der alten Werkshallen stellt heute eines der größten Biotope Deutschlands dar – und zwar deshalb, weil ein Teil des Geländes noch nicht von Blindgängern und Minen geräumt wurde und aus diesen Gründen nicht öffentlich zugänglich ist. Nur ein paar Ruinen, Betonbrocken, Reste von Kopfsteinpflaster erzählen von der hektischen und hochtechnisierten Geschäftigkeit, die hier vor rund sechzig Jahren herrschte. Die Natur hat ihre Rechte zurückgefordert: Sie scheint »die Geschichte« vergessen zu machen. Aber die Geschichte lässt sich nicht so leicht aus dem Weg räumen. Irgendwann geht dann doch eine der Minen hoch. Geschichte im Untergrund – wie bei der »Stillen Post«. Nur bei Letzterer bestehen die »Blindgänger« aus Sprache, Worten, Schweigen.

Sommer 1945 in Schlesien: vogelfrei

Am 17. Juli 1945 begann die Potsdamer Konferenz. So viel wussten Emmy und Magnus immerhin. Sie wussten auch, dass hier über die Zukunft von Schlesien entschieden wurde. Aber, so notierte Emmy, »Schlesien steht dabei sicher nicht an erster Stelle«. Plötzlich waren drei Mädchen aus dem Dorf verschwunden. Man fürchtete, sie seien verschleppt worden. Tatsächlich hatte man sie aber nur für Erntearbeiten eingesetzt, zusammen mit deutschen Kriegsgefangenen. »Diese baten sehr, die Mädels möchten noch dableiben, damit sie nicht nur russische Fratzen zu sehen brauchten. Sie dürfen sich Betten usw. organisieren, bekämen aber schlecht zu essen. Vater Brückner war also über seine Tochter beruhigt. Wir fanden es trotzdem etwas unheimlich, da man es schließlich nicht mit einer Kulturnation zu tun hat.« »Kulturnation« – für Emmy ein ganz selbstverständlicher Code, den sie meint, nicht weiter erklären zu müssen. Eines der erstaunlichsten Phänomene an diesem Tagebuch wie auch an der zitierten Taufrede von Albrecht von Kessel ist diese seltsame Fähigkeit, Deutschland zur »Kulturnation« zu erklären und sich nicht zu fragen, wie es in dieser Kulturnation zu einer solchen Barbarei kommen konnte. Emmy findet es »unheimlich«, die drei zur Arbeit eingezogenen Mädchen bei den Russen zu lassen. Aber die »Unheimlichkeit« des eigenen Landes spaltet sie ab von ihrem Deutschlandbild. Gewiss, sie musste zum Zeitpunkt, als sie ihr Tagebuch führte, täglich um ihre Zukunft und ihr Überleben bangen. Da bleibt nicht viel Raum für andere Gedanken. Aber hat sie es später getan? Wenn ja, so fanden diese Gedanken in den Memoiren von Magnus keinen Niederschlag.

Die Bevölkerung eines Nachbarortes, Greiffenberg, wurde zum Treck gezwungen, er dauerte vier Tage. »Die Polen nennen es den Adolf-Hitler-Gedächtnismarsch.« Da die Trecks zumeist wieder zurückgeschickt wurden, gewann Emmy zunehmend den Eindruck, dass der Treckbefehl oft nur ein Vorwand war, die Dörfer zu entleeren, um plündern zu können. »In Lähn sind sowohl Polen wie Russen. Der Ton zwischen ihnen ist herzerfrischend. Ein Pole sagte zu Lewald, als ein Russe in das Zimmer hineinwollte: Da kommt schon wieder so ein besoffenes Schwein. In mancher Hinsicht sind die Polen ja wohl etwas kultivierter, das Verschleppen von Mädchen verurteilen sie von ganzem Herzen, klauen tun sie aber natürlich auch. Zur Zeit reden sie große Töne von Verstaatlichung aller Wälder. Ein deutscher Forstmann, Herr von Misecki, hat Lewald in Lähn erzählt, daß der Wald mit den vorhandenen Förstern bewirtschaftet werden solle, selbstverständlich für den polnischen Staat. Wir wollen abwarten. Ich hoffe immer noch, daß wir hier deutsch bleiben. Heute ist Gedenktag des Attentats vom 20. Juli.« An diesem Tag wurden alle im Dorf für Gemeindearbeit eingezogen. Magnus und Emmy, die inzwischen 67 respektive 59 Jahre alt waren, erhielten Dispens. »Für ein Dorf wie Wiesenthal hat sich das Kolchosesystem überhaupt in keiner Weise bewährt. Trotz Massenaufgebot haben sie bisher nicht annähernd das geschafft, was die Bauern alleine fertig kriegen. Natürlich spielt dabei die passive Resistenz eine nicht ganz kleine Rolle. Heute Abend war ein tüchtiger Regen, sodaß wieder alles von den Russen gehauene Getreide naß geworden ist. Darüber freut man sich heute herzlich.« Am darauf folgenden Tag sollten die Möbel aller alten NS-Parteigenossen abtransportiert werden, »angeblich auch der Speicher bei Prenzel, wo die Margisschen Sachen stehen. Ich will mich deswegen morgen erkundigen.« Die erbeuteten Möbel und Gegenstände wurden von den Plünderern zum Verkauf angeboten. »Wie uns ein netter Eisenbahner aus Lähn erzählte, sollen sich die Lähner alle das Wort gegeben haben, von den aus den leerstehenden Wohnungen gestohlenen Sachen (neuerdings auch Möbel) nicht ein Stück zu kaufen und damit die ganze Aktion zu sabotieren.«

Am 22. Juli meldete »Radio Beromünster«, »daß sich in ganz Deutschland die Verhältnisse konsolidiert hätten, nur in Niederschlesien herrschten noch unhaltbare Zustände. Das ist weiß Gott wahr. Landser erzählt, sie hätten in Mitteldeutschland Schilder gesehen: ›Schlesien ruft um Hilfe‹. Es wird von den Polen total ausgeplündert. (Leider ebenso von den Russen!).« In den Nachrichten wurde gemeldet, dass die Polen beim Abzug aus einigen Orten Häuser angesteckt haben sollen. »Es heißt sogar weiter, die Amerikaner hätten mit Bomben auf polnische Städte gedroht, wenn sich so was wiederhole. Das sind selbstverständlich unkontrollierbare Gerüchte. Merkwürdig und wie Nachrichten aus einer Märchenwelt wirkt es auf uns, wenn wir Sportnachrichten im Berliner Sender hören (wir gehen bisweilen nach dem Elektriker Tschentscher Radio hören). Wir scheinen hier wirklich die schlimmste Ecke Deutschlands zu sein.«

Der Weg in die nächstgelegene Stadt, Hirschberg, wurde immer beschwerlicher: nicht weil er zu Fuß zurückgelegt werden musste, sondern weil man sich auch vor den Wegelagerern zu hüten hatte, die auf dem Hinweg das Geld und auf dem Rückweg die Einkäufe raubten. »Hirschberg macht einen sehr deprimierenden Eindruck. Trotzdem die Straßenbahn geht und viele Menschen auf der Straße, auch die meisten Läden geöffnet sind, wird man den Eindruck gar nicht los: Diese völlig deutsche Stadt ist innerhalb weniger Wochen mit einem polnischen Lack überzogen, der auf Fremde schon fast überzeugend wirken kann. Ich schätze, daß mindestens 50% der derzeitigen dort herumwimmelnden Einwohner Polen sind. Zwar sind die Straßenschilder noch deutsch, aber fast alle Ladenschilder, Fahrpläne, Anschläge an den Litfaßsäulen sind zweisprachig.«

Es waren die Wechselbäder der Nachrichten, die Emmy und Magnus immer wieder zur Verzweiflung brachten. Emmy spricht dann schamvoll von einem »Nervenklaps« und meint Heulkrämpfe. Aufgrund der ungeklärten Situation ließen auch die Plünderungen nicht nach. Jeder wollte noch etwas für sich ergattern, mit dem Erfolg, dass die Bauern die ihnen verbliebenen Schweine abschlachteten, damit sie ihnen nicht gestohlen wurden. In Emmys Tagebüchern ist so oft von Viehklau die Rede, dass man sich wundert, dass sich überhaupt noch ein einziges Tier in Oberwiesenthal befand. »Lange sind diese Zustände nicht mehr auszuhalten. Ich bin froh, daß wir unsere polnischen Arbeiter immer so anständig behandelt haben, das scheinen sie zu wissen. Jedenfalls hat man uns noch nichts getan.«

Am 3. August 1945 notierte Emmy, dass »heute die Würfel gefallen« sind. Damit sei nicht nur ihnen, sondern auch ganz Schlesien und dem deutschen Osten »der Todesstreich versetzt. Wozu hat man 15 Jahre gearbeitet, gedarbt, alle seine Liebe und sein Geld hereingesteckt, wenn man jetzt Wiesenthal doch verliert. Selbst den unwahrscheinlichen, günstigsten Fall angenommen, daß man, wenn dies Polen wird, bleiben darf – man kann keinem der Jungens, *wenn* sie leben, zumuten, einen Beruf im Reich aufzugeben und sich hierher zu setzen, wo so ausgeplündert doch keine Existenzmöglichkeit auf 50 Morgen besteht. Also aus – Schluß – das ist das Ende.« An Einträgen wie diesem spürt man deutlich, dass der Durchhaltewillen von Emmy und Magnus, die bis zu diesem

Zeitpunkt nicht die geringste Information über den Verbleib ihrer drei Söhne hatten – sie wussten nicht einmal, ob sie noch am Leben waren, so hermetisch war Schlesien abgeriegelt –, auch vom Wunsch getragen war, ihren Kindern ein »Zuhause« zu bieten. Vielleicht spielte auch eine Art von magischem Denken eine Rolle: Das Bewahren der »Heimat« erschien ihnen vielleicht wie ein Pfand, eine Garantie, für das Überleben der Söhne. Natürlich hatte das nichts mit rationalen Überlegungen zu tun – es erscheint eher wie ein Pakt mit dem lieben Gott oder dem Schicksal. Einen Tag später heißt es in Emmys Tagebuch: »Man graut sich vor dem Aufwachen, wenn man so ins Nichts sieht.« So klammerten sie sich an jedes neue Gerücht: »Es scheint doch so, als wenn die Deutschen hier bleiben unter *polnischer* Verwaltung.«

Gelegentlich erfuhren sie auch von anderen Schicksalen, die nur in dieser unmittelbaren Nachkriegszeit denkbar waren, wo es in Europa mehr Niemandsland als feste Grenzen zu geben schien. »Die Tochter des Arztes Dr. Greiffenhagen in Löwenberg hat folgendes erlebt: Sie war nach Schreiberhau geflüchtet, mußte von dort mit Rucksack weg, tippelte bis Wien, geriet dort in einen russischen Zug nach Sibirien, sprang im Fahren raus, durchschwamm einen Fluß und kam nach Bayern, von wo sie vorgestern in Löwenberg anlangte. 1800 km zu Fuß! Sie behauptet, in Bayern mit eigenen Augen gesehen zu haben, daß die Amerikaner deutsche SS ausbildeten, auch andere deutsche Soldaten. Derartige Gerüchte hat man schon öfters gehört, aber nie geglaubt. Dr. Greiffenhagen macht am laufenden Band Operationen, wonach er bei den SS-Leuten das sichere Kennzeichen ihrer Zughörigkeit, den Blutgruppenbrand am linken Arm, operativ mit bestem Erfolg entfernt – auch ein Zeichen der Zeit.«

Schlimmer als alles andere war für die Menschen in Niederschlesien das völlige Abgeschnittensein von Nachrichten und die Unsicherheit über die Zukunft dieses Landstrichs. »Das Londoner Radio hat anscheinend heute gebracht, die Grenze von 37 käme wieder. Die Polen hätten die deutsche Gastfreundschaft schnöde mißbraucht.« Gastfreundschaft? Kleine, hingeworfene

Bemerkungen wie diese machen mich bei der Abschrift von Emmys Tagebüchern manchmal sprachlos.

Eine Lehrerin zog ins Dorf, begleitet von ihren Eltern. Die Kinder sollten wieder Schulunterricht erhalten. Ende August zeigte der Pastor des Ortes Emmy und Magnus ein Schreiben seiner Kirche. »Die evangelische Kirche hat anscheinend als bisher einzige Institution eine regelmäßige briefliche Verbindung mit ihren Angehörigen. Die Rundschreiben werden durch Mittelsmänner mit Boten oder dgl. ziemlich regelmäßig verbreitet und sind recht interessant. Das gestrige Rundschreiben verlangte z. B., daß alle Pfarrer in ihre schlesischen Stellen zurückzukehren hätten (merkwürdigerweise wurden auch in *Ober*schlesien viele namentlich genannt) und daß *sie* verantwortlich gemacht würden, daß die Schulen wieder schnellstens eröffnet würden: Die Lehrer seien in puncto *kirchliche* Einstellung gründlich zu prüfen, von den Grabsteinen seien *nicht*kirchliche Inschriften und Zeichen, wie Hakenkreuze, Runen etc. zu entfernen und anderes mehr.« Nun kam also noch eine dritte Macht hinzu, die – neben Russen und Polen – über die Zukunft dieses Landstrichs mitreden wollte: die evangelische Kirche.

Der russische Kommandant hielt eine Ansprache, in der er verkündete, von nun an brauche niemand sein Hab und Gut mehr zu verstecken. »Alle sollen ihre Sachen frei in Schränke hängen. Es werde keine Plünderungen mehr geben. Nur müdes Lächeln bei der Bevölkerung.« Einen Tag später notierte Emmy: »Wir haben unsere Koffer und Lebensmittel trotz aller Befehle nochmals versteckt.« Immerhin erhielten sie vier Ochsen zurück, was die Landwirtschaft erleichterte. Doch am 31. August 1945 folgt der Eintrag: »Heute ist Wiesenthal offiziell ›enteignet‹ worden. Am Eingang unseres Hofes prangt eine eingerahmte Inschrift. ›Majatek Taustwowy‹ und dann dem Sinn nach: Wer von dem Gut etwas wegnimmt oder vernichtet, wird bestraft. Ich mache mir darüber nicht allzu viel Gedanken, es sind wohl Tafeln übrig, die irgendwo hängen müssen. Feige Willy sollte sich seine selbst im Lehnhaus abholen. Ich glaube, es sind die letzten Zuckungen.« Einen Tag später: »Ab Oktober soll das Verfahren gegen 24 Kriegsverbrecher beginnen. Göring, Hess (!), Seyss-Inquardt. Leider auch Papen.«

Ab September 1945 begann die »Immigration« aus dem Osten: Von Russen aus Galizien vertriebene Polen landeten nach oft wochenlangen Trecks in Wiesenthal und wurden dort bei Familien einquartiert. Unter der ansässigen Bevölkerung galten sie als »eher harmlos«. Man arrangierte sich mit ihnen. Außerdem brachten sie Vorräte mit und erwiesen sich als gute Helfer bei der Ernte. Zu diesem Zeitpunkt wehten in Wiesenthal beide Fahnen, die russische wie die polnische. Es wurde immer evidenter, dass Schlesien zu einem Zankapfel zwischen Russen und Polen geworden war. Emmy, die vermutlich davon ausging, dass eher die Polen als die Russen Anspruch auf Schlesien stellen würden, sah in den Russen Verbündete gegen die Enteignung durch die Polen. Andererseits waren Letztere zu diesem Zeitpunkt mehrheitlich nicht kommunistisch. »Heute haben wir seit 5 Monaten die erste Zeitung gesehen. Eine rote ›Deutsche Zeitung‹, von den Russen in Berlin für die Civilbevölkerung herausgegeben, vom 22. August. Man verschlingt sie trotzdem mit größtem Interesse, da man ja nicht ahnt, was in der Welt passiert ist seit April.« Über die Zukunft Niederschlesiens fand sich auch hier nichts. Obgleich sie wussten, wie prekär ihre Situation und wie unsicher ihre Zukunft war, grub Magnus noch mehrere hundert Pflaumenkerne an den Wegrainen ein »in der Hoffnung die Bestände zu vermehren. So klammert man sich immer noch an dies geliebte Stückchen Erde und gibt die Hoffnung nicht ganz auf.«

Das allmählich entstehende Rechts- und Machtvakuum in Niederschlesien schlug sich in seltsamen politischen Erscheinungen nieder. »In Wünschendorf geht es besonders reizend zu, da hat sich ein 20 Jahre alter Lümmel als ›Kriegskommandant‹ aufgetan, eine Horde von 14–17-jährigen Bengels in alten HJ Uniformen um sich geschart, die mit Lederpeitschen z.T. auch Gewehren die Leute verprügeln und schinden. Zwei sind bereits in ärztlicher Behandlung. Der sog. Oberbürgermeister hat sich als russischer Graf ausgegeben, was Frl. v. Pogrell im Lehnhaus geschickt ausgenützt hat: Als er wieder plündern wollte, hat sie ihn mit ›Graf‹ angeredet und erfreut als Standesgenossen um seine Unterstützung gebeten, worauf er sie in Ruhe ließ.«

Sonntag, 9. September 1945. »Ein stiller Sonntag mit Pilz- und Beerensuche (man lebt immer auf, wenn man aus dem widerlichen Polacken-Milieu unseres Hofes in die Natur kommt). Nach der Kirche war wieder Versammlung im Hof. Bei Minna hatten sie 3 kleine Handgranaten *auf dem Tisch* gefunden, von denen sie nicht ahnte, was es war. Sie wurde deswegen geprügelt und eingesperrt (in unserem Mädchenklo). Ein Pole hatte ihr noch aus Nettigkeit eine warme Decke gegeben (die er früh, ehe der Kommandant es sah, wieder abholte) und Frau Kirsch gab ihr ordentliche Stullen. Abends erzählte der T. Junge von Radiomeldungen, daß die Civilpolen bestimmt alle raus müssen. Man atmet wieder auf, um so mehr, als auch unsere Polen sich dauernd verplappern und erklären, sie gingen alle nach Hause.«

Die polnische Verwaltung richtete sich in Oberwiesenthal »häuslich ein« und ernannte Magnus zum »Aufseher über den Wald«. Er und Emmy bewohnten ein Zimmer im Pfarrhaus; eine Kuh hatte man ihnen gelassen. Doch der Winter stand vor der Tür, und sie hatten kein Brennholz, kein festes Schuhwerk, keine warme Kleidung. Am schlimmsten empfanden sie das Ausbleiben jeglicher Nachricht von den Söhnen: »Wir selbst haben seit Ende März, also ein halbes Jahr lang, keinerlei Nachrichten, weder von unseren Jungs noch von irgendeinem unserer anderen Angehörigen. Wer weiß, wer von ihnen überhaupt noch lebt. *Uns* haben sie vermutlich schon abgeschrieben.« Es ist nicht das erste Mal, dass Emmy die Söhne erwähnt, aber das kommt in den ersten Monaten des Tagebuchs nur selten vor. Gewiss machte sie sich Sorgen um sie – aber sie wagte nicht, laut darüber nachzudenken. Ein beredtes Schweigen. Magnus war 67 Jahre alt, Emmy fast 60 – ein Alter, wo es um Erbschaften geht, die man den Kindern »hinterlassen« möchte: materielle Erbschaften wie das Gut, aber eben auch geistige Erbschaften. Zu diesem Zeitpunkt musste

Emmy befürchten, dass die Kette unterbrochen sei – daher diese Angst: ein Gefühl, für das die tüchtige und disziplinierte Emmy in ihrem Tagebuch nur ganz selten Worte findet.

Immerhin erfuhren sie im September, dass in London Verhandlungen zwischen den Alliierten stattfanden und dort auch die Frage der Zugehörigkeit Schlesiens erörtert wurde. »Vorläufig ist ein derartiges Durcheinander, daß es lächerlich wäre, wenn wir nicht die Leidtragenden sind. In einem Dorf sitzen Russen und schmeißen die Polen raus, sobald sie sich zeigen, im nächsten Dorf tun die Polen das Gleiche mit den Russen. Bei uns sitzen beide, und es ist daher ganz besonders schön.« Immer wieder tauchten – statt Nachrichten – Gerüchte auf. Es gab »Radiodeklarationen«, laut denen Schlesien deutsch bleiben sollte. Die »Radiodeklarationen«, die das Gegenteil ankündigten, registrierte Emmy nicht.

BERLIN,
DEN 23. OKTOBER 2006

Liebe Großmutter,

hättest Du in Emmys Haut gesteckt, Dir wäre es vermutlich nicht anders ergangen. Ich kann mir vorstellen, wie schrecklich die Wochen waren, nachdem Du vom Untergang der »Arandora Star« gehört hattest und nicht viel Hoffnung haben konntest, dass ausgerechnet Dein Sohn zu den wenigen Überlebenden gehören würde. Hättest Du an Emmys und Magnus' Stelle das Gut aufgegeben? Viele ihrer Nachbarn sind schon früh in den Westen geflohen – sie mussten alles zurücklassen. Ich weiß es natürlich nicht, aber ich glaube, es wäre Dir nicht schwergefallen, auf das Eigentum zu verzichten. Du hast gerne Geld verdient, das stimmt. Aber es war nicht das Eigentum, das Dich anzog – eher die Freiheit, die es Dir, auch als Frau, gab. Bei Emmy und Magnus ist das ganz anders. Sie sind viel stärker dem Boden verhaftet. Ich konstatiere das ohne jede Bewertung. Ich glaube einfach, dass es Eurem unterschiedlichen

Blick aufs Leben entspricht. Hätte es für Dich »magische Handlungen« gegeben, eine Art von Pakt mit dem Schicksal? Wahrscheinlich ja, Du hättest vielleicht gesagt: Wenn ich meinen Verlag wieder aufbauen kann, dann ist auch gesichert, dass ich meinen Kindern etwas zu »vererben« habe: ein materielles und ein geistiges Gut. Je mehr ich darüber nachdenke, desto mehr komme ich zu dem Schluss, dass dies der Unterschied zwischen Dir und Emmy und Magnus war. Ihre »Heimat« war das Gut, Deine »Heimat« war der Verlag, Deine Arbeit. Ich kann beides gut nachempfinden.

Es gibt noch etwas an Emmys Tagebüchern, das mir nahegeht: Nachträglich sieht Geschichte oft so einfach aus. Man kann die großen Linien erkennen. Aber für die, die sie am eigenen Leibe erfahren, sind diese Linien nur selten sichtbar. Für meine Generation ist es rückblickend klar, dass in Potsdam, London und anderswo Verhandlungen stattfanden, bei denen die Karte Europas neu abgesteckt wurde. Es gibt Protokolle, man weiß im Detail, wer was gefordert oder abgelehnt hat. Zu diesen Blaupausen »der Geschichte« haben wir leicht Zugang. Aber die Umsetzung der Blaupausen in die Wirklichkeit? Auch sie wird aus dem Nachher erzählt. Die Umsetzung scheint sich an die vorgezeichneten Linien zu halten: Im Mai 1946 wurden soundso viele tausend Deutsche von Schlesien nach Westdeutschland umgesiedelt; im Juni zählten die Transporte soundso viele tausend etc. Damit kann man nicht erfassen, was es bedeutet, wenn das eigene Leben zu dem wird, was die Blaupause mit Inhalten füllt. Ebendas berührt mich bei der Lektüre von Emmys Tagebüchern, bei allen Einwänden, die ich habe. Gewiss, man wünscht sich beim Lesen manchmal ein wenig Urlaub von den vielen schrecklichen Erfahrungen, die sie durchlebt. (Dafür sind dann wieder Hildes Tagebücher gut. Sie erscheinen wie eine Märchenwelt gegen das, was Emmy und Magnus erlebten.) Dabei waren Emmy und Magnus unter den Vertriebenen noch privilegiert. Es gab immer noch ein kleines Schmuckstück oder einen alten

Pelzmantel, den sie verkaufen konnten, um sich mit Butter oder Speck zu versorgen. Andere sind einfach an Hunger oder Krankheit gestorben.

Hildes Tagebuch: Herbst 1945 im Vatikan

Oktober 1945. »Unsere religiösen Leidenschaften haben wieder neue Formen gefunden. Carola will absolut das Ave Maria lernen. Allerdings wird dabei aus ›prega per noi nel ora della nostra morta‹ [›bete für uns in der Stunde des Todes‹] ein ›della nostra machina‹. Ausserdem haben die Kinder neulich von weitem beobachtet, dass die Schweizer Gardisten und Gendarmen beim Vorbeifahren des päpstlichen Wagens in die Knie gehen, während sie militärisch grüssen. Das wurde von den Finnen-Kindern erzählt und dann von unseren begeistert aufgenommen. Es kann jetzt also einem gerade ins Governante vorbeifahrenden italienischen Schieber passieren, dass eine Reihe blonder Kinder am Strassenrand vor seinem Auto ehrerbietig in die Knie sinken und ihn militärisch stramm grüssen.«

Der Termin für die Niederkunft näherte sich. Nach zwei Töchtern hofften Hilde und Sigis auf einen Sohn. Hilde notierte in ihr Tagebuch: »Carola bringt mich neuerdings in Verlegenheit, indem sie im ganzen Vatikan herumerzählt, ein Vogel hätte ihr ein Brüderchen gebracht. Es wäre aber ins Klo gefallen.« Am 4. Dezember 1945 kam Christoph-Friedrich zur Welt. Die Tatsache, dass er im Vatikan geboren wurde, warf zunächst Probleme auf: Vatikanischer Staatsbürger kann nur sein, wer eine Funktion im katholischen Staat ausübt. Ist diese Funktion beendet, nimmt die Person wieder ihre ursprüngliche Staatsbürgerschaft an. Christoph hatte jedoch keine »ursprüngliche« Staatsbürgerschaft. Er erhielt eine vatikanische Geburtsbescheinigung, mit der wiederum eine deutsche Staatsbürgerschaft beantragt werden konnte. Mehr Schwierigkeiten bereitete den vatikanischen Behörden jedoch die Tatsache, dass er zwei Monate nach seiner Geburt noch nicht getauft war. Die Besorgnis war so groß, dass das Staatssekretariat Seiner Heiligkeit einen Geistlichen zu Sigis schickte. Dieser teilte dem erstaunten jungen Vater mit, dass sich der Vatikan schon »mit dem alliierten Oberkommando in Verbindung gesetzt habe, und dieses bereit sei, eine Fahrt in die evangelische Kirche in Rom zu organisieren«. Auch der Tag sei schon bestimmt worden. Am festgelegten Tag rückte eine Kolonne von sechs oder acht schwer bewaffneten Militärfahrzeugen im Vatikan an, um Eltern und Paten im Konvoi in die Kirche und wieder zurück zu begleiten.

Hilde berichtet ausführlich von den Umständen, die dieser Taufe im Februar 1946 vorausgegangen waren:

»Wir hatten mit der Taufe gewartet, denn in der deutschen Kirche draussen in Rom ist es fürchterlich kalt. Ausserdem hatte ich irgendwie immer die Vorstellung, dass ein Ereignis eintreffen wird, nach dem doch die Eltern in der Lage wären, dabei zu sein. Andererseits drängt aber doch die Gegenwart des kleinen Heiden-Kindes in den Vatikan-Mauern zu einer Entscheidung. Von unseren geistlichen Besuchern zeigten sich doch einige allmählich erstaunt. Die Italiener unter ihnen allerdings weniger. Die haben sowieso die Vorstellung, dass Protestanten überhaupt erst erwachsen getauft werden, wenn überhaupt! Protestanten, Methodisten, Baptisten, Heilsarmee und Freimaurer sind für sie mehr oder weniger dasselbe. Von all unseren geistlichen Besuchern muss ich allerdings feststellen, dass noch von keiner Seite ein Konvertierungsversuch unternommen wurde. Unsere deutschen Geistlichen sind dazu viel zu klug und suchen im Augenblick nur den christlichen Standpunkt im Allgemeinen zu verfolgen. Bekehrungsversuche sind nur ein einziges Mal von Seiten einer reizlosen ältlichen sizilianischen Prinzessin an uns unternommen worden. Sie erschien zu diesem Zweck mit 3 Kilo herrlichen sizilianischen Mandarinen bei uns, schlug Sigis auf die Schulter und fragte: ›Ma in somma quando Lei si fa cattolico?‹ [›Wann werden Sie endlich katholisch?‹]. Geschmack an dieser Aktion hatte sie durch den Übertritt Wollenwebers zum Katholizismus gewonnen, an dem sie wohl nicht unbeteiligt war. Jedenfalls erzählte sie uns rührende Geschichten von Bridge-Partnern, die Jahre lang nicht zur Kommunion gegangen waren und, nachdem anhaltend verpatzte Slams sie anscheinend auf diesen letzten verzweifelten Ausweg gebracht hatten, ihr unter Tränen die Rückkehr in den Schoss der Kirche mitgeteilt hatten. In diesen Zeiten wäre doch die Religion der einzige Trost, erklärte sie uns unverschämt. Als wir ihr beistimmten, zeigte sie sich verwundert. Jedenfalls warf sie beim Weggehen einen bedauernden Blick auf die erfolglos mitgebrachten Mandarinen. Seither macht sie eine sozialistische Modezeitschrift in Rom, ohne auf ihre kirchlichen Ambitionen zu verzichten, und hier im Vatikan gelingt es ihr, bis in die höchsten Stellen vorzudringen, wenn sie sich für sich oder ihre weitläufige Verwandtschaft oder Bekanntschaft davon einen Nutzen verspricht.«

Während Hilde Briefe aus aller Welt – auch aus Deutschland – erhielt und sich allmählich ein Bild darüber machen konnten, wer unter den Freunden und Verwandten den Krieg überlebt und wen es wohin verschlagen hatte, war Schlesien von Briefen und Nachrichten völlig abgeschnitten. Von der Geburt ihres Enkels erfuhren Emmy und Magnus von Braun erst Monate später. Auch über den Verbleib von Wernher und Magnus wussten sie nichts. Sie verbanden mit ihrem Kampf um den Verbleib auf ihrem Gut die Sehnsucht, ihren Söhnen eine »Heimat« zu bieten. Dass zwei von ihnen schon Deutschland Richtung USA verlassen hatten, ahnten sie nicht.

Wernher und Magnus: Internierung in den USA

Was mit Wernher und Magnus, dem jüngsten Bruder, der ebenfalls an den Arbeiten an der V 1 und V 2 beteiligt war, in dieser Zeit geschehen war, davon wusste auch Sigis in Rom nichts. Ich kann es aus einem späteren Brief von Wernher und Schnick (Familienspitzname von Magnus jr.) an ihre Eltern rekonstruieren. Alle drei Söhne hatten wiederholt versucht, Nachrichten nach Schlesien zu schicken. Ohne Erfolg. In einem späteren Brief beschrieben Wernher und Schnick ausführlich, wie es ihnen seit ihrem letzten Treffen ergangen war. Die Ereignisse spielten sich in derselben Zeit ab, in der Emmy und Hilde ihre Erfahrungen in Tagebüchern festhielten.

»Als Wernher das letzte Mal in Wiesel [Kurzform für Oberwiesenthal] war, stand die russische Front ja nur noch etwa 20 km ostwaerts von Wiesel«, heißt es in dem Brief von Wernher und Schnick. Der Besuch muss also kurz vor dem Beginn von Emmys Tagebuch im Frühling 1945 stattgefunden haben. Wernher kehrte von dort nach Peenemünde zurück, von wo das ganze Team Richtung Mitteldeutschland aufbrach. »Wir haben alle Leute, die mitwollten, mit Kind und Kegel in die Bahn verladen.« Einige Güterzüge voll wichtigen Materials wurden durch deutsche Militärsperren hindurchgefahren. Der Rest des Materials wurde in Schiffen – »wir haben noch etwa 8000 tons [sic!] Schiffsraum mobilisiert« – nach Lübeck geschickt. Eine Tante, die sich auf dem nahe gelegenen Gut bei Anklam befand, wurde gleich mitgeschickt. Von Lübeck aus wurde das Material dann in Flusskähnen wieder die Elbe hinauf bis Magdeburg gebracht. Wernher, der die ganze Aktion zu koordinieren hatte, erlitt auf dem Weg von Thüringen nach Berlin in der Nähe von Weißenfels einen schweren Autounfall. Der Fahrer war zwei Nächte lang durchgefahren und am Steuer eingeschlafen. Der Wagen flog im hohen Bogen in die Böschung. Beim Fahrer Schädelbruch, bei Wernher dreifacher Bruch am Arm. So verbrachte Wernher die letzten Wochen des Kriegs im Krankenhaus, fuhr aber gen Süden und landete in Sonthofen (Allgäu). Die amerikanische Armee war schon in Augsburg angekommen. »Wir hatten, als wir uns in Bleicherode (unserem mitteldeutschen Verlagerungsort) gerade eingerichtet hatten, noch den bloedsinnigen Befehl bekommen, die Fuehrungsleute erneut nach Sueddeutschland zu bringen – eine Widersetzung haette bei der damaligen Lage wahrscheinlich diverse Koepfe gekostet. So war unsere ganze Gesellschaft bei Kriegsende ziemlich zerrissen: Die meisten Leute in Bleicherode, etwas 450 in Bayern, ich selbst in Bayern im Krankenhaus.«

Zwei Tage nach der Kapitulation (in den Worten von Wernher: »nach dem offiziellen Ende des Krieges«) fuhren er, Magnus und andere zum nächsten amerikanischen Stützpunkt, »da man unseren Ort scheinbar zunaechst gar nicht besetzen wollte«. Sie kamen nach Garmisch in ein Internierungslager. »Als es dann klar wurde, dass Bleicherode russisch werden sollte, wurde ich eines morgens abgeholt, nach Muenchen gefahren, und von dort mit einem Flugzeug nach Bleicherode gebracht, um bei der Evakuierung unserer dortigen Leute und der Familien der Garmischer zu helfen. Wir hatten dabei sehr energische Hilfe durch die amerikanischen Stellen, und schließlich fand sich der (immerhin inzwischen etwas kleiner gewordene) Haufen in Eschwege und Witzenhausen wieder.« Dort wurden Verträge über die weitere Arbeit geschlossen, die auch die Sicherung der in Deutschland verbliebenen Familien garantierten.

Am 12. September wurde die erste Gruppe der Wissenschaftler nach Frankreich gebracht, in ein »Schloesschen bei Versailles, das irgend so ein Sonderlager für technische Experten darstellte« und wo Wernher »sofort eine Menge Bekannter« traf. Von Paris aus ging es fünf Tage später per Flugzeug und auf vielen Umwegen in die USA. Es folgte zunächst ein Aufenthalt in Boston, dann Weiterfahrt nach Baltimore. »Ich selbst fuhr mit unserem Major gleich nach Washington weiter, wo ich fuenf Tage verblieb und bei einem Besuch eines sehr massgeblichen Herrn die Wuerfel für die weitere Zukunft fielen.« Schließlich landete Wernher in El Paso, Texas, wo dann auch bald danach »der erste groessere Haufen unserer Leute, darunter Schnick« eintraf. Sie waren mit dem Schiff in die USA gebracht worden. Der deutsche Trupp hielt sich in einem geschlossenen Lager auf, konnte wissenschaftlich arbeiten oder in der Wüste von New Mexico Experimente durchführen. Sie durften das Lager nur in Begleitung eines Bewachers verlassen. Die USA hatten unter Einsatz von vielen Menschenleben gegen Nazi-Deutschland gekämpft. Aber jetzt wollten sie auch von den technischen Errungenschaften ihres Kriegsfeindes profitieren.

Im Herbst 1945 waren also alle der engsten Familienmitglieder irgendwie eingeschlossen: Wernher und Schnick in Fort Bliss in Texas, Hilde und Sigis im Vatikan, Emmy und Magnus in Niederschlesien. Nur Hans, der am längsten interniert worden war, befand sich zu dieser Zeit wieder auf freiem Fuß. Die Internierung von Wernher und Schnick war sehr komfortabel, die von Hilde und Sigis geradezu privilegiert. Nur die Lage von Emmy und Magnus war bedrückend. Und sie war umso bedrückender, als sie keinerlei Informationen über den Verbleib der restlichen Familie hatten.

Emmys Tagebuch: Was wird aus Schlesien?

Das Kriegsende lag nun ein halbes Jahr zurück, aber in Schlesien war man noch weit davon entfernt, ein auch nur annähernd »normales Leben« zu führen. In dieser Situation war der Nährboden für Gerüchte »mal wieder denkbar günstig«. Emmy notierte am 22. September in ihr Tagebuch alle »Nachrichten«, die sie an diesem einzigen Tag erfahren hatte:

»1. Die Konferenz von London ist ›geplatzt‹.

2. Deutsche Soldaten werden eingezogen als Freiwillige zu der amerikanischen Armee (Fremdenlegion).

3. Es kommt hierher amerikanische Polizei.

4. Stalin hat eine Rede gehalten und sein Versprechen, Schlesien den Polen zu geben, zurückgenommen wegen der ›Mißwirtschaft‹.

5. Bis zum 27. müssen die Civilpolen raus, *dann* das Militär, *dann* die Miliz.

6. In Lähn hat der Kommandant den Bürgermeister verhaftet (oder umgekehrt).

7. In Lähn sind heute 9 Nationalpolen eingetroffen und haben sich bei Lippmann eine neue Kommandantur eingerichtet. (Der dortige Pole sei schon raus, der bei Schröter ging Montag.)

8. Nach Matzdorf kommen 250 Russen, um die Polen rauszuwerfen.

Abends war bei Lewalds im Schloß großer Tanz von deutschen Kriegsgefangenen mit deutschen Mädchen, wobei Schwarzlose Klavier spielte und der russische Soldat dabei stand. – Ein verrückter Anblick.«

Zugleich wurde in Lähn eine neue, von den Polen erlassene Verordnung gültig, »die auf Unparteiische wie ein letzter Ausfluß einer maßlosen Angst wirkt. Keiner darf mehr mit den Händen in den Taschen gehen! Mehr als 2 Leute dürfen nicht zusammen auf der Straße sprechen! Abends nach 8 Uhr (Okt. 7 Uhr, Nov. 6 Uhr, Dez. 5 Uhr) darf sich kein Deutscher mehr aus seinem Haus entfernen usw. usw.!!!«

Nun kamen – endlich – die ersten Briefe durch. Allerdings noch keine für Emmy und Magnus. »Kirsch hat endlich mal eine gute Nachricht erhalten: Sein ältester Junge Richard ist angeblich im Gefangenenlager in Neuhammer! Er ist selig und möchte ihn gerne dort besuchen. Ich wollte, *wir* hätten auch erst eine solche Nachricht von *unseren* Jungs.« Soweit möglich versuchten sie, aus dem Radio Nachrichten zu erfahren. Ein Lähner Rundfunkhörer will am 27. September »wieder mit absoluter Bestimmtheit gehört haben, daß Molotow gesagt habe, daß Schlesien deutsch bleibe. Die Nationalpolen blieben nur kurze Zeit und gingen dann auch fort. Wenn man das doch nur mal *selbst* hören könnte.« Nachrichten wie diese wurden begierig aufgenommen und nährten immer wieder die Hoffnung, dass die derzeitige Situation nur vorübergehend sei. »Wenn man sich überlegt, daß doch die Grenzziehung noch in keiner Weise feststeht, so ist es doch eine unerhörte Dreistigkeit, schon jetzt Güter als ›Staatsgüter‹ zu erklären. Sie machen es genau nach dem Rezept wie die Deutschen in Polen.«

Hier immerhin findet sich in Emmys Tagebuch ein kleiner Hinweis auf das Vorgehen der Deutschen während ihrer Besetzung Polens. Er ist nicht der einzige, aber solche Hinweise kommen in den Tagebüchern nur selten vor. Das ganze Ausmaß der von Deutschen verübten Verbrechen wird an keiner Stelle thematisiert. Natürlich wussten sie vieles noch nicht. Aber die Russen hatten durchaus dafür gesorgt, dass die Deutschen in Schlesien von den deutschen Kriegsverbrechen erfuhren. Über Auschwitz hatten Emmy und Magnus schon unmittelbar nach dem Krieg Näheres erfahren – von Frau Hain, der sie allerdings keinen Glauben schenkten. Meine Schwierigkeiten, mich dem Stoff der Vertreibung anzunähern, hängen mit dieser Einseitigkeit der Wahrnehmung zusammen. Heute vermitteln mir die Tagebücher von Emmy eine Ahnung von den Bedingungen und der Zerrissenheit, unter denen meine Großeltern gelitten haben. Ohne die Blindheit der Vertriebenenverbände für die von Deutschen begangenen Verbrechen hätte dieser Zugang schon viel früher stattfinden können.

Meine Großeltern mussten in dieser Phase noch nicht um ihr nacktes Leben bangen. Das sollte für einige der Bewohner nahe gelegener Städtchen schon bald der Fall sein. Zermürbend waren jedoch die wechselnden Herrschaftsverhältnisse, das Hin und Her zwischen Hoffnung und Enttäuschung. Nicht zu wissen, ob die Söhne am Leben waren, muss qualvoll gewesen sein. Die Tagebücher sind sehr ausführlich – ich zitiere nur einen Bruchteil – und geben die wechselnden »Nachrichten« und Stimmungen so präzise wieder, dass man manchmal vergisst, wie kurz der Zeitraum ist, um den es sich handelt. Das Kriegsende liegt nur sieben bis acht Monate zurück – aber seelisch fühlt sich diese Zeit wie Jahre an.

Die ungeklärte Situation Schlesiens schlug sich im Zusammenbruch des Transportsystems ebenso nieder wie in unterschiedlichen und nebeneinander zirkulierenden Währungen. »Die bisher unter polnischer Verwaltung laufende Eisenbahn soll ab heute unter russischer Leitung wieder zu den alten Preisen fahren??? In Lähn gelten entschieden noch die ›neuen polnischen‹ Preise. Die Apotheke fordert z. B. den 40fachen Betrag in Zloty (an sich wäre das bei der Inflation in Polen und dem Wert von 3 Pf. pro Zloty berechtigt, nur hat leider niemand hier Zloty und die hiesigen Polen fordern 2 Mark für einen Zloty!) Die Geldwirtschaft ist überhaupt grotesk. Das interalliierte Geld nehmen die polnischen Kaufleute nicht an. Dagegen soll es in Hirschberg, wo man wohl Morgenluft wittert, teilweise gerne genommen werden und es soll auch eine Bank geben, die es einwechselt. Die Leute verkaufen ihre letzten Wertgegenstände gegen ein paar Zloty oder etwas Essen. Die Leute werden nur noch in Reihengräbern beerdigt, da ein Begräbnis 1000 Zloty kostet, die keiner hat. Das schreckt die Leute sogar davon ab, sich das Leben zu nehmen!«

Am 4. Oktober überstürzten sich plötzlich die Nachrichten. Jemand wollte erfahren haben, »daß Schlesien endgültig deutsch bleibt, die Konferenz sei am 29. IX. zuende gegangen. Die Grenzen von 1937 gelten für Deutschland. Polen und Tschechei würden russische Protektorate. In Lähn hat tatsächlich mehrere Stunden ein Plakat gehangen, wonach die Polen raus müssen, dann ist es abgerissen worden. Von einem Mann aus Harpersdorf wurde erzählt, daß am Sonnabend Eisenhower gesprochen und die Polen ermahnt habe, sie sollten endlich zugeben, daß Schlesien deutsch bliebe und *rausgehen*, sonst stünden 3 Divisionen bereit, um ihnen nachzuhelfen. – Eine polnische Frau hat dem Pfarrer dasselbe erzählt.« Wenige Tage später: »In Herischdorf hat eine Frau einen – durchgeschmuggelten – Brief ihres Sohnes erhalten (er ist an der Westfront gefangen). Er schreibt, er sei von den Amerikanern angeworben worden, gehöre zum Regiment ›Niederschlesien‹ und sie kämen uns demnächst ›befreien‹. Was heißt das nun wieder?« In solchen Momenten blühte bei Emmy und Magnus die Hoffnung auf, dass sie doch auf ihrem Gut bleiben könnten.

In Lähn war man weiterhin zuversichtlich und nähte große gelb-weiße Fahnen. Von einem Bekannten erfuhr Emmy, dass

»ein Pole, der bei ihm wohnt, ihm gesagt hat, der Abmarsch stünde unmittelbar bevor. (Ein anderer Pole hat ihn darauf maßlos beschimpft, er solle das Maul halten.) – Gerüchte: 1 Million Russen und Polen geht nach der Tschechei usw. Man fragt sich wozu?« Mittlerweile wurden ganze Trupps deutscher Kriegsgefangener unter polnischer Bewachung zum Minensuchen in die Felder geschickt. »Sie machen alle Weiber verrückt, indem sie ihnen erzählen, dies Gebiet bliebe polnisch! Wahrscheinlich ist ihnen das von den Polen eingebläut worden.«

Mitte Oktober gab es wieder gute Nachrichten. »London hat eine Sondernachricht für Niederschlesien gebracht, wo es hieß, die Polen hätten Schlesien nicht verwaltet, sondern ›vergewaltigt‹ usw. Der Sprecher des englischen Unterhauses hat im Namen der englischen Regierung erklärt, bei der schlechten Verwaltung durch die Polen könnte sich England an die Rußland und Polen zugesagten Grenzen zwischen Polen und Deutschland *nicht* mehr halten, sondern setze sich für die Grenzen von 1937 ein. Immerhin ist man z. Zt. wieder recht zuversichtlich. – Die Polen wüten gerade deshalb überall doppelt. So gibt es in Matzdorf seit 2 Wochen für die Deutschen überhaupt kein Brot mehr, die Polen nehmen ihnen sogar das Schrot weg, wenn sie sich selbst mal was backen wollen. *So* schlimm ist es hier noch nicht. Uns geben die Polen von unserm Hof nichts. Nur die an sich menschlich nette Frau des alten Vogts hat mir schon mal klamm-heimlich eine große Tüte schlohweißes Weizenmehl und eine Tüte Quark geschickt. Magermilch holen wir uns aus den Würfelhäusern oder Ulle [Lewald] bringt mir abends im Dunkeln eine Kanne voll vom Niederhof (von unseren Kühen), wofür sie (damit die Menge stimmt) den Rest mit Wasser streckt. Soweit ist man gekommen. Unser polnischer Kommandant ist neulich ganz erschüttert aus Kattowitz zurückgekommen, wo grauenhafte Zustände herrschen müssen. Die Leute sterben wie die Fliegen an Hungertyphus!«

Die Versorgungslage begann nun immer prekärer zu werden. Emmy und Magnus hatten keinen Zugang mehr zu den Erzeugnissen der Felder, auf denen sie im Frühling gesät und die sie im Sommer noch bearbeitet hatten. »Heute haben sie allen deutschen Forstbeamten, die in polnischen Diensten standen, zum 1. November gekündigt. Der arme Herr von Braunmühl, der mit Frau und *6 Kindern* in Grieshübel sitzt, kam sich heute Rat holen, ob er weggehen oder aushalten solle. Wir haben ihm geraten zu bleiben und abzuwarten. Ulle hat ihm geraten weg-zugehen.« Sie klammerten sich nicht nur an die seltsamsten Ge-rüchte, sondern versuchten, diesen auch einen »Sinn« zu verlei-hen: So wollte ein Galizier erfahren haben, dass am 25. Oktober eine Konferenz stattgefunden hätte, an der auch ein Verwandter des Kaisers teilnahm. »Sollten die Engländer mit dem Prinzen Fritzi was vorhaben? Dieser Krieg hat soviel Verrücktes gebracht, daß man nichts für unmöglich hält.« Ein Eintrag wenige Wochen später führt diesen Gedanken weiter. »Es geht hier z. Zt. auch eine – wenn sie stimmt – recht interessante Nachricht um: Der Prinz Fritzi hätte die englische Prinzessin Elisabeth geheiratet! Was daran gleich an Kombinationen zugesetzt wird, entbehrt nicht der Komik: Sie erhielten als Hochzeitsgeschenk Schlesien und Brandenburg, nach anderer Version Sachsen und Schlesien!!! Wahrscheinlich entstanden aus der Kenntnis, daß die Hohenzol-lern in diesen Provinzen noch Grundbesitz haben.«

In allen umgebenden Orten und Häusern begannen Krank-heiten um sich zu greifen. Mangels Nahrung und Medikamen-ten häuften sich die Todesfälle. »Trauriger Fall ist Frau Scholtz, Mutter von 4 kleinen Kindern. Sie ist trotz aller erdenklichen Hilfsmittel gestorben. In den größeren Städten wie Liegnitz und Hirschberg sterben die Leute wie die Fliegen. In Liegnitz 50 pro Tag. Sie werden in den Städten alle schon in Papier und ohne Särge begraben!« Ähnlich sah es in Hirschberg aus. »Morgens waren wir schrecklich deprimiert. Ulle L. erzählte Grauenhaftes aus der Stadt. Von Abmarsch anscheinend nichts zu merken.« Im Radio wurde einerseits berichtet, dass Schlesien noch »zwei Jahre unter polnischer Verwaltung« stehen würde. Andererseits gab es die »Äußerungen des ›Direktors‹ aus Lehnhaus, seit 2 Tagen sei es sicher, daß dies polnisch bleibe. Angebliches Attentat in Prag auf Benesch, Eden, Eisenhower, wobei die beiden ersten tot, der letztere schwer verletzt seien.«

Zugleich aber drang der Bericht eines Bekannten durch, dass die Amerikaner »bereits an der Grenze von oben bis unten bei Kattowitz stehen. Dort unten kämen Polen mit Beute nicht mehr durch. In Sagan seien vorgestern 200 Mann von der interalliierten Kommission gewesen, die ganze Stadt sei voll bunter Fahnen gewesen. – An die russische Besatzung *hier* glaubt er überhaupt nicht mehr. In Rußland herrsche bereits Anarchie, in Polen Überinflation. Er meint, bestimmt zu wissen, daß mindestens die Grenzen von 37 kämen, möglicherweise aber sogar die Frage des Korridors noch nicht einmal entschieden sei. Ostpreußen bleibe sowieso deutsch. In der Türkei kämpften bereits große Mengen deutscher Truppen unter amerikanischer Aufsicht mit schon großem Erfolg gegen die Russen. Für die Befehligung der für hier vorgesehenen Truppen wurden auch schon Namen genannt usw. Leipzig sei bereits von den Russen geräumt, nach seiner Ansicht sogar ganz Sachsen. – Kurz, mag auch manches an diesen optimistischen Nachrichten etwas schön gefärbt sein, man faßt doch wieder ein bißchen Mut, und *daß* sich etwas tut, liegt in der Luft. Also warten wir die nächsten Tage ab. K. meinte, Ende des Monats wären wir den größten Teil der Bande los.«

Im November 1945 wurden in mehreren Dörfern – in Dippelsdorf, Schiefer, Matzdorf, Wünschendorf – die deutschen Schulen geschlossen. Stattdessen sollten polnische Schulen eingerichtet werden. Zugleich sickerte die Nachricht durch, »Rußland habe fast ganz Polen besetzt, weder Amerika, England noch Rußland hätten Lust, sich wegen Polen zu schlagen etc. Im Reich gebe es seit November wieder eine deutsche Polizei.« Zum ersten Mal tauchten in Oberwiesenthal nun »elegante« Autos auf, in denen weder Russen noch Polen saßen. Über die Insassen wurde spekuliert. Amerikaner? Andere Alliierte? Man erfuhr, dass es zum Krieg zwischen Russland und den USA kommen könne, hörte dann aber, »Stalin akzeptiere die Bedingungen«. Um welche

»Bedingungen« es sich handelte, wusste niemand. Der Nachbar Lewald konnte in Hirschberg von einer Abreise der Polen nichts feststellen. »Dagegen hat er ein Auto mit Mitgliedern der deutschen KPD gesehen, die angeblich über Görlitz nach Gotha fuhren. Ist es ihnen hier etwa nicht schön genug?«

Am 3. November 1945 feierte Emmy ihren sechzigsten Geburtstag, »jedenfalls der merkwürdigste, den ich bisher gefeiert habe. Trotzdem in seiner Art sehr nett! Ich bekam als besondere Delikatesse ein Weißbrot und von Frau Lewald (sie kamen zu sechsen gratulieren) ein Gänseei! So sucht man sich kleine Freuden, wenn es keine großen gibt. Die Russen fahren zur Zeit Getreide aus Süssenbach ab. Das hiesige haben sie noch unter Verschluß. Dagegen haben sie das Lewaldsche Schloß schon den Polen übergeben, die daraufhin gleich zu mehreren 2 Stunden darin rumgeschnüffelt und vermutlich geplündert haben! Jetzt heißt es, die Zähne zusammenbeißen und den Kopf hochhalten, mag uns noch soviel Scheußliches bevorstehen.«

Eine Woche später beschloss Ulle Lewald, den Weg über die Neiße zu wagen. Sie wollte nach dem Verbleib von Suse (ich vermute, es handelt sich um ihre Tochter) Erkundigungen einziehen. Emmy und Magnus wollten ihr Post mitgeben und die Adressen von Leuten, an die sie von der anderen Seite aus schreiben sollte. »Wir sind jetzt seit 8 Monaten ohne jede Nachricht, die drüben natürlich ebenso! Wenn man nur erst über die Jungens etwas Sicheres erfahren könnte.« Am 11. November fiel der erste Schnee. In einem Schweizer Sender hörten sie, dass die Differenzen zwischen Amerika, England und Rußland noch in keiner Weise behoben waren. »Das wird wohl auch lange dauern. Streit scheint es besonders um die Atombombe zu geben. Wir lesen zur Zeit Gustav Freytag, ›Soll und Haben‹. Er sagt dort: Es gibt keine Rasse, die so wenig das Zeug hat, vorwärts zu kommen und sich durch ihre Kapitalien Menschlichkeit und Bildung zu erwerben, wie die slawische. – Das stimmt auch heute noch.«

Liebe Großmutter,

Emmy und Magnus lasen Gustav Freytag, in dessen Romanen sich viele antisemitische Klischees wiederfinden. War das die geistige Nahrung, die sie aufbauen sollte? Sie hatten viele Bücher. Warum ausgerechnet Trost bei Freytag suchen – und dann auch noch bei seinen »Rassenlehren«? Gewiss, an der von Emmy zitierten Stelle ging es nicht um Juden, sondern um die »slawische Rasse«. Aber allein der Begriff »Rasse« verrät die Nähe zu antisemitischen Stereotypen. Und was bedeutet das Wort »Kapitalien«? Geht es um finanzielles Kapital? Oder um seelisches? Als »die Polen« auf den Feldern des Gutes von Emmy und Magnus arbeiteten, galten sie als ungebildet, aber nicht als unmenschlich. Jetzt, wo sich Schlesien anschickte, polnisch zu werden, wurde »den Slawen« sogar die Menschlichkeit abgesprochen.

Ich finde Emmy sehr tapfer. Ich kann das Leid nachempfinden, das sie und Magnus in diesen vierzehn Monaten zu ertragen hatten. Ich kann mir erklären, warum man sich über den Verursacher des eigenen Leidens zu erheben versucht. Das Gefühl, dem Mächtigen wenigstens »geistig überlegen« zu sein, war schon immer die Waffe der Ohnmächtigen. Aber sie übergehen, dass weder »die Slawen« noch »die Juden« Deutschland den Krieg erklärt hatten. Und dass diese vorher als Ohnmächtige einer Gewalt ausgesetzt waren, die in ihrem – Magnus', Emmys – und Deinem Namen verübt wurde. Vielleicht ist es zu viel verlangt, in dieser existenziellen Situation den Anteil Deutschlands an allem, was ihnen widerfuhr, mitzudenken. Aber Magnus vertrat auch zehn Jahre danach noch dieselbe Meinung. Da hatte er schon Wiedergutmachungsansprüche geltend gemacht und erhielt seine Pension als Minister a. D. Seitdem ich mich mit Dir beschäftige, fällt es mir leichter, mich auf Emmys und Magnus' Vertreibung einzulassen.

Emmy vergaß nie, dass sie ihr Tagebuch führte, um die Ereignisse für die Nachwelt festzuhalten. Am 12. November 1945 zum Beispiel notierte sie: »Wenn man diese Zeit überlebt, so wird man später mit Staunen und Grauen daran zurückdenken und gar nicht verstehen, wie man auf diesem Kulturniveau hat leben können. Man stelle sich einmal vor, was alles an den nötigsten Bedarfsartikeln des täglichen Lebens einfach gar nicht oder kaum vorhanden ist. An Lebensmitteln fehlt uns vollständig: Zucker, Reis, alle Teigwaren, Käse, Kaffee, Thee, Backpulver, Rosinen, Salz (man behilft sich mit Viehsalz, das man in Wasser auflöst), alle Gewürze, Citronen, Gelatine, Bouillonwürfel, fast ganz fehlt uns Butter und Fleisch (nur Räucherfleisch, wer noch was hat), Speck. – An Haushaltswaren fehlt uns völlig Streichhölzer (man hat stattdessen Anzünder, die aus altem Draht von kaputten elektrischen Kochern gemacht sind), Seife, Waschpulver, Imi, Ata, Persil u. dgl., elektrische Birnen, Klosettpapier, Scheuertücher, Schuhwichse, Creme, Zahnpulver, Schwämme, Zahnbürsten, Kämme, alles Nähzeug, Garn, Wolle, Twist, Zwirn, Nähnadeln, Fingerhüte, Knöpfe, Band usw. usw. An Schuhen und Strümpfen sind alle Menschen völlig am Ende, und das jetzt, wo der Winter vor der Tür steht. Es gibt auch kein Schreibpapier, Tinte, Bleistifte, keinerlei Werkzeuge, Nägel usw.«

So lernten auch Emmy und Magnus, als ehemalige Gutsbesitzer, denen alle landwirtschaftlichen Produkte gehört hatten, das zu tun, was das ganze Dorf schon von Anfang an getan hatte: Dinge zu »organisieren«. Wer sich in Oberwiesenthal abends über die Straßen und Feldwege bewegte, traf auf Leute mit geheimnisvollen Handwagen, Körben oder Säcken, die sich im Dunkel der Nacht irgendetwas beschafften: Kartoffeln, Magermilch, Quark, Zuckerrüben, Brennholz, Getreide, Mehl oder dergleichen. »Man sieht sich gegenseitig erst scheu an. Wenn man dann aber festgestellt hat, daß beide Teile deutsch sind, lächelt man sich verständnisvoll an.« Der Mangel an Brennholz wurde zum größten

Problem, weil man es nicht nur zum Heizen, sondern auch zum Einmachen brauchte. Der Winter stand vor der Tür, und die einzige sichere Nahrungsquelle (soweit sie nicht Plünderungen zum Opfer fiel) waren die Vorräte, die man anlegte.

Bei einem solchen »Organisieren« entdeckten Emmy und Magnus einige Holzstämme, die beim Abtransport von den Polen oder Russen übersehen worden waren. »Magnus und Herr Berger haben an einem Tag, wo der Nebel so dick war, daß man nicht die Hand vor Augen sehen konnte, diese Fichte erst mal in Hälfte zersägt (ich mußte Schmiere stehen).« Nach Einbruch der Dunkelheit brachten sie das Holz ins Pfarrhaus. Für die nächsten Wochen war das Heizproblem gelöst. Von allen Gütern des Kreises und der weiteren Umgebung waren Lewalds und Brauns inzwischen die Einzigen, die noch ausharrten.

An den weiter schwelenden und oft handgreiflichen Konflikten zwischen Polen und Russen konnten sie ablesen, dass die Situation Schlesiens noch immer nicht geklärt war. In Hussdorf wollten am 22. November »Polen wieder einmal eines ihrer beliebten Feste feiern und hatten dazu verschiedene Honoratioren eingeladen, darunter den Landrat, den polnischen Pfarrer aus Lähn u. a. Diese sind zwar nicht erschienen, dagegen erschien der – ungeladene aber vielleicht nicht einmal allzu ungern gesehene – russische Kommandant aus Liebenthal. Er habe schon so viel von den polnischen Taten in Hussdorf gehört, daß er es sich mal ansehen wollte. Anscheinend hat die Harmonie des Festes dadurch nicht gewonnen, jedenfalls hat es mit wüsten Schießereien geendet: Russen gegen Polen, Polen gegen Polen usw. Zuletzt haben sie sich gegenseitig die Treppe runtergeschmissen. Als besonderen Schmuck hatten die Polen den Saal mit einem Crucifix und einem Muttergottesbild dekoriert – wohl als Ehrung für den Pfarrer. Leider ist bei der Schießerei das Bild kaput gegangen, und das Crucifix war nachher verschwunden! Natürlich hieß es, die Deutschen hätten es gestohlen. Gefunden hat es sich aber nachher bei einem Polen!«

Am 26. November, zwei Wochen, nachdem sie losgezogen war,

kam Ulle Lewald nach Wiesenthal zurück. Sie hatte es tatsächlich über die Neiße und zurück geschafft. An sich war es nicht so schwer, über die Grenze zu kommen. Man musste nur sein Hab und Gut zurücklassen – und da sie nichts dabei hatte, hielt sie niemand auf. Ulle brachte endlich die ersten und schon so lange ersehnten Nachrichten über den Verbleib der Söhne. »Anscheinend sind sie beide schon in Amerika. Sie sollen es bei den Amerikanern ganz gutgehabt haben. Auch von Sigis eine allerdings vage Nachricht, wonach er in München auf ›Stellungsuche‹ sei, während Hilde und die Kinder noch in Rom seien, wo das dritte Kind unterwegs sei. Was das für uns nach acht Monaten bedeutet, kann sich niemand vorstellen.« Emmy und Magnus wussten nun, dass alle drei Söhne den Krieg überlebt hatten. Viel mehr war noch nicht zu erfahren. Aber diese Nachricht führte zu einem Wendepunkt in Emmys Tagebuch. Nicht sofort, aber ganz allmählich verschob sich das Ziel ihrer Hoffnungen: An die Stelle des Durchhaltens, um das Gut, »die Heimat« zu bewahren, trat nun immer stärker der Gedanke des Überlebens, um wieder mit den Kindern vereint zu sein.

Aus dem Westen brachte Ulle Lewald nicht nur die Nachricht vom Überleben der Söhne mit, sie berichtete auch von Freunden, die bei Bombenangriffen verschüttet, von anderen, die verletzt wurden. Ein Haus der Brauns in Berlin-Schlachtensee war schwer beschädigt worden. »Man hat sich früher nie vorstellen können, daß der Krieg oder vielmehr erst der Waffenstillstand so alle Familienbande zerschneiden würde. Auch für die, denen es noch verhältnismäßig gut geht, wie unseren Jungs, was sind das für Veränderungen! Ob wir sie jemals im Leben wiedersehen werden, und wenn ja, dann wie und wann?«

Der Ton und die Vorwürfe gegen »die Polen« im Tagebuch der Emmy wurden nun immer schärfer – so wie das Leben auch immer beschwerlicher wurde. Die meisten Leute in der Umgebung hatten inzwischen alles verkauft, was sie noch besaßen. Manchen verblieben nur noch 100 oder 200 Mark. »Da nun ein Brot 50 Mark kostet, kann man sich leicht ausrechnen, wann sie verhungern oder ausreisen müssen. Wir sind trotz allem entschlossen noch auszuharren. Wir haben die Hoffnung auf eine Änderung immer noch nicht aufgegeben. Hoffentlich hält man es gesundheitlich aus. Vorläufig sind wir beide noch ganz gesund, wenn man auch natürlich langsam immer dünner wird.« Der Hunger begann so sehr an Emmy zu zehren, dass das Tagebuch fast zum Erliegen kam. 12. Dezember 1945: »Ich habe seit fast einer Woche nichts geschrieben. Ereignet hat sich nichts. Den hoffnungsvollen Nachrichten gegenüber wird man allmählich immer skeptischer. Das Leben ist momentan sehr hart. Schwere Kälte und Schnee. Neulich minus 20 Grad. Unser Zimmer ist zum Glück bei 2–3mal täglich heizen schön warm. Aber die Ernährung, die fast völlig aus Brot, Kartoffeln und Mehl besteht, ist für dies Wetter nicht ausreichend, außerdem bei ihrer Einseitigkeit natürlich ungesund. Alle Menschen leiden periodisch an schrecklichem Durchfall. Ich hatte es selbst über drei Wochen, jetzt Magnus. Man wird sehr schlapp dabei. Wenn uns nicht gelegentlich in rührendster Weise kleine Leute manchmal ein bißchen Butter und Schmalz geschenkt hätten, was es beides regulär überhaupt nicht mehr gibt, so weiß ich nicht, ob man es durchhalten könnte.«

Wieder tauchten neue Gerüchte auf, die Emmy nur deshalb vermerkt, »weil sie bezeichnend sind für die Stimmung und Ungewißheit, in der man hin- und hergerissen wird«. Wie sie später erfuhr, handelte es sich dieses Mal um Fakten. Der Sender Beromünster, »der im allgemeinen gut orientiert ist«, brachte die Nachricht, dass nun die Aussiedlung der Deutschen aus Polen, und zwar nach den neuen Grenzen Oder/Neiße beginnen sollte. Am folgenden Tag wurde dieselbe Nachricht noch einmal wiederholt. »Man hatte bisher immer gehofft, daß unter Polen das alte Polen vor 37 gemeint sei, besonders nachdem vor 8 Tagen derselbe Sender Beromünster wieder die Grenzen von 38 als wahrscheinlich genannt hatte. Wir sind seitdem wie vor den Kopf geschlagen und können an nichts anderes mehr denken als daß unsere ganze Existenz vernichtet ist, daß man 15 Jahre lang hier umsonst gearbeitet hat, daß man nicht mal mehr ein Heim für seine Jungens hat – ja nicht einmal mehr ein eigenes Bett! Eine so wahnsinnige Grenzziehung trägt natürlich den Keim zum nächsten Krieg in sich. Aber wird man ihn noch erleben? Unser einziger Trost ist, daß 2 von unseren Jungs in den USA ihr Leben hoffentlich glücklicher gestalten können. Am schwersten wird es sicherlich für Sigis sein, der Frau und Kinder zu unterhalten hat.«

Das Kriegsende lag noch nicht ein Jahr zurück, aber die Möglichkeit eines neuen Krieges begann in den Köpfen vieler Menschen Gestalt anzunehmen. Emmy und Magnus hörten, dass es eine »deutsche Armee«, angeblich 300 000 Mann, gebe. »Was soll die ›Deutsche Armee‹, wenn nicht etwas bevorsteht? Warum wissen selbst die Polen bis heute nicht die endgültigen Grenzen? Man hofft vielleicht im tiefsten Herzen doch immer noch auf das ›große Wunder‹! Aber die Situation ist doch so trostlos, daß man immer wieder mit dem Gedanken eines Selbstmordes spielt. Jedenfalls wäre es besser als in einem Altersheim zu enden oder im Chausseegraben zu verhungern und zu verrecken.«

Es häuften sich die Anzeichen, dass die Russen vorhatten abzuziehen. »In Hirschberg sind kaum noch welche. In Schönau sind sie weg, hier hat man schon lange keinen mehr gesehen. Das Gerücht, wonach sie aus Thüringen und Sachsen fortgingen, ist aber offenbar falsch.« Am 20. Dezember 1945 herrschte frühlingsmäßiges Wetter, plus 10–12 Grad. Sofort dachten sie an die Landwirtschaft. Weizen säen, den Garten umgraben. Aber es kam keine Freude auf, weil sie noch immer nichts Positives über ihre Zukunft wussten. »Die Konferenz soll angeblich ›erfolgreich‹ tagen, aber ob für uns ›erfolgreich‹? Das einzig Sichere scheint die Uneinigkeit der Alliierten untereinander zu sein. Die Stimmung ist nach den Beromünster Nachrichten von neulich recht deprimiert. Heute haben die Polen, die beim Bäcker Adametz wohnen, diesem erklärt, das Haus gehöre jetzt ihnen, er selbst müsse raus. Auf die Beschwerde des Bäckers beim polnischen Kommandanten erklärte dieser menschenfreundlich und kühl, Adametz soll doch den Polen Gift geben! Der Ton unserer derzeitigen Herren ist wirklich originell!«

Zum Weihnachtsfest, das wenige Tage später anstand, hatten

sie zwar »ein Bäumchen, aber man ist doch nicht in der richtigen Stimmung. Dabei muß man doch dankbar sein, daß die drei Jungens am Leben sind und es hoffentlich besser haben als wir. Wie viele Eltern können das heute sagen?«

Winter 1945 im Vatikan

Weihnachten 1945 in Oberwiesenthal und Weihnachten 1945 im Vatikan – welche Gegensätze! Inzwischen wurde die römische Wohnung sogar geheizt, es war nicht mehr ganz so eisig wie im Spätherbst. Wochen vor Weihnachten begann man mit dem Backen der Weihnachtsplätzchen: Gas und Strom waren oft gesperrt. Der Herd durfte jeden Tag nur begrenzte Zeit betrieben werden. Am Weihnachtsnachmittag traf man sich im üblichen Rahmen: deutsche Geistliche, deutsche Kriegsgefangene, Angehörige der Botschaft. Nicht nur Sigis und Hilde, auch alle anderen zögerten, den Schutz des Vatikans aufzugeben. Unter dem Weihnachtsbaum: strahlende Kinderaugen. Allerdings, so notierte Hilde: »Sehr festlich war uns nicht zumute. Der Brief von Tante Miana [einer Tante von Sigis, die in Kenia lebte], der gerade nachmittags eingetroffen war, warf seinen Schatten durch seine deprimierenden Schilderungen, die aus Deutschland zu ihr gelangt waren, mit der Annahme, dass mindestens drei Mitglieder der Familie von den Russen deportiert worden seien. Die lang erwartete und endlich mutige und eindeutige Rede des Papstes an Weihnachten und die christliche Ermahnung zur Gerechtigkeit und Humanität war uns deshalb ein wirklicher Trost und eigentlich das schönste Weihnachtsgeschenk. Schon die Ernennung der drei deutschen Kardinäle, besonders Galens, am Tage vorher hatte in den hiesigen deutschen Kreisen unerwartete Hoffnung entfacht. Die Rede am Morgen des Heiligen Abends hatte zur Folge, dass wer auch immer an deutschen Geistlichen in diesen Tagen bei uns hereinschaute, um seine Weihnachtswünsche zu bringen, ein vergnügtes und erleichtertes Schmunzeln auf dem

Gesicht trug, wie wir es schon lange nicht mehr gewöhnt sind. Die offene Sprache in der Rede, endlich einmal auch zu unseren Gunsten, kam für alle unerwartet. Leider mussten wir später feststellen, dass sie international ziemlich totgeschwiegen wurde, die Presse-Stimmen haben sie kaum erwähnt. Aber wenigstens erhob sich doch einmal eine Stimme, die auf den ihr zur Verfügung stehenden Wegen auch Gehör finden wird.«

Im Vatikan herrschte große Aufregung: sowohl wegen der hohen Zahl an neuen Ernennungen als auch wegen der vielen nicht-italienischen Berufungen zu Kardinälen. »Verschiedene funkelnagelneue Kardinalsausrüstungen enttäuschter Monsignori werden bald auf dem Schwarzmarkt erhältlich sein. Einem der betreffenden Herren, der sich dem Kardinalshut am nächsten glaubte, bleibt nun nichts anders übrig als von seinem baldigen Ende zu sprechen. Jedin erklärte, was uns sehr einleuchtete, dass die Entscheidung in dieser Frage erst mit dem italienischen Konkordat so dringlich geworden ist. Der dominierende italienische Einfluss sei immer schon eine Belastung gewesen, aber solange die Kirche mit dem Staat Italien in Unfrieden lebte, bestand keine Gefahr, dass die Priesterschaft in der hiesigen Verwaltungszentrale chauvinistische Zwecke verfolgen würde. Es gibt Leute, die den Entscheidungen dieser Weihnachtstage welthistorische Bedeutung beimessen. Es gibt andere, die behaupten, dass selbst wenn die Zentrale internationaler sei, die Laufbahn für nicht-italienische Anwärter so aussichtslos ist, dass sie entweder der Kirche verzweifelt den Rücken kehren oder langsam so romanisiert werden, dass ihre nicht-italienische Staatsangehörigkeit in Amt und Würden keine Rolle mehr spielt. Wüstenberg ist ein Produkt dieser Erziehung und Kaas vielleicht auch. Nur ist letzterer ein so schlauer Fuchs, dass man ohnedies nicht weiss, was er im Schilde führt. Der eleganteste Monsignore des Vatikans trägt übrigens in diesen Tagen eine so heitere Miene zur Schau, die über das Mass der allgemeinen guten deutschen Stimmung über die Papst-Rede hinausgeht. Man munkelt von noch einem Papst in petto und schliesslich fehlt ja noch der deutsche Kurienkardinal.«

Mit dem Konkordat bezog sich Hilde auf die Lateranverträge vom 11. Februar 1929 zwischen dem Vatikan und dem faschistischen Italien. Mit diesen Verträgen sollte der stets latente Konflikt zwischen Kurie und ialienischer Regierung gelöst werden. Die Verträge bestanden aus drei Teilen: Der Staatsvertrag garantierte die Souveränität des Heiligen Stuhles auf internationaler Ebene mit der Vatikanstadt als selbstständigem Staat und dem Papst als Staatsoberhaupt. Andererseits erkannte der Heilige Stuhl Rom als Hauptstadt Italiens an. Darüber hinaus wurde im Konkordat die römisch-katholische Religion als Staatsreligion Italiens anerkannt. Es wurde dem Vatikan die freie und ungehinderte Ausübung der geistlichen Gewalt zugestanden – auch im Zivilbereich, etwa was Eheschließungen betrifft. Im Finanzabkommen wurde der Heilige Stuhl für den Verlust von Kirchenvermögen entschädigt, und es wurden ihm einige Kirchen und Paläste als Besitz zugestanden.

Hilde vermerkt in ihrem Tagebuch, dass die alliierten Behörden erneut den Heiligen Stuhl drängten, die Ausreise der Angehörigen der deutschen Botschaft voranzutreiben. Der Vatikan gab dem Drängen nicht nach, weil die Alliierten sich weigerten, den Botschaftsangehörigen freies Geleit zuzusagen. Andererseits wurde den Botschaftsangehörigen aber auch mitgeteilt, »wir sollten selbst sehen, wie wir nach Hause kommen«. Die Alliierten verboten Hilde wieder das bisher geduldete Verlassen der Heiligen Stadt, »mit der Drohung, dass ich widrigenfalls Gefahr liefe, verhaftet zu werden. Mir ist es gleich. Für Besorgungen habe ich jetzt ohnehin weder das Geld noch die Zeit.«

Silvester verbrachten Hilde und Sigis bei Albrecht von Kessel mit einigen vatikanischen Geistlichen: »Beim Poker betrogen die beiden dazugekommenen Geistlichen Berndorff und Wüstenberg heftig. Am nächsten Morgen trieb sie aber ihr schlechtes Gewissen, die gewonnenen Beträge der Kirche zu stiften. Gottseidank sind die Feiertage vorbei. Die Kinder sind völlig durchgedreht von den Ereignissen und Feierlichkeiten. Bis zum 6. sind aber noch die Krippen in den Kirchen aufgestellt und infolgedessen ist der Kirchenbesuch bei uns jetzt noch begehrter als vorher. Auch

Christina beginnt von dieser Leidenschaft jetzt erfasst zu werden. Jedenfalls komme ich mit den Kindern an keiner Kirchentür mehr vorbei.«

Hildes Hauptbeschäftigung bestand – neben den Kindern – im Briefeschreiben. Während ihres Wochenbettes waren viele Briefe eingetroffen, Antworten auf Briefe, die sie selbst nach Kriegsende verschickt hatte. Aus Dortmund kam Post von Tante Grete, der Schwester von Hildegard Margis. Sie hatte den Krieg überlebt. Über den Inhalt dieses Briefs oder die Frage, ob sie sich zum Tod ihrer Schwester äußerte, bewahren die Tagebücher wieder ein beredtes Schweigen. Hilde vermerkt nichts dazu – obgleich man sich kaum vorstellen kann, dass sich Tante Grete nicht zum Tod ihrer Schwester geäußert hat. Vermutlich bahnte sich schon an dieser Stelle eine neue Beziehung zwischen Hilde und ihrer Tante an: Grete trat an die Stelle von Hildegard Margis und sollte Hilde einige Jahre später auch tatsächlich adoptieren. Das hatte zwar vor allem erbrechtliche Gründe – für Hilde reduzierte sich die Erbschaftsteuer –, aber es war auch ein symbolischer Akt, der sicherlich dazu beitrug, dass Hilde den Verlust ihrer Mutter leichter mit Schweigen übergehen konnte. »Ich habe so das Gefühl, dass mit einer regelmässigen Korrespondenz die ersten Schritte zu einem normalen Leben wieder getan sind.«

BERLIN,

DEN 28. OKTOBER 2006

Liebe Großmutter,

weder Hilde und Sigis noch Magnus und Emmy wollten den Ort verlassen, an dem sie sich Ende 1945 befanden. Emmy und Magnus wollten ihre »Heimat« nicht verlieren, Hilde und Sigis wollten nicht in die »Heimat« zurückkehren. Gewiss, sie hatten ihre Heimat schon Jahre zuvor verlassen, sie hatten den Krieg aus der Ferne miterlebt, anders als Du. Ihr Leben hatten sie bisher nur in der Fremde geteilt, und ausgerechnet im Vatikan (wo sich niemand niederlassen darf) fühlten sie sich nicht mehr in der Fremde. Vermutlich wussten sie besser als Emmy und Magnus, dass Schlesien nicht deutsch bleiben würde. Oberwiesenthal war für sie kein Ort, auf den sich ihre Gefühle von Heimat richten konnten. Deshalb erstaunt es nicht, dass Hilde und Sigis oft mit dem Gedanken spielten auszuwandern. Hättest Du noch gelebt, so hätten sie, glaube ich, nicht an Auswanderung gedacht – so wie auch Hans nach Deutschland zurückgekehrt wäre. Für Sigis drängte die Entscheidung. Er wusste, dass er sich um eine »neue Existenz« kümmern musste, egal, ob in Deutschland oder anderswo. Für Hilde hingegen war der Vatikan der erste Ort, an dem sie seit Kriegsbeginn – letztlich seit dem Beginn der national-sozialistischen Herrschaft – zur Ruhe gekommen war. Aus-gerechnet im Priesterstaat, wo man unter »Fruchtbarkeit« nur eine »geistige« Produktivität verstand, ausgerechnet in dieser Umgebung hatte sie zwei Kinder zur Welt gebracht und kam für sie zum ersten Mal ein »normales Familienleben« zustande. Für sie war hier eine – provisorische – »Heimat« entstanden.

Nach Hildes Tagebüchern zu urteilen, sahen auch viele katho-lische Geistliche im Vatikan ihre »Heimat« – obwohl es eigent-lich ein Ort ist, zu dem man nur »gehört«, wenn man ein Amt erfüllt. Nicht so in den Kriegs- und Nachkriegszeiten. Einer dieser Geistlichen wird in Hildes Tagebuch noch eine wichtige Rolle spielen.

Emmys Tagebuch: Nachricht von den Söhnen

In Schlesien gab es nicht viel zu feiern, die Stimmung war ge-drückt. Immerhin kamen nun einige Nachrichten durch. »In Lähn wollen Leute am Radio gehört haben, daß unsere Söhne mit 100 Mann Bewachung nach Amerika gebracht worden seien, wo sie für die USA arbeiten müssen, aber gut zu essen bekämen. Die Nachricht wird aber wohl nur daher stammen, daß wir selbst ein paar Bekannten erzählt haben, sie seien wahrscheinlich rübergegangen.« Das Jahr 1945 ging zu Ende, ohne für Schlesien eine Entscheidung zu bringen, zumindest verhielt es sich so in der Wahrnehmung von Emmy und Magnus. Am 10. 1. 1946 sollte in London die Friedenskonferenz beginnen, aber es war noch unklar, wann die »schlesische Frage« erörtert würde. »Hier herrscht immer noch leidliche Ruhe. Nachträglich hört man noch Einzelheiten, wonach sich die Galizier Weihnachten teilweise wirklich sehr nett und anständig benommen haben. So haben sie z. B. bei Feige Willy zusammen mit den Deutschen gefeiert und dabei eine Rede gehalten, sie hofften, daß der jüngste Sohn bald zurückkäme und daß sie selbst bald nach Galizien zurückfahren können.«

Am 1. Januar machten sich Emmy und Magnus auf nach Lähn, um »unsere 6000 Zloty zu ›verdeutschen‹«. Die Hälfte der Zloty konnten sie teilweise eins zu eins, teilweise etwas schlechter umtauschen. So brachte »der alte 20-jährige, schon an allen Nähten aufplatzende Mantel, der mal neu 200 Mark gekostet hat, immerhin 3000 Mark«. Für die restlichen 3000 Zloty kauften sie Brennholz und Seife, Nähzeug, vor allem etwas »Kaffee und Thee, die unsere Lebensgeister immer recht aufrichten«. Während dieses Besuchs in Lähn hörten sie, dass in Schreibendorf allen Deutschen ein Zettel zur Unterschrift vorgelegt wurde. »Manche Dummen haben tatsächlich, ohne den Inhalt zu verstehen, unterschrieben, Es stellte sich heraus, daß sie damit ihre ›Bereitschaft zur freiwilligen Aussiedlung‹ unterschrieben hatten. Als sie daraufhin Krach schlugen, durften sie gegen Zahlung von 100 Zloty ihre Unterschrift widerrufen!!!! Angeblich soll in der Gegend ein Transport abreisender Deutscher zusammengestellt worden sein, und als dieser nicht voll wurde, sollen einfach Leute auf der Straße aufgegriffen und mit verladen worden sein. Unbestätigtes Gerücht.«

Am Abend desselben Tages erhielten sie Post aus dem Westen, darunter den Brief einer Frau, »die sich im Auftrag der Jungens nach uns erkundigte. Sie bestätigte, daß beide ›im Ausland‹ (also den USA) seien. Sie hatte intelligenterweise die Adresse von Exzellenz Trimborn in Erpel angegeben, von wo der Brief via Görlitz kam. Der Brief ist vom 5. November, war also 8 Wochen unterwegs!« Wie Emmy und Magnus erst später, als sie im Westen waren, erfuhren, hatten Wernher und Magnus wiederholt Kontakt zu ihnen aufzunehmen versucht. Aber ihre Briefe, die der Zensur der US-Army unterlagen, wurden nicht nach Schlesien weitertransportiert. (Der Kalte Krieg hatte schon begonnen.) So bedienten sie sich verschiedener Mittler, um den Eltern Nachrichten zukommen zu lassen. Dies war die erste direkte Nachricht von ihnen – fast ein Jahr nach Kriegsende.

Am 5. Januar 1946 kam Lewald »relativ optimistisch« aus Hirschberg zurück. Der Zloty falle schnell, er hatte nur noch 80 Mark für 100 Zloty bekommen, »so daß sich unser Gang nach Lähn gelohnt hat, als wir neulich unser Geld wechselten. Eine Reihe polnischer Kaufleute sind aus Hirschberg wieder abgezogen, da ihnen die Steuern zu hoch wären! Man sieht immer wieder, daß ein so armes Land wie Polen viel zu kapitalschwach ist, um ein Viertel von Deutschland zu verwalten, geschweige denn aufzubauen.«

BERLIN,
DEN 30. OKTOBER 2006

Liebe Großmutter,

mir ist beim Lesen der Aufzeichnungen von Emmy klar geworden, dass, verglichen mit Deiner »Stillen Post«, erstaunlich wenig von der »Stillen Post« meiner anderen Großmutter bei mir angekommen ist. Das lag nicht an Emmy. Sie war sehr mitteilsam und mitfühlend. Ihren Söhnen hat sie viel mitgegeben. Das weiß ich nicht nur von Sigis, sondern auch von Wernher, dessen Interesse für den Weltraum sie durch große astronomische Kenntnisse mitgeformt hat. Irgendetwas muss jedoch auf dem Weg zwischen dieser Großmutter und mir »verloren gegangen« sein. An Deine Lebenswelt kann ich sehr wohl anschließen, obgleich ich sie, im Gegensatz zu der von Emmy, nicht gekannt habe. Ich habe mich mit Deiner Lebenswelt schon beschäftigt, lange bevor ich wusste, dass es Deine Lebenswelt war. Was ist von Dir bei mir angekommen?

Das Interesse für die jüdische Geschichte in Deutschland. Das Interesse für die Frauenbewegung der 1920er Jahre. Diese Themen hatten von mir Besitz ergriffen, als ich von Dir noch kaum etwas wusste.

Wie kann es sein, dass die eine Großmutter, die ich nicht gekannt habe, mehr »Nachrichten« bei mir deponiert hat als die andere, die ich gekannt habe? Was sind die Kanäle der »Stillen Post«? Ich vermute, Ideen und Gefühle von Hilde waren die Mittler, auch wenn sie oft nur im Schweigen ihren Ausdruck fanden. In den Tagebüchern von Emmy habe ich viel über die Geschichte und die »Logik« der Aussiedlung erfahren. Aber die Person dahinter war für mich schwerer zu greifen, jedenfalls weniger spürbar als Du. Bei Dir haben mir sogar die Texte zur »deutschen Kochkunst« oder zur »Psychologie der rationalen Haushaltsführung« etwas von Dir erzählt.

Ich habe mich gefragt, woran das liegt, und denke, es gibt mehrere Antworten: So wie Magnus die Erinnerungen seiner Frau vereinnahmt und in sein eigenes Gedächtnis überführt hat, schlug sich seine »Handschrift« vielleicht auch schon während der Tagebuchaufzeichnungen nieder. Das mag sich mir als Leserin und Enkelin vermittelt haben. Emmy war eine sehr selbstständige und gebildete Frau – vermutlich gebildeter als ihr Mann. Dennoch schrieb und verhielt sie sich, als spreche sie nicht im eigenen Namen. Gewiss hat es Zwistigkeiten und Meinungsverschiedenheiten zwischen ihr und Magnus gegeben. In einer solchen Zeit der Bedrängnis sind sie unvermeidlich. Aber darüber verliert Emmy kein Wort – und so fehlt dieser kleine, kaum spürbare Zwischenton, der die »Stille Post« kennzeichnet. Emmy war beherrscht, viel beherrschter als Hilde. Das hing gewiss mit ihrer guten Erziehung zusammen: Sich diszipliniert und würdig zu verhalten, gab dem Adel das Gefühl von Status. Aber es war auch noch etwas anderes: Was Emmy mir letztlich mitteilte, war ein »offizielles« Gedächtnis: das »der Geschichte«, die sich vornehmlich männlicher Erinnerungsketten bedient. Mag sein, dass sich dieses mir nicht so tief eingeprägt hat wie die inoffiziellen Botschaften der »Stillen Post«.

Hilde reagierte spontan; sie schwankte ständig zwischen Glücksgefühlen und Depressionen. Sie vermittelte sich über ihren Körper und ihre Stimme mindestens ebenso sehr wie über die Worte. Ihr Körper: das war ihre Form zu sprechen. Und mit diesen Mitteln ließ sie – ob sie es wollte oder nicht – auch Dich zu Worte kommen. Vieles verstand ich zunächst nicht, vor allem als Kind. Es hat lange gedauert, bevor ich besser damit umgehen konnte. Ich musste erst die Sprache der »Stillen Post« verstehen lernen. Dass Emmys Tagebüchern das »Unberechenbare« fehlt, mag paradox klingen, denn sie erzählen davon, dass sie sich in einer »unberechenbaren« Situation befand. Es geht mir aber nicht um das, was sie erlebt, sondern um die Sprache, in der sie darüber berichtet.

Was Emmy in ihrem Tagebuch beschreibt, ist vielleicht auch das Ende einer bestimmten Lebenswelt. Sie ahnte zweifellos, dass diese Welt verstummen wird. Ebendas wird ihr Grund gewesen sein, das Tagebuch zu führen. Du hast kein Tagebuch geführt – jedenfalls blieb keines erhalten. Aber aus Deiner Lebenswelt blieb vieles erhalten, das mir heute ganz präsent erscheint. Ist es nicht das, was man ein »lebendiges Gedächtnis« nennt?

Kontaktversuche nach Schlesien

Sicher war am 13. Januar 1946 nur, dass die Neiße nun in beiden Richtungen hermetisch abgeriegelt war. Das galt »anscheinend für alle Mandatsgrenzen so daß wir skeptisch sind, ob unsere vielen Briefe, die wir einem jungen Mädel mitgegeben hatten, wohl überhaupt rübergekommen sind. Es liegt uns sehr daran, daß unsere drei Jungens endlich ein Lebenszeichen von uns bekommen, sie sind ohne Nachricht nach USA abgefahren und anscheinend in großer Sorge um uns. In Görlitz soll die Post bergehoch liegen – die Polen lassen nichts rein und raus. Selbst der Londoner Sender hat neulich erklärt, im ganzen Reich funktioniere die Post – nur in Schlesien, Pommern, Brandenburg und Ostpreußen nicht.«

Schon einen Tag nach diesem Eintrag erreichte Emmy und Magnus jedoch »endlich mal wieder etwas über die Jungens. Frl. Piefel aus Süssenbach hat in Langenau einen Ingenieur gesprochen, der bei der V 2 mitgearbeitet hat, Wernher kennt und berichtete, sie hätten sich mit 400 fertigen Apparaten den Amerikanern zur Verfügung gestellt und seien drüben. Die Apparate sollen zur Postbeförderung weiterentwickelt werden. Dies ist jedenfalls nun die dritte Nachricht, daß sie in den USA sind. Wir wollen baldigst nach Langenau gehen und versuchen, den Mann selbst zu sprechen. Ob unsere vielen Briefe durchgekommen sind, ist etwas zweifelhaft. Die Neiße ist so streng gesperrt, daß jedenfalls ein Mädchen aus Lähn, die 90 Briefe mithatte, zurückgekommen ist, nachdem sie ihr die 90 Briefe abgenommen haben und pro Brief 4 Stockhiebe angedroht hatten. Unsere ›Botin‹ wollte allerdings mit einem Russenauto fahren, ist aber noch nicht zurück.«

Ab Mitte Januar 1946 schien sich die Entscheidung über Schlesien zu konkretisieren. In London verhandelten die Alliierten. »Was werden die nächsten Tage für Schlesien und für uns bringen? Wird man morgen am 18. Januar – diesem historischen Tag der deutschen Geschichte – über das Schicksal Ostdeutschlands entscheiden? Es ist ein merkwürdiges Gefühl, hier zu sitzen und sich Paléologue, ›Die Erinnerungen an die Russische Revolution von 1917‹ vorzulesen, während unsere ganze Zukunft auf dem Spiel steht.« Auf der einen Seite hieß es nun, dass alle polnischen Bürgermeister abgesetzt und neue gewählt werden sollten. Auch russische Divisionen waren wieder angekündigt. »Trotz allem ist die Stimmung drüben bei Lewalds noch nicht unbedingt verzweifelt. Die Polen haben im Osten ein so großes Stück zurückbekommen, daß man danach vielleicht doch hoffen kann, daß sie dafür einige Teile von Ostdeutschland wieder freigeben müssen.« Noch lange nach dem Krieg sollte Magnus mit diesem Argument – die Polen hätten »ein großes Stück im Osten« erhalten – Restitutionsforderungen begründen.

Ende Januar fühlte sich Emmy »langsam immer mutloser und verzagter«. Erneut war von einem amerikanisch-russischen Krieg die Rede. »Es scheint tatsächlich, als ob dieser auf die Dauer völlig unhaltbare Zustand auf friedlichem Verhandlungswege kaum noch zu lösen ist. Aber der Gedanke, daß wir hier noch einmal Kriegsschauplatz werden könnten, ist ebenso schrecklich.« Plötzlich tauchte eine (russische?) Kommission auf, die durch das ganze Dorf ging und überall die Größe der Gebäude, die Morgenzahl, Maschinen, Getreide, Vieh, Pferde usw. registrierte. In den Häusern fragte sie nach Nähmaschinen und Küchenwaagen. »Man fragt sich immer: Wozu fahren sie das alles ab, wenn sie hier bleiben sollen? Der Bedarf an den für unsere Begriffe selbstverständlichen Dingen muß in Polen und noch mehr in Rußland ganz unvorstellbar sein: Uhren sind offenbar dem kleinen Mann ganz unerreichbar.«

Beim Zahnarzt, »dem die Russen natürlich seinen Vorrat an Goldkronen gestohlen haben«, erschienen wiederholt Russen, sogar höhere Offiziere, »mit einem tadellosen Gebiß, wie es dies Naturvolk meist noch hat, und verlangten, er müsse ihnen Goldkronen einsetzen und zwar möglichst vorn, wo man es recht deutlich sehen könne. Das spricht für das Kulturniveau Rußlands.« Bemerkungen wie diese tauchen nun vermehrt in den Tagebüchern auf. Gold war die einzige Ware, die noch etwas galt: Für 1 Gramm Gold (333 gestempelt) gab es 250 Zloty, für Dukatengold erheblich mehr. »Ich habe ein kleines kaputtes Goldarmband für 1250 Zloty verkauft, wovon ich 500 einwechselte und für den Rest wieder Zucker und andere nützliche Dinge kaufen konnte.«

Am 2. Februar 1946 gaben Emmy und Magnus einem Landser, der über die Neiße ging, Briefe mit, darunter einen an den Suchdienst der Evangelischen Kirche. Er enthielt eine Anfrage über den Verbleib von Sigis, über den sie mittlerweile weniger wussten als über die beiden Söhne in den USA. Während es Wernher und Schnick gelang, durch die Vermittlung von Verwandten gelegentlich eine Nachricht nach Schlesien zu bringen, waren die Kommunikationswege vom Vatikan abgeschnitten. Später sollten Sigis und Hilde sogar den Umweg über die USA nutzen, um mit den Eltern in Kontakt zu treten. Zunächst versuchten sie es über eine Bekannte in Genf. Am 17. Januar schickte sie Magnus und Emmy eine Karte mit Nachrichten aus Rom. Am 5. Februar folgte endlich eine Karte von Sigis aus dem Vatikan. Vermutlich wurden Karten (nicht Briefe) geschickt, um Beanstandungen durch die Zensur zu vermeiden: Beide Karten waren auf Französisch verfasst. Sie enthielten die wichtigsten neuen Nachrichten – allen geht es gut, ein drittes Enkelkind, endlich ein Sohn!, ist zur Welt gekommen, und: »que dieu vous protège tous«. Die Karten erreichten Emmy und Magnus vier Wochen später. Zwei andere Karten, die Sigis auf Russisch und auf Polnisch – »in der neuen Landessprache« – geschrieben hatte, kamen erst viel später an.

Öffentliches Konsistorium in St. Peter

Entgegen allen Erwartungen befand sich Sigis Anfang Februar 1946 noch immer in Rom. Verglichen mit den Eltern in Schlesien, litt die Familie keine Not. Zwar mussten sie mit den wenigen Ersparnissen, die geblieben waren, vorsichtig umgehen, aber niemand hungerte. Die kleine deutsche Kolonie im Vatikan spielte weiterhin Bridge, übte immer noch Latein und verbrachte wie gehabt ihre Tage mit Briefeschreiben oder literarischen Versuchen. Vom politischen Leben draußen bekam sie vieles mit, aber ihre Sicht auf die Dinge war geprägt von der Perspektive der katholischen Kirche.

Am 21. Februar 1946 notierte Hilde in ihr Tagebuch: »Öffentliches Konsistorium in St. Peter. Der Vatikan ist in diesen Tagen wie ein Bienenstall. In jedem Auto sitzen rote Strümpfe, und von grünen Troddeln am Hut wimmelt es nur so. Aber auch eine Reihe von ausländischen Gesandten macht sich wichtig. Wir armen irdischen Fussgänger werden in den Höfen und Portalen bei unseren täglichen Besorgungen von gewaltigen Limousinen an die Wand gedrängt. Selbst auf Carola hat die Aufregung schon übergegriffen. Sie hat aufgeschnappt, dass ein Kardinal, der Erzbischof von Köln, in den Campo Santo eingezogen ist, und nun will sie ihn immer besuchen. Für den Haushalt erweist sich der Kardinal als sehr nützlich, insofern als man ihr nur zu drohen braucht, eventuelle Ungezogenheiten dem Kardinal zu erzählen, und schon wird sie musterhaft.

In St. Peter waren ungeheure Tribünen errichtet und der Hochaltar in einen Thron verwandelt. Teppiche und Purpur an den Wänden, und als dann der Papst im Fest-Ornat und die völlig einzigartig grosse Anzahl der alten und neuen Würdenträger in Purpur und Hermelin erschienen, war der Eindruck schon ungeheuerlich. Die neuen Kardinäle wurden dabei mit dem Applaus des Publikums bedacht, wobei der Bischof von Münster, Galen, allen anderen den Rang ablief. Die drei neuen deutschen Kardinäle besassen überhaupt eine ausgesprochene Popularität. Auf meiner Tribüne hörte ich ein italienisches Gespräch, bei dem sich zwei Italienerinnen darüber verwunderten, dass gerade bei den Deutschen ein solcher Applaus einsetzte. Darauf mischte sich ein anderer Italiener, ein Geistlicher, in das Gespräch ein, der sie voll Enthusiasmus darüber aufklärte: ›Ma quelle ha combatuto contre i Nazisti, è un eroe!‹ [›Aber dieser hat gegen die Nazis gekämpft. Er ist ein Held!‹] Dem Kardinal v. Galen ging es hier in Rom so, dass er bei verschiedenen Gelegenheiten von einem Kordon Polizisten geschützt werden musste gegen den Jubel der Bevölkerung. Er selbst nahm die Ovationen mit Bescheidenheit und unverwüstlichem Humor entgegen. Soweit es die Ceremonien zeitlich zuliessen, benutzte er seinen Aufenthalt hier, um die verschiedenen deutschen Kriegsgefangenen-Lager aufzusuchen, vor allem die SS-Lager (die hätten es am nötigsten, meinte er) und hinterliess dort sowohl durch seine Persönlichkeit als auch durch seine Predigt unvergesslichen Eindruck.«

Während des Konsistoriums begegnete Hilde auch dem Kardinal Preysing. Konrad Graf von Preysing-Lichtenegg-Moos kam aus Bayern, war zuerst Jurist im diplomatischen Dienst und dann Theologe geworden. Im Jahr 1932 hatte die Kirche ihn zum Bischof von Eichstätt ernannt. 1935 hatte er das schwierige Amt des Bischofs von Berlin übernommen und zum katholisch-kirchlichen Widerstand gegen die nationalsozialistische Kirchenpolitik gehört. Nun, im Winter 1946, ernannte der Papst ihn zum Kardinal. »Preysing auf seinem verlorenen Posten in Berlin machte auf uns zu Beginn einen erschreckend resignierten Eindruck. Durch die Stimmung hier während des Konzils veränderte sich das aber grundlegend. Zum Schluss brachte er es sogar fertig, vernehmlich zu protestieren, als in einer hiesigen Tageszeitung über ›Luther – Vater der Konzentrationslager‹ geschrieben wurde.« Während des Konsistoriums »wetteiferten« die englischen und amerikanischen Kardinäle darin, »ihre Hochachtung unseren deutschen gegenüber auszudrücken«. Sie verhandelten mit Galen über praktische Hilfe. Nach einem der Gottesdienste hatte Sigis Gelegenheit, mit dem Kardinal von Köln zu sprechen. Hilde notierte: »Im allgemeinen haben wir ein Bild von den Zuständen zu Hause erhalten, das auch die letzte Illusion zerstörte und unseren Entschluss nur noch mehr reifen lässt, ev. auszuwandern. Demgegenüber hat die Lektüre von Christopher Dawson – ›The Judgement of the Vatican‹ – uns wieder viel Mut gegeben. Nur auf die Stimme wird wohl im Moment noch sehr wenig gehört oder erst, wenn es zu spät ist. Aus Briefen von zu Hause schliessen wir, dass viele denkende Leute heutzutage für das Ideal eines ›Christlichen Commonwealth‹ schon bereit wären. Aber den Leuten zuhause fehlt noch die Zeit, an anderes zu denken als woher sie die Kartoffeln für den nächsten Tag beschaffen können.«

Liebe Großmutter,

Hunger in Deutschland, Hunger in Schlesien. Im Vatikan kommen nur Beschreibungen von Hunger an. Hilde und Sigis können sich mit den geistigen Auswirkungen des Krieges beschäftigen. Das ist ein Luxus, aber sie gehen die Frage sehr christlich an. Dass die Idee eines »Christian Commonwealth« in Hildes Tagebüchern eine wichtige Rolle spielt, hängt sicherlich mit dem Ort zusammen, an dem sie sich befindet. Ich habe nachgesehen, wer Christopher Dawson war: ein englischer katholischer Philosoph mit einem Lehrstuhl in Liverpool. Er entwickelte eine fortschrittskritische Geschichtsphilosophie, die in der seit der Aufklärung erfolgten Befreiung von den religiösen Bindungen des Christentums einen Niedergang der europäischen Kultur sah: also eine Art Oswald Spengler der christlichen Kirche. Von ihm stammt die Idee des »Christian Commonwealth«. Ich hatte noch nie von ihm oder diesem Begriff gehört. Ich nehme an, Du auch nicht. Angeblich wurde er damals viel gelesen, sowohl in geistlichen als auch in weltlichen Kreisen. Er muss den Sehnsüchten nach einer »heilen Welt« Ausdruck verliehen haben.

Bei Magnus und Emmy taucht Dawson nicht auf, aber die Gedanken sind ganz ähnlich. Ich habe den Eindruck, dass der Gedanke einer neuen »christlich-westlichen Weltordnung« bei ihnen an die Stelle rückte, wo sich vorher die Idee von der »deutschen Kulturnation« oder von der »Kirche Preußen« befand. Aus der Sicht dieser Zeit wird deutlich, warum der »Kalte Krieg« später von so vielen religiösen Bildern durchsetzt war. Zwar hatten die Kirchen im Kampf gegen den Nationalsozialismus versagt, weil dieser selbst so scheinbar religiös daherkam. Aber bei diesem neuen Feind, der sich zum Atheismus bekannte, hoffte man, dass die Kirchen als Bollwerk taugen würden.

Nicht nur Hilde und Sigis in Rom, auch Emmy und Magnus

in Niederschlesien fingen in diesen Jahren an, über die Grenzen von Deutschland hinaus zu denken. Das geschah langsam und sehr vorsichtig, aber man spürt es schon: Preußen hatte versagt, Deutschland hatte versagt – also suchte man nach einer neuen Basis. Aber warum die Kirche? Die Kirchen hatten auch ihren Anteil am großen Morden gehabt. Und die Nazis hatten sich ordentlich im Fundus christlicher Bilder bedient, um den Antisemitismus unter die Leute zu bringen. Warum dann ausgerechnet ein »Christian Commonwealth« als Grundlage einer neuen Weltordnung? Rückblickend habe ich den Eindruck, dass Deine Generation – jedenfalls die Intellektuellen der Weimarer Republik – in diesen wenigen Jahren, die zwischen dem Ersten Weltkrieg und dem Dritten Reich lagen, dem Christentum eine Auszeit verordnet hatte. Das hat man Euch nicht vergeben. Ich komme immer mehr zur Überzeugung, dass die Religionen als Basis ethischer Normen versagt haben. Ob der Atheismus eine bessere Grundlage bietet? Auf diese Frage habe ich keine Antwort.

Verzeih, aber ich muss mir immer wieder die Frage stellen: Wie hättest Du über das neue Deutschland gedacht, wenn Du Nationalsozialismus und Krieg überlebt hättest? Lass mich spekulieren. Die Hausfrauenratgeber und die Kochbücher wären vermutlich überholt gewesen. Kochbücher und eine neue Ökonomie der Hausfrau nach dem Ersten Weltkrieg, das machte Sinn. Aber nach dem Nationalsozialismus? Nach dem Zweiten Weltkrieg gab es mächtigen Druck von allen Seiten, die Frauen wieder in die Hausfrauenrolle zu schicken. Der Druck hatte nicht viel mit der Selbstständigkeit von Frauen zu tun – im Gegenteil. Ich glaube, diese Kampagne wäre Dir nicht geheuer gewesen. Vielleicht hättest Du für eine der Spruchkammern gearbeitet, die die Entnazifizierungsverfahren durchführten. Ich habe über die Geschichte der Entnazifizierung zwei Filme gedreht – einen über die Entnazifizierung im Westen und einen über die im Osten Deutschlands. Beide Staaten behaupteten, der andere sei der eigentliche Erbe des Nationalsozialismus –

daran haben die beiden Deutschlands jahrzehntelang festgehalten. Es erleichterte ihnen den Neuanfang: Wenn man dem anderen die Schuld für die Vergangenheit zuschiebt, kann man selber leichter damit abschließen. Die Spruchkammern gab es nur im Westen, sie waren nicht sehr effizient. Zunächst nahm man sich die kleinen Fische vor und gab ihnen deftige Strafen. Als die größeren NS-Täter drankamen, hatten alle schon von der »Entnazifizierung« die Nase voll, und so kamen sie mit kleinen Strafen davon. Aber in den ersten Jahren hättest Du Dich vielleicht an diesen Verfahren beteiligt – ich bin nicht sicher, dass man es Dir gedankt hätte.

Ein Detail wird Dich interessieren: In einem Brief an die Schwiegereltern schreibt Hilde, dass Deine Schwester, Tante Grete, »sofort nach dem Einmarsch der Alliierten von der Militärregierung in die Stadtverwaltung gerufen wurde, in interessanter und anscheinend auch gut bezahlter Tätigkeit«. Und Sigis fügt hinzu: »Tante Grete hat sich sehr mutig und energisch in die neue Zeit gefunden.« Beides klingt irgendwie nach Dir. Ist ja auch Deine Schwester. Offenbar hatte sie sich ja auch während der NS-Zeit so verhalten, dass die Briten sie gleich in die Verwaltung geholt haben. Du warst zwar die Jüngere von Euch beiden, aber sie scheint aus ähnlichem Holz geschnitzt zu sein – jedenfalls als Witwe. Wie sagte Onkel Max noch zu Dir? »Frauen verstehen nichts von Politik.« Ach, Onkel Max.

Schlesien wird »polnisches Land«

Am 6. Februar 1946 berief der polnische Kommandant die Bevölkerung ein. Magnus wurde freigestellt: »Minister ni muss«. Dann folgte eine Ansprache: »Dies sei altes polnisches Land und würde wieder polnisch. Ab morgen früh 7 Uhr könnte sich, wer wolle, um die polnische Staatsbürgerschaft bewerben. Dann müßten auf seinem Hof die Polen raus, also dümmster Bauernfang. Wer sich nicht bewirbt, müsse über die Neiße. Der Kommandant hat wieder mal seine antisemitische Einstellung proklamiert, indem er erklärt, das ›Judengut‹ würde aufgeteilt und jeder bekäme 10 ha. (der 2. dumme Bauernfang).« Mit dem »Judengut« war das Schloss der Lewalds gemeint, dem offenbar eine besondere Art der Enteignung zugedacht war. Tatsächlich blieben Lewalds länger in Schlesien als Emmy und Magnus. Das schließe ich aus einem Brief, den Ulle Lewald noch im April 1947 (neun Monate nachdem Emmy und Magnus Schlesien verlassen hatten) an Sigis schrieb. Dort heißt es: »Auf einer Karte wurde ich aufgefordert, Deine Freundin *Olga*, die in einem kleinen Stübchen unter der Treppe wohnen sollte, auszukundschaften. Ich habe sie aber nicht finden können. Vielleicht kannst Du mir noch einmal die genauere Adresse schreiben. In dem Haus über dem Kartoffelkeller wohnt sie anscheinend nicht mehr.« Hätte Sigis nicht handschriftlich an den Rand »Schreibmaschine« vermerkt, hätte ich lange rätseln müssen, um welche verschollene Freundin es sich hier handeln könnte.

Am 13. Februar 1946 berichtet das Tagebuch, dass in den Ortschaften ein Kampf um die Namensschilder begonnen hatte. »Interessant ist, daß in Lähn die rotweißen Fahnen seit gestern weg sind. Die Polen sagen, sie seien nicht mehr nötig, da es doch polnisches Land sei. Die Deutschen sagen, die Polen müssen raus und das sei der Grund. Mit den Straßenschildern hat es auch seine eigene Bewandtnis. Erst hatten sie oben groß polnisch, z. B. Jelenia Gora (Hirschberg) oder Lwov (Löwenberg) darauf gemalt, darunter klein die deutschen Bezeichnungen. Jetzt sind schon seit längerer Zeit die deutschen übermalt. Leider scheinen die Herren sich über die Namensgebung aber nicht einig zu sein. So steht am Rathaus Lähn als Lenno. Ebenso stand es zunächst am Bahnhof. Dort haben sie es aber jetzt umgetauft zu ›Wlen‹. Auf diese Weise hat Lähn also zwei Namen. Das Bahnhofsschild auf einem Bahnhof, auf dem noch nie seit fast einem Jahr ein Zug gefahren ist, wirkt besonders albern.«

Es war mittlerweile verboten, Radio zu hören. Wurde man

erwischt, war man das Gerät los. Umso wertvoller war jede Nachricht, derer man habhaft werden konnte. Bei vielen »Nachrichten« handelte es sich freilich um Gerüchte, und diese grassierten schon deshalb, weil Radios verboten waren. »Bezeichnend für die allgemeine Angst, als Radiohörer erwischt und verhauen zu werden, ist es, in welcher Form man solche Nachrichten erfährt: Es kommt ein Mann, drückt einem einen zu einem winzigen Knäuel zusammengerollten Zettel in die Hand mit der Warnung ›sofort verbrennen‹. Die Herkunft des Zettels ist der Handschrift nach festzustellen, ist aber unterschrieben nur mit ›der Schreiber‹!«

Im Februar 1946 wurden immer mehr Menschen aus den Wohnungen, in denen sie ohnehin auf gedrängtem Raum lebten, ausquartiert, auch die Kranken und Bettlägerigen. Oft mussten sie sich zu zehnt einen Raum teilen. Ein durch eine Mine verwundeter Junge, der am Stock ging, durfte diesen bei seiner Ausquartierung nicht mitnehmen; einer zuckerkranken Frau wurden Spritze und Insulin weggenommen. Eine Kommission ging durch die Dörfer, registrierte alle Bewohner und notierte das Inventar und den Viehbestand. »Das Schlimmste ist, daß angeblich nächste Woche eine Kommission kommen soll, die alle Bücher abholt! Das wäre für uns das Schmerzlichste von allem, denn an der Bibliothek hängt unser ganzes Herz. Es soll in Langenau schon geschehen sein.«

Wie Hilde und Sigis lasen auch Emmy und Magnus vor allem historische Werke: über die Gracchen in Rom, über die Französische Revolution, über die Russische Revolution. An beiden Orten wurde die historische Lektüre zur Interpretation der Gegenwart herangezogen. Nur unterschied sich die Gegenwart in Schlesien grundlegend von der in der Heiligen Stadt – nicht nur wegen der Entbehrungen, sondern auch wegen der politischen Umstände. Es rückten ganz unterschiedliche Perspektiven ins Blickfeld. »Die uneingeschränkte Macht haben die Machthaber scheinbar niemals vertragen. Sie nützen sie bis zum letzten aus, bis plötzlich die Unterdrückten in ihrem Haß alles über den Haufen werfen, was sich ihnen in den Weg stellt. Viel Gutes wird umgepflügt, viel Schönes eingerissen, viele Unschuldige müssen leiden. Was die SS verbrochen hat, müssen wir jetzt büßen, und was Polen und Russen in ihrer schrankenlosen Macht durch Zügellosigkeit und Unterdrückung an uns verüben, wird ihnen einstmals in dem großen Contocorrent der Geschichte zur Last geschrieben und von ihnen und ihren Kindern verantwortet und gebüßt werden: ›Es ist eine alte Geschichte, doch bleibt sie ewig neu und wem sie just passiert, dem bricht's das Herz entzwei‹.« An dieser Stelle taucht, wie auch an manchen anderen Stellen in Emmys Tagebuch, ein Hinweis auf, aus dem man schließen kann, dass sie und Magnus von den Verbrechen der Deutschen in Osteuropa und Russland wussten. Allerdings begannen sie auch damals schon, die »Gegenrechnung« aufzumachen, so wie Magnus zehn Jahre später in seinen Memoiren den Völkermord an den Juden mit der Bombardierung deutscher Städte aufrechnen sollte.

Ende Februar kehrte eine »Botin«, die vier Wochen zuvor Post von Emmy und Magnus mitgenommen hatte, zurück – »ohne Post, auf die wir so sehnlich hoffen«. Sie erfuhren von ihr, dass die Grenze an der Neiße dichter denn je geschlossen war. »Die Russen schießen auf jeden, der den Versuch macht, rüberzukommen. Sie ist nicht mal auf dem Hinweg rübergekommen, hat aber unsere Briefe einem russischen Offizier, der eine deutsche Frau hat, gegeben, und sie sollen also wenigstens abgegangen sein. Obgleich es doch immer heißt, im Reich wüßten die Bescheid über uns, machen sich doch manche Leute die erstaunlichsten Vorstellungen. So hat die alte Frau Vogler aus Schönwaldau geschrieben, man solle ihr ihre Enkelkinder nach Hirschfeld schicken. Sie sollen sich einen Wagen nach Görlitz nehmen, Geld von der Sparkasse abholen, Schmuck verkaufen, Betten und Wäsche mitnehmen und telegrafieren, wann sie kommen, damit sie in Görlitz abgeholt werden. Man kann nur lachen! Freilich verstehen wir hier auch nicht, daß im Mai die Leipziger Messe steigen soll! Es klingt wie ein Märchen.«

In Schlesien wurden nun auch die Kirchen, die bisher weitgehend verschont geblieben waren, nach Schätzen durchsucht;

die Pfarrer wurden aus den Pfarrhäusern geworfen und diese geplündert. Da Emmy und Magnus im Haus des Pfarrers wohnten, waren auch sie bedroht. Eine Frau berichtete Emmy, dass sie mit ihrem Mann den evangelischen Friedhof besichtigt habe, »wobei sie sahen, daß die Polen die Grüfte aufgemacht, die Särge – soweit es ihnen gelang – geöffnet, die Gebeine anscheinend mit einem Besenstiel durcheinander gewühlt, die Schädel z. T. rausgeworfen haben! Wohl auf der Suche nach Gold oder versteckten Wertsachen. Das ist doch wirklich der Tiefstand, den ein sog. ›Kulturvolk‹ erreichen kann.«

Am 5. März 1946 traf endlich die erste Postkarte von Sigis ein: die Karte, die er auf Französisch geschrieben hatte: »Lauter gute Nachrichten, die Geburt und Taufe unseres ersten Enkel-Jungen. Sie wohnen in Rom, haben es gut und sind alle gesund. Auch Bestätigung wegen Wernher und Schnick. Man ist gleich ein anderer Mensch. Heute ist es genau ein Jahr, daß wir nach Matzdorf trecken mußten. Wer hätte es damals für möglich gehalten, daß es nach einem Jahr hier noch so aussehen würde?« An demselben Tag erfuhren sie aber auch, dass nun endgültig Tatsachen geschaffen wurden: Ein »Viertel des deutschen Reichs« sollte Polen zugeschlagen werden. »Die werden das nie bewirtschaften können. Das zeigen sie jetzt schon. – Gestern mußten auf Befehl des Kommandanten alle polnischen Fahnen abgenommen werden! Ich nehme an, aus Angst vor den Russen. Es kamen hier vorgestern 3 Russenautos durch, die ganz langsam durchs Dorf fuhren. – Alle Polen flitzten in die Häuser, um nicht gesehen zu werden – auch der Kommandant. Anscheinend kommen nach und nach immer mehr Russen hier ins Land. In Hirschberg wurden sie gestern schon erwartet. Höhere Offiziere sind schon mehrere Tage da. Es wird behauptet, daß sie sogar in Boberröhrsdorf die von den Polen aus ihren Häusern rausgeschmissenen und in einem Gasthaussaal zusammengesperrten Bauern schon wieder in ihre Höfe zurückgeschickt hätten. Bestätigung fehlt noch.« Einen Tag später notierte Emmy: »Wenn man nicht jetzt die Sicherheit hätte, daß es den Kindern allen gut geht, würde man, glaub ich, verrückt werden bei der Ungewißheit der Zukunft. Alle halbe Stunde kommen einander widersprechende Nachrichten. Der einzige ruhende Pol sind die sich immer gleichbleibenden Schandtaten und Plündereien. Wir haben uns auf alle Fälle einen guten starken Handwagen besorgt, der auf dem Treck gute Dienste leisten könnte.«

An dieser Stelle sagte Emmy zum ersten Mal deutlich, dass sie sich auf das Verlassen ihres Gutes vorbereitet. »In Hirschberg sind die Trecklisten der Deutschen fertig – Termin wird noch bekannt gegeben. Hoffentlich greift England vorher ein. Die Listen an sich sind wohl überall fertig, das allein besagt wohl noch nicht allzu viel.« Jede Hoffnung, auf die die Bereitschaft durchzuhalten immer gründet, war inzwischen erloschen. Die Nachricht über das Schicksal der Söhne, die nur einen Tag vorher eingetroffen war, scheint es ihr und Magnus aber möglich gemacht zu haben, von ihrem Gut in Schlesien »loszulassen«. Ab hier taucht nie wieder der vorher oft wiederholte Satz auf, dass sie ihren »Jungen« kein »zu Hause« mehr bieten konnten. Zwischen Eltern und Söhnen vollzog sich von nun ab ein Ablösungsprozess, wie er sich vollzieht, wenn Kinder das Haus der Eltern verlassen: Die Söhne waren nicht mehr Söhne, sondern für sich selbst verantwortlich – und sie sollten ihrerseits bald die Verantwortung für die Eltern übernehmen. Die tatsächliche Abreise zog sich allerdings noch einige Zeit hin.

Frühjahr 1946 im Vatikan: Nachricht vom Schicksal der Mutter

Im März 1946 notiert Hilde in ihr Tagebuch: »Abreise für Sigis und die anderen hängt immer drohender in der Luft. Für mich mit den Kindern ist entschieden, dass wir vorläufig hier bleiben. Sigis schreibt ein Buch über die Erinnerungen an seine Weltreise. Ich habe meinen Roman wieder aufgenommen. Curtius gibt einmal in der Woche Vorträge über die Literatur des 18. Jahrhunderts. Gäste haben wir sehr viel weniger, aber immer noch genug, hauptsächlich zum Tee, bei dem ich keinen Zucker mehr anbiete. Der Schweizer Franken und alle ausländischen Valuten fallen, die Preise der Lebensmittel sind irrsinnig hoch. Wir müssen uns gewaltig einschränken, um in unseren Ausgaben nicht über das vorgenommene Mass hinauszugehen.« Lebensbedingungen, die gemessen an der Situation in Schlesien, belanglos erscheinen. Aber der Vatikan machte seinen Gästen mehr und mehr klar, dass sie nicht mehr lange geduldet würden und unter Ausnahmebedingungen lebten. Als Hilde mit Carola einen Kinderarzt aufsuchen musste – die Praxis befand sich außerhalb der Mauern des Vatikans –, bedurfte die Ausfahrt einer Genehmigung durch die Alliierte Kommandantur. Der Arztbesuch von Hilde und ihrem vierjährigen Kind wurde militärisch eskortiert: von zwei Jeeps und acht Soldaten mit Maschinenpistolen. Ob die Maschinenpistolen die beiden »Gefangenen« bis in die Praxis des Kinderarztes begleiteten, schreibt Hilde nicht.

Im April 1946 – eineinhalb Jahre nach dem Tod ihrer Mutter! – erfuhr Hilde zum ersten Mal Genaueres über die Verhaftung von Hildegard Margis. Sie notierte die Tatsache in ihr Tagebuch, aber auch hier blieb sie seltsam wortkarg. »Die ersten Gerüchte über die näheren Umstände von Muttis Tod haben sich bestätigt, und wir wissen jetzt sicher, dass sie im Rahmen des 20. Juli verhaftet wurde. Madleen [Lena Pechel, die mit Hildegard Margis im Frauengefängnis Barnimstraße inhaftiert war] hat ausführlich drüber geschrieben und Mutti wohl auch noch als letzte im Frauengefängnis selbst gesprochen. In einem stimmen aber alle Berichte überein, dass sie wohl nicht gemäss der üblichen Gestapo-Manier behandelt wurde auf Grund ihres Gesundheitszustandes. Aber die Aufregungen der Verhaftung durch die Gestapo und der Aufenthalt im Gefängnis haben bei ihrem schwachen Herzzustand schon genügt. Ich kann aber trotz allem keine Hass- oder Rachegefühle entwickeln. Die Hauptschuldigen sind unterdessen schon lange liquidiert und die Welt ist so voll von Unglück und Elend, dass ich dazu mit Hass nicht auch noch beitragen will.

Vielleicht war es eine gute Fügung, dass ich gerade vorher Christopher Dawsons ›The Judgement of the Vatican‹ gelesen habe und davon beeindruckt wurde wie eigentlich noch nie. Für seine Pläne eines ›Christian Commonwealth‹ und die Besinnung auf unsere abendländische Kultur lohnt es sich zu leben. Dies sind viel höhere Ideale als jeder engstirnige Patriotismus. Wenn unsere Generation dies noch nicht versteht, so hoffe ich doch sehnlichst, dass es unsere Kinder begreifen, und ich werde mein möglichstes dazu tun.«

BERLIN,

DEN 3. NOVEMBER 2006

Liebe Großmutter,

eineinhalb Jahre nach Deinem Tod erhält Deine Tochter die ersten Informationen zu Deinem Tod im Gefängnis, und dann sind sie auch noch ungenau. Ich weiß nicht, ob die Fehlinformation, dass Deine Widerstandsgruppe dem 20. Juli angehörte, der Überbringerin der Nachricht geschuldet war, oder ob Hilde sich das so zurecht gelegt hat. Vom 20. Juli wusste sie einiges über Albrecht von Kessel. Diese Gruppe war ihr vertraut; die meisten gehörten dem Adel an: Vielleicht dachte sie, dass sie sich dieser Widerstandsgruppe nicht zu schämen brauchte. Aber eine Widerstandsgruppe, der Kommunisten angehörten? Ich glaube, dass Hilde schon damals begann, sich ihre Mutter »selbst zu stricken«. Sie hat Dich auch später immer dem 20. Juli zugeordnet, und sie hat vermutlich auch die jüdische Herkunft aus ihrem Kopf gestrichen. Das Tagebuch stellte schon den ersten Versuch ihrer eigenen »Vergangenheitsbewältigung« dar. Als sie und Sigis Teil der neuen bundesrepublikanischen Gesellschaft wurden, die jährlich des 20. Juli gedachte, aber den kommunistischen Widerstand aus dem offiziellen Gedächtnis strich, da hatte sich das Bild von Dir schon so tief eingegraben, dass sie es für die Wirklichkeit hielt.

In dieser Zeit festigten sich bei Hilde und Sigis allmählich neue

Zukunftspläne: Sie dachten zwar immer noch an Auswanderung, aber Hilde schreibt auch: »Ich habe immer das ausgesprochene Gefühl, dass unser eigentlicher Aufgabenkreis hier in Europa liegt und werde mich erst dann nicht mehr von ihm leiten lassen, wenn die Ereignisse beweisen, dass eine russische, auch nur teilweise Überschwemmung Europas nicht mehr aufzuhalten ist.« Ich glaube, dass Du bei dieser neuen Orientierung von Hilde auf Europa eine Rolle gespielt hast. Sie hat sich gegen Dich abgegrenzt und vieles von Dir nicht wahrhaben wollen. Aber Du wirst Dich freuen zu hören, dass sie in einem Brief an Emmy und Magnus von 1946 darüber nachdachte, Deinen Verlag bei der Deutschen Verlags-Anstalt weiterzuführen. »Ich trage mich ein wenig mit dem Gedanken, einen von Mutti überkommenen Verlag, in Stuttgart, der uns zur Hälfte mit der D.V.A. gehört, aufleben zu lassen.« Im Vatikan verbrachte Hilde viel Zeit mit Schreiben und probierte sich an einem Roman, den ich leider nie zu lesen bekam. Offenbar traute sie sich auf diesem Gebiet doch einiges zu. Unterstützt wurde sie nicht. Sie erzählte mir einmal, dass Sigis sehr eifersüchtig auf ihren Roman war, weil er befürchtete, es handle sich um reale Personen und um wirkliche Ereignisse, die Hilde widerfahren waren, bevor sie geheiratet hatten. Mag sein, aber es galt auch andersherum: Hilde lebte ihr Leben wie einen Roman. Zumindest, wenn es um die Liebe ging.

Frühjahr 1946 in Schlesien:
Der Kalte Krieg kündigt sich an

Die Zeit in Oberwiesenthal, das wird deutlich spürbar, ging ihrem Ende entgegen. Aber niemand konnte sagen, wie sich dieses Ende abspielen würde. Man lebte mit der Angst vor einem Krieg zwischen Russen und Amerikanern und erlebte täglich die »kleinen Kriege« zwischen Russen, Polen und Deutschen. Emmy zitiert Berichte, laut denen die russischen Behörden schon Schützengräben ausheben ließen, während sich »Nationalpolen« und »Lublinpolen« untereinander bekämpften: »Die Situation ist z. Zt. so geladen, daß man – so wahnsinnig das klingen mag – einen Kriegsausbruch beinahe als eine Erleichterung empfinden würde.« Am 8. März 1946 notierte sie in ihr Tagebuch: »Ob aus dieser ganzen Russenbesetzung überhaupt etwas wird, ist einem schon zweifelhaft, da sich die Verhältnisse zwischen England, Amerika und Rußland von Tag zu Tag zuspitzen. Die Reden von Churchill und Montgomery, das angeblich heute von den Russen abgelehnte Ultimatum von England und Amerika – kurz, es steht anscheinend auf Messers Schneide. Wenn die zwei Mächte warten, bis Rußland die Atombombe hat, ist es zu spät, den Bolschewismus noch zu zerschlagen. Und sie versuchen anscheinend mit allen Mitteln, sich in ihren Besitz zu setzen. Überall werden schon Spione der Russen deswegen verhaftet. Die Polen reden alle von ›Wojna‹. Wer weiß, was uns noch bevorsteht und ob man einen 2. Krieg überlebt. Man kann sich absolut nicht vorstellen, wie es z. B. Sigismund in Rom hat! Aber es ist besser so als umgekehrt, auf uns kommt es schließlich nicht mehr so sehr an.«

Mitte März traf Post von Sigis ein: eine »polnische Karte und ein ganzer deutscher Brief. Es muß ihnen ganz unbegreiflich gut gehen, unsereins kann sich ein solches Leben überhaupt nicht mehr vorstellen. Sie schreiben beide so herzlich und liebevoll, daß einem das Herz ganz warm wird. Von den beiden anderen hatte er am 7. 2. auch noch keine direkte Nachricht.« Die Anzeichen, dass die Deutschen bald das Gebiet verlassen mussten, wurden indes immer deutlicher. Zunächst wurden die deutschen Lehrer entlassen, darunter auch der Lehrer Jakob aus dem Nachbarort Waltersdorf. »Seine Bibliothek von ca. 200 Bänden haben sie auf einen großen Kastenwagen geschmissen und in Lähn den Polen als Locuspapier und zum Feuermachen verteilt. Gestern ist der sehr nette und tüchtige Lehrer Rade in Süßenbach ebenfalls rausgeflogen. Mitnehmen dürfen sie alle fast nichts. Und kaum sind sie raus, geht die Plünderei in der Wohnung los. Es herrscht überall Wildwest. Der Kommandant hat gestern bei Schiller wieder mal großen Krach geschlagen und ihm anscheinend die Sparkassenbücher aus dem Bett geklaut. Man kann unmöglich all die Geschichten behalten und wiedergeben, die tagtäglich von dieser Art passieren.« Ein Trost für Emmy war immer wieder der Gedanke an die drei Söhne und die Gewissheit, dass alle drei den Krieg überlebt hatten. In dieser Hinsicht waren sie, verglichen mit anderen Familien, in der Tat privilegiert. Drei Söhne im kriegstauglichen Alter, und keinen hatte es an die Front verschlagen. Bei Sigis war es reines Glück gewesen: zunächst die Lungenentzündung, die ihn in Rom festhielt, und dann der Rückzug in den Vatikan. Bei Wernher und Schnick lag es weniger am Glück als an ihrer Rolle bei der Produktion der V 1 und V 2. 23. März 1946: »Wernhers Geburtstag! Wo mögen die Jungens stecken! Ob sie den heutigen Tag ein bißchen feiern und an die alten unglücklichen Eltern denken mögen? Es wird hier immer unerträglicher.«

Ende März brachte Ulle Lewald (die es offensichtlich immer wieder schaffte, die Oder-Neiße-Linie in beiden Richtungen zu überqueren) eine Zeitung der in Berlin stationierten Roten Armee mit. Der Artikel war vom 1. März und enthielt Informationen über die Räumung Niederschlesiens. Ein Reporter der »Deutschen Zeitung« hatte ein Interview mit dem Leiter des Umsiedlungsamtes in Breslau geführt. »Danach hat dieser große Töne geredet, alle Deutschen in Niederschlesien müßten raus, täglich 2 Züge, ärztliche Betreuung, humane Behandlung, 500 Mark bar, keinen Schmuck – soviel Gepäck man tragen könne usw. 2 Züge aus Breslau und einer aus Glatz seien bereits abgegangen, es ginge laufend so weiter. Wenn man sich auch sagt, die Polen machen überall Sachen, die nicht im Sinne der Alliierten sind, so war man doch wieder mal recht deprimiert!« Dagegen hörten sie von Berichten, laut denen die Engländer nur Deutsche aus dem »alten Polen«, nicht aber aus Niederschlesien »rüberlassen«: »Die angekommenen Züge seien an der Grenze aufgehalten worden und den Leuten sei geraten worden, sich dort in den Dörfern der Umgegend zu zerstreuen und abzuwarten. Was soll man dazu sagen!«

Inzwischen wurden sogar Krankenhäuser und Altersheime geplündert. Nicht nur die Deutschen wurden bestohlen. Das Gesetz der freien Wildbahn konnte jeden treffen, und alle handelten danach. »Man fragt sich, wie das deutsche Volk, das gezwungermaßen auch das Zappzerap gelernt hat, wieder mal zu anständigen Auffassungen zurückgeführt werden soll. Besonders die Arbeiter und ganz besonders die Kinder! Seit Monaten gibt es nun schon keine Schule mehr, sie lungern den ganzen Tag rum und klauen, was sie brauchen. Holz, Lebensmittel, Hausrat usw. usw. Man macht es ja selbst nicht anders, z. B. haben wir gestern einen Nachbarn beauftragt, aus unserem eigenen Wald eine Fuhre Holz zu klauen und anzufahren, was er auch für 30 Mark gern tat.« In Dörfern ließ sich noch etwas »organisieren«. In den Städten hingegen herrschte mittlerweile große Hungersnot.

Mitte April 1946: »Eben erhalten wir einen ganzen Stoß Post über die Jungens! Lewald hat ihn aus Görlitz mitgebracht. Man hat nun endlich eine genaue Schilderung, wie sie in den USA leben. Wernher soll nach der Presse anscheinend eine sehr gute Resonanz dort haben und als führend auf seinem Gebiet anerkannt werden! Die neueste Nachricht von Schnicks Verlobung ist uns völlig überraschend, man kann aber bei seinem guten Urteil über Menschen wohl hoffen, daß er eine gute Wahl getroffen hat. Sie scheinen jedenfalls seit Februar endlich Nachricht von uns zu haben. Wie es uns hier geht, davon werden sie sich aber kaum eine Vorstellung machen können. Am Montag hatte Sigis seinen 35. Geburtstag. Wann wird man ihn und die Kinder mal wiedersehen? Sie machen sich alle wohl doch keine Vorstellung, wie es uns geht, obwohl angeblich im Reich alle Bescheid wissen und Schlesien ›das Tal des Jammers‹ nennen. Es ist schon wieder über vier Wochen her, seit wir aus Rom Nachricht hatten.«

Um etwa diese Zeit – die Kapitulation lag fast ein Jahr zurück – erreichte Sigis und Hilde der erste Brief von Emmy und Magnus, das erste Lebenszeichen seit Kriegsende. Zwar hatten sie schon von anderen Familienmitgliedern erfahren, dass sich Sigis' Eltern in Oberwiesenthal befanden und dass sie im Haus des Pfarrers untergekommen waren. Aber es gab keinen direkten Kontakt. Sigis wusste auch nicht, ob seine eigenen Briefe und Karten angekommen waren. Die Erleichterung bei ihm war groß. »Ich habe beinahe geweint vor Freude«, schrieb er noch am selben Tag in einem Antwortbrief, »Deine geliebte Handschrift wiederzusehen.«

Auch aus den Tagebüchern von Hilde geht hervor, wie sehr die Sorge um die Eltern Sigis und Hilde bedrückt hatte. Nun wich freilich diese Sorge einer anderen: »über Eure Gesundheit und psychisches Ergehen«. Hilde schrieb, »ich hätte keinen lieberen Wunsch als Euch hier beide bei uns zu haben und Euch die Ruhe und den Frieden unseres kleinen Ortes hier teilhaftig werden zu lassen«. Es gebe genügend Raum und Nahrung für alle. Dann fügt sie hinzu: »Ich habe oft ein schlechtes Gewissen, dass es uns so unverdient besser geht als den meisten anderen, aber vielleicht muss man auch das Gute fatalistisch nehmen und sich mit Dankbarkeit begnügen. Wenn mich nur nicht so oft die Sorge um Euch bedrücken würde und wir nicht das Gefühl hätten, dass gerade Ihr der Ausgleich seid für das günstige Schicksal von uns jüngerer Generation.« In einem anderen Brief machte Hilde noch einmal eine ähnlich seltsame Rechnung auf: Es sei für Emmy und Magnus gewiss »der beste Trost zu wissen, irgendwo in der Welt wachsen Eure Enkelkinder heran, gesund und stark und wunderschön, und wenn Ihr sie eines Tages seht, werdet ihr wenigstens wissen, es war das Opfer wert, so lange von ihnen getrennt gewesen zu sein, nachdem sie hier unbehelligt blieben von allen Unbillen eines zerschundenen Europas.« Hilde machte aus dem Schrecken ein »Opfer«, das Emmy und Magnus für das Wohlergehen der anderen erbringen. Es muss Hildes Art gewesen sein, mit den Schuldgefühlen umzugehen, die ihr die eigene privilegierte Situation bereitete.

In seinem Antwortbrief berichtete Sigis auch über den Verbleib von Familienmitgliedern, soweit er Genaueres wusste. Einige waren aus Ostpreußen geflohen, andere waren verschleppt worden, wieder andere auf der Flucht gestorben. Ein alter Onkel, der sich geweigert hatte, vor dem Einmarsch der Russen das Gut in Ostpreußen zu verlassen, hatte den Tod gefunden. Von sich selbst berichtet Sigis, dass er nun bald nach Deutschland gehen werde, um Arbeit zu suchen. »Ich muss nach Lage der Dinge so tun, als ob es Neucken (das ostpreußische Gut) und Wiesel nicht gibt.« Auch wusste er, dass ihm in Deutschland, wie allen Beamten der NS-Zeit, zunächst ein Entnazifizierungsverfahren mit Internierung bevorstand. Jedenfalls interpretiere ich die folgenden Sätze in diesem Sinne: »Ich würde dann wahrscheinlich eine Periode ähnlich der durchzumachen haben, in der Carola geboren wurde, aber hoffentlich viel kürzer, zum Zweck einer Reinigung und Läuterung – die nach Lage der Dinge wohl mit vollständiger Sauberkeit enden sollte.« Dann folgt noch ein PS: »Wir haben übrigens erst jetzt erfahren, dass meine Schwiegermutter nicht freundlich zu Hause, sondern im Gestapogefängnis gestorben ist. Ihr Guten hattet uns das vorenthalten. Jetzt, wo wir einiges wissen, wollen wir es aber ganz genau erfahren. Schreibt doch auch, was Ihr darüber wisst.« Leider sind weder die Antworten von Emmy und Magnus auf diese Bitte noch andere Berichte dazu erhalten. Und dies, obgleich meine Eltern viele Briefe aus dieser Zeit aufbewahrt haben. Emmy und Magnus müssen Genaueres gewusst haben – immerhin hatten sie die Möbel aus dem Haus in der Lyckallee nach Schlesien bringen lassen und dort in einem Depot untergebracht. Aber auch Emmy vermerkt kein Wort darüber in ihrem Tagebuch.

Von Wernher und Schnick kamen zu dieser Zeit nur indirekte Nachrichten über Freunde und Verwandte. Es war Wernher und Schnick verboten, Briefe in die Gebiete hinter dem »Eisernen Vorhang« (der noch nicht so hieß) zu schicken. Die amerikanische Zensur verbot auch das Beifügen von Briefen an Adressaten in Deutschland, die die Schreiben hätten weiterleiten können. Wernhers erstem Brief an die Eltern (nachdem diese im Westen angekommen waren) war noch ein Schreiben »An den Herren Censor« beigefügt, in dem er diesen über seine Verwandtschaft zu Emmy und Magnus aufklärte und um Freigabe des Schreibens bat.

Während der Zeit im Vatikan erhielt Sigis ein einziges Schreiben von Wernher – das war Ende Mai 1945, vor dessen Ausreise in die USA. Der Brief war über das Rote Kreuz weitergeleitet worden. Danach traf nur noch ein Brief von Schnick ein, und auch der konnte nach seiner Übersiedlung im Oktober 1945 in die USA nicht mehr direkt mit Sigis korrespondieren. Sigis hatte seinerseits den Brüdern, wie Hilde an die Eltern schrieb, »eine unendliche Anzahl Briefe über alle irgendwie angegebenen Adressen« geschickt. Seine Briefe dürften ihr Ziel erreicht haben.

Ab Ende April funktionierte der Briefverkehr besser. Emmy und Magnus erhielten Briefe von Verwandten und viele Nachrichten. »Maule [Emmys Schwester] schreibt, sie wüßten über uns genau Bescheid, wir sollten durchhalten und den Mut nicht verlieren. Mit Sigis korrespondiert sie wöchentlich, er will eventuell nach Australien?«

BERLIN,
DEN 5. NOVEMBER 2006

Liebe Großmutter,

diese letzte Nachricht muss Emmy und Magnus mit großer Angst erfüllt haben, denn bald darauf, im Juni 1946, schrieb Hilde ihnen, wie sehr sie bedaure, dass »Tante Miana« ihnen von den Auswanderungsplänen berichtet habe. Sie seien noch völlig unausgereift. »Dass man heutzutage solche Pläne erwägt, ist ja selbstverständlich, nachdem im jetzigen Europa wohl für unsereinen kein Platz mehr ist.« Sie und Sigis hätten den Blick nach Australien gerichtet, weil Hans dort die Möglichkeit habe, sich »naturalisieren zu lassen«. In Betracht käme aber auch Amerika, wo sich die beiden Brüder von Sigis befanden – und dies »in viel avancierterer Position als Hansi«. Doch an sich hätten sie weiterhin den »intensiven Wunsch«, in Europa zu bleiben, und das Einzige, was sie bisher praktisch unternommen hätten, sei »Hansi über Tante Miana eine Auswahl Schweizer Diät-Kochbücher zu schicken, denn wenn er sich eine Basis für eine Existenz geschaffen hat, kann das für uns nur günstig sein«. Da sind sie wieder, Deine Kochbücher! Da hast Du Deinen Kindern eine schöne Erbschaft mit auf den Weg gegeben. Nur im Gegensatz zu Dir und Hilde konnte Hans tatsächlich kochen. Er hat sogar einige Jahre lang ein Restaurant betrieben. Da brachte er seine Erfahrungen aus der Kantine des Internierungslagers ein. Was er in diesen Jahren der Emigration und Internierung gelernt hatte, qualifizierte ihn für sein späteres Pionierleben. Ich bezweifle, dass diese Fähigkeiten ihm im Nachkriegsdeutschland viel genützt hätten. Und geliebt hätte man ihn ohnehin nicht, wie viele andere, die freiwillig emigriert waren.

Wem gehört Schlesien?

Die Unsicherheit über die Zukunft Schlesiens dauerte nun schon ein Jahr. Für Emmy und Magnus waren die Nachrichten von außen die wichtigste Stütze ihrer Hoffnung und Basis für ihr Durchhaltevermögen. In den Tagebüchern tauchen daneben auch einige Selbstbeobachtungen auf. »Man kann sich in manche Seelenverfassungen, die einem früher meilenfern lagen, jetzt absolut hineindenken. Dazu gehört Völkerhaß. Wenn man heute sieht, wie die Polen alle in schicken geklauten Sachen, auf Fahrrädern und in Wagen rumfahren, während die Deutschen in ihren letzten Lumpen und mit kaputten Schuhen zu Fuß laufen, bekommt man schon solche Wut, daß man die Hände zur Faust ballt und sich nicht Schöneres denken kann als sie selbst mit Fußtritten zu traktieren. Erzählt jemand, der und der Pole ist Todeskandidat oder verunglückt oder sonst was, so zuckt alles nur die Achseln, sagt bestenfalls ›na wenn schon‹, oder lächelt: ›also einer weniger‹. Tagtäglich sieht man Deutsche, die ein dick verschwollenes Auge haben oder irgendwo blutende Wunden oder total lahm gehen, wenn man teilnehmend fragt, zucken sie die Achseln und sagen: ›das Übliche‹. Wann wird diese Menschenschinderei bloß mal aufhören. In Lähn sind heute wieder Riesenplakate über die Greuel in den Warschauer Ghettos angeschlagen, um diese Wut auf die Deutschen in Siedehitze zu erhalten.«

10. Mai 1946. Die Kapitulation lag nun ein Jahr zurück. Aber in Schlesien war immer noch Krieg – ein psychischer Krieg, bei dem es um die Frage ging, wer in Zukunft Schlesien als seine »Heimat« bezeichnen durfte. »Gestern haben die Polen den Waffenstillstand gefeiert – es war aber relativ ruhig. In Lähn sind wieder 4–5 Parteien rausgeschmissen worden – die meisten durften wieder nicht mal Betten mitnehmen. Zur Zeit herrscht dort eine ziemliche Panikstimmung und täglich ist der eine oder andere morgens einfach ›fort‹, d. h. über die Neiße, nur mit Rucksack, da man das andere doch los wird. – Komisch ist es, wie hier im Dorf beide Parteien so tun, als blieben sie für die Ewigkeit hier. Die Bauern haben alles brav bestellt, auch ihre Gärten, z. T. sogar bauliche Verbesserungen vorgenommen – ebenso tun die Polen, als ob es ihnen sicher bliebe. In den nächsten Tagen wird ja wohl die Entscheidung fallen.«

Ende Mai brachte Emmy eine Woche lang nicht »den Mut zum Schreiben« auf. Am 31. Mai 1946, dem Himmelfahrtstag, erinnerte sie sich an den Treck vor einem Jahr, von dem sie zurückgekehrt waren. Damals hofften sie nur, »durch die Russenzeit lebendig durchzukommen. Das sind wir ja auch, aber was ist das für ein Leben gewesen das ganze Jahr! Man kann nur die Leute beneiden – wenigstens die alten – die rechtzeitig gestorben und dieser Quälerei entgangen sind.« An diesem Tag erfuhren sie, dass die Engländer Kohlfurt verlassen hatten. »Heißt das nun, daß jetzt alles in die russische Zone kommt?« Über die Transporte selbst kamen immer mehr Nachrichten durch: etwa, dass sie zum Teil von einem Geistlichen betreut wurden. »Es soll leidlich human zugehen, aber mitnehmen kann man fast nichts. Gut, daß unsere Päckchen glücklich rüber sind. Die Jungens drängeln, daß wir rausgehen sollen! Z. Zt. kann man aber gar nicht raus. Was soll werden! Man ist mit den Nerven so völlig fertig, daß man bei jeder Kleinigkeit losheult oder ausfallend wird. Es ist nicht leicht, in diesen Verhältnissen immer die so nötige Haltung zu bewahren. Der einzige Trost ist, daß wir immerhin in Bayern zunächst mal eine Bleibe in Aussicht haben. Ob man aus der russischen Zone dahin kann, ist natürlich eine Frage. Aber man muß es versuchen. Die Jungens haben auch finanziell rührend vorgesorgt für uns. Der arme Sigis ist jetzt in Bayern – hoffentlich wird er nicht auf längere Zeit interniert und findet dann eine leidliche Tätigkeit.«

Folgt man Emmys Tagebuch, waren das Quälende für sie und Magnus nicht nur der Hunger und der Verlust ihres Gutes. Hinzu kam die Bestürzung, dass die Umstände Menschen zwingen konnten, »die so nötige Haltung« zu verlieren. Durch das ganze Tagebuch hindurch spürt man das Ringen um diese Haltung. Ich glaube, einer der Gründe, warum Emmy dieses Tagebuch überhaupt geschrieben hat, war die Bemühung um innere Distanz. Sie wollte – indem sie die Ereignisse in Worte fasste – die Dinge nicht so nahe an sich herankommen lassen, dass sie sich ihnen gänzlich ausgeliefert fühlte.

Frühsommer 1946 im Vatikan:
Die deutsche Kolonie löst sich auf

Die Information, dass sich Sigis in Bayern befand, war falsch. Er war zu diesem Zeitpunkt, entgegen allen Erwartungen, noch immer im Vatikan. Das Ende des Kriegs lag mehr als ein Jahr zurück – aber den deutschen Diplomaten am Heiligen Stuhl war es immer wieder gelungen, den Zeitpunkt ihrer Abreise nach Deutschland hinauszuzögern. Hilde und Sigis, die seit ihrer Eheschließung noch nie getrennt gewesen waren, mussten sich mit der bevorstehenden Trennung schweren Herzens abfinden. Von Rom aus versorgte Sigis die ganze Verwandtschaft mit Nachrichten, gelegentlich auch Trost. Es müssen unendlich viele Briefe den Vatikan verlassen haben. Die Adressaten erreichten sie meistens nur über Umwege: Geistliche in Deutschland, die über die Kanäle des Vatikans Post aus der Heiligen Stadt empfangen konnten und dann weiterreichen. Oder Freunde, die wiederum in Kontakt mit der Verwandtschaft waren. Nach Schlesien legten die Briefe oft einen Teil der Strecke »zu Fuß« zurück, etwa über Ulle Lewald, die regelmäßig nach Berlin zu gehen schien. Die Briefe waren auch lange unterwegs, nachdem Emmy und Magnus schon den Westen erreicht hatten. »So komisch es klingen mag«, schrieb Sigis einmal, »die moderne Welt mit all ihrer Mathematik hat den alten Euklid aus dem Sattel gehoben: Die kürzeste Verbindung zwischen zwei Punkten ist nicht mehr die gerade Linie, sondern ist die Linie Rom-USA-München. Von hier nach München brauchen die Briefe manchmal zwei Monate. Über USA 14–18 Tage.«

Die Tatsache, dass Sigis über die USA Briefe schickte, könnte ein Indiz sein, dass Wernher dort eine Art von »Briefkasten« für ihn eingerichtet hatte. Es kann aber auch genauso gut sein, dass die vatikanischen Kanäle den Umweg über die USA ermöglichten. Der Inhalt der Briefe war immer wieder: Nachrichten über Verwandte, der Zustand der Häuser. Lyckallee: »halbkaputt«, Albrechtstraße in Berlin-Schlachtensee »Totalschaden«. Oder Sigis' Zukunftsaussichten in Deutschland. »Ich kann mir Situationen vorstellen, in denen ich keine Aussichten habe, nützlich mitzuwirken – Ihr werdet denken können, worauf ich anspiele.« Ich vermute, Sigis bezog sich auf die Möglichkeit, dass Deutschland von den »Roten« regiert würde. In einem späteren Brief konkretisierte er diese Befürchtung, dass eine Regierung kommen könne, die an Leuten seiner Herkunft kein Interesse hätte. Die Befürchtung sollte sich nicht bewahrheiten, aber sie zeigt, worin Sigis eine mögliche Entwicklung von Nachkriegsdeutschland sah. An ein Wohnen in Berlin war für Sigis und Hilde schon gar nicht zu denken. Nicht nur wegen der zerbombten Häuser, auch politisch. Hildes knappe Formulierung bringt es auf den Punkt: »Es gibt Leute, die nennen Berlin eine Insel, von der das letzte Schiff abgefahren ist.« (Schon wenige Jahre später sollte sie Magnus und Emmy auf einer Postkarte aus Berlin in die USA schreiben: »Es gibt nur eine Hauptstadt in Deutschland – Berlin.«)

Allmählich begann sich die kleine im Vatikan versammelte deutsche Kolonie aufzulösen. »Mitte Mai geht Berndorff fort von hier, der unter den Geistlichen zu unseren intimeren Freunden gehörte. Er wird Geheimsekretär des Kardinals in Köln, der erste Schritt, um selbst Kardinal zu werden. Er hat sich um den Vatikan viel Verdienste erworben, nachdem er die ganze grosse Organisation des päpstlichen Hilfswerks für die deutschen Kriegsgefangenen hier auf die Beine gestellt hat, nach Überwindung heftiger Schwierigkeiten innerhalb des Vatikans selbst. Das Kriegsgefangenenproblem ist für uns sehr interessant zu beobachten. Unter den Lagergeistlichen ist im Allgemeinen ein wirklich grossartiger Enthusiasmus, der nur durch die Einblicke in das innere Leben im Vatikan und durch die Berührung mit der nicht gerade vorbildlichen italienischen Geistlichkeit erhebliche Dämpfer erfährt. Sie sprechen ganz unverhohlen von einer ›Los von Rom-Bewegung‹. Berndorff hat durch seine Tätigkeit viel dazu beigetragen, die Enttäuschung wieder gutzumachen, denn seine Verdienste werden als Aktionen des Vatikans registriert. Tatsächlich ist dann auch durch Spenden, Verteilung geistlicher Kalender und eine straffe Organisation der Lager-Seelsorge bis in die abgebrühtesten SS-Lager eine Hochachtung für die Fürsorgetätigkeit der Kirche entstanden.«

Die Mitglieder der Botschaft hatten es mit der Abreise nicht eilig. Zwar waren Sigis, Weizsäcker und Kessel erneut vom Sekretariat des Vatikans aufgefordert worden, den Vatikan zu verlassen – und sie hatten diese Aufforderung auch ernst genommen –, aber ihre tatsächliche Abreise nach Deutschland zog sich noch bis zum Herbst 1946 hin. So verbrachte Sigis viel Zeit mit den Kindern: »Carola stellt Fremden unerwartete Fragen, und unsere vielen schwarzgekleideten Gäste haben an ihrer Unterhaltung immer eine ganz große Freude. Christina wird jetzt auch langsam hübscher – leider hat sie meine große Nase.«

Am Ostersonnabend wurde ein Abschiedsabend für Weizsäckers veranstaltet. Der Botschafter reiste nach Nürnberg, um bei den Nürnberger Prozessen als Zeuge aufzutreten. Man hatte ihm freies Geleit zugesichert. Aber alle waren sehr skeptisch, ob es dabei bleiben würde. Immerhin war er Staatssekretär unter Ribbentrop gewesen, der das Auswärtige Amt in den Dienst der »Endlösung« gestellt hatte. Andererseits hatte er aber auch Kontakte zum Widerstand gehabt. Bei diesem Abschiedsfest las jeder aus seiner literarischen Produktion der letzten Zeit vor. Während der Zeit ihres »Eingeschlossenseins« hatten alle angefangen zu schreiben. Hilde hatte »während der letzten Monate ziemlich anhaltend an meinem Roman gearbeitet. Zu meiner eigenen Überraschung gewinnen oft nur vage aus der Phantasie geschöpfte Gestalten während des Schreibens plötzlich an Leben und begehen Handlungen, die ich eigentlich gar nicht vorgesehen hatte, die aber durchaus dem Rahmen entsprechen. Die Phantasie so ungezügelt spielen zu lassen und Menschen und Ereignisse zu schaffen, gewährt mir im Allgemeinen ein grosses Vergnügen. Manchmal rennen sie mir aber derartig in unerfreuliche Richtungen davon, dass es mich unangenehm belastet. Jedenfalls hält mich der Lauf der Ereignisse in Spannung, und verschiedene Zuhörer, denen ich Bruchstücke vorlas, behaupten von sich dasselbe. Wenn mir die Sprache nur nicht soviel Schwierigkeiten bereitete! Oft ringe ich um Ausdrücke und beim Durchlesen finde ich ganze Seiten voll so erbärmlichen Stils, so dass ich allen Mut zum Weiterschreiben verliere und aufgeben möchte.«

Die Arbeit an diesem literarischen Werk sollte Hilde noch lange fortsetzen, fast die ganze Zeit, die ihr in Rom verblieb. Neben dem Tagebuch, in dem sie die »Vatikanischen Ereignisse« und den Alltag der Familie festhielt, hatte sie noch eine andere imaginäre Welt, die sie sich schuf. Wenn Emmy Tagebuch schrieb, um von der Realität nicht erdrückt zu werden, so schrieb Hilde, um eine imaginäre Welt zu erschaffen, in der endlich etwas passierte. Als sie aufhörte, an ihrem Roman zu arbeiten, trat an seine Stelle ein »gelebtes Drama«.

Sommer 1946 in Schlesien: Beginn der Aussiedlung

Anfang Juni 1946 beschlossen Emmy und Ulle Lewald den Versuch zu starten, nach Kohlfurt durchzukommen. Sie wollten sich ein Bild der Situation verschaffen und sehen, ob man nicht vielleicht auch »auf eigene Faust rauskommen kann«. Die Söhne drängten immer nachdrücklicher, dass Emmy und Magnus endlich Schlesien verlassen. »Ob sie Krieg fürchten? Dann wäre es ja besser, man wäre hier fort!« So zogen die beiden Frauen eines Tages in aller Frühe los, mit Rucksäcken, die etwas Proviant enthielten. Sie liefen über Lähn, »wo zum Glück kein Posten auf der Brücke war«, nach Schiefer, Karlstal, dann quer über Land nach Kleinröhrsdorf, Liebenthal und landeten schließlich in Mühlseiffen, wo sie die Bahn nehmen wollten. Eine Minute, bevor der Zug einlief, kamen sie dort an. »Im ganzen Zug kein Deutscher! Wir fuhren ohne Armbinde und rutschten durch. In Lauben kaum ein Deutscher zu sehen – freilich waren sie auf der Arbeit. Es sollen noch 2500 dort sein.«

In Lauben gingen Emmy und Ulle Lewald zur Diakonissenstation, »wo sie uns gleich erklärten, es hätte gar keinen Zweck, ein Weiterfahren nach Kohlfurt zu versuchen. Seit 3 Tagen wäre jedes privat über die Grenze-Gehen streng untersagt. Zwei Mädchen, die es versucht hatten, erzählten: Bei Ankunft in Kohlfurt seien sie gleich in einen Raum des Bahnhofs gelotst worden, von den Engländern. Wer konnte, durfte sich mit 600 Zl. (1:1) loskaufen, wer nicht konnte, mußte 10 Tage zur Zwangsarbeit nach Bunzlau (wobei man natürlich sein Gepäck los ist). Es ist eine recht kapitalistische Anordnung.« Sie erfuhren auch die Begründung für die organisierte Umsiedlung. Die freiwillige Ausreise bringe das Konzept der amtlichen »Repatriierung« durcheinander. Außerdem »bekämen wir keine Fahrkarte, da Deutsche nicht mehr Bahn fahren dürfen«.

Obwohl die Aussiedlung Programm war, galt das Unterfangen, es auf eigene Faust über die Grenze zu schaffen, als »Fluchtversuch«. Keiner wagte den Schritt ohne die Hilfe eines Fluchthelfers. »Bedingung ist nur: ohne Gepäck. Viele machen sich ein Geschäft draus, Schmuck und Geld rüberzubringen. Dabei muß man mit 15–20 % Schmiergeldern für die polnischen und deutschen Posten rechnen. Letztere sind besonders teuer. Meist KZ-Häftlinge oder Kommunisten, von den Russen angestellt, mit Hunden, also gefährlich. Manche fahren als blinde Passagiere in Stroh-Eisenbahnwaggons mit rüber, was gut geht. Einer erzählte, er sei jetzt das 3. oder 4. Mal rüber. Das letzte Mal mit 120 000 RM.« Emmy und Ulle liefen wieder zurück nach Mühlseiffen, wo sie die Bahn nahmen. »Im Zuge sprachen wir nur englisch.« Auf dem Rückweg machten sie Halt in Liebenthal, wo sie im Kloster der Ursulinen unterkamen. »Die wohnen zwar immer noch in einem Nebengebäude (im Kloster selbst wohnen polnische Nonnen), boten uns aber gleich reizend an, dort zu schlafen.« Am nächsten Nachmittag waren sie wieder zu Hause in Wiesenthal. »Abgesehen von der Ergebnislosigkeit war es ein reizender Sommerausflug.«

Am 27. Juni 1946 notierte Emmy: »Solch furchtbare Zeit wie diese Tage haben wir im ganzen letzten Jahr noch nicht annähernd erlebt. Nicht äußerlich, da ist für uns noch alles beim alten, aber physisch kann man einfach nicht mehr.« [Ich vermute, dass es sich hier um einen Transkriptionsfehler handelt und Emmy eigentlich »psychisch« meint.] Sie und Magnus hatten erfahren, dass demnächst ihr Landkreis zur Evakuierung aufgerufen werden sollte. »Man wagt noch nicht recht zu packen, da es auch schon vorgekommen ist, daß die Polen in die Häuser gekommen sind und unter dem Vorwand, die Leute wollten ›schwarz‹ weg, ihnen die fertig gepackten Koffer und Rucksäcke fortgenommen haben. So näht man nur Säcke und packt in Gedanken. Die meisten Leute verkaufen noch, was sie können, natürlich sind die Preise jetzt unter aller Kritik. Es ist ein grauenhafter Zustand und man darf gar nicht darüber nachdenken, daß man alles, was man sich in 16-jähriger Arbeit mit unendlicher Liebe aufgebaut hat, im Stich lassen soll und als Bettler aus dem Lande gehen. Alle diese entwurzelten Menschen müssen ja, ob sie wollen oder nicht,

Kommunisten werden.« Vom Vatikan aus befürchtete Sigis eine Machtübernahme der »Roten« in Deutschland. Emmy denkt in Kategorien von Entwurzelung. Aber auch sie befürchtet, dass das Resultat der Kommunismus ist.

Am 30. Juni fanden in Polen die ersten Wahlen nach Kriegsende statt. Die endgültigen Resultate lagen erst ein paar Tage später vor. Aber man konnte schon erkennen, dass – entgegen allen Erwartungen – die Kommunisten nicht die Mehrheit der Stimmen erhalten hatten. Zwar wählte die Bevölkerung von Warschau und anderen großen Städten zu 78 Prozent kommunistisch, aber auf dem Land kam es eher zu einer Mehrheit der »nationalen« Kräfte. Als sie vorlagen, wurden die Wahlergebnisse von allen Seiten angefochten. Eine Woche nach der Wahl befand sich auch der Kreis Löwenberg im vollen Treck.

Am 9. Juli sollte es schließlich auch für die Oberwiesenthaler losgehen. Doch der Aufbruch wurde noch einmal um einen Tag verschoben. »Was diese letzten Tage für uns bedeuten, läßt sich nicht in Worten ausdrücken. Es ist am besten, gar nicht nachzudenken. Am 1. Juli waren es 16 Jahre, daß wir Wiesenthal besitzen und alle unsere Liebe, Arbeit und Geld hineingesteckt haben. Freilich wird einem das Fortgehen doch heute lange nicht mehr so schwer, wie es vor einem Jahr gewesen wäre. Es ist alles so verwüstet, daß man den Hof kaum wiedererkennt. Im Haus war ich in den letzten Tagen noch ein paar Mal, um einige Andenken und die wertvollen Sachen von Moltkes herauszuholen. Die Möbel und Bücher sind zum größten Teil anscheinend noch da, auf dem Boden, der nicht abgeschlossen ist, ist im Gegensatz zu den Zimmern absolut nichts mehr, nur halbe Meter hoch Federn und Dreck, ein grauenhafter Anblick. Ein paar Bilder haben wir mit Hilfe von Herrn Edlinger auch noch kunstgerecht verpackt. Zum Schluß haben wir noch einen Teppich für 4500 Zloty verkauft und dafür Kaffee, Thee, Speck usw. besorgt.«

Am 12. Juli – der Termin fiel auf ihren Hochzeitstag – war »das Ende« gekommen. Um sechs Uhr früh ging es los. Die Habseligkeiten wurden auf einen Handwagen gehoben und mit Stricken befestigt. Für das Gepäck und für die alten Leute standen Wagen bereit, die von Pferden oder Ochsen gezogen wurden. »Schon beim Abmarsch aus dem Dorf ereigneten sich unbeschreibliche Szenen. Die Leute wurden beschimpft, geknufft und getreten, angeblich weil die Wagen zu voll seien. Zum Teil wurde ihnen noch im letzten Moment verboten, dies oder das aufzuladen, Sachen von den Wagen wieder heruntergerissen usw. Viele Wagen stürzten um. Zurückbleibende Leute, die den Abfahrenden helfen wollten, wurden zurückgejagt. Ulle Lewald machte es immer wieder möglich, von hinten herum ranzukommen und uns ziehen zu helfen. Unser zum Glück extra für diesen Zweck beschaffter und recht stabiler Wagen hielt alles aus, sogar als er einmal umkippte.«

Emmy war zum Zeitpunkt der Aussiedlung 60 Jahre alt, Magnus sogar 68. Sie zogen einen schweren Wagen hinter sich her, um ihr letztes Hab und Gut, darunter nicht nur Wertobjekte, sondern auch Briefe, Manuskripte (Magnus' Kriegstagebuch, Emmys Tagebuch der letzten 15 Monate) und Familienakten mit sich zu nehmen. Die vorangegangenen Monate hatten sie Hunger und Krankheit erleiden müssen, sie waren mehrfach psychisch zusammengebrochen. Aber selbst in dieser Situation bewahrte Emmy ihren scharfen beobachtenden Blick auf die Ereignisse. »Wir selbst waren sehr rechtzeitig an Ort und Stelle und schafften es also tatsächlich, unser gesamtes Gepäck einschließlich Rucksack auf einem großen Pferdewagen unterzubringen. Den kleinen Handwagen banden wir hinten an, um ihn in Plagwitz zur Hand zu haben.« Der Marsch dauerte drei Stunden, der Weg war für die Karren schwer befahrbar. »Ich selbst ging ohne Mühe das ganze Stück zu Fuß. Auf dem größten Teil des Weges begleiteten uns wie die Aasgeier das sterbende Kamel zwei polnische Halunken, aus Arnsberg, die auf zusammenbrechende Wagen lauerten, dabei Gepäckstücke ins Getreide warfen, von wo sie es dann später abholten. Endlich erschien der polnische Landvogt aus Lähn, der versuchte, wenigstens die gröbsten Ausschreitungen zu verhindern und den beiden Lümmels Beine machte.«

Gegen ein Uhr mittags kamen sie in Plagwitz an. Das Durchgangslager war in der ehemaligen Irrenanstalt untergebracht: »Die Kanalisation ist kaput, es gibt keine Betten oder Pritschen, nicht einmal Stroh, sondern nur leere, unbeschreiblich dreckige Zimmer, wo man also direkt auf dem Fußboden schlafen muß, nur in einigen Räumen funktioniert das elektrische Licht. Locus unbenutzbar. Dafür dient lediglich das Gebüsch.« Aber es war für Verpflegung gesorgt. Kaffee und eine Kartoffelsuppe, die in großen Kesseln zubereitet worden war, standen bereit. »Wir lagerten uns erst im Garten vor dem Haus, richteten uns dann in einem der schmutzigen Räume in einer Ecke häuslich zum Schlafen ein, d. h. wir legten unsere Kleidersäcke und Rucksäcke auf die Erde, darauf die Federbetten und deckten uns mit den dicken Kamelhaarmänteln zu.« Eine Frau, die in dem Gebäude früher beschäftigt war, erzählte Emmy vom Schicksal der Anstaltsinsassen zu Kriegsende: »Das deutsche Personal hat die Anstalt anscheinend einfach verlassen und die unglücklichen Irren ihrem Schicksal überlassen, d. h. freigelassen. Darunter auch das sogenannte ›feste Haus‹, in dem sich die Schwerverbrecher und die kriminellen Halbwüchsigen befanden. Die beiden letzteren hatten dann zur Freude der Russen die Deutschen geplündert.« Gegen zehn Uhr waren sie zum Schlafen eingerichtet. Allmählich trat in den Räumen des Lagers Ruhe ein, so dass man »duseln« konnte. Im Laufe der Nacht wurden sie jedoch jäh aus dem Schlaf gerissen, weil noch einmal viertausend deutsche Aussiedler eintrafen. Es hatte heftig gegossen, und die Neuankömmlinge waren bis auf die Haut durchnässt; einige waren seit vier Uhr früh unterwegs. Erneut herrschten »*unbeschreibliche* Zustände«. Emmy, sonst präzise in der Beschreibung von Ereignissen und Menschen, versagte dieses Mal die Sprache den Dienst.

Emmy und Magnus hatten nun endgültig ihre Heimat verlassen. 15 Monate lang – von April 1945 bis Juli 1946 – hatten sie mit dem Schicksal gehadert. Ihre Gefühle waren zwischen Zuversicht und Hoffnungslosigkeit hin und her geschwankt. Monatelang waren sie von allen Informationen abgeschnitten gewesen, sie hatten Hunger gekannt, mehr als acht Monate wussten sie nicht, ob ihre Söhne noch am Leben waren. Der Krieg hatte sich bitter an ihnen gerächt – mehr als an ihren Söhnen, ob diese nun im Vatikan oder in Fort Bliss saßen, und auch mehr als an manchen anderen Deutschen. Gemessen an den Verbrechen, die im Namen des deutschen Volkes begangen worden waren, verdient das Elend der Nachkriegsjahre schwerlich den Namen »Sühne«. Aber – und das ist mir beim Lesen dieser Tagebücher klar geworden – wenn ein Teil der deutschen Bevölkerung zur Buße gezwungen wurde, dann gehört die schlesische dazu.

Sommer 1946 im Vatikan:
Auswanderungsgedanken

Nach den deutschen Geistlichen, von denen die Ersten im Mai 1946 abgereist waren, begannen im Juni auch die Kriegsgefangenen ihren Zufluchtsort in der Heiligen Stadt zu verlassen. Sie hatten in der Abgeschlossenheit des Vatikans Schutz genossen, waren den Leiden des Kriegs entkommen und hatten nicht den Hunger der Nachkriegszeit erlebt. Auf die »reale« Welt draußen waren sie nicht gefasst. Und anders als die Menschen »draußen«, die schon gelernt hatten, sich den neuen Umständen anzupassen, kannten sie noch nicht die »Regeln« dieser Welt. Einer von ihnen wurde schon kurz nach dem Verlassen des Vatikans von den Alliierten verhaftet, weil er »draußen mit Angebereien« auffiel. Ein anderer, der Älteste unter ihnen, etablierte sich in Rom in einem neuen Berufsleben und wurde, so Hilde, dabei aber »immer grössenwahnsinniger und schickte zu den Festtagen Glückwünsche mit selbstgeschriebenen Visitenkarten als Gross- und Exportkaufmann (in Wirklichkeit Ladenschwengel im Delikatessen-Geschäft). Er verhaute schliesslich drei Gendarmen, die ihn bei der Anknüpfung zarter Beziehungen hinderten, wurde vor das vatikanische Gericht gestellt und zu einem halben Jahr Gefängnis verurteilt.«

Der Elsässer »Schorsch«, der sich als Freiwilliger der deutschen

Armee angeschlossen hatte, hatte »romantische Beziehungen zu fernen und nahen Bräuten« entwickelt, konnte sich aber für keine entscheiden und entschloss sich schließlich, Priester zu werden. Zwei andere Kriegsgefangene, die im Haus von Hilde und Sigis ein- und ausgegangen waren, hatten sich »aus dem Vatikan-Staub gemacht«. Einer von ihnen versuchte, durch sein Verschwinden den »peinlichen Konsequenzen zu entgehen, die ein demnächst zu erwartendes Baby bei dem slowenischen Dienstmädchen hervorrufen wird«. Bevor sie sich in alle Winde verstreuten, fand noch ein Abend bei Sigis und Hilde statt. »Wir haben zu unserer Freude nach einem langen Gespräch festgestellt, dass all die Mühe, die von Seiten des Botschafters, Kessel und Sigis auf eine Umerziehung dieser Jungs verwandt wurde, doch nicht ohne Folgen geblieben sind. Nicht nur, dass sie von ihrem Nationalsozialismus geheilt wurden, ohne in das andere Extrem des Kommunismus zu fallen. Es ist ihnen langsam eine Ahnung gekommen, dass materielle Weltanschauungen überhaupt verspielt haben.« Eine seltsame Aussage. Wenn Hilde von Totalitarismus gesprochen hätte, könnte man ihr folgen. Aber lässt sich der Nationalsozialismus als »materielle Weltanschauung« umschreiben? Ich denke, dass die Anziehungskraft, die er auf viele Menschen ausgeübt hat, gerade in immateriellen, pseudoreligiösen Faktoren bestand.

Ende Mai kehrte Ernst von Weizsäcker entgegen allen Prognosen aus Deutschland zurück. Er war als Zeuge im Prozess gegen Admiral Raeder aufgetreten, und die Alliierten hatten ihre Zusage auf freies Geleit eingehalten. »Seine Schilderungen«, vermerkt Hilde im Tagebuch, »entsprachen im Allgemeinen den hoffnungslosen Berichten, die wir von anderen und aus Briefen schon erfahren hatten. Neu war die Feststellung einer allgemeinen Arbeitslosigkeit und Apathie. Irrsinnige Steuern für jeden neu eröffneten Betrieb, unnötige Schikane von Seiten der amerikanischen Besatzungsbehörden gegenüber jeder Form von Wiederaufbau. Immer neue Beschlagnahmungen von Wohnungen für die jetzt eintreffenden Familien der Besatzungstruppen, ohne dass für neuen Wohnraum Sorge getragen wird; im Gegenteil alle Anstrengungen in dieser Hinsicht werden unterbunden. Eine Unzahl nicht mehr einzuhaltender und nicht in Übereinstimmung zu bringender Gesetze. Auch jeder noch so rechtlich denkende Mensch ist allmählich nur noch bemüht, die Regeln zu umgehen, und sich so gut wie möglich durch Schliche und Tricks durchzuschlagen. Moralisch katastrophale Aussichten. Auf den Hochschulen noch ein beträchtliches Fortleben patriotischer Ideen, wie sie sich aber gegen jede Besatzung entwickeln würden. Nicht das geringste Interesse für die allgemeine weltpolitische Lage, allerdings sind fast alle Diplomaten oder Personen, die irgendwie politische Konzeption entwickeln könnten, immer noch verhaftet. Ein völliges Vacuum! Wer wird aber darin vorstossen?«

Nach diesen Schilderungen sah Sigis keinen Sinn mehr darin, nach Deutschland zu reisen, um dort Erkundigungen einzuziehen, wie er es noch in einem Brief an die Eltern kurz vorher angekündigt hatte. Wahrscheinlich, so konstatierte Hilde, »ist die Lage von draussen viel eher zu beurteilen als von drinnen, wo der Alltag und jede Stunde mit Widerwärtigkeiten ausgefüllt ist«. Wieder gewann der Gedanke einer Auswanderung an Bedeutung. Alle Möglichkeiten wurden eruiert: nicht nur Australien und die USA, auch Argentinien, Südafrika wurden erwogen. Für jeden Ort gab es im Vatikan einen, wenn nicht mehrere Fürsprecher. Sogar Kenia wurde in Betracht gezogen. Eine eigene Farm? Warum nicht. »Ich bringe dafür bessere Voraussetzungen mit als viele andere«, meinte Sigis in einem Brief und bezog sich damit vermutlich auf die landwirtschaftlichen Erfahrungen seiner Eltern. Aber so einfach war das mit der Emigration nicht. Hilde in ihrem Tagebuch: »Es erscheint uns aber für den Augenblick noch fast unmöglich, als Deutsche die Einwanderungsgenehmigung in ein anderes Land zu erhalten. Ob man noch lang warten kann? Ich bin ziemlich apathisch und glaube, dass uns die Entscheidung von selbst abgenommen wird. Interessant ist, dass selbst die Amerikaner zu Hause an der Richtigkeit ihrer Politik zu zweifeln beginnen. Sofort nach seiner Ankunft wünschten sie vom Botschafter [Weizsäcker] eine Kritik ihrer Massnahmen und baten ihn, seine Pläne für ein künftiges Deutschland ihnen darzulegen. Er ist zunächst ausgesucht zuvorkommend behandelt worden. Vielleicht schon die Auswirkungen eines sich drehenden Windes. Ein sehr netter junger amerikanischer Geistlicher aus dem Staatssekretariat, der den Kindern immer Süssigkeiten schenkt, war neulich bei uns zu Mittag und versicherte uns ausdrücklich, dass die neuen Strömungen in Amerika selbst schon erheblich Fuss gefasst hätten. Er zeigte sich von erstaunlichem Interesse und guter Orientiertheit über europäische Fragen und hat unsere Verzweiflung über die amerikanische Ignoranz wieder zu besänftigen gewusst.«

BERLIN,
DEN 10. NOVEMBER 2006

Liebe Großmutter,

die paradoxe Einstellung gegenüber »den Amerikanern«, die in Hildes Aufzeichnungen zutage trat – einerseits wurde alles von »den Amerikanern« erwartet, andererseits beklagte man sich über die »amerikanische Ignoranz« –, war sehr verbreitet in dieser Zeit. Ich weiß aus meinen Recherchen zur Geschichte der Entnazifizierung, dass die USA in den unmittelbaren Nachkriegsjahren sehr bewundert wurden, jedenfalls in Westdeutschland. Ich habe mich gefragt, wie die USA mit Dir und Du mit den USA umgegangen wärest. Du warst gerne in Amerika, jedenfalls hast Du das Deinen Kindern vermittelt – die Geschichte von Deinen Lieblingsblumen im Waldorf Astoria hat Hans nie vergessen. Hättest Du nach dem Krieg auch auf die amerikanische »Ignoranz« geschimpft? Und was hätten die Amerikaner mit Dir getan? Eine Frau, die sich mit Kommunisten verbündet hatte? Wahrscheinlich hätten sie Dich in Ruhe gelassen. Du wirst es übrigens nicht glauben, aber als in der amerikanischen Zone Parteien wieder zugelassen wurden, war die KPD die erste, die eine Lizenz erhielt! In München spielte eine amerikanische Militärkapelle zu Ehren der Parteigründung. Das war im Herbst 1945.

Dein Tod lag damals ein Jahr zurück – aber wie verändert hättest Du dieses Deutschland gefunden. Es muss in der unmittelbaren Nachkriegszeit – ich bin auf die Berichte von anderen angewiesen – in allen Teilen Deutschlands einen starken Willen zum Neuanfang gegeben haben. Aber allmählich kam dieser Elan zum Erliegen. Ich glaube, Deutschland ist noch heute von dem Entsetzen gelähmt, das die eigenen Verbrechen ausgelöst haben. Ich lebe, nach den vielen Jahren im Ausland, gerne in Deutschland – vor allem in Berlin. Doch ich habe den Eindruck, dass das Entsetzen und die Lähmung bis heute weiterwirken. Wie sollte es auch anders sein? Es hat nur zwölf Jahre gebraucht, um so viel Vernichtung herbeizuführen. Der Aufbau, die Zuversicht bedürfen viel längerer Zeiträume. »Die Geschichte« lebt nach seltsamen Gesetzen. Warum kann sie nicht genauso schnell heilen, wie sie zerstört? Offenbar verlangt das Leben nach größeren Anstrengungen als der Tod.

Abschied von Schlesien, Ankunft im Westen

Am 14. Juli 1946 befanden sich Emmy und Magnus von Braun im Zug, der sie endgültig aus Schlesien fortbringen sollte. Im Tagebuch heißt es:

»Nun sind wir unterwegs. Um chronologisch vorzugehen: Gegen sechs Uhr kamen wir zur Kontrolle dran. Die Organisation ist so: Die Leute wurden nach den Waggonnummern zusammengestellt, immer 35 Menschen für einen Wagen. So werden sie nach und nach durch eine Sperre durchgeschleust, auf deren anderer Seite man, ohne zurückzukönnen, direkt auf den Bahnsteig muß. In dieser Sperre findet die ›Kontrolle‹ statt. Der Name ›Kontrolle‹ ist völlig albern. Es handelt sich dabei lediglich um eine offizielle Plünderungsaktion. Manche Leute, bei denen man wohl nicht allzu viel vermutete, kamen ziemlich glatt durch, andere traf es sehr hart. Auf uns hatten sie es anscheinend besonders abgesehen, obgleich unser Gepäck – ganz absichtlich – nichts weniger als ›vornehm‹ aussah. Wir mußten jedes Stück aufmachen, dann wurde es auf einem großen Tisch einfach ausgeschüttet. Alle Stricke, mit denen wir alles mühsam verschnürt hatten, wurden einfach zerschnitten. Sie suchten sich dann aus, was ihnen gefiel. Magnus verlor auf diese Weise seinen letzten Sommeranzug, seinen kleinen Pelz aus Neucker Iltissen, den größten Teil seiner besseren Hemden, alle elektrischen Geräte, mir nahmen sie das Toilettensilber weg (zwei etwas leichtere Bürsten, in denen ich Geld versteckt hatte, warfen sie zum Glück als wohl zu klapprig zurück), außerdem sogar Betten und an Lebensmitteln ein großes Stück Speck, das wir uns für teure Zloty extra noch gekauft hatten. Sogar ein Paket mit Akten, Familienpapieren, meinem Tagebuch wurde aufgemacht und genau durchgesehen.

Sehr interessiert waren sie anscheinend an den alten Familienpapieren, aus denen sich ergab, daß die Familie schon seit vielen hundert Jahren in Schlesien ansässig war. Einer fragte: Sie sind Freiherr? Das schien sie sehr zu interessieren. Sie fragten mich, ob ich Gräfin sei. Einer meinte sogar, wir hätten ja ein schweres Schicksal. Es war interessant, wo sie überall nach verstecktem Geld suchten. In den unteren Nähten der Hosen, Magnus mußte sogar bei einer Leibesvisitation die Schuhe ausziehen, die Frauen mußten die Kopftücher abnehmen etc. Viele Leute mußten die Wagen auf den Kopf stellen, zwecks Feststellung, ob unten etwas angenagelt sei. Die Betten wurden genau durchgefühlt. Trotz allem haben sie von unserem an den verschiedensten Stellen versteckten Bargeld nichts gefunden. Man hat dabei die witzigsten Methoden angewandt. Sehr beliebt war es, Geld eng zusammengefaltet in einem Wollknäuel mitzunehmen, ebenso in Seifenstücken, Bürsten, Handspiegeln, zwischen den Sohlen und Brandsohlen von Hausschuhen, oben in den Hosenbünden usw. Als alles durchgewühlt war, mußten wir alle Bündel unter einem Baum wieder einpacken, was schwierig war, da erstens alle Stricke zerschnitten waren und wir zweitens dauernd gehetzt wurden, es müsse schneller gehen, da der Zug abfahre. So waren wir ziemlich zerschlagen, als endlich alles fertig verpackt war und wir zum Bahnhof weiterkonnten. Es war gut, daß wir unseren eigenen festen Wagen noch dabei hatten, denn der Weg ging noch ein großes Stück einen recht steilen Berg hinauf zum Bahnsteig. Dort hielt der Zug, jeder Wagen hatte eine Nummer und man kletterte also in sein ›Hotel‹ für die nächsten ca. 8 Tage.«

Sie saßen in einem Viehwagen zu 35 Personen. Es war eng. Von Liegen, auch in der Nacht, war keine Rede. Sie wussten nicht, wie viele Tage und Nächte sie in diesem Waggon verbringen würden. Beim Lesen dieser Zeilen hatte ich plötzlich die Viehwagen vor Augen, in denen Juden in die Konzentrations- und Vernichtungslager gebracht wurden. Wahrscheinlich haben auch andere Menschen, die die Bilder und Berichte von den Transporten nach Polen kennen, dieselbe Assoziation. Sie ist natürlich Unsinn. Am Ende der einen »Reise« lagen die Arbeitslager oder die Gaskammern. Am Ende dieser Reise lag immerhin ein Neubeginn. Zumindest das Überleben war gesichert. Emmy und Magnus wussten zudem, dass – wenn sie diese beschwerliche »Ausreise« erst einmal überstanden hatten – die Schikane ein Ende finden und sie ein Dach über dem Kopf haben würden. Der Schock, den sie erlebt hatten, lag davor: am Tag, an dem sie ihr Gut verließen und wussten, dass es für immer war.

»Um 9 Uhr Abends geht es los. Am Sonnabend. Die Tour, die wir fahren, ist vollkommen unverständlich, anscheinend ein regulärer Kreis. Plagwitz, Goldberg, Arnsdorf (bei Liegnitz), Waltersdorf (östlich der Oder), wo wir z. Zt. schon stundenlang stehen. Die Leute haben Angst, weil es nach Osten ginge!! Man kocht auf dem Bahnsteig zwischen den Geleisen Kaffee, Mittag, Suppe. Typisch für die Polen ist, daß eben ein Kerl den Zug entlang ging und von jedem Waggon eine ›freiwillige Spende‹ von 20 deutschen Mark für das Zugpersonal verlangte. Wie muß dieser Staat pleite sein. Hier im Zug gibt es natürlich auch keinerlei ›Toiletten‹. Auf den Haltestellen klettert alles heraus und geht hinter die Büsche oder in den Roggen.« Wenn der Zug dann ohne jede Warnung plötzlich wieder losfuhr, begann ein wildes Rennen und Klettern in die Wagen. »Glück, wenn man nicht zurückbleibt. Einen der drei kleinen Jungens in unserem Wagen konnte ich einmal bei solcher Gelegenheit nur noch dadurch vor dem Zurückbleiben retten, daß ich ein Stück schnell zurücklief – der Zug fuhr schon – dann noch schneller zurückrannte, die drei Jungens nacheinander hinein-reichte und im letzten Augenblick mit Hilfe anderer Insassen, die mich reinzogen, gerade noch mitkam.«

Der Zug fuhr durch endlose Weiten von unbestelltem Land. Es waren nur wenige Menschen zu sehen, kaum Vieh. Dagegen, so notierte Emmy, war die Gegend in Lähn noch großartig in Schuss. Nur in wenigen Dörfern waren Zerstörungen zu sehen, aber manche Bahnhöfe waren von Bomben getroffen worden. Die Stimmung unter den Reisenden war leidlich – jedenfalls am Tage. »Nachts packt alle die Melancholie. Gestern abend sangen die Mädels das Schlesierlied und bei dem Vers ›Wir sehen uns wieder am Boberstrand‹ fing doch alles an zu weinen. Bisweilen bricht dagegen die Freude durch, aus der verfluchten polnischen Hölle heraus zu sein. Jetzt grault alles sich vor der ersten Nacht, prak-tisch die dritte ohne Schlaf. Für alte Leute ein bißchen viel.«

Am 15. Juli 1946 kamen sie in Kohlfurt an. Für die sechzig Ki-lometer Luftlinie von Plagwitz waren sie 34 Stunden unterwegs gewesen. Der Zug war im Kreis gefahren; dazwischen hatte er oft stundenlang auf der Strecke gehalten. Allen fehlte der Schlaf. »Diese Nacht haben wir ein langes Lager mitten im Waggon ent-lang aus allen Bettsäcken gebaut, wo alle wie die Heringe neben-einander lagen, nur auf der Seite, denn auf dem Rücken war nicht Platz. Dabei ist heute Nacht wieder eine widerliche Sache passiert, über die wir allerdings erst nachträglich Genaueres erfuhren. Auf dem Bahnhof hielten die Nacht mehrere Flüchtlingstransporte, dazwischen ein russischer Truppentransport (Granatwerferzug). Mitten in der Nacht großes Geschrei. Ein paar Russen hatten aus einem der Flüchtlingszüge 5 deutsche Mädels herausgeholt (hinten eine Schiebetür geöffnet) und diese auf dem Bahnsteig im Dun-keln vergewaltigt. Die polnischen Posten, die übrigens hier ganz ordentlich sein sollen, waren natürlich gerade genau am anderen Ende des Zuges und bis sie bei den langen Reihen von Zügen in der Dunkelheit feststellen konnten, von wo die Hilferufe kamen, war natürlich das Unglück schon geschehen. Jetzt herrscht große Untersuchung durch die anscheinend scharf vorgehenden Engländer und die Flüchtlingszüge müssen warten.« An der nächsten Station fand eine Entlausung statt, auch die Waggons wurden desinfiziert. »Noch ca. 30 Stunden bis Marienthal bei Lüneburg. Es heißt allgemein: Bloß raus aus Kohlfurt, das uns immer in gräßlicher Erinnerung bleiben wird. Aber wir haben ja jetzt bald die Neiße erreicht und damit die erste Etappe beendet.«

Am 16. Juli 1946 – sie waren seit vier Tagen unterwegs und befanden sich weiterhin im Zug – setzte Emmy ihre Tagebuchnotizen fort. Sie wollte alles ganz genau, bis zum bitteren Ende festhalten. Am Tag ihrer Ankunft an ihrem neuen Wohnort sollten ihre Aufzeichnungen enden. Aber hier – während der Endphase ihrer »Vertreibung« – notierte sie die Ereignisse noch im Detail, und so nehmen für mich, die Enkelin, nicht nur Orte wie Oberwiesenthal feste Konturen an (ich habe mir nun fest vorgenommen, den Ort zu besuchen), sondern auch Emmys und Magnus' Abschied von ihrem geliebten Schlesien. »Die zwei bis drei Stunden, die wir in Kohlfurt Aufenthalt haben sollten, haben sich auf fast 24 Stunden ausgedehnt. Ein Vergnügen, zudem es regnet und unser Waggon keinen Teer auf dem Dach hat, so daß es an vielen Stellen durchregnet auf Bettsäcke, Mäntel und Menschen.« Die Verzögerung, so erfuhren sie, hing mit dem Mangel an Lokomotiven zusammen.

»Endlich erreichten wir die Neiße. Der Unterschied zwischen der polnischen Wirtschaft und der deutschen, selbst unter russischer Herrschaft, ist unglaublich! Hier ist alles bestellt. Man empfindet allein diesen Anblick als Wohltat gegenüber dem Chaos in Polen. Je länger, desto mehr gewinnt man die Überzeugung, daß die Polen nie und nimmer im Stande sein werden, ein so großes Gebiet auch nur notdürftig zu kolonisieren. Allein die Quecken und Disteln aus dem teilweise seit zwei Jahren nicht bestellten Acker herauszukriegen ist ein Problem, das sie nie lösen werden.

Station in Horka. Hier war es für uns direkt ein Erlebnis, wie vorbildlich die Deutschen, wenn auch mit ganz primitiven Mitteln, die Waschfrage gelöst hatten. Es waren extra lang der Bahn reguläre Waschanlagen geschaffen worden. Unter Rinnen, darüber ein Rohr mit Löchern in regelmäßigen Abständen, durch die das Wasser lief. Es konnten sich gleichzeitig 20–40 Leute waschen, eine Wohltat nach der langen Bahnfahrt. Man hatte wirklich seine Freude daran, wie praktisch und dabei hygienisch diese wichtige Frage gelöst war.« Obgleich Emmys tiefe Abneigung gegen »die Polen« aus ihrer Situation verständlich ist, waren die unbearbeiteten Felder und die brachliegende Landwirtschaft natürlich weniger das Ergebnis einer »polnischen Misswirtschaft« als die Folge des Kriegs und der Umsiedlungspolitik, bei der die Bevölkerung ganzer Landstriche »ausgewechselt« wurde. Als die Eltern von Paul Margis 1920 für Deutschland optiert hatten, mussten auch sie Posen verlassen und zogen nach Berlin. Wie oft haben in diesem 20. Jahrhundert Landschaften ihre Bevölkerungen gewechselt! Als seien Menschen ein Hemd, das man an- und ausziehen kann. Von allen Ländern Europas traf es Polen am häufigsten.

Am 17. Juli kam der Treck – Magnus und Emmy sowie die anderen Ober- und Unterwiesenthaler waren zusammengeblieben und bildeten eine Gruppe – morgens um sieben Uhr in »Helmstädt« [sic!] an, der russisch-englischen Zonengrenze. »Endlich ging es in das Lager Marienthal. Das ist eine Riesenorganisation. Täglich kommen hier 1500 bis 1900 Flüchtlinge durch. Abgesehen davon, daß es ein bißchen sehr summarisch und nach Schema F (was aber wohl bei dem Betrieb unvermeidlich ist) zugeht, klappt dort die Sache ausgezeichnet.« Emmy gibt eine genaue Beschreibung des Ablaufs bei der Registrierung der ankommenden Personen. Von Marienthal wurden sie weitergeleitet nach Wipperfürth bei Köln, wo ihnen ein Quartier zugewiesen wurde. »Es gibt teils Personenwagen, teils wieder Viehwagen. Weniger Platz als bisher. Das Gepäck soll deswegen extra in Viehwagen kommen. Wir sagten uns, daß ein überfülltes Abteil dritter Klasse wohl unbequemer sein würde als Viehwagen, und kletterten also in einen der halbvollen Viehwagen, wo wir uns häuslich einrichteten. Unsere Annahme war richtig, obgleich auch der Viehwagen zuletzt noch recht voll war.«

Am 19. Juli 1946 erreichten sie Wipperfürth – acht Tage, nachdem sie ihr Gut verlassen hatten. Zum ersten Mal seit Beginn der Reise konnten sie wieder »ausgestreckt schlafen«. »Dieses Lager hat gute Baracken und ist ausgezeichnet eingerichtet. Leiter ist ein Gummi-Großkaufmann, unser Barackenleiter ein früherer Kapitän. Beide wollten uns wegen des Ministertitels besser stellen, was wir aber ablehnten.« In Wipperfürth trennten sich schließlich die Dörfer: Langenau kam nach Geldern an die holländische Grenze, Wiesenthal und Kuttenberg wurden nach Kürten weitergeschickt, einer Gemeinde etwa zehn Kilometer von Wipperfürth entfernt. Auf Lastwagen wurden sie dorthin gebracht. »Inzwischen haben wir viele Leute gesprochen und einen ersten Eindruck der Zustände hier im Reich. Die Pleite ist allgemein und niemand weiß, wie es weitergehen soll. In den Zonen scheint es ganz verschieden zu sein, die Russen sind bei dem Aufbau wohl am tätigsten. Man sieht schon viele reparierte Häuser und Straßen, wobei die Zivilbevölkerung in hohem Maße eingesetzt wird, auch freiwillig hilft, um dadurch in den Genuß höherer Lebensmittelraten zu gelangen. Die Engländer kümmern sich scheinbar um nichts, lassen alles laufen und haben sich bereits unbeliebt gemacht. Die Ernährungslage scheint hier katastrophal zu sein. Die amerikanische Zone soll in der Hinsicht besser sein. Hoffentlich gelingt es uns bald, dahin zu kommen. Allgemein herrscht hier die Ansicht, daß Ostdeutschland verloren sei, es sei denn, daß noch ein neuer Krieg kommt, den viele nicht für ausgeschlossen halten.«

Es ging weiter nach Biesfeld, wo die Gruppe zunächst in einem Gasthaus auf Strohlagern untergebracht wurde, dann kamen sie in Privatquartieren unter, die von den Behörden requiriert worden waren. Für Emmy und Magnus stand schon eine Unterkunft in Bayern bereit, aber da sie ihre Papiere noch nicht erhalten hatten, konnten sie noch nicht weiterreisen. Sie landeten zunächst in Kürten. »Unser Quartier in Kürten war reizend. Ein älterer Arzt mit hilfsbereiter netter Frau, sechs Söhnen. Sie gaben sich alle erdenkliche Mühe, uns die Tage, die wir da wohnten, nett und heimatlich zu machen. Trotzdem ist es in der englischen Zone ein Hungerleben! Es gibt 1000 Kalorien und das ist tatsächlich so, daß man nicht satt werden kann. Die Einheimischen haben vielleicht noch ›Beziehungen‹, einen eigenen Garten etc. Für die Flüchtlinge ist es, sobald ihre mitgebrachten Vorräte zu Ende sind, aussichtslos. Schlimm sind die Unterbringungsmöglichkeiten und vor allem die Arbeitsfrage. Die Bevölkerung ist denkbar unfreundlich. Sie muß teilweise von der Polizei mit rigorosen Maßnahmen gezwungen werden, Flüchtlinge aufzunehmen. Ein Polizist gab uns auf unsere Frage: ›Sie haben wohl viel Mühe mit den Schlesiern?‹ die Antwort: ›Mit den Schlesiern gar nicht, nur mit den Einheimischen.‹ Die Behörden versagen anscheinend ziemlich. Wie üblich wollen die lokalen Größen es sich nicht mit ihren Leuten verderben.«

Von Kürten aus besuchten Emmy und Magnus einen Tag lang das nahe gelegene Köln. »Der Dom steht wie durch ein Wunder, trotz 8 Volltreffern, wie eine Oase in der Wüste. Sonst nichts als Ruinen. Daß dort trotzdem schon wieder 800 000 Menschen wohnen sollen (oder nur arbeiten?) scheint einem völlig unbegreiflich. Sie hausen wie die Ratten in ihren Höhlen, trennen sich aber trotz allem nicht von ihrer geliebten Heimatstadt.« Bei ihrer Rückkehr aus Köln fanden sie ein Telegramm aus Landshut vor, mit der Ankündigung, dass sie am darauf folgenden Tag mit dem Auto abgeholt werden sollten. »Am nächsten Morgen – Donnerstag – wurden wir geweckt, mit der Nachricht, es seien ›Engländer oder Amerikaner‹ mit einem Auto da, um uns abzuholen. Große Aufregung, die wohl auch die Treckgenossen packen wird, wenn sie davon hören. Wir packten also in aller Eile unsere Säcke mit Hilfe von Frau Molitor zusammen, der Sohn erledigte netterweise noch die Kartenformalitäten etc. Die beiden Amis bekamen Thee und eine Couch zum Ausschlafen, da sie auch die vorige Nacht schon durchgefahren waren. Gegen 10 Uhr ging es los. Das Gepäck füllte den kleinen Jeep ziemlich aus, es blieb noch gerade

Platz für uns zum Sitzen. Der Wagen hatte 70 PS und machte gute Fahrt. Fahrer waren ein Leutnant und ein Fahrer.«

Die Fahrt im Jeep führte quer durch Westdeutschland: »Das war für uns, die wir so lange weit ab von aller Kultur gelebt hatten, recht interessant. Allein die Idee, überhaupt von einem Vertreter der Siegermächte abgeholt zu werden, kam uns zunächst ganz verrückt vor! Man faßt sich immer wieder an den Kopf, wie so etwas möglich ist.« Es ging von Kürten über Köln, Darmstadt, Heidelberg, Heilbronn. Als sie in München ankamen, war es schon dunkel, um drei Uhr nachts erreichten sie schließlich Landshut. Dort waren sie in einem Gästehaus untergebracht, das für die Gäste der US-Wissenschaftler und Armeeangehörigen vorgesehen war. Sie kochten sich einen Bohnenkaffee, bevor sie ins Bett fielen. In Landshut endet Emmys Tagebuch. Ihr letzter Eintrag vom 26. Juli 1946 beginnt mit den Worten: »Jetzt sind wir also glücklich bei den ›Amis‹ gelandet. Die anderen Hausbewohner, Frau Axster und Frau Riedel, hatten bei unserer Ankunft auf einem Tisch die Bilder von Wernher und Magnus aufgestellt, umgeben von schon angekommenen amerikanischen Päckchen der Jungens. Für uns, die wir aus Polen kommen, ist die Verpflegung geradezu phantastisch. In einigen Tagen sollen wir eine eigene kleine Zweizimmerwohnung mit Küche, Bad etc. bekommen, eingerichtet mit amerikanischen Leihmöbeln. Man hat fast ein schlechtes Gewissen gegenüber den armen anderen Flüchtlingen!«

In den Briefen, die die drei Söhne zur Begrüßung der Eltern nach Landshut schickten, stand die große Erleichterung im Mittelpunkt, dass die Entbehrungen und Ängste, die Emmy und Magnus durchlitten hatten, nun vorbei waren. »Hurra!!!!! Heute kam das Telegramm, das Ihr am 27., also vor vier Tagen in Landshut angekommen seid.« So beginnt der erste Brief von Wernher und Schnick. Später, als die Söhne genauere Berichte erhielten, kam der Schrecken über das hinzu, was die Eltern durchgemacht hatten. »Wie der Bericht über Eure Erlebnisse uns erschütterte, könnt ihr daran ermessen, dass Sigis beim Lesen bitterlich weinte wie ein kleines Kind«, schrieb Hilde an die Schwiegereltern. »Wir wissen heute noch nicht, wie wir dem lieben Gott genug danken können, dass Ihr es gesund überstanden habt und im Augenblick aller Entbehrungen enthoben seid.«

Ähnlich auch die Briefe von Wernher und Schnick: »Heute kam Euer erster Brief. Wir sind gluecklich, geruehrt, erschuettert und schließlich nur noch dankbar für das Happy end, das Eure Odyssee nach allem dem genommen hat.« Diesem Brief, den die Brüder schrieben, nachdem sie zum ersten Mal erfahren hatten, wie schwierig und leidvoll die Aussiedlung der Eltern gewesen war, fügte Wernher spät abends noch ein Postscriptum hinzu, in dem er sich Gedanken über die Verantwortung des Wissenschaftlers macht – eine Reflexion, die nur einmal, und zwar an dieser Stelle, auftaucht und im Übrigen auch ziemlich schnell abgetan wird. »Hatten die Leute es nun damals besser, ohne Nachtjaeger und ohne Atombomben? Es waren ja sicher weniger Leute von dem Unglueck damaliger Kriege betroffen als heutzutage, obwohl es für den wirklich Betroffenen ja wahrscheinlich einerlei ist, ob er eine rostige Lanze in den Bauch kriegt oder einen Granatsplitter. Aber das Ekelhafte ist ja, dass kleine Entgleisungen der Herren Diplomaten heutzutage zu soviel schicksalhafteren Folgen fuehren als frueher. Heutzutage steht ja bereits die Zivilisation als Ganzes auf dem Spiel, wenn es auch nur irgendwo ein bisschen knistert. Ob die Intelligenz der Menschen mit der Entwicklung der Technik Schritt halten wird? Wenn nicht, muss es ja zwangslaeufig mit der Menschheit zu Ende gehen, und dann sind womoeglich Leute wie wir Techniker Schuld. Und dabei wollen wir doch bloss ganz harmlos auf unserem Gebiet das Vollkommenere suchen, wie es andere Berufe in ihrem Feld auch tun, bloss eben, scheinbar mit wenig Erfolg. … Es scheint doch schon sehr spaet geworden zu sein, dass ich mich in solche Gebiete begebe. Und dabei habe ich doch gar nichts getrunken.«

Der Hauptunterschied zwischen den Briefen aus Rom und denen aus Amerika bestand darin, dass Sigis den Blick auf die Vergangenheit richtete, während die Söhne in den USA in die Zukunft schauten: »Wir haben eine interessante Arbeit. Über unsere

Zukunft ist zwar noch keine endgültige Entscheidung da, aber das wird nicht mehr lange auf sich warten lassen. Wir sehen der Zukunft durchaus optimistisch entgegen.« Diesem Optimismus entsprechend machten Wernher und Magnus schon in einem ihrer ersten Briefe den Eltern den Vorschlag, ihnen in die USA zu folgen. Sigis hingegen versuchte in seinem Brief den Eltern bei ihrer Trauerarbeit über die verlorene Heimat zu helfen. »An den Verlust glaube ich nicht. Ich glaube es einfach nicht. Derartige Deiche können für Momente errichtet werden, so wie die Kinder in den Pfützen patschen und kleine Dämme bauen. An einigen Stellen reißt sich das natürlich fließende Wasser dann wieder die Bahn. Wenn ich während der drei Jahre hier irgendetwas gelernt habe, so ist es außer der rechten Wertung des Geistigen der Wert der Zeit, der der Geduld, und ich glaube, dass wer sich heute mit Geduld wappnet, Mut und Zuversicht für die Zukunft gewinnt. Man soll auch nicht unter dem Eindruck der eingeschlossenen Wassermengen die Macht des Deiches überschätzen. Also pazienza.« Auch wenn der Gedanke an eine Auswanderung immer wieder aufkam – vor allem der Gedanke, in die USA zu gehen, wurde immer wieder erwogen –, so hatte sich in Sigis zu diesem Zeitpunkt doch der Gedanke verfestigt, dass er nach Europa gehöre und sich eine Zukunft in Deutschland aufbauen müsse. Mit dieser Entscheidung trat er – ob es wollte oder nicht – auch die Erbschaft der deutschen Vergangenheit an. Es dauerte allerdings lange, bevor er die Konsequenzen daraus zog. 1946 war er noch der Überzeugung, dass Schlesien wieder deutsch werden würde. Erst viele Jahre später dachte er anders darüber.

BERLIN,
DEN 12. NOVEMBER 2006

Liebe Großmutter,
Du hast ja Oberwiesenthal gekannt. Mindestens einmal warst Du dort zu Besuch – als sich Hilde ihren künftigen Schwiegereltern vorstellte. Sigis hat es 1987 noch einmal besucht – da

lebte Magnus schon lange nicht mehr. Es war eine Reise, die er mit einigen alten Oberwiesenthalern unternahm. Meine beiden jüngeren Schwestern waren dabei. Während ihres einwöchigen Aufenthaltes besuchten sie die umgebenden Orte, die Sigis alle vertraut waren. Aus Wiesenthal war Bystrzyca geworden, aus Warmbrunn Cieplice und aus Tiefhartmannsdorf Podgórki. Von den Häusern der ehemaligen Gutsbesitzer in der Umgebung waren viele verfallen, bei manchen war nicht einmal mehr die Zufahrt zu erkennen. Das Gutshaus in Oberwiesenthal stand aber noch, mehrere Mietparteien wohnten darin. Ihr Zutritt wurde dadurch erleichtert, dass Sigis und meine Schwestern am Vortag in Lähn einer Frau begegnet waren, die dort 1946 als Hausmädchen gearbeitet und später bei den einquartierten sowjetischen Offizieren Fenster geputzt hatte. Die neuen Bewohner kamen aus Ostpolen und lebten seit 1949 in Oberwiesenthal. Sigis berichtete: »Die Bauersfrau hatte den Schlüssel zur Kirche, die sie uns bereitwillig zeigte. Deutsche Inschriften weg, nur am Taufbecken einige Reste. Katholisch. Papst Wojtila in Großfoto. Die Kirche wird offenbar stets benutzt.«

Sigis' Bericht ist zu entnehmen, wie genau ihre Schritte beobachtet wurden. An vielen Stellen war es verboten zu photographieren. Nichts ahnend nahm meine Schwester eine Telefonzelle auf. Sie wurde verhaftet, der Film konfisziert. Damals – 1987 – war noch »Kalter Krieg«. Kurz darauf fiel der »Eiserne Vorhang« – niemand hatte das für möglich gehalten. Das war 1989, zwei Jahre nach Sigis' Besuch in Oberwiesenthal. In der Bilanz seiner Reise schrieb er: »Insgesamt kommt man von dem Besuch nach Hause mit dem bestimmten Eindruck der Endgültigkeit dieser Entwicklung. Der Anblick der Leute auf der Straße vermittelt den Eindruck gemütlicher, wenn auch etwas ärmlicher Zugehörigkeit zur schlesischen Erde, auch wenn die meisten aus Warschau, Krakau und Ostpolen stammen. Das Bewusstsein, aus einem teilzerstörten Gelände eine fruchtbare und ertragreiche Provinz Polens gemacht zu haben, war deutlich spürbar.« Ich habe die Vermutung, dass der »Eiserne Vorhang« paradoxerweise auch deshalb fiel, weil sich die Mehrheit, auch Sigis, mit der Endgültigkeit der neuen Verhältnisse abgefunden hatte.

Wernher hat sich, trotz seiner Verwicklungen, mit der Erbschaft der deutschen Vergangenheit nicht so direkt auseinanderzusetzen gehabt. Im Gegenteil, der Kalte Krieg und der »Eiserne Vorhang« wurden zu einem der Motoren seiner Forschungstätigkeit. In einem von »This Week« publizierten Artikel zum Thema »Why Should America Conquer Space?« schrieb er 1960: »Neulich hielt ich eine diese After-Dinner Ansprachen, die für Raketenmänner im Moment unvermeidlich zu sein scheinen. Ich hielt ein, wie ich fand, dringliches Plädoyer für ein durchsetzungsfähiges US-Weltraum-Programm und erhielt großen Applaus. Während der darauf folgenden Fragen und Antworten stand jemand auf und sagte: ›Warum sagen Sie uns das? Waren Sie nicht beteiligt an der Entwicklung der V2 Raketen, die im letzten Krieg auf London fielen?‹ Das einzige, was ich antworten konnte, war, dass ich eine Diktatur überlebt habe und dass ich weder meine in Amerika geborenen Kinder noch die von anderen in einer anderen leben lassen will. Vielleicht hätte ich sagen sollen, dass man anscheinend durch das Fegefeuer gegangen sein muss, um den Himmel zu schätzen.« Ich frage mich, wie Du auf diese Antwort reagiert hättest. Wernher ist nicht durchs »Fegefeuer« gegangen. Andere wohl. Kann man sich einfach das Leid, das anderen widerfahren ist, aneignen?

Frühjahr 1947: Emmy und Magnus verlassen Deutschland

Sofort nach ihrer Ankunft im Westen entwickelte sich zwischen den Eltern in Landshut und den Söhnen in den USA ein reger Briefverkehr. Wernher berichtete, dass er einen Antrag bei der US-Armee gestellt hatte, die Eltern direkt aus Schlesien zu evakuieren. Offenbar wusste niemand – weder Werner noch die US-Streitkräfte, mit denen er verhandelt hatte – wie unrealistisch ein solcher Plan war und wie wenig er in die gespannte Stimmung an der Oder-Neiße-Linie passte.

Die Briefe zwischen Landshut und Fort Bliss waren oft Wochen unterwegs: Der erste Brief, den Emmy und Magnus Ende Juli in die USA schickten, erreichte ihre Söhne erst am 2. September 1946. Um sicher zu sein, dass keine Briefe verloren gingen, wurden sie durchnummeriert. Einige Nummern fehlen tatsächlich. Die anderen Briefe lagern heute in den klimatisierten Betonmauern des Bundesarchivs in Koblenz. Hauptthema der Briefe war zum einen, was, neben Nahrungsmitteln, in die Care-Pakete hinein sollte. Eine genaue Wunschliste und präzise Angaben über die Körpergröße, Skizzen der Füße sollten her, »weil es hier ganz andere Masse gibt«. Oft ging es auch um Care-Pakete für andere Verwandte oder Geldüberweisungen an bedürftige Freunde. (Das Gehalt von Werner und Magnus wurde auf ein Konto in Deutschland gezahlt, zu dem sie den Eltern eine Vollmacht erteilt hatten.)

Zum anderen gab es ein immer deutlicher formuliertes Drängen der Söhne, dass die Eltern zu ihnen in die USA übersiedeln sollten. Von dort aus hofften sie, für die Eltern, die vor dem Nichts standen, besser sorgen zu können. Sigis, der selbst nicht wusste, was aus ihm werden würde und der zudem Frau und drei Kinder zu versorgen hatte, war dazu nicht in der Lage. Das dritte Hauptthema der Briefe betraf die Verehelichung der Söhne. Die Nachricht von Schnicks Verlobung hatte Magnus und Emmy schon in Niederschlesien erreicht. Nun, da sie mehr über die Braut erfuhren (Schnick hatte sie im Internierungslager kennengelernt; sie hatten dort zusammen Theater gespielt und sich ineinander verliebt. Aber die junge Frau war noch verheiratet und niemand wusste, wie lange die Scheidung dauern würde), schrieb Magnus einen sehr nachdrücklichen Brief an seinen Sohn Werner, er solle seinen jüngeren Bruder umstimmen. Das gelang dann offenbar auch.

Bei Wernher lagen die Dinge anders. Inzwischen 34 Jahre alt, schrieb er seinen Eltern in einem sehr berührenden Brief, dass er schon seit langem eine »stille Liebe« zu seiner Cousine Maria von Quistorp empfinde. Maria war achtzehn Jahre alt. In den letzten Kriegsjahren hatte er sie zwar oft gesehen, ihr jedoch wegen der unsicheren Situation von seinen Gefühlen nichts gesagt. Nun bat er Magnus und Emmy, sich für ihn »als Brautwerber zu betaetigen«. Den Brief schrieb er am 3. September. Es dauerte Wochen, bevor die Antwort den Atlantik überquerte. Am 21. Oktober traf das ersehnte Ja-Wort ein, das Wernher in »den siebten Himmel« versetzte. »Das ganze Leben hat ein anderes Gesicht bekommen.«

Nachdem sie ein Jahr lang als prominente Kriegsgefangene für die USA tätig gewesen waren, hatten diese Wernher und Magnus wie anderen ehemaligen Mitarbeitern des deutschen Raketenprogramms längerfristige Arbeitsverträge angeboten – unter der Voraussetzung, dass sie die amerikanische Staatsbürgerschaft beantragten. Wegen dieser neuen Perspektive drängten Wernher und Schnick die Eltern nun noch nachdrücklicher zum Umzug in die USA. In Deutschland verbliebene Angehörige der Wissenschaftler und Techniker konnten, soweit sie wirtschaftlich abhängig waren, ebenfalls einwandern und auf Kosten der US-Armee umziehen. »Wir bitten Euch flehentlich ja zu sagen«, schrieben die Söhne, die von sich schrieben, dass sie »beide fest entschlossen sind, auch über die jetzt in Aussicht stehende neue Vertragszeit von ein paar Jahren hinaus hier in Amerika zu bleiben«. Es sei ein »junges, großes zukunftstraechtiges Land«, wo einem die »Akklimatisierung« leicht gemacht werde, weil es viele Deutsche gebe (Wernher überging, dass sich darunter viele Juden befanden, die vor den Nazis geflohen waren) und weil Amerika überhaupt »ganz ein Kind des abendlaendischen Kulturkreises« sei: Im Radio werde Mozart und Beethoven gespielt! Zugleich wurde den Eltern die neue Welt als Abenteuer schmackhaft gemacht: »Diese Texaner Landsleute (im allgemeinen Viehzuechter) sind überhaupt ein beachtlicher Menschenschlag. Schlank und geschmeidig, mit riesigen Hueten und Haenden wie Kohlenschaufeln. Die Toechter des Landes lernen bereits in fruehester Kindheit fantastisch reiten und erinnern ueberhaupt etwas an Maedchen von großen ostpreußischen Guetern.«

Diese Kombination aus »Mozart, Beethoven« und »Maedchen wie auf ostpreußischen Landguetern« gab bei Emmy und Magnus den Ausschlag. Nachdem auch aus Rom befürwortende Schreiben von Sigis und Hilde gekommen waren, willigten die beiden ein. Sie erwogen sogar, die amerikanische Staatsbürgerschaft zu beantragen. Wernher hatte ihnen geschrieben: »Ich koennte mir vielleicht vorstellen, dass Euch als aelteren Menschen dieser Schritt etwas schwerer fallen koennte. Aber ich halte ihn in Eurem Fall nur fuer ein logisches Bekenntnis zur westlichen Kultur und Zivilisation, um die es ja heute geht und deren Bollwerk ja nun Amerika geworden ist, nachdem andere Weltmaechte im wahren Sinne des Wortes im Westen nicht mehr bestehen (vielleicht, aber nur vielleicht, außer England).«

Der Umzug sollte schon Ende 1946 stattfinden. Doch die Abreise wurde um einige Monate verschoben. Wernher wurde erst einmal nach Landshut gebracht, um den Umzug von Mitarbeitern aus dem alten technischen Stab zu organisieren. Dort fand am 1. März 1947 die Hochzeit von Wernher und Maria statt. Magnus' Hochzeitsrede erzählt von dem tiefen Riss, der sich in seinem und Emmys Leben in den letzten zwei Jahren aufgetan hatte. Sie endete mit den Worten: »Ich stehe mit fast siebzig Jahren an der Schwelle meines Lebens. Das Werk meines Lebens ist getan, und es ist zerbrochen. Aber zerbrochen ist nicht mein Herz. Denn es hat Freude an dem Werk seiner Kinder; es hat Freude an der Liebe seiner Kinder; und es hat Freude an dem Glück seiner Kinder.«

Kurz darauf fuhren Wernher und Maria in die USA, begleitet von Emmy und Magnus, die in den darauf folgenden Jahren in ihrer Nähe lebten: zunächst in White Sands, New Mexico und später in Huntsville, Alabama. 1955, in demselben Jahr, in dem ihre Söhne in den USA naturalisiert wurden, kehrten Emmy und

Magnus nach Deutschland zurück und ließen sich in Oberbayern nieder. Ein Jahr später erschien die erste Fassung der Memoiren von Magnus.

Liebe Großmutter,
es ist schon seltsam: Deutschland wollte die Welt erobern. Die Folge war, dass Deutschland fast von der Landkarte verschwand – es wurde geteilt. Und die Deutschen hat es in die ganze Welt verstreut. Die meisten waren Juden. Aber es gab eben auch Nicht-Juden wie Wernher und Schnick, Emmy und Magnus. Der Trend hält bis heute an. Deutschland ist auch sechzig Jahre nach dem Krieg ein Auswandererland – als hätten die Nazis den Deutschen ein für allemal den Spaß an ihrer »Heimat« verdorben.
Man kann es aber auch anders sehen. Eure Wege – Deiner und der von Emmy und Magnus, von Hilde und Sigis, Hans, Wernher und Schnick – waren wahrlich verschieden. Aber sie haben doch eine Gemeinsamkeit. Auf irgendeine Weise ist jedes dieser Leben symptomatisch für einen Wandel des Begriffs »Heimat«, der sich – fast unmerklich – in den Jahren zwischen 1930 und 1948 vollzogen hat. Eigentlich kündigt sich der Wandel schon in der Autobiographie von Magnus an, wo man ihn am wenigsten vermuten würde, weil für ihn, den »Heimatvertriebenen«, das Wort »Heimat« so schicksalsschwer war. Das Kapitel seiner Memoiren, das er der Vertreibung gewidmet hat, endet mit den Worten: »Eine Kraft ist es, die wir im letzten Jahr und speziell auf dem Treck selbst in bisher nur geahnter Stärke kennengelernt haben: das ist die Liebe des Bauern zu seiner Scholle, zu seiner Heimat. Sie begleitet ihn bis zu seinem Tode. Und niemand soll glauben, daß sie mit seinem Tode erlischt. Die Kinder erben sie auch ohne Testament – ja ohne es selbst zu wissen.«[54] Magnus teilt hier – ich habe den Eindruck,

fast gegen seinen Willen – einen Wandel mit, der vielleicht überhaupt zu den Bilanzen des 20. Jahrhunderts gehört: die Verlagerung von »Heimat« und »Scholle« auf eine psychische Ebene. Natürlich gibt es auch heute eine große und berechtigte Liebe zum »Land«, die der Tatsache geschuldet ist, dass das Land eine Möglichkeit bietet, dem Tempo der Städte und dem Druck des städtischen Berufslebens zu entkommen. Aber Magnus meint mit seiner »Liebe zur Scholle« etwas anderes. Der Landbesitz gab ihm ein Heimat- und Zugehörigkeitsgefühl. Gleichzeitig deutet er aber auch an, dass sich dieses Gefühl nicht auf einen konkreten Ort, sondern auf die *Idee* der Scholle beziehen könnte. Er spricht von einer Erbschaft, die die Kinder »auch ohne Testament, ja ohne es selbst zu wissen« antreten. So beschrieben, erscheint »die Scholle« wie eine »Stille Post«, die von Generation zu Generation weitergegeben wird. Das bedeutet aber, dass die Heimat auch schon für ihn zu einem Ort in der Seele geworden war: aufgewachsen in Ostpreußen, hat er lange in Berlin gelebt und gearbeitet. Sein Gut in Niederschlesien erwarb er erst 1930. Gewiss, die Brauns waren seit mehr als 500 Jahren in Schlesien ansässig gewesen, aber das Gut, von dem er 1946 »heimatvertrieben« wurde, war nicht einmal eine Generation im Besitz der Familie.

Als Magnus und Emmy 1930 ihr Gut erwarben, ließ der Besitzer eines nahe gelegenen Gutes, das im 17. Jahrhundert einem Vorfahren von Magnus gehört hatte, einen Stein mit dem Braun'schen Wappen und der Inschrift »Sigismundt von Braun 1641« aus einer seiner Scheunen brechen. Den Stein schenkte er Magnus und Emmy, und sie brachten ihn über dem Eingang ihres Gutshauses in Oberwiesenthal an. Nun sah es so aus, als habe die Familie schon seit fast drei Jahrhunderten auf diesem Gut gelebt. Der Vorgang zeigt, dass es sich bei der von Magnus beschworenen »Scholle« um eine *symbolische* Heimat handelte. Darauf verweist auch der weitere Lebensweg von Magnus und Emmy: Von 1946 bis 1954, also einen beträchtlichen Lebensabschnitt, lebten sie in den

USA; Mitte der 1950er Jahre ließen sie sich in einem Dorf in Oberbayern nieder: von dieser Zeit an hat Magnus – der Ostpreuße und Berliner und Niederschlesier und Amerikaner – in bayerischer Tracht gelebt. Ich habe meinen Großvater nie anders als in Tiroler Loden gekannt. Er kleidete sich so, als sei er am Rande der Alpen geboren und seine Familie dort seit Generationen ansässig. Er war also ein »Heimatvertriebener«, aber die »Heimat« selbst ließ sich verpflanzen. Er hatte seine »Scholle« in einen anderen Landstrich versetzt. Man kann es auch anders ausdrücken: Die Erinnerung selbst war zu seiner Heimat geworden.

Mag sein, dass dieser Wandel des Begriffs »Heimat« auch der Grund dafür ist, dass die »Vertriebenenfrage« heute – drei Generationen danach – so emotional aufgeladen ist. Die Generation, die sich in den letzten Jahren für ein Gedächtnis an »die Vertreibung« stark macht, hat die »Heimat«, deren Erinnerung sie reklamiert, meistens nicht gekannt. Aber sie hat sie offenbar »geerbt«: aus der Gefühlswelt ihrer Eltern und Großeltern. Die »Heimat im Kopf« scheint einen tieferen Zugriff auf die Psyche zu haben als jeder konkrete Ort.

Die Verwandlung der Scholle in eine »Idee« habe ich an mir selbst erfahren. Ziemlich genau dreißig Jahre, nachdem Magnus und Emmy ihr Gut verloren haben, kauften mein Mann und ich in den südfranzösischen Cevennen dieses alte, seit Jahrzehnten nicht mehr bewohnte Bauernhaus, das wir renoviert haben. Es ist ganz klar, dass dieser Ort höchstens einer virtuellen Vorstellung von »Scholle« entsprechen kann. Als wir das Haus kauften, befand sich davor ein großer alter Pflaumenbaum, der wunderbare Reneklolden trug. Ich kann mich erinnern, wie ich vor diesem Baum saß und erstaunt war, »Eigentümerin« eines Pflaumenbaums zu sein. Dass man ein Haus besitzt, leuchtete mir ein. Aber es schien mir rätselhaft, wie man einen Baum »besitzen« kann. Magnus hat – noch im Herbst 1945, als sich schon längst abzeichnete, dass es zu einer Aussiedlung der Deutschen aus

Schlesien kommen würde – einige hundert Pflaumenkerne in den Wegrand seines Grundstücks gesteckt. Er wollte den Ort markieren, so wie man ein Grundstück mit Grenzsteinen markiert. Für meine Generation hingegen (soweit sie in Städten lebt) hat sich das »Land« zu einer Imagination verflüchtigt, die zwar fest in unseren Köpfen angesiedelt ist, sich aber nicht so leicht als »Eigentum« markieren lässt. Man kann eine Imagination nicht besitzen. Dennoch kann man sie seinen Kindern weitervererben.

Diese Verlagerung der »Heimat« auf eine psychische Ebene bildet das Gegenstück zur »Genealogie«, die Magnus so wichtig war. Er dachte sie, wie Du weißt, ausschließlich in männlicher Linie: Der Vater gibt seinen Namen an die Söhne weiter, so wie sein Sohn auch die Scholle erbt. Auch dieses Prinzip hat im letzten Jahrhundert einen tiefgehenden Wandel erfahren: Die Genealogie wird nicht mehr rein männlich gedacht, und auch die Familie selbst hat eine ganz neue Definition erfahren: Bis vor kurzem wurden mit »Familie« überwiegend biologische Verwandtschaftsverhältnisse bezeichnet. Heute weist der Begriff weit über die Blutsverwandtschaft hinaus. Das heißt, sowohl Heimat als auch Genealogie verdanken sich Ketten, die eher im Kopf als in der Biologie oder im Boden verankert sind.

Dass der Begriff der Heimat heute immer mehr einem Ort in unserem Kopf, in unseren Gefühlen, in unserem Unbewussten – nicht einem konkreten Ort – entspricht, hat Vor- und Nachteile. Der Nachteil ist, dass wir in dieser Heimat nie ankommen können. Der Vorteil ist, dass wir diese Heimat mit uns herumtragen, und niemand daraus »vertrieben« werden kann. Dennoch: Eigentlich hatte ich mich während der Jahre in Paris mit dem Gedanken angefreundet, für immer im Ausland zu bleiben. Nun lebe ich in Berlin, Deiner alten Stadt – einer »Heimat«, die mir durch Deine »Stille Post« vermittelt wurde.

Sigis zurück in Deutschland

Wernhers Hochzeit in Landshut hatte Sigis ausgerichtet. Er war inzwischen in Deutschland angekommen. Am 30. August 1946 hatte die lang erwartete Abreise von Sigis, Kessel und den restlichen Angehörigen des ehemaligen Botschaftsstabs – er bestand nur noch aus vier Personen – nach Deutschland stattgefunden. Weizsäckers waren schon vorher von den Amerikanern in einem Konvoi von drei Wagen über Frankreich nach Lindau eskortiert worden. Ein alliiertes Militärauto brachte Sigis und die anderen nach Frankfurt. Der diplomatische Berater des amerikanischen Oberbefehlshabers in Rom hatte ihnen freies Geleit zugesagt und die Zusicherung gegeben, dass sie sich »in der Amerikanischen Zone, wo immer sie wollen, niederlassen« konnten.

Hilde und Sigis hatten seit ihrer Eheschließung im Mai 1940 mehrere Internierungslager durchlebt und mit ihrem ersten Kind das Kap der Guten Hoffnung umschifft, sie waren im Vatikan gelandet, wo zwei weitere Kinder geboren wurden – und nun kam Sigis' Aufbruch in das Nachkriegsdeutschland. »Hilde, Kinder wohlauf«, schrieb er wenige Tage vor seiner Abreise an die Eltern, »bin wegen bevorstehender Trennung von ihnen schwer bedrückt. Wer weiß, für wie lange? Wo Wiedersehen? Ihr müsst mich trösten.« Auch Hilde litt. Am 30. August schrieb sie an Emmy und Magnus: »Vor ein paar Stunden ist Sigis nun endgültig abgefahren und mir ist hundeelend. Dass wir in den sechseinhalb Jahren unserer Ehe nie getrennt waren, macht mir meine jetzige Situation nicht leichter, im Gegenteil, der Zustand ist so ungewohnt, dass ich das Gefühl habe, nur halb zu existieren.« In demselben Brief schreibt sie auch: »Euer Plan, zu Wernher und Schnick zu gehen, hat meine volle Zustimmung. Ich wünschte nur, Ihr könntet uns mitnehmen.« Zu diesem Zeitpunkt erwägt sie sogar, Emmy und Magnus ihre drei Kinder anzuvertrauen. »Ich habe das Gefühl, dass uns noch so katastrophale Dinge bevorstehen, dass kein anderer Gedanke uns leiten darf, als die Kinder weitmöglichst davor zu schützen. Eure Übersiedlung betrachte ich dabei als einen Fingerzeig des Himmels.« Das Schwanken zwischen Zukunftsangst und Zukunftsplänen sollte für Hilde in den kommenden Jahren prägend werden, aber zunächst bedrückte sie vor allem die Trennung von Sigis. »Schildert mir doch bitte ausführlich, wie sich das Zusammentreffen mit Sigis gestaltet. Die Freude an der Vorstellung ist das einzige, was sich mir in meinem Penelope-Dasein bietet.«

Es dauerte Monate, bevor Emmy und Magnus Sigis in die Arme schließen konnten: Bei ihrer Ankunft in Frankfurt waren Kessel und Sigis verhaftet worden und in ein Lager für Deutsche, die dem »automatic arrest« unterlagen, gekommen. Eine Zeitlang wusste niemand, wo sie sich befanden. Während der Internierungszeit konnte Sigis weder mit Hilde noch mit seinen Eltern kommunizieren. Am 23. September – Sigis war einen Monat zuvor abgereist – schrieb Hilde über die Adresse von Emmy und Magnus an ihn. »Wieder ist die Montagspost vorbeigegangen, ohne eine Nachricht von Dir zu bringen. Ich bin nachgerade verzweifelt, zu keiner vernünftigen Beschäftigung mehr in der Lage und innerlich ein heulendes Elend. Allmählich kann ich mir den Zustand auch gar nicht mehr erklären, nachdem ja laufend Post aus dem amerikanischen Sektor eintrifft. Ich suche verzweifelt mich abzulenken und wage nicht mehr allein zu sein vor den Bildern fürchterlicher Vorstellungen, die mich jagen.« Sie bat Geistliche aus dem Vatikan, die laufend Verbindung nach Deutschland hielten, ihr zu helfen, »um eine Spur von Dir aufzufinden«. Eigentlich hatte sie sich vorgenommen, an ihrem Roman weiterzuarbeiten, »aber jetzt durch diese fürchterliche Ungewissheit komme ich« nicht einen Schritt weiter«.

Wenige Tage später kam endlich eine Nachricht von Emmy und Magnus: Sie hatten erfahren, dass Sigis in der Festung Hohenasperg bei Ludwigsburg interniert worden war. Nach vier Wochen Haft hatte er aus der Festung ein kurzes Schreiben im Telegrammstil schicken können: »Be-+Gesuche verboten. Erhielt gestern nach 4wöchiger Nachrichtenlosigkeit Eure Briefe und Hildes Post. Bin seither anderer Mensch. Genesung nach Angina fast beendet. ... Aussichten nach Freilassung hier völlig unübersehbar.« Hilde aktivierte erneut den Vatikan, um die Freilassung von Sigis voranzutreiben. Dabei war Sigis, wie aus einem Brief von Hilde an ihre Schwiegereltern hervorgeht, gut vorbereitet auf den »automatic arrest«, mit dem er – trotz aller Zusagen eines freien Geleits – gerechnet hatte. Alle Diplomaten des höheren Dienstes wurden auf ihre Mitschuld an den NS-Verbrechen untersucht. In Hohenasperg trafen Sigis und Kessel auf andere Mitglieder des Auswärtigen Dienstes, die wie sie erst jetzt aus dem Ausland zurückgekehrt waren.

Sigis hatte zwar einen Parteiausweis, aber seine Aufnahme in die Partei war ihm erst 1941 während seiner Internierung in Afrika mitgeteilt worden. Sie war wegen der Auseinandersetzung mit Baldur von Schirach ausgesetzt worden. Für die Zeit in Rom konnte Sigis nachweisen, dass er seine Position dazu genutzt hatte, Menschen vor der SS zu retten. Diese Nachweise halfen ihm auch beim Entnazifizierungsverfahren, das er beantragte, sobald er aus Hohenasperg entlassen wurde. Das war Ende 1946. Die Spruchkammern hatten erst wenige Monate vorher ihre Tätigkeit aufgenommen und arbeiteten zu dieser Zeit noch relativ gründlich. Die Begründung des Dokuments umfasst viereinhalb eng beschriebene Seiten, auf denen bestätigt wird, dass Sigis »unter grossem persönlichen Risiko geistliche und andere Dienststellen darin unterstützte, religiös, politisch und rassisch Verfolgte zu verbergen und ihre Deportierung zu verhindern«. Trotz Parteibuch wurde Sigis als »Entlasteter« eingestuft.

Nachdem Hilde endlich wusste, was aus Sigis geworden war, brachte sie mehrere Kisten an Emmy und Magnus auf den Weg. Sie enthielten Kleidung und Unterlagen für Sigis und andere. »Falls es uns nicht gelingt, unsere Pläne mit den Eurigen zu verbinden [Hilde dachte an die Auswanderung in die USA] wird der Inhalt dieser Kisten das einzige Materielle sein, mit dem wir unsere Existenz in Deutschland beginnen werden, auf dem üblichen Weg des Tauschens.« Zwei Monate später wurde Sigis aus der Haft entlassen.

In den darauf folgenden Jahren übernahm Sigis zunächst eine Funktion bei den auslaufenden Nürnberger Prozessen. »Meine Aufgabe dort war die Kontrolle und Korrektur der Protokolle des Großen Prozesses, die in englisch, französisch und russisch herausgekommen waren, aber weder untereinander noch mit der neu erstellten deutschen Fassung überall übereinstimmten. Dazu kam mir mein geringes Russisch, gelernt im Vatikan bei Pater Prinz Sergej Obolenskij, gut zuhilfe. Das Monatsgehalt war RM 800, was nicht weit reichte, aber zusätzlich gab es alle 14 Tage zwei Stangen ›Zipper‹-Zigaretten, und die waren in der bis zur Währungsreform herrschenden Zigarettenwährung (eine Zigarette = 6 RM!) ein sehr wesentlicher Lebensbeitrag.« Die Zigaretten wurden gegen Dachpappe, Draht, Ziegelsteine, Waschbecken und ähnliche Dinge getauscht, die zum Wiederaufbau des halbzerstörten Hauses von Tante Grete in Dortmund gebraucht wurden. Sie hatte angeboten, Sigis und seine Familie dort unterzubringen. Das Schwierige war, an solche Materialien überhaupt heranzukommen – aber ein Brief von Hans aus Australien hatte bei den Besatzungsbehörden einige Türen geöffnet.

Später wurde Sigis Assistent der Verteidigung beim Prozess gegen Krupp und danach beim Wilhelmstraßen-Prozess, in dem auch sein ehemaliger Vorgesetzter Ernst von Weizsäcker auf der Anklagebank saß. Während dieser Tätigkeit wurde er im Sommer 1948 plötzlich von der CIA verhaftet und nach Oberursel verbracht; ein Grund für die Verhaftung wurde ihm nicht mitgeteilt. »Als ich aus dem Fenster des Verhaftungsbaues guckte, sah ich im Garten die Ex-Minister Schwerin-Krosigk und Funk sitzen, die lebhaft über Papiere diskutierten, wahrscheinlich über die sich ankündigende Währungsreform. Es erwies sich, daß meine Verhaftung auf Peenemünde zurückging. Bruder Wernher hatte mir bei seinem Besuch in Landshut [anlässlich seiner Eheschließung mit Maria] einen Zettel mit der Ortsbeschreibung eines Baumes im Allgäu hinterlassen, unter dem das Manuskript von Vaters Buch ›Weg durch vier Zeitepochen‹ und einige dem General Dornberger (Wernhers Chef im Reichswehrministerium) gehörige Silbersachen vergraben waren; ich möge die Kiste mit Dornberger zusammen ausbuddeln. Dies hatte ich verklausuliert an Dornberger, damals in der britischen Zone wohnhaft, geschrieben, und der Brief hatte auf seinem Schreibtisch in dem Augenblick gelegen, als er von den Briten in seiner Eigenschaft als Mitglied der Peenemünder Mannschaft verhaftet wurde. Die Alliierten hatten daraus geschlossen, daß dies einige bei der Abreise Wernhers in die USA fehlende Raketenunterlagen seien, die die Deutschen nicht übergeben wollten. Als sich die Wahrheit herausstellte – man hatte kein Silber und nur einige Blätter gefunden, die aus Vaters Manuskript stammten – wurde ich entlassen.«

Andere Tätigkeiten folgten später – im Außenhandel der drei Länder der französischen Zone, dann im Ministerium für Wirtschaft und Verkehr des Landes Rheinland und schließlich in der Privatwirtschaft. »All dies ergab sich, weil mir an verschiedenen Orten Bekannte von früher begegneten, die Mitarbeiter suchten.« Man könnte meinen, dass für Sigis und Hilde die Dinge allmählich wieder im Lot waren: Sie waren angekommen im »neuen Deutschland« Adenauers und Erhards, das für viele Jahrzehnte die Nachkriegszeit und den »Wiederaufbau« begleiten sollte. Aber ganz so gradlinig verlaufen Biographien dann doch nicht. Sigis hatte im Herbst 1946 den Vatikan verlassen, aber Hilde blieb noch bis 1949 in Rom. Gelegentlich stieß Sigis dazu. Während dieser Jahre passierte Entscheidendes, durch das Hildes und Sigis' Leben noch einmal aus den Angeln gehoben wurde.

Hildes zweites vatikanisches Tagebuch

Fast zeitgleich mit Sigis' Abreise im Sommer 1946 brechen die ersten vatikanischen Tagebücher ab. Es war der Zeitpunkt, an dem auch Emmys Tagebuch endete. So käme meine vatikanische Geschichte zeitgleich mit der schlesischen zu einem Ende, wenn Hilde nicht Anfang 1946 begonnen hätte, neben den ausführlichen Tagebüchern ein zweites Tagebuch zu führen, in dem es nur stichwortartige, dafür aber tägliche Einträge gibt. Da sie nun allein lebte – Sigis tauchte zu Weihnachten und Ostern auf, später auch mal für einige Monate – bezogen sich die Notizen im neuen Tagebuch nicht mehr auf ein »wir«, sondern zunehmend auf ein »ich«. Wegen der stichwortartigen Einträge in dem letzten vatikanischen Tagebuch lassen sich viele der Zusammenhänge und Ereignisse nur rekonstruieren: aus Daten und aus Namen. Aus diesen Stichworten setzte sich allmählich eine Geschichte zusammen, auf die ich nicht vorbereitet war.

Das Tagebuch beginnt am 1. Januar 1946 – es führt also zunächst ein paar Monate zurück – und endet mit dem Jahr 1949. Nach den Einträgen zu urteilen, unterhielt Hilde in dieser Zeit eine rege Korrespondenz mit ihrem Bruder Hans, der zunächst noch nicht aus dem australischen Militärdienst entlassen worden war. Bruder und Schwester hielten sich über alles auf dem Laufenden, auch über die intimsten Dinge, wie mir Hans später erzählte. Neben den Korrespondenzen mit Hans sowie Freunden und Verwandten wurden in Hildes Tagebuch auch Kinderkrankheiten, Verabredungen, Arztbesuche und Gäste vermerkt. Die Namen von einigen Gästen sind mir aus den vorigen Tagebüchern bekannt: Manchen bin ich später in Deutschland, New York, Wien und an anderen Orten begegnet, andere habe ich nie kennengelernt, aber sie bekommen im Laufe meiner Transkription von Hildes Notizen allmählich ein »Gesicht«. Wie für Emmy in Schlesien, für die die Briefe der einzige Lichtblick in ihrer abgeschnittenen Lage waren, stellten auch für Hilde die Nachrichten, die sie von Freunden und Verwandten erhielt, einen wichtigen Bestandteil ihres Lebens dar. Von dem, was sie »von draußen« erfuhr, hingen viele Zukunftsentscheidungen ab.

Im August 1946 vermerkte Hilde die Nachricht von der Ankunft von Emmy und Magnus im Westen; sie erwähnte das Abschiedsfest für Weizsäckers. Das Datum der Abreise von Sigis wurde notiert: Es war auf den 26. August 1946 festgelegt worden, fand aber erst am 30. August statt. Hilde brauchte ein Attest, damit sie im Vatikan bleiben konnte. An sich sollten alle Familienangehörigen mit den Diplomaten abreisen. Auch Frau von Weizsäcker war mit ihrem Mann nach Deutschland gebracht worden. Aber Weizsäckers hatten ein Haus, das unversehrt geblieben war. Hilde und Sigis wussten nicht, wo sie mit ihren drei Kindern unterkommen sollten. Das Haus von Tante Grete war noch in keinem bewohnbaren Zustand, und so bewahrte Hildes schwacher Gesundheitszustand sie und ihre Kinder vorerst vor der Vertreibung aus dem Paradies.

Kurz vor Sigis' Abreise bummelten beide zum ersten Mal wieder durch Rom, das sie so lange gar nicht oder nur mit spezieller Genehmigung der Alliierten und Militäreskorte hatten betreten dürfen. Auf der Piazza Navona tranken sie ein Glas Wein und kauften für Sigis eine Uhr, die er offenbar im Vatikan nicht benötigt hatte. Dieser Kauf besagt etwas über das »zeitlose« Leben hinter den Mauern oder über die genaue klerikale Reglementierung der Zeit. Nun kehrte Sigis zurück ins Leben »draußen« und brauchte eine eigene Uhr. Sie besuchten eine Ausstellung in der Villa Borghese, aßen in einem Restaurant in Trastevere, allesamt Orte, die ich so gut kenne und über die ich nun dieses junge Paar – und das sind sie immer noch: Sigis ist 35 Jahre alt, Hilde 31 – schlendern sehe. Sie waren attraktiv; das bezeugen die Photos. Sie hatten sich in Nazi-Deutschland kennengelernt, hatten im Krieg geheiratet, waren im Internierungslager gewesen, hatten den Zusammenbruch Deutschlands miterlebt (wenn auch aus sicherer Distanz) und hatten nebenbei drei Kinder in die Welt gesetzt.

Nun war der Krieg aus. Das tat gut. Für Hilde und Sigis brachte das Kriegsende paradoxerweise aber auch das Ende der Unbekümmertheit, mit der sie im Vatikan gelebt hatten. Vor allem auf Sigis kamen neue Forderungen zu. Er musste sich um die Zukunft der Familie kümmern, nach Arbeit suchen. Hilde hingegen ließ die Dinge auf sich zukommen. Eigentlich hätte für sie das unbekümmerte Leben immer so weiter gehen können, zumal sie nun auch nicht mehr eingeschlossen war. Die einzige Gefahr war die Langeweile, so allein mit drei kleinen Kindern, deren größte Sorge es war, Zucchini (Carola) oder den morgendlichen Haferschleim (Christina) essen zu müssen. Am Tag von Sigis' Abreise gab Hilde die Pakete an die Eltern und Brüder von Sigis auf. Am 17. September vermerkt sie in ihr Tagebuch »Tag der Heiligen Hildegard«. Am 9. Oktober traf ein Telegramm von Sigis ein: Er war aus der Haft in Hohenasperg entlassen worden.

BERLIN,
DEN 18. NOVEMBER 2006

Liebe Großmutter,

der 17. September ist Hildes Namenstag. Seltsam, dass sie das Datum vermerkt, obgleich sie doch immer – gerade im Vatikan – ihre protestantische Herkunft betont. Dieser Tag wäre auch Dein Namenstag. Wahrscheinlich wusstest Du das gar nicht. Dennoch bin ich über das Datum gestolpert. Einen Tag später, am 18. September 1944, wurdest Du verhaftet. Ob das in Hildes Kopf eine Rolle spielte, als sie diesen Eintrag vornahm? Deine Verhaftung lag nur zwei Jahre zurück. Aber wenn ich diese Tagebücher und Biographien lese, kommt es mir vor, als lägen Jahrzehnte zwischen Deiner Verhaftung und Hildes Notiz zum 17. September. Um wie viel mehr muss es den Menschen in dieser Zeit so ergangen sein. In diesen zwei Jahren war so viel geschehen: Ein »tausendjähriges Reich« war zusammengebrochen, es hatte schwere Bombardierungen gegeben, in Europa bestanden ganze Städte nur noch aus Ruinen; die Bilder von Auschwitz, Buchenwald und den anderen KZs waren um die Welt gegangen; Abgründe hatten sich aufgetan, die bis heute noch nicht geschlossen sind. Emmy und Magnus hatten in diesen zwei Jahren die Aussiedlung erlebt, während sich Hans, Wernher und Schnick auf verschiedenen Kontinenten der »Neuen Welt« einzurichten begannen. Nur für Hilde und Sigis in der »Ewigen Stadt« war die Zeit stehen geblieben. Für sie war zu diesem Zeitpunkt noch alles offen.

Von all denen, deren Leben ich hier zu beschreiben versuche, hatten sie am wenigsten die Geschwindigkeit zu spüren bekommen, mit der sich Zeit und Geschichte in diesen zwei Jahren bewegt hatten. Ich war neulich noch einmal an Deinem Grab. Es ist viel gestorben worden in diesen zwei Jahren, aber gerade damals ließ sich der Tod nicht viel Zeit. Auch Dein Sterben ging schnell. Zwölf Tage nach Deiner Verhaftung.

Sigis bei den Nürnberger Prozessen

Durch seine Tätigkeit bei den Nürnberger Prozessen war Sigis einigermaßen versorgt, wenn auch nicht üppig. Die Beschreibung des Hungers – bei ihm selbst und denen um ihn – nimmt viel Platz in seinen Briefen über den Atlantik ein, wo sich mittlerweile, es ist Mai 1947, Emmy und Magnus befanden. Hilde und die Kinder in diese Situation nach Nürnberg kommen zu lassen, hielt Sigis für ausgeschlossen. »In Nürnberg hat jede Familie, die keine Kinder über 10 hat, Anrecht auf ein Zimmer und Küche.« Andererseits wartete er nun aber auch schon länger vergeblich auf die Genehmigung des Kontrollrats, die Familie für einen Monat in Rom besuchen zu dürfen. Da er und Hilde es für aussichtslos hielten, in Italien eine einträgliche Arbeit zu finden, hielt er, »so sehr ich eine Trennung hasse, das Auseinanderleben vorerst noch für besser«.

Eine Verbesserung seiner Lage erhoffte sich Sigis vom bevorstehenden Beginn des IG-Farben-Prozesses, bei dem er erneut Aussicht auf Beschäftigung hatte. »Bei der Verteidigung gibt es Sonderrationen.« Der Hunger ließ die politischen Ziele des Prozesses in den Hintergrund treten. Das war jedoch nicht immer der Fall. Die Behörde, in der Sigis arbeitete, sollte bis Ende des Jahres ihre Tätigkeit abgeschlossen haben: alle 36 Bände (die Protokolle der Prozesse) sollten dann erschienen sein. Auch die Prozesse selbst sollten so bald wie möglich zu einem Abschluss kommen. »Alsdann werde hier alles zugemacht. Das Gericht verschlingt ja Unmengen Dollars, bei dem Personalbestand den allein die Prosecution hat, die fast das ganze, doch riesige Gerichtsgebäude ausfüllt. Ich kann schon verstehen, dass hier gespart werden soll, wo auch noch dazu das Interesse an all den Dingen täglich mehr abnimmt.« Doch das dauerte noch. In einem Brief von Februar 1948 schrieb Sigis an seinen Vater: »Prozess schreitet stotternd fort. Wir sind noch nicht über den Angriffskrieg hinaus. Als Letztes war Sch-K [Lutz Schwerin von Krosigk, der im Dritten Reich das Finanzministerium leitete] wegen Finanzierung dieses Kriegs. Jetzt kommen die Verbrechen gegen die Menschlichkeit.«

In den Briefen von Sigis gibt es auch manche Stimmungsbilder vom Nachkriegsdeutschland, auf das er, weil er so lange im Ausland gewesen war, einen besonderen Blick warf – nicht unähnlich seinen kurzen Tagebuchnotizen in den 1930er Jahren, als er »mit Unbehagen« die »neuen Bestimmungen« zur Kenntnis genommen hatte. Eine dieser Beschreibungen zeigt, wie wenig Deutschland die Nazizeit hinter sich gelassen hatte: »Die Armut schafft in den deutschen Hirnen eine Sorte von Hybris des Nichts, einen bitteren, notleidenden Adel des Nicht-Besitzens, der eine tiefe, unüberbrückbare Kluft darstellt zwischen dem Reichtum der Amerikaner und dem komplizierten Leben der hiesigen. Ein defensiver Trotz, ein Grad der Menschlichkeit, der den Draußenstehenden verbaut und verrammelt ist und in der sie keinen Menschen hereinzulassen gewillt sind. [...] Und wenn man so die Schicht der geruhsamen Bürger betrachtet, so kriegt man einen Heidenschreck vor einer dunklen Gewalt, die vielleicht ungeboren, ungezeugt, aber mit elementarer Kraft vorhanden ist und eines Tages hervorbrechen wird. Er vereint hier alle Schichten: dieser Hochmut, den der dauerhafte Besitz des Nichts erzeugt. Er sondert sie ab, und nichts, was Du ihnen erzählen kannst, vermag sie zu überzeugen. Sie wissen es besser, denn sie wissen, was Du nicht weißt: Sie kennen das Nichts. Erschreckend ist das Gefühl, und manchmal zieht es einen wie einen Strudel an, und man ist erfüllt von einem Gefühl, wie herrlich, auch mit denen allen dazuzugehören. Und ich will nicht, und will nicht und will nicht hineingezogen werden. Und ich will auch nicht, dass meine Kinder hineingezogen werden, denn ich weiß, was unser so radikal denkendes, organisationsbegabtes, alles gleich bis ins letzte durchdenkende und durch-arbeitende Volk aus solch einer Erkenntnis machen kann und wird.« Beim Lesen dieser Beschreibung musste ich an viele Bilder aus der Zeit des Nationalsozialismus denken, wo ebendies – das seligmachende Gefühl »dazuzugehören« – auf viele Menschen so viel Anziehungskraft ausgeübt hatte. Nun war daraus eine andere Art von »Dazugehörigkeit« geworden: die Hybris des Nichts.

Sigis berichtet von gelegentlichen Besuchen in der Evangelischen Sebalduskirche von Nürnberg, deren Gottesdienste praktisch unter freiem Himmel stattfanden, weil über dem Altar nur ein großes Loch war. »In der Ecke standen verstaubte Heilige, die die Bomben von ihren Sockeln hoch an den Säulen herabgeworfen hatten und die aus dem Schutt herausgezerrt waren, sie sahen etwas verlegen aus in ihren Gewändern aus Staub, und manche lächelten, als entschuldigten sie sich.« Die Predigten in den Kirchen kamen ihm vor »wie aus einer anderen Zeit, aus einer anderen Welt«. Sie hinterließen bei ihm ein schales Gefühl. »Ich ging weg jedesmal mit dem Gefühl, als hinge aus ferner Zeit die Wurzel eines herausgerissenen Baumes bis gerade an das Erdreich heran und reiche doch nicht mehr herein – ganz deutlich und klar dieses Gefühl. Warum nicht das Gefühl: Und dennoch! Ans Werk! Das war es leider nicht. Gar nicht. Es bestand von dieser Kirche und der Gemeinde, die sich in ihr den Anschein der Kontinuität zu geben versuchte, keine Verbindung mehr zu Wahrheit des Wirklichen um uns.« An anderer Stelle wird Sigis auch wieder prosaischer. Er schlug seinem Vater vor, die Eigentumsrechte an seinem Gut in Schlesien auf schwedische Verwandte zu übertragen. Ulle Lewald, die sich weiterhin in Wiesenthal befand, hatte Nachricht gegeben, dass bald eine formelle Enteignung der Güter durchgeführt würde. Vielleicht, so war wohl Sigis' Überlegung, ließe sich ein schwedischer Eigentümer nicht so leicht enteignen wie ein deutscher.

Hilde allein im Vatikan

Da Hilde nach der Abreise von Sigis den Vatikan verlassen konnte, öffneten sich ihr neue Lebensräume. Hatte man am 14. Juli 1946 noch den »Egmont mit verteilten Rollen gelesen: für Weizsäckers und die Gefangenen«, so gab es nun Konzert-, Theater- und Opernbesuche in der Stadt Rom: »Sartre, Les Jeux sont faits (ausgezeichnet)«; »Entführung aus dem Serail (entzückend)«; »Bach-Konzert, H-Moll-Messe (herrlich)«; »Don Giovanni (wunderbar)«. Daneben erhielt Hilde Einladungen zu Hauskonzerten bei Ludwig Curtius. Sogar Reisen kamen nun in Frage: Sie fuhr mit Freunden in die Toskana, um dort noch einmal die Pracht der florentinischen Renaissance und das Kloster La Certosa zu besichtigen – Orte, die sie schon als junge Frau mit ihrer Mutter und Hans besucht hatte. Sie fuhr nach Ostia, um im Meer zu baden. Über mehrere Wochen arbeitete sie im Auftrag von einem »Pater Schneider« – ohne genau mitzuteilen, worin diese Arbeit bestand. »Material für Schn. geordnet« heißt es im Tagebuch. Da sie diese Arbeit zu Hause, auch oft abends, erledigte, könnte es sich um die Transkription von Dokumenten oder um die Katalogisierung von Akten/Briefen handeln. Dann schrieb sie auch Artikel – einer hat den enigmatischen Titel »Das andere Russland«. Daneben tauchen Berichte über Ausflüge auf – mit den Kindern oder mit Freunden. Ziemlich oft sind Kinobesuche in Rom vermerkt, meistens mit einer Freundin. 11. April: »Symphonie pastorale«; 17. April »›Notorious‹ – sehr gut!«; »Monsieur Verdoux«, »Scala all Paradiso«. Den letzten Film schaute sie sich gleich zweimal an. In einem Brief an Magnus und Emmy schrieb sie: »2 amerikanische Stücke sah ich unlängst. Eins als Film O'Neill: ›Mourning Becomes Electra‹, alle Wetter, da kann sich Europa einiges abschneiden. Ich hatte den Eindruck, dass der Film ziemlich getreu der Bühnenfassung folgte. Und dann ein Theater, das sich hier ›Un tram che si chiama desiderio‹ nannte von Tennessee Williams [›A Streetcar Named Desire‹], sehr viel weniger gut. Aber beide Stücke von einer Morbidität der Auffassung. Was sollen wir denn hier in Europa machen, wenn das drüben im jungen Erdteil schon so losgeht? Und Russland feiert Beethoven und bevorzugt Harmonien.« Ab Juni 1947 tauchen Hinweise auf Schlafmittel auf.

In dieser Zeit las Hilde viel, um sich abzulenken. Bei ihren Lektüren spürt man den Einfluss des Ortes, an dem sie lebt. Dachte ich jedenfalls. Sie liest die Bibel, das Neue Testament! Ein Eintrag am 23. Juli 1946 lautet nur: »Garten – Radio – Katechismus.« Oder am 10. April 1947: »Gelesen: Zeitungen, Neues Testament.« Von einem befreundeten deutschsprachigen Geistlichen ließ sich Hilde christlich unterweisen: in der Lektüre der Paulus-Briefe. Sie, die ungern zur Schule gegangen war – und nach eigener Aussage wie nach den Schulzeugnissen einzig in Geschichte gute Zensuren hatte –, wurde wieder zur Schülerin: bei Geistlichen, von denen sie sich auch Noten erteilen ließ beziehungsweise ihnen erteilte. Eintrag am 26. Juni 1947: »Kurs Pater Kempf (unbefriedigend).« Sie beschäftigte sich mit der Reformation und der Gegenreformation, las über die Gestalt des Seripando. Ich musste den Namen im Lexikon nachschlagen. Es handelt sich um einen katholischen Theologen des 16. Jahrhunderts, der 1554 Erzbischof von Salerno war und ab 1561 als Kardinal und Legat auf dem Dritten Trienter Konzil wirkte. Auf diesem Konzil, das sich von 1545 bis 1563 hinzog, formulierte die katholische Kirche – als Reaktion auf die Reformation – ihre Glaubenssätze neu beziehungsweise bestätigte alte Dogmen. Hilde interessierte sich zeitlebens herzlich wenig für Kirchenfragen und Glaubenssätze. Es war für sie eine Formsache, die Kinder taufen und konfirmieren zu lassen, uns in den Kindergottesdienst zu schicken. Gotteshäuser besuchte sie fast ausschließlich aus kunsthistorischem Interesse. Woher also dieses plötzliche Interesse an einer Gestalt der katholischen Kirchengeschichte, dessen Name nur bei Kirchenhistorikern Assoziationen auslöste? Warum vertiefte sie sich in katholische Autoren wie Guardini oder Le Fort? Ich sollte erst später feststellen, dass es dafür einen Auslöser gab. Es ging ihr weniger um die Lektüre selbst als um den Menschen, der sie zu dieser Lektüre hingeführt hatte.

Neben Kirchengeschichte las Hilde auch historische Werke

und die »große Literatur«. Erneut begeisterte sie sich für die Lektüre von Gregorovius, den sie auch schon in den ausführlichen Tagebüchern erwähnt hatte. Daneben lagen Goethe (Dichtung und Wahrheit, Tasso), die neuere Literatur (Cannery Row, Brave New World, Teufels General, Darkness at Noon) oder Hamsun auf ihrem Nachttisch. Auch mal ein Krimi. Carl Burckhardt taucht oft in den Notizen auf. Dann wieder vertiefte sie sich in eine Biographie über Lucrezia Borgia oder in »The Emperor's Duchess«, den neuen Roman von R. G. Waldeck, die im Oktober 1947 in Rom aufkreuzte und bis Ende November blieb.

Berlin,
den 22. November 2006

Liebe Großmutter,

Rosie Waldeck und Du, Ihr wart befreundet. Das habe ich leider nicht gewusst, als ich sie in den 1960er Jahren in New York kennengelernt habe. Hilde hat mir davon nichts gesagt und auch nichts von ihrer interessanten Lebensgeschichte erzählt. Man sagte von Rosie, sie habe ein böses Mundwerk gehabt. Als ich sie kennenlernte, war sie schon eine alte Dame und wohl eher sanft geworden. Rosie war übrigens eine der wenigen Frauen, über die Hilde nie ein abfälliges Wort gesagt hat. Sie hat sie bewundert: als Schriftstellerin, aber wohl auch für das Leben, das sie im Berlin der 1920er Jahre führte. Als blutjunge Frau hatte sie den alten, verwitweten Franz Ullstein geheiratet und wollte den Verlag umkrempeln. Sie selbst wurde nach dem Krieg Bestsellerautorin, das hast Du nicht mehr erlebt. Rosie schrieb historische Romane, manchmal auch politische Berichte.

Wenn Rosie schreibt, so erzählte mir Hilde einmal, bleibt sie den ganzen Tag im Bett. Auf ihrem Bett verstreut liegen die Zettel mit Notizen. Sobald sie das Bett verlässt, sei es aus mit dem Schreiben. Dann verrichte sie unsinnige Erledigungen – Handschuhe waschen zum Beispiel – nur um nicht schreiben zu müssen. Sobald sie das Bett verließ, wurde Rosie zu einer Aktivistin. Nur im Bett fand sie die klösterliche Ruhe, deren das Schreiben bedarf. Das Beispiel mit dem »Handschuhe waschen« habe ich nie vergessen. Wahrscheinlich ist es mir deshalb so lebhaft in Erinnerung geblieben, weil es besagt, dass Rosie gewohnt war, mit Glacéhandschuhen unter die Leute zu gehen. Ihren Roman »Venus am Abendhimmel«, den Hilde während ihrer Zeit im Vatikan verschlang – sie erzählte davon in einem Brief an Emmy und Magnus – habe ich mir kürzlich vorgenommen. Er enthält ein großes Fachwissen über Mode und Kleidung, und zugleich erzählt er die Geschichte des Wiener Kongresses als Liebesgeschichte. Die Leute sagen, sie habe mit dem Wiener Kongress die Potsdamer Konferenz gemeint und mit der Liebesgeschichte von Talleyrand und seiner Nichte sich selbst und Franz Ullstein.

Hilde identifizierte sich mit Rosie. Sie wollte gerne so gut schreiben können wie sie. Aber hinter ihrer Bewunderung steckte noch mehr: Rosies Lebensgeschichte. Der alte Franz Ullstein, das war für Hilde auch Kurt Saalfeld, den sie geliebt hatte und von dem Du sie getrennt hast. Sten Nadolny hat vor wenigen Jahren einen schönen »Roman« über die Familie Ullstein veröffentlicht,[55] in dem viele Personen auftauchen, die Du gut gekannt hast. Er hat auch einen Aufsatz über »die Frauen« des Hauses Ullstein verfasst – in einem Band zum 125-jährigen Bestehen des Ullstein Verlags. In Nadolnys Aufsatz geht es um die Ehefrauen, Töchter und Schwiegertöchter des Verlagsgründers Leopold Ullstein und seiner fünf Söhne. In diesem Zusammenhang stieß ich auf den Namen von Rosi Waldeck (Nadolny schreibt den Vornamen, anders als Hilde, ohne e): Sie hieß, so erfuhr ich, in Wirklichkeit Rosalie Goldschmidt. Nadolny schreibt: »Sie war unter all den Hausherrinnen, den Hera ähnelnden Göttermüttern der Ullsteinfamilie, sozusagen eine Athene: neugierig, eine scharfe Beobachterin und ein ›Kopf‹, zweifellos völlig unfähig, mit ihrer Intelligenz hinter dem Berge zu halten.«[56]

Durch Rosie habe sich ein ohnehin schon latenter Streit zwischen Franz Ullstein und seinen Brüdern verschärft, weil »Rosi sich Urteile zu redaktionellen Belangen zutraute und Franz ihr darin folgte«. Das Drama wirst Du miterlebt haben – es ist damals durch die gesamte Presse gegangen: Der Chefredakteur der »Vossischen Zeitung«, Georg Bernhard (er muss sich auch von der intelligenten Rosie bedroht gefühlt haben) lancierte das Gerücht, sie sei im Ersten Weltkrieg französische Spionin gewesen. Nadolny schreibt dazu: »ein Unfug, den die mit Franz hadernden Brüder leider aufgriffen, um ihn aus der Führung der Firma zu drängen«. Der Prozess zwischen den Brüdern ging zu Gunsten von Franz Ullstein aus. »Dieser blieb in seiner Stellung, ließ sich aber um des Friedens willen von Rosi wieder scheiden.« Erst im Exil nahm Rosie dann den Namen R. G. Waldeck an (da sie schon Anfang der 1930er Jahre in die USA ausgewandert ist, hast Du sie vielleicht noch unter diesem Namen gekannt) und veröffentlichte unter diesem Pseudonym mehrere erfolgreiche Romane. »Ich habe mich noch an keinen herangetraut«, beschließt Nadolny seinen Bericht. Ich, wie gesagt, schon.

Kanntest Du Rosies Herkunft? Rosie Waldeck, so schreibt der Rowohlt-Verlag, wo nach dem Krieg ihre Romane in hohen Auflagen erschienen – manchmal gingen sie in die hunderttausende –, kam ursprünglich aus Mannheim und promovierte in Heidelberg. 1931 emigrierte sie nach New York und wurde amerikanische Staatsbürgerin. Das muss nach der Scheidung von Franz Ullstein gewesen sein. Neben den Romanen schrieb sie auch journalistische Berichte: über Russland, Nordafrika; sie erforschte mit einer Kommission des Völkerbundes die Mandschurei. Wahrscheinlich hast Du sie gesehen, als sie kurz vor Ausbruch des Zweiten Weltkriegs noch einmal in Deutschland war. Danach veröffentlichte sie eines ihrer erfolgreichsten Bücher, den, wie der Verlag schreibt, »aus intimer Kenntnis geschriebenen Tatsachenroman ›Athene Palace‹, der die politische Intrige auf dem Balkan zu Beginn des Zweiten

Weltkrieges zum Thema hatte«. Und dann kam sie eben auch nach dem Krieg nach Deutschland zurück; ihre Analyse des Nachkriegsdeutschlands, »Europe between the Acts« fand viel Beachtung. Es muss bei einer dieser Reisen gewesen sein, dass sie Hilde in Rom besuchte.

Am erfolgreichsten war ihr Roman »Venus am Abendhimmel«, den Hilde erwähnt. Sie muss ihn auf Englisch gelesen haben, denn er erschien erst 1951 auf Deutsch. Ich finde, der Wiener Kongress bietet tatsächlich einige Parallelen zur Nachkriegszeit von 1945: das Ende eines Kriegs, der Europa ausgeblutet hat, das Ende eines hegemonialen Herrschaftsanspruchs, gegen den sich »die Alliierten« verbündet haben, und zugleich der Versuch, eine neue europäische Ordnung auf dem Reißbrett zu entwerfen. Zugleich habe ich in den Beschreibungen des Romans auch die Sehnsüchte von Hilde wiedergefunden: eine Welt der Bälle, der Diners, der großen Garderoben und der Frauen, die über ihre Liebesbeziehung »die Geschichte« erleben und auf sie Einfluss nehmen.

Unter uns gesagt, der Roman kennt keine Scheu vor dem Kitsch – insofern kann ich Nadolny gut verstehen. Aber er bedient sich dieser Elemente, der Liebe und der Leidenschaft, um von »der Geschichte« zu erzählen: von Nationen, Armeen und »großen Männern«. Genauso hat sich Hilde ihr Leben vorgestellt. In einem Brief an Emmy und Magnus erzählt sie von ihrer Lektüre und schreibt dazu: »Aber was für ein Unterschied zu heute. Wenn die heutigen Herren sich nur halb so gut zu amüsieren verstünden wie Talleyrand und die anderen damals, würden sie vielleicht auch etwas mehr Menschenverstand aufbringen.« Vielleicht hat sie gar nicht mal unrecht. Viel Gutes hat die Askese der Menschheit noch nie gebracht. Und das schreibt Hilde mitten aus dem Vatikan, umgeben von lauter Schwarzröcken, die sich für die Enthaltsamkeit entschieden haben.

Deine Freundin Rosie tauchte also Ende 1947 in Rom auf. Sie war für Hilde ein Relikt, ein Erinnerungsstück an Dich und an ihren ersten Geliebten, Kurt Saalfeld. Rosie hatte – ob sie es wollte oder nicht – Dein Berlin, das Berlin des Ullstein Verlags, in ihrem Gepäck. Damit müssen auch die ganzen Erinnerungen an das Haus in der Lyckallee mit seiner Siemens-Elektrifizierung und an »Heibaudi« und Deine Kochbücher mit den geklauten Rezepten in Hilde hochgekommen sein. Rosie brachte Eure verlorene Zeit, die Erinnerung an die Zeit vor dem Nationalsozialismus wieder. Mit Rosies Roman verbrachte Hilde viele Abende. Der letzte Eintrag dazu lautete: »Rosie beendet (sehr dramatisch)«.

Leider wurde Hildes Bewunderung für Deine Freundin nicht von ihr erwidert. Im Gegenteil, Rosie hat Hilde entmutigt – ich fürchte, ein wenig so wie Du es auch manchmal getan hast. Das wird Dich in Kenntnis von Rosie nicht wundern. Hilde gab Rosie das unfertige Manuskript ihres Romans zu lesen. Sie sei »völlig unbegabt«, sagte ihr Rosie, sie solle vom Schreiben lassen und sich stattdessen um Mann und Kinder kümmern. Das ist die Art von Entmutigung, der Hilde immer wieder begegnet ist: bei Dir, bei den Männern, auch bei Sigis. Sie wurde immer wieder in ihre »weiblichen Schranken« verwiesen. Mag sein, dass das Manuskript tatsächlich schlecht war. Aber warum nicht berichtigen, ermutigen? Als ich diese Notizen in Hildes Tagebuch las, dachte ich: Vielleicht sind Romanschriftsteller und -schriftstellerinnen wie Rosie auf das »Material« angewiesen, das Frauen wie Hilde ihnen liefern. Sie machte aus ihrem Leben einen Roman – und den verwerten dann die anderen. Aber ebendeshalb lassen sie auch nicht zu, dass Frauen wie Hilde selber schreiben. Oder ist es andersherum? Liefern Erzählungen wie »Venus am Abendhimmel« Frauen wie Hilde eine Vorlage für den »gelebten Roman«? Jedenfalls tauchten nach der Begegnung mit Rosie in Hildes Tagebuch oft Notizen auf, dass sie Fieber habe, sich »schlapp, elend, müde« fühle. Alle paar Tage bedarf sie einer »Injektion« (aus Briefen an Sigis erfährt man, dass es sich um Aufbaustoffe handelte). Diese Müdigkeiten, von denen ich glaube, dass es sich auch schon um Symptome von Depression handelte, waren jedoch wie weggeblasen, sobald sie schrieb. Im Jahr 1946 hatte Hilde fast täglich an ihrem Roman gearbeitet. Wiederholt notierte sie, dass sie bis spät – bis zwei oder drei Uhr morgens – gearbeitet habe. Damit war nach Rosies Besuch Schluss. Ein Tagebucheintrag deutet an, dass sich Rosie bei einem interessanten Gespräch, das Hilde gerade führte, eingemischt habe und sie aus der Unterhaltung verdrängte. Kein Wunder, dass Hilde schließlich »erleichtert« notierte, dass Rosie wieder abgereist war.

Die Liebe im Zeichen des Zölibats

Hildes plötzliches Interesse an kirchengeschichtlichen Büchern hatte mich schon in Staunen versetzt. Tatsächlich, so schloss ich aus späteren Briefen, hatte sie begonnen, sich intensiv mit Glaubensfragen zu beschäftigen. Das hing mit einer »Sinnkrise« zusammen, die sie allmählich nach Sigis' Abreise befiel und für die sie – bei der Umgebung nicht überraschend – in der Religion Abhilfe suchte. Es war aber auch die Folge einer neuen Entwicklung, die sich mir erst langsam bei der Transkription des zweiten vatikanischen Tagebuchs erschloss. Sie sollte in das Leben von Sigis und Hilde eine tiefe Wunde schlagen. Dass sich Hilde in einen Geistlichen verliebte, der wie sie im Vatikan lebte, davon hatte mir schon Hans bei seinem ersten Besuch in Deutschland berichtet. Sie hatte ihm nach Australien geschrieben, dass sie sich wegen eines Monsignore von Sigis trennen wolle. Ihr Bruder schrieb zurück, dass sie die Finger davon lassen solle: Nie werde ein Geistlicher seine klerikale Karriere dadurch ruinieren, dass er eine Frau heirate, zudem eine geschiedene mit drei Kindern, die auch noch Protestantin sei! Ich hatte die Angelegenheit nicht ganz ernst genommen und für eine Anekdote gehalten, doch das Tagebuch – so stichwortartig es ist – belehrte mich eines Besseren. Nach den Einträgen und späteren Briefen zu urteilen, begann die Affäre schon im Jahr 1947 und spitzte sich gegen Ende des Jahres 1948 dramatisch zu.

Ab 1948 wird in dem Tagebuch ein Name fast täglich erwähnt, ab Februar 1949 verschwindet er jedoch plötzlich. Zugleich taucht ein anderer Name sehr häufig auf, und mit ebendiesem Namen schienen sich die Dramen zu verbinden, von denen die letzten Teile der Tagebücher berichten. Ich dachte zunächst, es handle sich um eine neue Person, bis ich auf die Idee kam, dass die beiden Namen zusammengehören könnten. Es war den Versuch bei Google wert. Ich hatte erwartet, dass der Name in einer »Fußnote« zur Geschichte des Vatikans auftauchen würde. Tatsächlich gab es aber so viele Einträge, dass ich sie gar nicht alle lesen konnte.

Hubert Jedin gilt »als ein Großer unter den Kirchenhistorikern des 20. Jahrhunderts«. Seine Lebensdaten, entnommen dem »Biogaphisch-Bibliographischen Kirchenlexikon«, sind aufschlussreich: »Katholischer Theologe und Kirchenhistoriker, * 17. 6. 1900 in Großbriesen (Oberschlesien), † 16. 7. 1980 in Bonn. Jedin war das jüngste von zehn Kindern eines Dorfschullehrers. Zum Priester wurde er 1924 geweiht. Seine im folgenden Jahr eingereichte Doktorarbeit führte ihn – wohl zufällig – zur Reformationsgeschichte. [Sein vermutlich katholischer Biograph tat sich offenbar schwer mit Jedins Interesse für die Reformation]. Das Angebot einer Kaplanstelle am Campo Santo Teutonico neben St. Peter in Rom (1927–1929) entschied seinen weiteren Lebensweg. Er wurde Wissenschaftler, nicht Seelsorger. Seine in Rom erarbeitete Biographie Girolamo Seripandos wurde 1930 in Breslau als Habilitationsschrift angenommen, er wurde Privatdozent in Breslau. Als ›Nichtarier‹ – seine Mutter war eine konvertierte Jüdin – erhielt er 1933 Berufsverbot. So ging er wieder nach Rom und arbeitete dort wissenschaftlich weiter. Nach Breslau kehrte er 1936 zurück, um die Leitung des dortigen Diözesanarchivs zu übernehmen. Nach der ›Reichspogromnacht‹ wurde er verhaftet und entging nur knapp einer Einlieferung ins KZ Buchenwald. Von da an wollte er Deutschland verlassen, doch erst im November 1939 gelang ihm die Ausreise nach Rom, wo er die nächsten zehn Jahre lebte. Dort begann er mit der Arbeit an der Geschichte des Trienter Konzils, welches nach seinen Worten das ›grundlegende Faktum der neueren Kirchengeschichte‹ vor dem II. Vaticanum war, da es das Verhältnis zwischen Katholiken und Protestanten für Jahrhunderte festschrieb.«

Dies war also der Mann, von dem Hilde an ihren Bruder geschrieben hat. Man kann sich durchaus die Gründe vorstellen, die diese beiden Menschen zusammengeführt haben. Das Schicksal von Jedin weist einige Parallelen zu dem von Hilde auf: Bei ihm die konvertierte jüdische Mutter; bei ihr die konvertierte mütterliche Familie. Bei ihm die Verhaftung, die drohende Deportation in ein KZ und die Flucht aus Deutschland; bei ihr die Mutter, die nach ihrer Verhaftung durch die Gestapo im Gefängnis stirbt. In beider Biographien hatte die Geschichte Wunden geschlagen – ähnliche Wunden. Und die Fäden dieser beiden Biographien liefen – bedingt durch den Nationalsozialismus und den Krieg – im Vatikan zusammen: an einem Ort, in dem sie auf unterschiedliche Weise Zuflucht gefunden hatten. Dass sie sich überhaupt begegnet sind, war nur dieser ungewöhnlichen Situation zu verdanken, in der sie sich während des Krieges befanden. Unter »normalen« Umständen wären sie vermutlich nie aufeinandergetroffen. Und weil die Zeit aus den Fugen war, wurde auch eine solche Liebe möglich.

Darüber hinaus mag Jedin, der fünfzehn Jahre älter als Hilde war, in ihr auch die Erinnerung an Kurt Saalfeld wachgerufen haben. Beide Männer waren für sie Geliebte und Vaterfiguren zugleich. Die Situation, in der sie sich in diesem goldenen Käfig befanden, war irreal – und sie wurde noch irrealer durch den Krieg und die Nachkriegszeit. Beide wussten, dass ihr Verbleiben an diesem Ort zeitlich begrenzt war. Der Krieg hatte sie dorthin verschlagen, und das Kriegsende würde diesem Zustand bald ein Ende setzen. Aber es gab offenbar eine Sehnsucht danach, diese Ausnahmesituation zu verlängern und dieses Lebensgefühl zu erhalten, das Zeiten der Umbrüche, des Übergangs, der Regellosigkeit eigen ist: Nennen wir sie »Zwischenzeiten«, weil sie die Zeit zwischen einer vorhergehenden und einer nachfolgenden Ordnung markieren. Jedin hatte am eigenen Leibe, Hilde immerhin in ihrer engsten Umgebung existenziell bedrohliche Situationen erlebt: die Verhaftung und den Tod ihrer Mutter, das Überleben von Hans nach dem Untergang der »Arandora Star«, die Vertreibung von Emmy und Magnus aus Schlesien. Die Lektüre des Tagebuchs zeigte mir, dass auch die Liebe als existenziell bedrohlich erfahren werden kann.

So rudimentär dieses Tagebuch auch ist, seine Lektüre versetzte mich in die psychische Verfassung von Hilde, so dass ich nach den Transkriptionen manchmal ganz benommen war und Schwierigkeiten hatte, mir klar zu machen, dass dies alles mehr als fünfzig Jahre zurückliegt. Ich kannte Hildes Wortschatz, ihre Ausdrucksweisen, es genügte ein kleines Wort, um ihre Stimme zu hören und zu wissen, welche Bedeutung es für sie hatte. Alles, was dieses bestimmte Wort aus ihrem Mund in sich trug, verspürte ich im eigenen Körper. Selten ist mir die Macht, mit der sich die Gefühle der Eltern auf ihre Kinder übertragen, so bewusst geworden wie bei den psychischen Transformationsprozessen, die ich beim Lesen und »Entziffern« dieser Liebesgeschichte am eigenen Leibe erfuhr. Vor gar nicht langer Zeit – ich arbeitete schon an diesem Buch – hatte ich einen seltsamen Traum: Während des Traums stand plötzlich meine Tochter neben mir und interpretierte – im Traum – den Traum, den ich gerade träumte. Und ich dachte noch – ebenfalls im Traum: Das ist aber seltsam, wenn unsere Kinder schon anfangen, unsere Träume zu interpretieren, noch während wir sie träumen. Etwas dieser Art spielte sich für mich ab, als ich das letzte vatikanische Tagebuch meiner Mutter las: Die Lektüre versetzte mich in den »irrealen Traum« (das war er), den Hilde damals lebte. Zugleich musste ich aber auch versuchen, mich aus diesem »fremden« Traumgeschehen davonzustehlen – und das ging nur, indem ich Worte dafür zu finden bemüht war.

Zwar verfüge ich nur über die Aufzeichnungen von Hilde, kann also nicht beschreiben, was sich emotional in Hubert Jedin zutrug. (Es gibt nur einen nachträglichen Brief, der aber nicht viel über sein Gefühlsleben während der Affäre besagt.) Aber es ist eindeutig, dass diese Liebesgeschichte nicht nur von Hilde ausgegangen sein kann. Wenn sich ein Mann mehrmals in der Woche, fast täglich, mit einer Frau trifft, und die Treffen zumeist ohne andere Gesellschaft und bei ihr stattfinden, dann ist er nicht nur das passive Objekt des Begehrens. Auch sah er Hilde nicht nur in Rom; er besuchte sie für einige Zeit, als sie für den Sommer mit ihren Kindern nach Tirol gefahren war. Jedin war Geistlicher, aber sein Entschluss, die Priesterweihe zu empfangen, hing nicht mit der Berufung zum Seelsorger zusammen, sondern mit dem Wunsch nach intellektueller, wissenschaftlicher Tätigkeit. Nicht der Zölibat des Geistlichen hatte ihn angezogen, und es ging ihm auch nicht um die Flucht vor der Frau, die manchen Geistlichen in den Priesterstand führt. Jedin blieb lebenslang ein weltlicher Geistlicher: ein Historiker auf einem kirchlichen Lehrstuhl.

Nach dem Tagebuch zu urteilen, begann die Liebesgeschichte harmlos. Jedin gehörte von Anfang an zu den Geistlichen, die im Haus von Sigis und Hilde ein und aus gingen. Er war Teil der »deutschen Kolonie« in dieser kleinen Enklave, die gemeinsam Weihnachten, Silvester, Ostern feierte und viele andere Gelegenheiten fand, um sich zu sehen. In dem weiter oben zitierten Eintrag vom März 1945, in dem sich Hilde über den Freundeskreis im Vatikan Gedanken macht, hatte sie über Jedin geschrieben, dass er ihr wegen seiner »reinen, gütigen Menschlichkeit und Grosszügigkeit«, wegen seines »unabhängigen Denkens« nicht wie »der Prototyp eines Priesters erscheint – oder vielleicht eines ganz vollkommenen«. Als die deutsche Kolonie nach dem Herbst 1946 nicht mehr auf den begrenzten Raum des Vatikans angewiesen war, unternahmen Hilde und Jedin gemeinsam mit anderen Ausflüge: nach Viterbo, Bolzena, Tarquinia; sie besuchten Konzerte, Vorträge, waren eingeladen zu Nachmittags- oder Abendveranstaltungen. Noch öfter sahen sie sich jedoch allein. Ab 1947 erscheint immer häufiger in den Tagebüchern der kurze Eintrag:

»Abends Jedin hier«. Oder »Nachmittags bei Jedin«. Am 17. Juni, als Hilde in ihrem Tagebuch den Geburtstag ihres Bruders Hans vermerkt hatte, trug sie mit Bleistift darüber den Namen von Jedin ein. Hans und Jedin hatten an demselben Tag Geburtstag. Auch der Namenstag von Hubert Jedin wurde vermerkt. Außer ihrem eigenen Namenstag hielt sie im Tagebuch nur diesen fest. Wenn Hilde allein nach Capri oder Ischia verreiste, sahen sie sich am Abend vor der Abreise und am Abend der Wiederkehr. Als Sigis über Weihnachten 1947/48 nach Rom kam, gingen sie zu dritt aus, meistens tauchte Jedin jedoch auf, nachdem Sigis wieder abgereist war.

An den Abenden der Zweisamkeit von Jedin und Hilde kam es zu »langen Unterhaltungen«, die, auch wenn sie »schön« sind, bei Hilde manchmal Unruhe auslösten: »Nachts kaum geschlafen.« An manchen Abenden nahm das Gespräch plötzlich eine unerfreuliche Wendung, die sie in Angst versetzte. »Abends Jedin hier. Schlechter Abschluss.« Am darauf folgenden Tag notierte sie: »Vormittags Aussprache religiös, Nachm. Liebesbrief an Sigis.« Was mit »Aussprache religiös« gemeint ist, kann ich nur raten: vielleicht ein Gespräch über Jedins Gelübde. Der »Liebesbrief an Sigis« hingegen erscheint wie der Versuch, sich Jedins Anziehungskraft zu entziehen, einen Ausweg zu finden. Ostern 1948 war Sigis erneut zu Besuch in Rom. Er und Hilde führten ein »langes Gespräch: noch keine Klärung«. In diesem Gespräch ging es gewiss um die gemeinsame Zukunft. Ob dabei die Tatsache thematisiert wird, dass sich Hildes Phantasien über die Zukunft in anderen Bahnen bewegen, ist aus dem Tagebuch nicht zu erkennen. Hilde und Sigis fuhren zusammen nach Norditalien, Jedin brachte sie an die Bahn, »lange diskutiert im Schlafwagen«. Sofort nach ihrer Rückkehr (allein) erhielt Hilde Besuch von Jedin. Wieder zwei Tage später nahm sie an einer »religiösen Diskussion« zwischen Jedin, einem katholischen und einem protestantischen Geistlichen teil: »brennend interessant für mich«. Auch hier – so schließe ich aus späteren Briefen – dürfte es sich um eine Diskussion um den Sinn des Zölibats gehandelt haben.

Wenn sich Hilde und Jedin an einem Abend nur kurz sehen konnten, notierte sie: »an J. langen Brief geschrieben«.

Ab 1948 stellten die immer häufiger und intensiver werdenden Begegnungen Hilde vor eine Zerreißprobe, die mit der eigentlichen Unmöglichkeit dieser Beziehung zusammenhing. Es kam zur »Auseinandersetzung und Versöhnung«, auf die einige Tage später eine »Aussprache« folgte. Es gab gemeinsame Ausflüge (»m. Jedin nach Frascati, sehr nett und lustig«), sie »bummeln durch Trastevere«, besuchten Theateraufführungen (Pygmalion!). Eine davon fand mit Sigis statt, der zu einem kurzen Aufenthalt nach Rom gekommen war. Wenn sie zu dritt unterwegs waren, verlief der Abend gespannt: »31. 12. Kino mit J. und Sigis (Arc de Triomphe), J. schlecht gelaunt, Sigis langweilig.«

Dazwischen erhielt Hilde einen Brief von »K.«, womit Kurt Saalfeld gemeint sein muss. Sie notiert: »nachts – Gedanken«. Tatsächlich repräsentierte das Auftauchen des Namens von Kurt Saalfeld zu diesem Zeitpunkt mehr als nur die Wiederaufnahme einer alten Korrespondenz, wie mich das Tagebuch zunächst glauben ließ. Hinter diesen Briefen steckten, so erfuhr ich von seinem Sohn Klaus, dem er davon erzählte, die Bemühungen Kurt Saalfelds, Hilde noch einmal für sich zu gewinnen. Hilde erwähnt es nicht in ihrem Tagebuch, aber Kurt Saalfeld warb in diesen Jahren nachdrücklich um sie. Er wollte, dass sie sich scheiden lässt und ihm nach Portugal folgt. Sie sagte ihm ab. Als Begründung führte sie aber nicht etwa Sigis und die Kinder an, sondern die Tatsache, dass sie sich in einen Monsignore verliebt habe und von diesem nicht loskomme. Gab es bei mir, als ich zuerst auf die Liebesgeschichte mit Jedin stieß, zunächst noch die Frage, ob es sich nicht doch vielleicht um eine platonische Liebesgeschichte gehandelt haben könnte, so war dies nun ausgeschlossen.

Im Laufe des Herbstes 1948 spitzte sich die Situation deutlich zu – man merkt die Änderung zunächst nur an kleinen Anzeichen. Nach den gemeinsamen Unternehmungen mit Jedin notierte Hilde gelegentlich, dass sie abends »deprimiert« sei. Nach einem Nachmittagsbesuch bei Jedin schrieb sie: »gefährliche Aussprache, abds. früh schlafen, sehr erschöpft«. Gleichzeitig kam es zu »Auseinandersetzungen mit Sigis«. Vier Tage später findet sich – neben den üblichen »Besorgungen, Briefe geschrieben, mit Kindern im Campo Santo« – nur der Eintrag »sehr unglücklich«. Als Jedin nach einer längeren Reise zurückkam, erschien er noch an demselben Abend. Nach dieser Reise war mehrere Wochen lang von »J.-Briefen« die Rede, die Hilde »schreibt«. Jedin lehrte inzwischen an der Theologischen Fakultät der Universität Bonn und war deshalb immer wieder unterwegs.

Anfang 1949 entwickelt sich das Drama plötzlich sehr schnell. Eine Abendgesellschaft, auf der sie sich sahen, endete »unerfreulich«. Am nächsten Tag fand bei Jedin eine »große Auseinandersetzung« zwischen Hilde und ihm statt, die »danach versöhnt« endete. Als Sigis wenige Tage nach Neujahr nach Deutschland abgereist war, folgte ein Abendessen bei Jedin: »Beginn entscheidende Gespräche« notierte Hilde in ihr Tagebuch. Sie sahen sich nun fast täglich, einmal notierte sie: »Entschluss mitgeteilt«, beklagte sich aber wenige Tage später über eine »Akrobatik seinerseits«. Es liegt nahe, dass sie Jedin mitgeteilt hatte, dass sie sich für ihn scheiden lassen wollte. Jedin aber, dem vielleicht an einer Beziehung zu Hilde lag, der jedoch nicht an einer Eheschließung interessiert war, die für ihn dramatische Konsequenzen gehabt hätte, wehrte ab. Iserloh, ein Freund von Jedin, besuchte Hilde, redete ihr zu. Sie dankte ihm, hatte aber ihren »endgültigen Entschluss gefasst«. Noch am selben Abend tauchte ein anderer Freund von Jedin auf und teilte ihr mit, dass Hubert (ab nun wird er nur noch mit Vornamen erwähnt) »abgereist« sei. Die darauf folgenden Tage wurde Hilde krank. Ihr war übel, sie hatte Fieber, nahm Schlafpulver, verbrachte die Tage im Bett. »31. 1. den ganzen Tag im Bett, geweint, unwohl geworden (erstaunlich ruhig), Entwurf Brief H.« – »1. 2. noch im Bett, Brief an Hubert, wieder schlecht gegangen.« – »2. 2. den ganzen Tag im Bett; Iserloh den Brief f. Hubert gegeben, nachts m. Schlafmitteln gut geschlafen.« Am 3. Februar kam eine Freundin zu Besuch, der Hilde ihr Herz ausschüttete: »alles erzählt – sehr wohltuend.« Am folgenden Tag war »noch immer« keine Nachricht von Jedin eingetroffen. Doch am darauf folgenden Tag brachte die Post einen Brief von ihm. Sie antwortete ihm mit einem Telegramm. Den Freund von Jedin, der sie wieder aufsuchte, setzte sie vor die Tür. Sie schickte ein zweites Telegramm an Jedin, ging früh schlafen (»Schlafmittel«). Am nächsten Tag wartete sie »den ganzen Vormittag« vergeblich auf eine Nachricht. Ein drittes Telegramm wurde abgeschickt. Gleichzeitig schrieb sie an Sigis. »Sehr erschöpft.«

Das dritte Telegramm kam zurück, vom Empfänger verweigert: »rasend geworden, bis tief in die Nacht Abschiedsbrief an H. geschrieben, dann aber zu müde, um etwas zu unternehmen«. Mit »etwas« war, nach dem Abschiedsbrief zu urteilen, ein Suizid gemeint. Tatsächlich geht aus einem späteren Brief hervor, dass sie sich eine hohe Dosis Schlafmittel besorgt hatte. »10. 2. den ganzen Tag im Bett, entsetzlicher Zustand, gegen Abend Kurt geschrieben, dann ruhiger geworden.« In diesem Brief dürfte Hilde Kurt Saalfelds Werbung eine Absage erteilt haben. Am 11. Februar folgte der Eintrag: »teils sehr verzweifelt, teils ruhig«. Am Abend kam wieder eine Freundin zu Besuch, dieses Mal eine andere. Als sie dieser ihre Situation beschrieb, reagierte sie »entsetzt«. In der darauf folgenden Nacht: »schrecklicher Zustand (weiss nicht weiter)«. – »12. 2. Abschiedsbrief an Sigis überlegt, gewartet, geweint.« Am 13. Februar sprach sie mit der Freundin, die sie zuerst eingeweiht hatte, »ausführlich über H.«. Danach war sie »abends unendlich ruhig«. Daneben gingen freilich die Alltagsgeschäfte weiter. Hilde machte »Besorgungen«; wenn sie nicht mit Fieber im Bett lag, holte sie Carola, die inzwischen eingeschult war, von der Schule ab. Abends überkamen sie jedoch immer wieder düstere Gefühle. »15. 2. abends gebrütet.« Am folgenden Tag versuchte sie, bei einer Freundin den Freund von Jedin abzufangen, um zu erfahren, wo sich dieser aufhielt: »zu allem entschlossen«. Sie wurde »aggressiv« mit den Freundinnen, schrieb von sich selbst, sie »werde immer rabiater«. Am 18. Februar versuchten die Freundinnen, auf sie einzureden: »mir zur Vernunft zugeredet, noch rabiater gemacht«. Am darauf folgenden Tag der erstaunliche Eintrag: »19. 2. Idee Ohrfeige oder Austritt.«

Gewiss, es war naiv von Hilde, dass sie erwartet hatte, ein Geistlicher werde ihr zuliebe auf seine kirchliche Laufbahn verzichten. Aber sie muss Jedins Verhalten als eine tiefe Demütigung empfunden haben. Diese Demütigung knüpfte an die vorangegangenen Erfahrungen von Missbrauch an: mit Kurt Saalfeld, der sie als 16-Jährige verführt hatte, oder mit Frauenfeld, auf den sie sogar eine Schusswaffe gerichtet hatte. Es muss sich zu diesem Zeitpunkt in ihr eine unsägliche Wut und tiefe Verzweiflung ausgebreitet haben. Wenigstens erwog sie dieses Mal nicht eine Schusswaffe, sondern »nur« eine Ohrfeige. Dachte ich jedenfalls. Schließlich erreichte Hilde ein Brief von Jedin, in dem er ihr wohl die Schwierigkeit seiner Situation klar zu machen versuchte und den sie als »absurd« klassifizierte. Es folgten zwei Tage, in denen sie einen Brief an Sigis entwarf. (Auf diesen Brief, der die ganze Dramatik der Geschichte beleuchtet, stieß ich erst später.) Um auf andere Gedanken zu kommen, ging sie mit einer Freundin ins Theater: »Tram che si chiama desiderio«. Hildes Urteil, das sie auch schon im Brief an Emmy und Magnus erwähnt hatte: »sehr schlecht und unerfreulich«. Sie kümmerte sich um Visumsangelegenheiten für Sigis, las die Zeitungen, ging früh ins Bett. Aber die Gefühle holten sie immer wieder ein. »3. 3. entsetzliche Sehnsucht Hubert.« Am darauf folgenden Tag der Eintrag: »unglücklich, völlig gelähmt, Huberts Adresse erfahren. Nachm. n. Florenz gefahren, Hotel Croce de Malta«.

Hilde muss völlig überstürzt aus Rom abgereist sein, unmittelbar nachdem sie die Adresse von Hubert Jedin erfahren hatte. Ich sehe sie vor mir: eine junge Frau, 33 Jahre alt, attraktiv, blond, elegant gekleidet. Es war März, auch in Rom und Florenz kann es da noch kalt sein. Sie trug einen leichten Mantel, über der Schulter eine kleine Reisetasche. Hilde hat mir einmal eine Tasche aus Schlangenhaut geschenkt, von der sie sagte, dass sie sie schon in Rom besaß und für Wochenendausflüge benutzte. Vielleicht war sie mit dieser Tasche unterwegs.

Das Hotel Croce de Malta gibt es noch. Es befindet sich auf der Via della Scala, in unmittelbarer Nähe der stazione centrale. Gleich am Morgen nach ihrer Ankunft suchte Hilde Jedin auf. »Früh bei H., den ganzen Vormittag gesprochen (sehr viel ruhiger).« Nachmittags wurde das Gespräch »wieder verkrampfter, unglücklich fortgegangen, kam an Waffenladen vorbei. Abds. Kino (sinnloser Film).« Als ich die Bemerkung zum Waffenladen sah, dachte ich zunächst, ich hätte die Stelle nicht richtig entziffert. Aber der Waffenladen taucht einen Tag später erneut auf. Und dann noch einmal. Zunächst beschloss Hilde, »Sigis' Brief abzuwarten«. Es war Sonntag, sie ging in die Uffizien. Beim Durchlaufen der Renaissance-Galerie kam es ihr vor, »als ob H. es mir zeigt«. Sie fuhr nach Fiesole: »in unserem Café gesessen, versucht zu schreiben, mich endlich vergessen (viel ruhiger)«. Am Montag besuchte sie den Palazzo Pitti, wanderte durch die Boboli-Gärten. Auf dem Weg zurück ins Hotel kam sie erneut am Waffengeschäft vorbei. Dieses Mal betrat sie das Geschäft: »mich erkundigt«. Im Hotel erfuhr sie, dass Jedin da gewesen war. Sie telefonierte mit ihm, sie verabredeten sich. Erneut fuhr sie nach Fiesole, fühlte sich allmählich »viel wohler«, ging früh schlafen, nachdem sie »noch etwas geschrieben« hatte. Am Dienstag, den 8. März vermerkte sie: »Revolver gekauft, Besorgungen gemacht, Stadt gebummelt, mittags: Hubert. 2 unbegreiflich schöne Stunden, ganz ruhig und doch über alles gesprochen, abds. Kino (amerikanisches Lustspiel, gelacht).«

Am darauf folgenden Tag traf ein Brief von Sigis ein, datiert vom 2. März. Hilde »wandert durch die Stadt im Regen«, besuchte den Palazzo della Signoria, versuchte, Jedin telefonisch zu erreichen, was ihr erst gegen Abend gelang. Am Abend erneut ein Kino: »spannend, etwas vergessen«. Es regnete immer noch in Florenz, sie besuchte den Palazzo Medici Riccardi, die Mediceerkapellen, begeisterte sich für die Fresken von Fra Angelico im Museo San Marco. Den Eintrag »Fra Angelico, Katholizismus. J. die Zeit verstanden« kann ich nur in dem Sinne interpretieren, dass sie in den Kunstwerken der Renaissance vieles von dem wiederfindet, was sie von Jedin gelernt hat. Dessen Forschungsgebiet war der Wandel der katholischen Kirche zu Beginn der Neuzeit. An demselben Tag fand ein letztes Gespräch statt: »Hubert hartes Gespräch aber ruhig. Ich liebe ihn unendlich. Abds. Zug, innerhalb v. 1–2 Stunden in Rom gewesen.«

Anscheinend war nun die Liebesgeschichte beendet. Aber sie sollte noch über lange Zeit ihre Nachwirkungen haben. Die alltägliche Routine ging weiter, aber abends weinte Hilde oft. Die Gespräche mit den Freundinnen halfen ihr. Es genügte jedoch, dass sie »Licht in der Wohnung von H.« sah, um wieder in Tränen auszubrechen. Hubert Jedin war schon einige Tage nach ihrem Treffen in Florenz wieder zurück in Rom. Etwas später reiste er wieder ab: »viel ruhiger, fast vergnügt – H. nicht in Rom.« Als sie ihm fünf Tage später zufällig auf einer Einladung begegnete, folgte freilich der Eintrag: »20. 3. Nachm. grosser Tee, H. begegnet, davon gelaufen, geheult, Revolver geladen.« Offenbar handelte es sich um den Revolver, den Hilde in Florenz gekauft hatte. Es dürfte derselbe Revolver sein, auf den ich viele Jahre später bei meinen neugierigen Untersuchungen ihres Toilettentischs gestoßen bin. Zehn Jahre waren vergangen, seitdem Hilde auf Frauenfeld geschossen hatte. Nun hatte sie erneut eine Schusswaffe – und auch hier ging es um einen Mann, von dem sie sich betrogen fühlte. Diese Schusswaffe war allerdings weniger für den anderen gedacht (wie ich zuerst annahm, als ich las, dass sie in Florenz einen Revolver erstand), als für sich selbst. Sie notierte noch einige Male, dass sie die Waffe lud. Das geschah immer spät abends, wenn sie allein war. Der Revolver ist eine seltsame Waffe in der Hand von Frauen, und wenn ich mir erklären soll, wie dieser in die Hand meiner Mutter gelangte, dann muss ich an diese ungeheuren und verzweifelten Wutanfälle denken, die wir manchmal bei ihr erlebt haben. Damals war es der Revolver, später waren es die Wutanfälle oder Schlafmittel, mit denen sie gegen ihre Depressionen anzukämpfen versuchte: Depressionen, die freilich nicht nur ihrer Veranlagung geschuldet waren, sondern auch den Erfahrungen, die sie bei Begegnungen wie der mit Jedin machte.

Am 21. März begegnete sie erneut zufällig Jedin: »nur kurzes Gespräch, verzweifelt. abds. Geheult.« Zwei Tage später telefonierten sie: »von Brief gesprochen, dann er noch einmal angerufen«. Statt eines Briefs von Jedin traf ein Brief von Sigis ein, den Hilde auch umgehend beantwortete: »entscheidender Brief an Sigis«. Dann folgten Tage der Routine, der Besorgung von Visa und Pässen, die abends immer mit demselben Eintrag enden. »30. 3. Sachen geordnet, Brief an Sigis – geheult; 31. 3. Sachen geordnet, geheult, geheult.« Sie schrieb Briefe an Hubert Jedin oder erhielt Briefe von ihm. Parallel dazu bereitete sie jedoch den Umzug der Familie nach Deutschland vor. Er war für April 1949 geplant. Am 16. April meldete sich Sigis telegraphisch an, am 19. in der Früh traf er ein. Er wohnte nicht zu Hause. Am 22. April »Packer, Sigis Grand Hotel getroffen, Abend gegessen, bis 4 Uhr nachts gesprochen (mörderisch).« Dann setzte bei Hilde hohes Fieber ein: »… mich entsetzlich gefühlt, hohes Fieber, nicht klar gedacht«. Die Packer waren da, Hilde blieb bei den Umzugskisten, aber noch am Abend desselben Tages wurde sie in die Diakonissen-Klinik eingeliefert. Ab dem 26. April lag sie »fest im Bett«; Freundinnen besuchten sie, beide sprachen von Hubert Jedin. Hilde erfuhr, dass er am nächsten Tag Rom verlassen würde. Endgültig. Am Abend war Sigis bei Hilde in der Klinik: »erschütterndes Gespräch«. Er übernachtete in der Klinik: »entsetzliche Nacht und Morgen«. Dazwischen trafen auch Briefe von Jedin ein, der seinerseits mit der Sache nicht abgeschlossen zu haben schien. Nach jedem Eintrag, der die Ankunft oder Versendung eines Briefes vermerkt, schrieb Hilde: »abds. geheult«.

Sigis zwischen Rom und Deutschland

Von den Dramen, die sich in Rom abspielten, wusste Sigis zunächst nichts. Er war mit Deutschland und dem Wiederaufbau beschäftigt. Die Ereignisse in Rom gingen zunächst an ihm vorbei. Kein Wunder: Die Entwicklungen in Deutschland waren ebenfalls von dramatischer Bedeutung, die er in seinen Briefen an die Eltern in den USA darzustellen versuchte. Mit großer Skepsis sah Sigis der Währungsreform entgegen: »Der amerikanische Plan verspricht, eine Katastrophe heraufzubeschwören«, schrieb er an seinen Vater nach Texas. Als Folge sah er bitterste Not und Hunger voraus. Der schwarze Markt sei völlig zusammengebrochen. »Butter, noch vor einem Jahr 90 Mark das Pfund, kostet jetzt 260 und ist seit einigen Wochen nicht zu bekommen.« Diese Situation treibe die Menschen in die Arme des Kommunismus. »In der Ostzone fragen die Leute einen: ›Ist es wahr, dass Ihr nur 70 Gramm Fleisch und überhaupt kein Fett bekommt?‹ Und da die Antwort Ja ist, finden sich die Leute im Osten mehr und mehr mit der bestehenden Lage unter den Russen ab. Das dehnt sich natürlich trotz hermetischer Abschließung durch einen amerikanischen Vorhang auch in den Westzonen aus.«

Sigis wäre später erstaunt gewesen, dass er den Eisernen Vorhang für eine strategische Erfindung der Amerikaner hielt. Schon wenige Jahre später galt er als Erfindung der Russen. Dennoch zog es Sigis im Sommer 1948 nach Rom zurück. Die Nürnberger Prozesse waren zwar noch nicht beendet, aber seine Tätigkeit abgeschlossen. Sein Hauptmotiv, nicht in Deutschland, sondern in Italien nach neuen Betätigungsfeldern zu suchen, war, so schrieb er einige Monate später an Magnus, »die – sehr, sehr begründete – Furcht, dass es im September oder Oktober zu einer Auseinandersetzung zwischen Ost und West kommen würde. Tatsächlich wissen wir heute, dass die Sowjets zu dieser Zeit größere Munitions- und Angriffswaffendepots in den östlichen Vorfeldern der Ostzone akkumuliert hatten und mit einem Einbruch gerechnet werden konnte.« Sowohl die Franzosen als auch die Amerikaner seien auf die Situation vorbereitet gewesen. Die Amerikaner hätten »in Italien wie verrückt Jeeps aufgekauft«. Inzwischen habe sich die Lage beruhigt, jedenfalls in Europa, dafür sei es in China losgegangen. »Es muss mit einer russischen Aktivitätszunahme im Mittleren und Fernen Osten gerechnet werden, insbesondere seitdem die Amerikaner erklärt haben, sie würden sich in China nicht weiter engagieren, dagegen Berlin unter allen Umständen halten.« Wenn es überhaupt zu einem Krieg kommen sollte, »so ist es mir heute wahrscheinlicher, dass er sich in Asien abspielen wird und Europa im wesentlichen verschont bleibt«. Obgleich Europa gerade einen der schrecklichsten Kriege hinter sich hatte, sprach Sigis von einem neuen Krieg wie von einer unvermeidlichen Realität – eine damals weit verbreitete Ansicht.

Ende 1947 war Sigis für einige Monate nach Italien zurückgekehrt. Er hatte dort eine beratende Funktion in einem Prozess gegen einen deutschen General übernommen. Daneben kümmerte er sich um die Belange der von den Amerikanern beschlagnahmten deutschen wissenschaftlichen Institute in Rom. Um Geld zu verdienen, versuchte er sich im Import und Export von Waren zwischen Italien, Deutschland und Jugoslawien. »Er arbeitet wie ein Pferd von morgens 7 bis nachts um 12«, schrieb Hilde an Emmy und Magnus, »und kommt deshalb kaum dazu, nur die notwendigsten Dinge in der Zeitung zu lesen, die ich ihm aus Zeitersparnis rot anstreiche.« Die Auswanderung in die USA war noch nicht ad acta gelegt, jedenfalls nicht für Sigis, der intensive Erkundigungen über die Möglichkeiten einzog, als lecturer an eine amerikanische Universität zu gehen. Man gab ihm jedoch zu verstehen, dass wenn eine Universität ihn überhaupt haben wolle, er nur für sich, nicht für die Familie, ein Einreisevisum erhalten würde. Auf der anderen Seite schloss er aber aus, einen Immigrationsantrag zu stellen. »Ich möchte eben im Effekt wieder nach Deutschland zurück.« In Hildes Briefen klangen die Dinge anders. »Wir haben für alle Fälle unsere Dokumente für die Einwanderung nach Australien eingereicht.« Aber auch Hilde fing an, sich mit dem Gedanken anzufreunden, »uns nächsten Sommer nach Deutschland abzusetzen«.

Kurz nach Beginn des Jahres 1948 reiste Sigis wieder nach Deutschland. Seinen ersten Brief von dort an die Eltern schrieb er »im D-Zug am Rhein«. Er befinde sich »mal wieder auf Erkundungsfahrt in Deutschland, mit dem Ziel der Feststellung, ob die Familie bereits nach Deutschland ziehen sollte«. Sigis hatte beschlossen, keinen Antrag auf »Wiederbeamtung« zu stellen: einerseits wegen der schlechten Bezahlung, andererseits aber auch aus einem anderen Grund. »Man erwartet SPD-Stürme im Sommer, und dann würden die AA-Leute, die Adligen und die, welche Pg waren (wenngleich entnazifiziert) als erste fliegen.« Stattdessen wollte er einen eigenen Betrieb aufbauen. Er hatte sich nach »Produktionslöchern« mit sicherem Gewinn umgesehen und schon eine Sparte im Auge. Auch eine Wohnung war in Aussicht. »Man kann sich jetzt ›Ausbauwohnungen‹ kaufen gegen einige Jahre kostenloses Mietrecht.«

Man spürt es deutlich: Deutschland befand sich nun im Aufschwung und im Aufbau. Das »Wirtschaftswunder« trieb seine ersten zarten Blüten. Aber wo sollte man sich niederlassen? »Frankfurt ist zwar scheußlich, kleinstädtisch, ohne Kunst, feuchtes Klima und ohne jeglichen Papp. (Endlich habe ich verstanden 1. dass und warum aus der Paulskirche 1848 nichts werden *konnte*; 2. dass die Fürsten von Hessen *völlig* recht hatten, ihre Untertanen zu verkaufen: das einzige, das man mit ihnen tun kann.) Aber gegenwärtig wird dort *alles* entschieden, und trotz allen Föderalismus ist alles Wirtschaftliche dort konzentriert.« Frankfurt wurde es denn auch. Zwar gab es noch eine Reihe von Zwischenstationen: einige Monate in Bayern, einige in Dortmund und mehrere Wochen in Varnhalt bei Baden-Baden. Doch bis es so weit war, verging noch fast ein Jahr, in dem Sigis und Hilde eine Krise erlebten, die beide an den Rand ihrer psychischen Kräfte brachte.

In seinem Brief an die Eltern vom Februar 1949 hatte Sigis noch geschrieben: »Du siehst also, dass ich im Großen und Ganzen entschlossen bin, wieder nach Deutschland zurückzukommen. Es ist doch richtiger, wenn man nicht überhaupt auswandern will. An einen Krieg glaube ich gegenwärtig *nicht*. In Italien zu bleiben, halte ich auch für falsch, wenn man Deutscher bleiben will, und von der Familie trenne ich mich nicht noch mal.« Doch schon wenige Monate später, im Mai, teilte er seinen Eltern mit, dass er und Hilde beschlossen hätten, sich zu trennen, und eine Scheidung erwogen. Postwendend hagelte es Briefe aus Amerika. »Eine Scheidung ist immer eine verlorene Schlacht für die Familie. Nach meiner Lebenserfahrung *muss* eine Scheidung immer einen tiefen Bruch in der Seele der Kinder zurücklassen, ob sie sich dessen bewusst sind oder nicht. Stiefmütter sind immer Stiefmütter, nur ganz seltene Ausnahmen lässt die Natur scheinbar zu.« Sie flehten Sigis an, »der Zeit eine Chance zu geben«. Und dann die Frage: »Sollen wir in ähnlichem Sinne an H. schreiben oder uns in Stillschweigen hüllen? Du weißt ja auch, dass wir Hilde im Laufe der Jahre nicht nur ihrer Intelligenz und ihrer Tüchtigkeit, sondern ihrer Herzenseigenschaften wegen lieb gewonnen haben und in ihr eine gute und liebevolle Mutter ihrer Kinder sehen.« Emmy fügte noch hinzu: »Hildchen tut mir sehr leid, die nun mit allem alleine fertig werden muss. Sie muss ja wirklich sehr elend sein.« Damit hatte Emmy natürlich recht. Sigis konnte sich Rat bei seinen Eltern holen. Hildes Mutter lebte nicht mehr, und der Bruder war weit weg. Sigis' Antwort an die Eltern war klar: »Es sind in unserem Zerwürfnis Unterschiede der Betrachtung offenbar geworden, die mir vorher niemals so klar geworden sind. Sie gehen tief und mir scheint, über die ganze Skala hinweg. Ich habe einfach kein Vertrauen, dass es noch einmal funktionieren wird. Es ist mir auch gleichgültig, früher wäre es das nicht gewesen.« Aber dann dankte Sigis auch für die Ratschläge und Wärme und teilte ihnen mit, dass sich Hilde auf Capri befinde, »wo sie ein Einsiedlerdasein bei alten Fischerleuten führt«.

Die Trennung von Hilde und Sigis

Das ganze Drama, das Hilde im Frühjahr 1949 durchlebte, hatte ich nur ansatzweise aus ihren skizzenhaften Notizen rekonstruieren können, nicht ahnend, dass sich im Archiv meines Bruders Briefe befanden, die sehr viel Genaueres erzählen. Briefe, die sich Sigis und Hilde zwischen Februar und Juni 1949 schrieben und die nicht nur wie eine Bilanz dieses Dramas, sondern auch der gesamten Jahre im Vatikan erscheinen. Im Februar 1949 – der Umzug stand kurz bevor – hatte Hilde beschlossen, Sigis reinen Wein einzuschenken. Der Brief – er ist mit einer Maschine geschrieben, die keine Umlaute kennt – beginnt mit der Ankündigung, dass sie nicht die Absicht habe, mit nach Deutschland zu gehen. Jedenfalls nicht sofort. Sie müsse erst mit sich selbst ins Reine kommen. »Du hast seit langem den Verdacht gehabt und gefuehlt, dass sich etwas in mir veraendert hat und Du hast auch beobachtet, wie ich darunter gelitten habe. Mein Chéri, ich bin seit 2 Jahren die Geliebte eines anderen Mannes, den ich liebe, obgleich er mich entsetzlich leiden macht und mich jetzt sehr schaebig verlassen hat. Du wirst nie seinen Namen erfahren, weil er sich Dir gegenüber als Freund ausgegeben hat und ich vor allem nicht moechte, dass Du eine Dummheit machst.« Dennoch habe sie Sigis immer geliebt – wie ihren Bruder, wie Kinder, »ja eigentlich wie das liebste meiner Kinder«. Hilde bot Sigis die Scheidung an und sagte von sich, sie habe »unter einem inneren Zwang gehandelt, und tue es noch jetzt. Leichtsinn war es sicher nicht. Ich kann auch nicht bereuen und deshalb Du mir nicht verzeihen.«

Sigis antwortete postwendend, auch wenn er viele Briefe entwarf, bevor er einen abschickte. Dass es sich um eine Affäre mit Jedin handelte, muss er sehr schnell verstanden haben. Die Sache war umso schmerzlicher für ihn, als er vor seiner Abreise nach Deutschland Jedin als Testamentsvollstrecker eingesetzt und die Familie seiner Obhut anvertraut hatte. Das hatte er auch offiziell dem Vatikan mitgeteilt. In seinem Brief an Hilde schreibt Sigis, dass er sie weiterhin liebe. »In all dem, was in den letzten Jahren für mich entzwei gegangen ist, war unsere Liebe für mich immer das Sicherste, etwas fast Heiliges, auf das ich baute.« Er nahm Schuld auf sich, weil er Hilde so lange allein gelassen hatte. Er rückte die Kinder ins Zentrum ihrer gemeinsamen Entscheidungen und fügte hinzu: »Der liebe Gott hat uns zusammengetan. Sollte er nicht die Mittel haben, zu strafen, wer es lösen will, und das Gefügte zu erhalten? Wie solltest Du von der Erinnerung loskommen, wie die mehr als 10 Jahre aus Deinem Leben heraus-schneiden? [...] Ich weiss, dass es uns beiden Zeit kosten wird. Aber ich versuche, diese Brücke zu überspannen, und wenn ich mir unser Leben in 10 Jahren vorstelle, so weiss ich, dass wir nicht von einander losgekommen sein werden.« Er sei bereit, es neu zu versuchen – an einem anderen Ort. Der Brief habe ihm einen Schlag versetzt, aber »vielleicht können wir uns beide in Zukunft gerade deshalb besser verstehen«.

Hildes Antwort auf diesen Brief beginnt mit dem Satz: »Wenn ich Dich nie geliebt haette, dann muesste ich es und koennte nicht anders nach dem Brief, den Du mir geschrieben hast. Aber gerade deshalb kann ich doch nicht zurueckkommen. Die Du liebst und die ich war, ist doch wie ein Hund mit Knueppeln tot-geschlagen worden.« Schon vorher hatte sie, auf ein Telegramm von Sigis antwortend, geschrieben: »Dass ich die Schlafmittel, die ich mir besorgte, nicht eingenommen habe, liegt nur daran, dass ich weiss, er [gemeint ist Jedin] bekommt es in seinem hypokriti-schen Katholizismus fertig, dann eine Messe für mich zu lesen. Er hat auch waehrend dieser zwei Jahre geglaubt, dass, wenn er fuer Dich betet, sein Verhalten Dir gegenüber gerechtfertigt ist.«

In diesem Brief erzählt sie Sigis den ganzen Hergang der Af-färe. Sie habe sich im Frühling 1947 an Hubert Jedin gewandt. Es sei ihr psychisch nicht gut gegangen, und sie habe sich »in einer sehr starken religiösen Krise [befunden], die schon zu Beginn des Winters mit einem wachsenden Interesse fuer die-se Dinge begonnen hatte«. Den erbetenen Rat erhielt sie auch vom Freund – und mehr. »Aus heiterem Himmel machte er mir ploetzlich eine gluehende Liebeserklaerung.« Sie habe sich Wochen dagegen gewehrt, ihn doch eigentlich »als Freund, ja sogar Priester« gebraucht – aber dann doch nachgegeben. »Ich wurde ueberwaeltigt von der Glut dieser Leidenschaft, die ich fuer den Ausdruck einer unendlichen Liebe hielt und von der mir erst nach Monaten langsam bewusst wurde, dass es sich um die angestaute Sexualitaet eines widernatuerlichen Lebens han-delte.« Sie habe über diese Widernatürlichkeit »eines so langen

Lebens ohne Frauen« eine physische Abneigung empfunden, die sie dadurch überwand, »dass ich von meiner Seite Liebe einsetzte, um nicht vor Abscheu halb umzukommen«. Er sei von dieser Liebe in »Wonne und Seligkeit« aufgeblüht – entwickelte geistige Vitalität in seiner Arbeit. Allmählich begann sie sein »restloses Wohlbehagen« stutzig zu machen. Seinem katholischen Glauben gegenüber fand er die Formel, »dass er sich gegen das allgemein gueltige verging, aber nicht gegen das Gesetz in sich, seinen inneren Menschen, denn der liebte mich ja, glaubte mich zu lieben«. Es gebe »nichts wichtigeres als die innere Wahrheit, fing er schon damals an zu predigen«. Sie habe seine Entwicklung mit Staunen beobachtet. Als sie zu Jedin bemerkte, dass sie sich in dieser Beziehung hilflos und seinen Entscheidungen ausgeliefert fühle, antwortete er: »Du solltest beten, dass Du auch auf die Hoehe kommst, lies die Psalmen.« Sie habe gebetet, »war aber nicht gluecklicher«. Bei anderen Gelegenheiten habe er gesagt, dass er seinen »Einfluss als Geliebter nicht ausnuetzen wolle, um Dich vom Katholizismus zu ueberzeugen«. Im Katholizismus sei für alle Platz, »aber vielleicht bist Du noch nicht innerlich reif dazu. Vielleicht wenn Dir einmal ein Kind stirbt oder schwere Schicksalsschlaege kommen, dann wird die Zeit unseres Zusammenseins ihre Fruechte zeigen.«

Als Sigis Weihnachten 1947 nach Rom kam, spürte Hilde schon die Kluft, die sich zwischen ihr und ihrem Mann aufgetan hatte. »Du bemerktest die Falten um meinen Mund. Mir war noch gar nicht bewusst geworden, dass ich litt. Du warst so guetig und zaertlich. Aber ich stand wie am anderen Ufer eines breiten Flusses und ich wusste nicht, wie ich zu Dir heruebergelange.« Was Hilde an Jedin band, war nicht das Sexuelle, sondern einerseits die »Liebe, die ich gegeben hatte«, und andererseits ein Gefühl der gegenseitigen Ergänzung, wie sie es mit Sigis nie erfahren habe. Sigis gegenüber habe sie nie gewagt, sich ganz zu öffnen. Jedin hingegen schon, und er habe die ganz anderen Seiten an ihr kennen gelernt, die sie Sigis gegenüber immer verbergen musste. »Es ist merkwuerdig, er hat nicht annaehernd die weiche

Zaertlichkeit, das ruecksichtsvolle, die liebevolle Besorgtheit gekannt, wie ich sie Dir gegenueber ausuebe. Aber diese Haerte, Brutalitaet, Schonungslosigkeit, die er in der Mischung mit den anderen Dingen in Kauf nehmen musste, entspricht viel mehr meiner wirklichen Natur.«

Hilde litt unter der aussichtslosen Liebe zu einem Geistlichen und beschloss, sich von Jedin zu trennen. »Ich ahnte all das voraus, was ein Jahr spaeter dann auch gekommen ist.« Sie teilte Jedin ihren Entschluss mit und fügte hinzu, dass, »wenn es wieder begaenne, er die Verantwortung truege, ein zweites Mal braechte ich diese Kraft nicht auf«. Er habe darauf geantwortet: »Daran erkenne ich Deine Liebe, aber fuer meine Arbeit bleibst Du doch weiter auf mich konzentriert.« Das habe sie abgelehnt. Nach einem Monat nahm er jedoch die Beziehung wieder auf. »Ich wehrte mich nicht lange. Ich konnte nicht mehr. Aber von diesem Moment an, wo die Verantwortung auf ihm ruhte, empfand er die Beziehung als eine Buerde. Spaeter nannte er dies die Transformation seiner Liebe.«

Gewiss, man kann Hilde zum Vorwurf machen, dass sie gewusst haben muss, worauf sie sich einließ. Noch mehr muss dieser Vorwurf aber für Jedin gelten, der sich nicht nur über den Zölibat hinweggesetzt hatte (bevor er sich später wieder darauf berief), sondern darüber hinaus auch ihre ausdrückliche Vorwarnung, dass er die Verantwortung übernehmen müsse, nicht ernst nahm. Sigis hatte die Familie in die Obhut Jedins gegeben, der für Hilde ein väterlicher Freund und zugleich eine geistige und geistliche Autorität war. Sie hatte sich an ihn gewandt, als sie sich in einer Sinnkrise befand. Eine solche Liebesbeziehung lässt sich vergleichen mit der zwischen einem Psychoanalytiker und seiner Patientin, die – wegen der ungleichen Machtverhältnisse – in der Psychoanalyse strikt untersagt ist. Einer der Briefe von Hilde endet mit dem tieftraurigen Satz: »Du siehst, das ist alles so grauenhaft, dass Du es Dir und den Kindern nicht zumuten darfst, Euch weiter mit mir zu belasten. Das Buch, das ich schreiben moechte, ist meine letzte Chance. Es ist mir nie so furchtbar wichtig gewesen, ueberhaupt zu leben. In soviel Hass, wie er jetzt von mir Besitz ergriffen hat, ist fuer Euch kein Raum.« Bei der Lektüre dieses Satzes tat sich vor meinen Augen der ganze Abgrund auf, den ich in meiner Mutter immer vermutet hatte: sowohl ihre Depressionen als auch die Zerstörungskraft, der sie als Frau wiederholt ausgesetzt worden ist.

Wie vorauszusehen, kam es zum Eklat. Hilde begann immer mehr zu erkennen, wie sehr die Gesetze der katholischen Kirche – gegenüber Frauen und dem Verbot des Verkehrs mit Frauen – auf Jedin lasteten und mit wie viel Unredlichkeit sie auch einhergingen. »Am Morgen nach einer Nacht mit mir las er keine Messe, 24 Stunden darauf ja.« Wenn sie ihn nun auf solche »Unwahrhaftigkeiten« hinwies, sagte er, das sei »zersetzende Großstadt-Menschen-Analyse«. Sie solle beten und gehorchen. »Dir fehlt Demut und Guete.« Bei den immer heftiger werdenden Auseinandersetzungen warf er ihr vor, »dass Gott nicht im Mittelpunkt meines Lebens stehe«. Ihr sei damals schon klar geworden, so schreibt Hilde an Sigis, »dass ich durch all das, was ich erlebt und mitangesehen hatte, innerlich so angefault, so korrumpiert war, dass ich nie wieder in die Reinheit einer Ehe mit Dir, unseres Familienlebens zurueckfinden wuerde«. So habe sie resigniert und die Dinge einfach so weiterlaufen lassen wie bisher. Jedin begann sich nun zurückzuziehen. »Er sah den Weg vor sich, in dem er mir Priester und Freund ist. Ich solle auf ihn verzichten als Mann und ihm versprechen, keinen anderen Geliebten in meinem Leben mehr zu haben.« Hilde teilte Jedin mit, dass sie sich von Sigis trennen werde. Darauf bekam er Angst, als Scheidungsgrund genannt zu werden – und ergriff die Flucht.

Die Briefe enthalten noch viele Details über diese Liebesbeziehung, die wegen ihrer Aussichtslosigkeit – für Jedin hätte sie das Ende seiner Karriere, wahrscheinlich auch die Exkommunikation bedeutet – eine schreckliche Zerstörungskraft entwickelte, die beide zutiefst traf. Jedin floh zurück in den Glauben: »Mir schreibt er aus der Verbannung, er wäre vernichtet, aber durch mich erst zum wahren Christen geworden.« Hilde hingegen wollte ein Buch über diese Liebesbeziehung verfassen, um sich auf diese Weise die Erfahrungen vom Leibe zu schreiben. Und dieses Buch sollte zugleich auch eine Bilanz ihrer Jahre im Vatikan sein. »Ich will nach Capri gehen und die Geschichte dieser 2 Jahre schreiben, mit all den Gespraechen, den Argumenten, wie sie waren. Ich will schreiben, was ich sonst hier erlebte und in was ich Einblick hatte.« Das Buch solle ihr einen Neuanfang verschaffen – nicht nur seelisch, um das Gefühl der Beschmutzung zu überwinden, sondern ihr auch neue Wege als selbstständige Frau eröffnen. »Liebe, ein Mann, das sind Dinge, fuer die ich ohnedies viel zu verwundet bin. Ausserdem muss man sich als Frau zwischen diesem oder der Arbeit entscheiden. Mutti haette nicht ihre grosse Karriere gemacht, wenn sie sich nicht dementsprechend entschieden haette. […] Die gluecklichen Jahre mit Dir werde ich nie wegstreichen aus meinem Leben. Ihnen verdanke ich es, wenn ich mich ueberhaupt wieder finde. Sie sind wie ein verlorenes Paradies, das eine gute Wurzel in mir gelassen hat.«

Hilde war fest entschlossen, sich scheiden zu lassen. Auch Sigis erschien ein Neuanfang immer schwieriger. Die anfängliche Trauer und seine Zuneigung nach Hildes ersten Briefen waren allmählich umgeschlagen in Wut: auf Hilde wie auf Jedin. Im Vatikan machte der Skandal längst die Runde. Es gab zu viele Eingeweihte, auch auf Seiten Jedins, der als Erster einen Freund ins Vertrauen gezogen hatte. Dieser tat nun sein Bestes, Hilde die Schuld an der ganzen Affäre zu geben und ihr Beziehungen mit anderen Männern zu unterstellen. Die Angelegenheit nahm immer unangenehmere Formen an – »ich muss mich von einigen Leuten als Salonhure behandeln lassen« –, und Hilde wäre schon längst nach Capri abgereist, wenn sie nicht noch die Auflösung der Wohnung, den Umzug und die Reise der Kinder nach Deutschland zu besorgen gehabt hätte.

Mitte April kam Sigis nach Rom, um bei der Auflösung der Wohnung zu helfen und danach mit den Kindern nach Deutschland zu reisen. Es muss bei dieser Gelegenheit gewesen sein, dass er beschloss, der »Sacra Congregazione del Concilio« einen Brief in Sachen Jedin zu schreiben, in der er diesen beschuldigte, das Vertrauen, das er in ihn gesetzt hatte, missbraucht, seine Ehe und Familie zerstört zu haben. Er glaube, so schrieb Sigis der vatikanischen Instanz, an die Unauflösbarkeit der Ehe. Doch er habe hier mit ansehen müssen, dass das, was Gott gefügt habe, auch von einem Geistlichen zerstört werden könne. Nach den Attacken, denen Hilde ausgesetzt war, erschien dies Sigis wohl der einzige Weg, wie seine Frau – Scheidung hin, Scheidung her – erhobenen Hauptes die Heilige Stadt verlassen konnte. Ende Mai richtete Jedin einen Brief – den ersten und einzigen – an Sigis, in dem er ihm seine Scham mitteilte. Am meisten habe ihn während der ganzen Zeit die Unaufrichtigkeit gegenüber Sigis bedrückt. Aber er habe sich von dem gemeinsamen Umzug des Ehepaares nach Deutschland »das Ende dieses unglücklichen Zustandes« erhofft. Unabhängig von dem Ausgang des kirchlichen Verfahrens gegen ihn führe er nicht mehr den Titel »Monsignore« und habe er seinen Oberen in Köln die Niederlegung seiner Professur angeboten. »Damit habe ich auf die Erreichung des Ziels verzichtet, das ich meinem Leben gesteckt hatte.« Sigis zog seine Anzeige zurück. Jedin wurde ordentlicher Professor. Er galt als konservativer Theologe und lehnte später viele Entwicklungen ab, die sich aus dem II. Vaticanum ergaben. Hildes Roman kam nie zustande.

BERLIN,
DEN 28. NOVEMBER 2006

Liebe Großmutter,
Hildes Liebesgeschichte ist mir sehr nahe gegangen. Gewiss, Du wirst sagen, warum lässt sie sich auch auf einen Geistlichen ein. Die Aussichtslosigkeit dieser Liebe muss ihr doch vorher klar gewesen sein. Damit hast Du recht. Aber es gibt auch eine andere Seite. Ich bin bei dieser und anderen Geschichten von Hilde immer wieder beeindruckt von ihrer Radikalität. Hilde war nicht »vernünftig«, Nachdenklichkeit war nicht ihre Sache.

Sie handelte, und durch nichts ließ sie sich beirren beim Verfolgen ihres Ziels. Das ist eigentlich eine Fähigkeit, mit der sehr erfolgreiche Menschen ausgestattet sind. Nur, welche Erfolge konnte sie für sich in Anspruch nehmen? Die einzigen, die man ihr zugestand, waren Ehe und Kinder. Das ist viel, gewiss. Aber Ehe und Kinder sind nicht leidenschaftsverdächtig. Hilde wollte Leidenschaft. Andere erfolgreiche Menschen machen die Mathematik oder die Literatur zu ihrer Leidenschaft. Hilde hat es versucht, wie Du weißt. Sie kam nicht weit, aber man hat sie auch nicht ermutigt, einen anderen Weg einzuschlagen. Diese Leidenschaft ohne ein genaues Ziel dürfte einer der Gründe für die Depressionen gewesen sein. In den Jahren im Vatikan suchte sie noch einen Ausweg. Später, als alles in festen Bahnen verlief, blieben nur noch die Antidepressiva. Auch mit den Schlafmitteln begann sie, als sich die Unmöglichkeit der Affäre mit Jedin offenbarte. Man hatte ihr abgeraten, einen Roman zu schreiben. Aber den Roman zu leben, das erwies sich auch als unmöglich. Deshalb hat sie sich in diesen Jahren einen Revolver zugelegt. Ich glaube, das hat mich, ob ich es wollte oder nicht, immer an ihr beeindruckt. Sie schrecke vor der »Leidenschaftlichkeit und Gewalttätigkeit, die in mir ist« selber zurück, so schrieb sie an Sigis aus Capri. »Merkst Du denn nicht, dass ich krank bin, sehr krank bin. Dein Brief hat schon wieder genuegt, dass ich Fieber bekam, dass ich den Revolver in meiner Nachttischschublade streichelte.« Gleichzeitig kam sie zur Erkenntnis, dass sie unfähig sei, den Roman zu schreiben, den sie sich vorgenommen hatte. Gewiss, man kann sagen, sie hätte Hilfe suchen müssen. Nur, ihr Versuch, in einer Sinnkrise Hilfe zu finden, war in Zerstörung umgeschlagen. Wirkliche Hilfe wird Frauen wie Hilde, denen man beibringt, ihren Körper als ihr »Kapital« zu betrachten, nur selten zuteil. Übrigens ist weibliche Jungfräulichkeit als »Kapital« nur die Kehrseite derselben Medaille.

»Und das Leben beginnt neu.«

Am 30. April 1949 war Sigis zusammen mit den Kindern nach Deutschland abgereist. Die Kinder wurden – zusammen mit Anna – im Haus einer Tante von Sigis unterbracht, die es durch den Krieg aus Ostpreußen in ein süddeutsches Dorf verschlagen hatte. Hilde war noch einige Tage in Rom geblieben, hatte Dankes- und Abschiedsbriefe an den Vatikan, an Carolas Schule und an andere Stellen geschrieben. Dann war sie nach Capri gereist, wo sie schreiben und sich erholen wollte. Dort holten sie immer wieder die Gefühle ein. »10. 5. Wohnung gesucht, mich nicht wohl gefühlt, geweint, verzweifelt, zu Abend gegessen, nachts: verzweifelt.« Es folgten Tage, in denen sie mit Fieberanfällen kämpfte, sie ließ sich »Injektionen« geben – und immer wieder der Eintrag: »nachts viel geweint«. Ganz allmählich trat jedoch Ruhe ein: »16. 5. gelesen, nachm. mich ruhig gefühlt (keine Lust, an H. zu denken).« Sie begann zu malen, aber es genügte ein Brief von Sigis, um sie wieder durcheinanderzubringen: »24. 5. Brief von Sigis und Rosie bekommen, verzweifelt, auf der Strasse vor Weinen zusammengebrochen, dann ruhiger geworden.« Dennoch ging Hilde im Meer baden, hörte im Radio Beethovens 9. Sinfonie, dirigiert von Furtwängler: »wunderschön, spät schlafen«. Am nächsten Tag, dem 29. Mai, erfolgte ein »langer Spaziergang, grosse Sehnsucht Sigis, früh schlafen, Lust zu tanzen«. Am 30. Mai war sie »am Meer, gemalt, traurig, Sehnsucht Sigis«. Am 4. Juni heißt es nochmals »4. 6. Abschiedsbriefe überlegt«, aber dann, am 10. Juni, kommt endlich ein Eintrag, der für mich als Leserin wie eine Erlösung war: »wunderbar gefühlt, 6 Uhr aufgestanden, Tennis gespielt. Abds. zu Hause Burckhardt gelesen.« Am 23. Juni reiste Hilde nach Rom, am 3. Juli verließ sie Rom mit dem Nachtzug, um am nächsten Morgen in München anzukommen.

Hilde war zum ersten Mal seit 1940 wieder in Deutschland (wenn man von den wenigen Tagen absieht, die sie Anfang 1943 nach ihrer Rückkehr aus Afrika in Berlin verbrachte). Sie hatte dieser Reise mit Angst entgegengeblickt – nicht nur wegen der Wiederbegegnung mit Sigis, auch wegen der Zerstörungen, die der Krieg hinterlassen hatte und von denen sie wusste. Diese Angst vor der Wiederbegegnung mit Deutschland war auch ein Grund für den Aufenthalt in Capri gewesen. Sigis hatte Geld für sie in München hinterlegt. Von dort aus fuhr sie weiter in das bayerische Dorf, wo sich ihre Kinder seit der Abreise aus Rom zwei Monate zuvor befanden. Carola, Christoph und ich waren inzwischen dazu übergegangen, untereinander deutsch zu sprechen. Sigis befand sich in Baden-Baden, wohin Hilde ihm am 16. Juli folgte. Sie wanderten auf die Iburg, liefen durch die Wälder, aßen in der Klosterschänke. In Varnhalt bei Baden-Baden suchten sie nach einer Unterkunft, in die Hilde mit den Kindern ziehen konnte. Sigis hatte eine neue Stelle in Frankfurt, aber es gab dort noch keine Wohnung für die Familie.

In den folgenden Wochen war die Stimmung zwischen Hilde und Sigis gespannt. Wenn Sigis zu Besuch kam, quartierte er sich im Gasthaus ein; es kam wiederholt zu unerfreulichen Auseinandersetzungen, die Hilde in ihrem Tagebuch notierte: »24. 7. lange gesprochen, mich elend gefühlt, schnell Mittag gegessen, abds. essen zu Hause, Sigis wieder angefangen, sich und mich zu quälen.« Einige Tage später, Hilde war in Frankfurt, um nach einer Wohnung zu suchen, notierte sie: »26. 7. Frankfurt, m. Bauunternehmer verhandelt, Sigis mittags getroffen (mir zugegeben, dass er mich nicht mehr liebt: es gibt eine andere).« Wie so oft, wenn sich in einer Paarbeziehung der eine anderweitig verliebt, hatte nun auch Sigis den Blick nach »außen« gerichtet. Jetzt wollte er sich scheiden lassen, um eine andere Frau zu heiraten. Hilde war verzweifelt.

Um diese Zeit traf ein Brief von Emmy und Magnus ein, der an Hilde gerichtet war. Sie verliehen ihrer Freude darüber Ausdruck, dass Hilde wieder gesund und mit ihrer Familie vereint sei, und baten auch sie, Geduld zu haben. »Sigis hat in durchaus ritterlicher Weise niemals die Gründe Eures Zerwürfnisses angegeben. Er hat ausdrücklich gebeten, auch nicht danach zu fragen, ja nicht einmal angedeutet, wer von beiden den Anlass gegeben hat.« Das hinderte Magnus und Emmy freilich nicht, sich selbst Gedanken über den Anlass zu machen. Die Schlussfolgerungen, zu denen sie kamen, sind überraschend: »Ich weiß nicht, aber ich könnte mir denken, dass über die Frage, ob ›Deutschland oder die weite Welt‹ keine Einstimmigkeit zwischen Euch bestanden hat. Für eine Frau ist es natürlich, dass sie nur an die Zukunft ihrer Kinder denkt, für einen Mann, der noch dadurch durch die Familie fest im Lande verwurzelt ist, ist der andere Gesichtspunkt sehr verständlich.« Er, Magnus, hätte auch nie Deutschland verlassen, wenn es sich nicht durch Zufall so ergeben hätte. Aus der Ferne müssen die vielen Überlegungen von Hilde und Sigis über die Auswanderung als so grundlegend verschieden erschienen sein, dass sich Emmy und Magnus nur dies als Grund für ihr Zerwürfnis vorstellen konnten. Der Gedanke, dass hinter dem Zerwürfnis die Liebesaffäre mit einem Geistlichen stehen konnte, war allerdings auch alles andere als naheliegend.

In den nun folgenden Wochen pendelte Hilde zwischen Baden-Baden und Frankfurt hin und her. Sigis kam gelegentlich zu Besuch nach Varnhalt: »8. 8. Ort angesehen mit Kindern, Pflaumen geklaut, Baden, mit Sigis gegessen.« Die meiste Zeit verbrachte Sigis in Frankfurt, gelegentlich auch auf Reisen ins Ausland: Wien, Paris und andernorts. Mal wieder hatten Sigis' gute Sprachkenntnisse ihm zu einer Tätigkeit verholfen: Er war beim Land Rheinland-Pfalz angestellt und mit der Abwicklung des Handels in der französischen Zone betraut. »Außerdem bauen wir uns eine Wohnung in Frankfurt – in der Hoffnung, dass dies Hauptstadt bleiben bzw. werden wird.« Trotz konkreter Pläne für ein gemeinsames Leben blieb die Stimmung zwischen Hilde und Sigis jedoch düster. In Hildes Tagebuch gibt es erneut viele Einträge, die nur mit dem Hinweis »geweint« enden. »11. 8. mit Kindern Brombeeren gesucht, Sigis gekommen, lange gesprochen, geweint, Sigis in Gasthaus übernachtet.« Man spürt jedoch, dass die Stimmung allmählich umschlug. Am 14. August folgt schließlich der Eintrag: »Sigis zum Frühstück hier, grosse Tour gemacht

m. Kindern, Hochschwarzwald, Baden-Baden. Abendessen zu Hause. S. Nachts bei mir geblieben.« Am nächsten Tag notierte sie: »*beginnt wieder das Leben*«. Der Eintrag ist doppelt unterstrichen und bildet das Ende der vatikanischen Tagebücher.

Zwar gibt es über einige Wochen lang noch Einträge, aber sie beziehen sich mehr auf den Alltag: den Umzug nach Frankfurt, die Einrichtung der neuen Wohnung, die Einschulung von Carola, die Anmeldung der anderen beiden Kinder im Kindergarten. Es geht um Kinderkrankheiten, den Besuch bei der Tante in Dortmund, einen erneuten kurzen Krankenhausaufenthalt von Hilde und schließlich die Vorbereitungen für Advent und Weihnachten. Die »Normalität« hatte Hilde schließlich eingeholt. Wie bei vielen anderen in Deutschland, begann nun auch bei ihr und Sigis die Zeit des »Aufbaus«. Die »Zwischenzeit« war vorbei, die Angst – und die Leidenschaften – der Krisenzeit zu einem Ende gekommen. Vergessen waren auch bald die Auswanderungspläne, Sigis und Hilde wurden zu einem Teil der neuen westdeutschen Gesellschaft.

Ende 1953 erreichte Sigis die Anfrage des Auswärtigen Amtes, »ob ich nicht Lust hätte, wieder einzutreten; die Anfrage« wurde nach Konsultation mit meiner Frau bejahend beantwortet«. Noch in demselben Jahr trat er seine erste Stelle im neu gegründeten Auswärtigen Dienst der Bundesrepublik an: bei der diplomatischen Vertretung der Bundesrepublik in London, wo 1954 meine jüngste Schwester Claudia zur Welt kam.

Auf die vatikanischen Tagebücher folgten keine weiteren. Das Buch der Erinnerungen wurde geschlossen – der Erinnerungen an den Krieg, an die Liebesgeschichten, an Hildegard Margis. Die »Stille Post«, die sich während der Ausnahmezeit bemerkbar gemacht hatte, ging wieder in den Untergrund. Dort bin ich ihr zufällig begegnet, als ich anfing, in meinem eigenen Untergrund zu stöbern. Die vatikanischen Tagebücher führte Hilde bis zu ihrem Tod bei sich. In das letzte dieser Bücher hatte sie ein Blatt mit einem kirchlichen Spruch gelegt, der lautet: »Der Wunder Größtes ist die Liebe«. Außerdem enthielt es einen kleinen Zeitungsausschnitt mit folgendem Wortlaut: »Auf dem Tisch, den der ehemalige amerikanische Verteidigungsminister James Forrestal vor seinem Selbstmord verließ, lag der ›Aias‹ des Sophokles aufgeschlagen mit der Stelle: ›Wenn das Licht des Verstandes sich verdunkelt und die Lebensfreude in der Hoffnungslosigkeit untergeht, ist es besser einzuschlafen und zu sterben.‹ Forrestal litt unter Depressionen infolge seiner körperlichen Überarbeitung.« Der Zeitungsausschnitt ist ohne Datum. Ab Mitte der 50er Jahre gab es die ersten Antidepressiva. Hilde nahm diese von nun an bis an ihr Lebensende.

Hilde wurde 87 Jahre alt. Die letzten zwei Jahre ihres Lebens verbrachte sie in völliger Hilflosigkeit. Sie sehnte sich nach dem Tod, bat uns, ihre Kinder, ihr zu einem Medikament zu verhelfen. Diese Hilflosigkeit war dadurch entstanden, dass sie es ernst meinte mit dem Todeswunsch und damit auch Ernst gemacht hatte. Zwei Jahre vor ihrem Tod, im September 1999, erhielt ich einen Anruf von meiner in München lebenden Schwester Cornelia: Unsere Mutter sei bewusstlos ins Krankenhaus eingeliefert worden; sie befinde sich auf der Intensivstation. Im Laufe des Tages fanden wir uns alle, die fünf Kinder, im Krankenhaus in Bayern ein. Man hatte sie gegen Mittag in ihrem Hotel im tiefen Koma gefunden. Es war ein Hotel am Tegernsee, wo sie früher oft zur Kur gewesen war und sich nun erneut für ein paar Wochen einquartiert hatte. Um sie verstreut hatte man Packungen gefunden: Barbiturate, Schlaftabletten – darunter auch Contergan, das seit etwa dreißig Jahren nicht mehr verkauft werden durfte. Sie hatte diese Tabletten gehortet, über zahlreiche Umzüge hinweg immer wieder mitgenommen; und auch meine Schwester, die ihr beim Auspacken half, hatte von diesen Medikamenten nichts gesehen. Sie muss sie an verborgener Stelle in ihrem Gepäck und auf jeder Reise mit sich getragen haben. Zwölf Tage lag sie im Koma auf der Intensivstation, dieses Mal hatten die Tabletten Zeit, ihre Wirkung zu entfalten – anders als viele Jahre zuvor, als ich sie in der Nacht das Haus hatte verlassen sehen. Dass sie in ihrem Alter aus diesem Koma überhaupt wieder erwacht ist, war der guten Konstitution ihres Herzens zu verdanken.

Der Krankenhausaufenthalt, der auf die Intensivstation folgte, brachte die völlige Bettlägerigkeit. Die damit verbundene Hilflosigkeit führte zu neuen Wutanfällen. Mehrere Wochen lang klingelte das Telefon bei jedem ihrer Kinder, Schwiegersöhne und Enkel (zu Hause oder bei der Arbeit) zehn Mal am Tag und mehr. Später begann Hilde einfach nur noch laut und bis spät in die Nacht zu rufen. Kam jemand zu ihr, so gab es keine anderen Beschwerden als Mangel an Aufmerksamkeit. Es war zwar schwer zu ertragen für alle, die mit ihr zu tun hatten. Aber deshalb erzähle ich das nicht. Diese Wutanfälle, ihr Rufen waren vielmehr ein Zeichen für diese enorme Energie, die in ihr steckte und die die Kehrseite ihrer Depressionen war. In einer Situation, wo andere schon längst in Resignation oder gar Apathie versunken wären, erhob sich Hildes Stimme – und diese Stimme ließ noch immer ihre Umgebung zittern. Ich glaube, es war diese Kraft, die es ermöglicht hat, dass die »Stille Post« ihrer Mutter nicht verstummt ist.

Auf der Rückfahrt von einem der Besuche, die ich ihr in den folgenden Wochen abstattete, reifte der Plan heran, ein Buch über diese Frauen zu schreiben. Ich wollte begreifen, was es war, das meine Mutter in eine solche Wut versetzen konnte – auch gegen sich selbst. Eigentlich hatte ich zunächst vor, nur die Geschichte der Hildegard Margis zu recherchieren; diesen Plan hatte ich im Kopf seit der Rückkehr meines Bruders aus Australien. Aber damit war es offenbar nicht getan. Es gab auch die Geschichte von Hilde und – was ich damals noch nicht wusste – es gab ein Buch, das sie selbst nicht schreiben konnte, aber als »Auftrag« hinterlassen hatte. Hilde war das wichtigste Glied in der Flüsterkette meiner »Stillen Post«, und sie hat mir – ohne es zu sagen – viel über ihre Mutter und über das Verschwiegene »der Geschichte« mitgeteilt. Vielleicht war deshalb meine Beziehung zu Hilde auch so konfliktreich. Noch viele Jahre später, als ich schon längst »erwachsen« war und mein eigenes Leben führte, hatte ich nach Begegnungen mit meiner Mutter oft mit schwierigen Zuständen zu kämpfen, die bis zu Übelkeit und Erbrechen führen konnten. Das war nicht Hildes Schuld, und schon gar nicht hatte sie es darauf angelegt.

Vielmehr hing es mit diesen Botschaften und Erbschaften zusammen, deren »Mittler« sie war und von denen sie vermutlich ebenso wenig wusste, wie ich damals die »Stille Post« hätte beschreiben können. Wenn sich in mir bei dieser Zugfahrt viele Jahre später so deutlich der Wunsch, dieses Buch zu schreiben, herausbildete, so lag es auch daran, dass ich mich dieser »Stillen Post« nicht mehr entziehen wollte. Aber ich wollte sie auch nicht einfach nur weitergeben. Ich wollte versuchen zu verstehen.

Etwa ein Jahr vor ihrem Tod hatte Hilde hohes Fieber, sie delirierte. Es sah so aus, als würde sie diesen Fieberschub nicht überleben. Erneut kamen alle Geschwister und Enkel angereist und standen um ihr Bett. In ihrem Delirium sagte sie immer wieder die drei Buchstaben »L« »V« »G« – in der Reihenfolge. (Jedenfalls klang es so, als spreche sie Buchstaben aus.) Wir konnten uns nicht erklären, was das zu bedeuten hat. Als das Fieber gesunken und sie wieder zu sich gekommen war, fragte einer von uns, was diese »Worte« zu sagen haben. »Alles vergeben und vergessen«, sagte sie, ohne eine Sekunde zu zögern. Nach dem langen Koma hatte ihr Gedächtnis erheblich nachgelassen, sie hatte Namen vergessen, auch die ihrer Kinder und Enkel verwechselte sie. Doch allmählich war das Gedächtnis wiedergekommen, und als wir ihr – nach diesem Fieberanfall – ein Photo von Sigis zeigten, erkannte sie ihn. Das war nicht erstaunlich. Erstaunlich war jedoch ihr Kommentar zu ihm: »Er hat uns ein schönes Leben geboten – und verboten.« Ihr im Delirium immer wiederholtes »alles vergeben und vergessen« hing mit dieser kühlen Bilanz zusammen; es bezog sich aber sicherlich auch auf ihre Mutter und jede Form von »Bevormundung«, die sie erlebt hatte.

ST. ROMAN DE CODIÈRES,
DEN 22. DEZEMBER 2006

Liebe Großmutter,
nun bin ich am Ende meines Vorhabens angekommen – und erst bei der Lektüre dieser Briefe, Tagebücher und Memoiren

wurde mir klar, wie viel von dem, was Ihr durchlebt habt, in meinem Leben und in meiner Arbeit – meinen Filmen, meinen Büchern – wieder aufgetaucht ist. Ohne dass ich es ahnte, habe ich Eure Erfahrungen zu verarbeiten versucht – so als müsste jede Generation die unabgeschlossenen Dossiers der vorigen zu Ende führen. Auch unsere Kinder werden unsere Erfahrungen als »Wiedervorlage« vorfinden. Nur Eure Hinterlassenschaft war besonders groß. Meine Generation hat Jahrzehnte gebraucht, um das aufzuarbeiten, was Deine Generation angerichtet oder erlitten hat.

Diese Erkenntnis hat in mir auch Nachdenklichkeit über das wissenschaftliche Arbeiten ausgelöst. Dass es in der Kunst keine »objektive« Erkenntnis gibt, ist bekannt; das ist das Wesen der Kunst. Aber die Beschäftigung mit Euren Leben hat mir gezeigt, dass dasselbe auch für das Wissen und die Wissenschaft gilt. Auch sie nähren sich von den Botschaften der »Stillen Post«. Es gibt ein »Wissen«, das über diese Flüsterketten und seine untergründigen Kanäle weitergegeben wird. Soll man es als ein »psychisches Wissen« bezeichnen? Es ist ein Wissen, das sich uns auf ganz »unwissenschaftliche« Weise mitteilt – und dennoch gibt es keine Wissenschaft, die nicht von diesen geheimen, untergründigen Botschaften leben würde. Die Bücher und Forschungsprojekte der »Stillen Post« haben ein eigenes Schreibsystem; man muss nur lernen, mit diesem Alphabet umzugehen.

Ich habe mich dreimal – auf unterschiedliche Weisen – mit den »Erbschaften« auseinanderzusetzen versucht, die sich dem Unbewussten einschreiben. Erstens habe ich, wie schon erwähnt, eine Psychoanalyse gemacht, die mir half, einen distanzierten Blick auf die Vorgänge in meinem Kopf und meinen Gefühlen zu werfen. Zweitens habe ich ein Buch geschrieben, das mir, wie ich erst nachträglich begriff, dazu verhalf, einen distanzierten Blick auf die Geschichte der weiblichen »Körpersprache« zu entwickeln: Es ist eine Sprache, die zu einem Teil unseres Denkens, Fühlens, der Leidenschaften und damit auch unserer Geschichten wird. Aber es ist auch eine Sprache, die gehört werden will und verstanden wird – von dem, der Ohren hat zu hören und Augen hat zu sehen. Dieses Buch entstand – das weiß ich heute – auch aus dem Bedürfnis, Hildes Sprache besser zu verstehen. Das war harte Arbeit. Champollions Entzifferung der Hieroglyphen war nichts dagegen! Denn ich musste alle Zeichen in mir selber suchen, um sie lesen zu können. Nun habe ich mit der Arbeit an diesen Lebensgeschichten die Botschaften zu entziffern versucht, die über die »Stille Post« bei mir angekommen sind: über die Menschen, von denen in diesem Buch die Rede ist und die nun alle verstorben sind.

Draußen wird es allmählich dunkel. Hier ist der Winter nicht so dunkel wie in Berlin, die Tage sind länger. Wenn die Sonne scheint – und das tut sie oft, auch im Winter – gibt es ein ganz klares Licht, das dem Auge wohltut. Drüben, auf dem Berg gegenüber, wo unser Elektriker wohnt, werden jetzt die Lichter angemacht. Er war übrigens neulich hier und meinte, bei uns sei ein Blitzableiter unsinnig. Man brauche eine Wasserstelle, sonst lasse sich der Blitz nicht umleiten. Deshalb bleiben die großen Stromentladungen bei uns weiterhin ohne Kanalisierung – sie suchen sich einfach ihren Weg. Ich dachte noch, mit der »Stillen Post« ist es ähnlich: Irgendwann treffen dich ihre Botschaften – und du weißt vorher nicht, in welcher Form sie dich wieder verlassen werden. Heute Nacht werden wieder die kleinen grünen Lichter meines Laptops in der Dunkelheit leuchten. Aber morgen werde ich ihn nicht öffnen. Vielleicht mache ich eine Wanderung zur Quelle auf dem Berg hinter unserem Haus. Sie ist nach dem Heiligen Martin benannt. Mal sehen, ob diese Heiligkeit auch für etwas anderes als Regen gut ist. Ein Gedicht? Das nächste Buch? Ein neuer Film? Adieu, liebe Großmutter, Deine Botschaften sind bei mir angekommen, und ich habe sie weitergegeben, so gut ich konnte.

Die Personen

Mein Großvater (väterlicherseits), Magnus von Braun, geboren am 11. Februar 1878 in Neucken, Preußisch Eylau, gestorben am 28. Februar 1972 in Oberaudorf/Inn.

Meine Großmutter (väterlicherseits), Emmy von Braun, geb. von Quistorp, geboren am 3. November 1886 in Crenzow, Kr. Greifswald, gestorben am 27. Dezember 1959 in München.

Meine Großmutter (mütterlicherseits), Hildegard Margis, geb. Beck, geboren am 31. Mai 1887 in Posen, gestorben im Frauengefängnis in Berlin, Barnimstraße, am 30. September 1944.

Mein Vater, Sigismund von Braun, geboren am 15. April 1911 in Zehlendorf bei Berlin, gestorben am 13. Juli 1998 in Bonn.

Meine Mutter, Hildegard von Braun, geb. Margis, geboren am 9. Juli 1915 in Posen, gestorben am 30. August 2001 in Bonn.

Hans Margis, der Bruder der Mutter, geboren am 17. Juni 1916 in Berlin, gestorben am 25. Oktober 2002 in Melbourne, Australien.

Anmerkungen

1 Michael J. Neufeld, The Rocket and the Reich. Peenemünde and the Coming of the Ballistic Missile Era, Cambridge, Mass. 1995. Ders., Wernher von Braun, the SS, and Concentration Camp Labor: Questions of Moral, Political, and Criminal Responsibility, in: German Studies Review 25/1 (2002), S. 57–78.

2 Paul Margis, E. T. A. Hoffmann. Eine psychographische Individualanalyse, ersch. in den Beiheften zur Zeitschrift für angewandte Psychologie und psychologische Sammelforschung, Leipzig 1911.

3 Ebda. S. 5.

4 Ebda. S. 154.

5 Hildegard Margis, Vom Kochen auf kleinstem Raum, in: Haushalt und Wirtschaft, 3. Jg. Nr. 45, 7. November 1928.

6 Hildegard Margis, Zeitgemässes Kochen. Eine Anleitung für die elektrische Kochweise, Leipzig 1931, Vorwort.

7 Angela Dinghaus hat in ihrer 2002 erschienenen Dissertation einige dieser Vorträge zitiert. Vgl. Angela Dinghaus, Frauenfunk und Jungmädchenstunde. Ein Beitrag zur Programmgeschichte des Weimarer Rundfunks, Hannover 2002. Veröffentlicht im Internet.

8 Hildegard Margis, Karl Mahler (Hrsg.), Teilung und Umbau von Wohnungen, Stuttgart, DVA, 1932, S. 7.

9 Vgl. Ute Maasberg, Regine Prinz, Die Neuen kommen! Weibliche Avantgarde in der Architektur der Weimarer Republik, 2. Auflage, Hamburg 2005.

10 Hildegard Margis, Durchdachte Hausarbeit, in: Jahrbuch 1928, Schriftenverlag Dt. Hausfrauen, Berlin, S. 54.

11 Hildegard Margis, Amerikanische Maßnahmen zur Rationalisierung des Haushaltes, in: Vorträge im Frauenfunk der »Deutschen Welle«, 7. August 1929, abgedruckt u. a. in: Die Österreicherin. Zeitschrift für alle Interessen der Frau, Organ des Bundes österreichischer Frauenvereine, 3. Jg. Nr. 6, 1, Oktober 1930.

12 Ada Schmidt-Beil (Hg.), Die Kultur der Frau. Eine Lebenssymphonie der

Frau des XX. Jahrhunderts, Verlag für Kultur und Wissenschaft, Berlin-Frohnau 1931.

13 Hildegard Margis, Zur Psychologie der Technik im Haushalt, in: Ada Schmidt-Beil, S. 485–492.

14 Margis Hildegard (Hg. und Vorwort), Raetsch, Mechthilde (Bearb.) Köstliche Küche. Anleitungen zum elektrischen Kochen. Mit Abbildungen, Berlin Frauendienst-Verlag, 3. erw. Auflage 1931, 94 S.

15 Hildegard Margis, Rund um den Käse. Vortrag, Berlin, Reichsausschuss für die Förderung des Milchverbrauchs. Heft 9.

16 Clara Mende (Hg.), Käthe Delius (Mitarb.), Eva Förster (Mitarb.), Margarete Keyserlingk (Mitarb.), Liselotte Kueßner-Gerhard (Mitarb.), Hildegard Margis (Mitarb.), Frida Spandow (Mitarb.), Aenne von Strantz (Mitarb.), Deutsches Frauenstreben. Die deutsche Frau und das Vaterland, Deutsche Verlagsanstalt 1932, 308 S., zahlr. Illustr.

17 Clara Mende, Die Frau im heutigen Staat, in: Clara Mende et al., Deutsches Frauenstreben, S. 13.

18 Ebda. S. 14 f.

19 Ebda. S. 17.

20 Hildegard Margis, Der Reichsverband städtischer Hausfrauenvereine, in: Clara Mende et al, Deutsches Frauenstreben, S. 33.

21 Ebda. S. 36.

22 Luise Holle, Paul Bergmann, Egon H. Straßburger und Friedrich Kirstein (Hrsg.), Die Hochschule der Frau. Heimkurse für die Arbeitspraxis des Frauenberufes, Nordhausen u. Leipzig, Volkshochschul-Verlag, o. J., ca. 1931.

23 Hildegard Margis, In Verteidigung des Hausfrauenberufes, in: Deutsche Hausfrau, Jg. 15 (1930), H. 4, S. 49–52, hier S. 52.

24 Hildegard Margis, Hauswirtschaft in Beratung und Unterricht, in: Clara Mende et al., Deutsches Frauenstreben, S. 164.

25 Magnus Freiherr v. Braun, Reichsminister a. D., Weg durch vier Zeitepochen. Vom ostpreußischen Gutsleben der Väter bis zur Weltraumforschung des Sohnes, Limburg/Lahn 1965. Die erste Auflage erschien 1956 unter dem Titel: Von Ostpreußen nach Texas.

26 Ebda. S. 292 f.

27 Ebda. S. 291.

28 Ebda. S. 20.

29 Ebda. S. 19.

30 Ebda. S. 19.

31 Ebda. S. 19.

32 Ebda. S. 95.

33 Ebda. S. 94.

34 Ebda. S. 94.

35 Ebda. S. 155.

36 Ebda. S. 118, 120.

37 Ebda. S. 133.

38 Ebda. S. 166.

39 Ebda. S. 178.

40 Vgl. Sigismund von Braun, Flüchtige Gäste. Auf Weltenbummel 1933–1935, Frankfurt/M. 1993.

41 Sebastian Haffner, Die Geschichte eines Deutschen. Die Erinnerungen 1914–1933, Stuttgart/München 2001, S. 107f.

42 Christian Zentner, Friedemann Bedürftig (Hg.), Das große Lexikon des Dritten Reichs, München 1985, S. 190.

43 Ludwig Körner, Reichskultursenator, Präsident der Reichstheaterkammer, Vorwort zu: Alfred Eduard Frauenfeld, »Der Weg zur Bühne«, Berlin 1943, S. 8, 11.

44 Ebda. S. 272ff.

45 Michael J. Neufeld, Wernher von Braun, the SS, and Concentration Camp Labor: Questions of Moral, Political and Criminal Responsibility, in: Geman Studies Review 25/1 2002, S. 57–78, 60.

46 Zu diesen Ereignissen s.: Robert Katz, The Battle of Rome: The Germans, the Allies, the Partisans and the Pope, New York 2003. Ebenfalls: Richard Breitman u. Robert Wolfe, Case Studies of Genocide – New Documents on the Holocaust in Italy. In: Richard Breitman et al., U.S. Intelligence and the Nazis, Washington D.C. 2004, S. 76–92.

47 Ursel Hochmuth, Illegale KPD und Bewegung »Freies Deutschland« in Berlin und Brandenburg 1942–1945. Biographien und Zeugnisse aus der Widerstandsbewegung um Saefkow, Jacob und Bästlein, hg. von der Gedenkstätte Deutscher Widerstand, Berlin 1998.

48 Peter Steinbach, Einführung, in: Hochmuth, S. 14.

49 Lena Pechel, geborene Mayer, hieß eigentlich Walburga Helene Pechel, in einigen der Zeugenberichte wird sie auch Madeleine oder Madleen genannt.

50 Zit. n. Hochmuth, S. 67.

51 Kessels Memoiren, um 1970 verfasst, sollten unter dem Titel »Den Tod im Herzen. Rom Juni 1943 – September 1946« erscheinen, aber nur ein kleiner Teil davon ist in dem von Peter Steinbach herausgegebenen Buch »Verborgene Saat« enthalten: Albrecht von Kessel, Verborgene Saat. Aufzeichnungen aus dem Widerstand 1933 bis 1945, hg. v. Peter Steinbach, Berlin 1992. Das komplette Manuskript befindet sich heute im Politischen Archiv des Auswärtigen Amtes.

52 Braun, Weg durch vier Zeitepochen, S. 301.

53 Ebda. S. 318.

54 Ebda. S. 356.

55 Sten Nadolny, Ullsteinroman, München 2003.

56 Sten Nadolny, »Frau Ullstein« – des Imperiums weibliche Linie, in: 125 Jahre Ullstein: Presse- und Verlagsgeschichte im Zeichen der Eule, Berlin 2002, S. 31.

PERSONENREGISTER

Es sind nur die Personen aufgeführt, die eine Relevanz für die Handlung haben.

Adametz, Bäcker 288
Adenauer, Konrad 359
Anlauf, Alfred 128
Arnhold, Anna-Maria 83

Bach, Johann Sebastian 366
Badoglio, Pietro 150, 153 f., 174
Bamberg, Dr. 87
Bäumer, Gertrud 166
Beck, Joseph 22 ff., 27, 88
Beck, Klara geb. Brück 22–25, 88, 91, 148
Beethoven, Ludwig van 349 f., 367, 398
Benesch, Eduard 281
Benjamin, Dora 48
Bergen, Diego von 220
Berndorff, Geistlicher 291, 324
Bernhard, Georg 370
Bernini, Gian Lorenzo 205
Best, Werner 79
Bethmann Hollweg, Theobald von 66
Bismarck, Otto von 23, 27
Boltanski, Christian 222 f.
Borghese, Pauline 181
Borgia, Lucrezia 368
Bormann, Martin 218

Braun, Carola von 11, 62, 135 f., 138, 150, 170, 175, 178 f., 181, 184 f., 187 f., 193 f., 204, 208 f., 232, 249, 270, 301, 311, 318, 324, 362, 381, 398 f., 401
Braun, Christina von 178, 181 f., 187, 199, 209, 292, 324, 362
Braun, Christoph-Friedrich von 11, 89 f., 177, 179, 270, 399
Braun, Claudia von 401
Braun, Cornelia von 402
Braun, Emmy von 11 f., 60–64, 68 f., 74, 128 f., 131, 170, 173 f., 186, 202, 224–245, 250–256, 260 f., 263–269, 272 f., 275–288, 292–297, 299 f., 303, 306, 308 ff., 313, 315–323, 325 ff., 329 f., 335, 337–343, 347–357, 359 f., 362 f., 366, 369, 371, 376, 382, 387, 389, 399 f.
Braun, Hildegard (Hilde) von 10 f., 24 f., 28 f., 31 ff., 36 f., 40 f., 43 f., 50 f., 55, 58, 74, 88–101, 103–117, 127, 131 f., 134–138, 145 f., 148 ff., 155 f. 165 f.,170, 173–177, 179 ff., 184–193, 195 f., 198–202, 206 ff., 211 f., 214, 216–221, 224 f., 229 f., 232 f., 238, 245 f., 249 f., 255,

DANKSAGUNG

Mein besonderer Dank gilt Krista Schädlich, die sich mit viel Energie und Einfühlungsvermögen auf das Lektorat meiner »Stillen Post« eingelassen hat.

BILDNACHWEIS

Bildarchiv Preußischer Kulturbesitz   Abb. 17
Alle übrigen Bilder aus Familienbesitz